数字经济研究系列

数据要素驱动产业变革

Data Elements Drive Industrial Transformation

高保中 著

本书为国家社会科学基金重大项目“新质生产力的科学意义、深刻内涵与统计测度研究”（24&ZD035）、国家社会科学基金项目“机器学习视域下企业创新活动披露真实性的评价、效应和提升路径研究”（24CGL021）的阶段性成果。

中国经济出版社
CHINA ECONOMIC PUBLISHING HOUSE
·北京·

图书在版编目（CIP）数据

数据要素驱动产业变革 / 高保中著. -- 北京 : 中国经济出版社, 2025. 3. -- (数字经济研究系列).
ISBN 978-7-5136-8089-9

Ⅰ. F260

中国国家版本馆 CIP 数据核字第 20256CH474 号

责任编辑　牛慧珍
责任印制　李　伟
封面设计　任燕飞

出版发行　中国经济出版社
印 刷 者　涿州市京南印刷厂
经 销 者　各地新华书店
开　　本　710mm×1000mm　1/16
印　　张　20.75
字　　数　350 千字
版　　次　2025 年 3 月第 1 版
印　　次　2025 年 3 月第 1 次
定　　价　98.00 元
广告经营许可证　京西工商广字第 8179 号

中国经济出版社　**网址** http://epc.sinopec.com/epc/　**社址** 北京市东城区安定门外大街 58 号　**邮编** 100011

序　言

数据重塑社会

一、数据时代已来

随着我们踏入 21 世纪的第三个十年，一个不可逆转的转变已经清晰地展现在我们面前——我们已经全面进入了数据时代。这是一个数据无所不在的时代，每个角落的数字信息都在以前所未有的速度和规模被创建、收集、处理和分析。社交媒体上的每一次点击、每一条消息，智能设备中的每一个传感器，乃至于互联网上的每一个搜索查询，都在不断地产生海量的数据。这些数据不再是静态的数字，它们被转化为可视化的图表、深入的洞察和预测模型，为个人、企业和政府提供决策支持。数据的这种全面渗透和应用已经引发了一场革命，改变了我们的工作方式、学习方式和生活方式。它促进了技术的创新，推动了新业务模式的发展，甚至改变了整个产业的竞争格局。在这个数据驱动的世界中，谁能够有效地管理和利用数据，谁就能够掌握主动权，开拓新的发展空间，创造出前所未有的价值。

数据已经成为现代社会的一种核心资产，其影响力遍及社会的各个方面。个人通过各种智能设备和在线平台产生的数据，不仅为自己带来了更加个性化和便捷的服务，也为企业提供了深入了解消费者行为的机会。企业利用数据分析来优化运营模式、提高生产效率、精准定位市场需求，从而在激烈的市场竞争中占据有利地位。政策制定者通过分析大规模的社会经济数据，能够更准确地预测经济发展趋势，制定更有效的公共政策。科研人员利用数据揭示自然界和社会现象的规律，加速科学发现和技术创新。在这个背景下，数据的价值不仅仅体现在其本身，更在于它如何被用来驱动知识的产生、促进效率的提升和创造社会价值。

在数据密集的时代，数据分析、大数据技术和人工智能等领域的迅猛发展为我们提供了前所未有的机遇。先进的数据处理技术和算法使我们能够有效地管理海量复杂的数据，从中提取有价值的信息，预测未来趋势，并为决策提供科学依据。人工智能，尤其是机器学习和深度学习技术，正在改变我们解决问题的方式，通过对大量数据的学习，提供精准的预测和个性化的解决方案。这些技术的广泛应用已经渗透到医疗健康、金融服务、城市规划、环境保护等众多领域，不仅为个人和企业带来便利和效率的提升，也为社会发展和人类福祉做出了巨大贡献。随着这些技术的不断进步和应用领域的不断拓展，我们有理由相信，数据时代将为世界带来更多的机遇，推动社会取得更大的进步，为人类带来更多的可能性。

二、数据改变科学发现的逻辑

科学的进步史历来是人类对未知世界探索与突破的历史，其中数据扮演的角色至关重要。随着科技的进步，尤其是大数据与人工智能技术的快速发展，数据给科学发现的逻辑带来了革命性的影响。这种影响不仅扩大了科学知识的边界，更根本地改变了科技创新的途径。在这个新的时代，数据不再仅仅是被动收集的信息，而是成为推动科技前进的强大动力。大数据和人工智能技术的应用，使我们能够从海量的数据中发现模式，提取知识，预测未来趋势，这种能力是前所未有的。随着更多的数据变得可用，我们能够以前所未有的深度和广度来理解世界，从而推动从自然科学到社会科学，再到艺术和体育等领域的研究和应用。这不仅是技术上的飞跃，更标志着我们对科学本质理解的深化。

在传统科学研究中，从理论假设到实验验证的过程往往是线性且缓慢的。但在数据科学的时代，这一过程被大大加速和扩展。大规模的数据集和强大的计算能力使得我们可以在短时间内分析和理解复杂的现象。这种方式不仅提高了研究的效率，也增加了研究的广度和深度。科学家现在能够处理的数据量和复杂度是以往无法想象的，这让我们能够探索新的科学问题，发现以前不可见的模式和关联。更重要的是，这种数据驱动的方法使科学研究更加民主化，因为它降低了科学探索的门槛，让更多的人能够参与到科学发现的过程中来。

随着数据的应用范围不断拓展，以前难以量化或理解的社会现象现在可以被深刻地洞察。大数据技术使我们能够从各种数据源中提取有价值的信息，这不仅加深了我们对这些现象背后规律的理解，也为社会科学研究提供了新的工具和方法。这种跨学科的研究方法打破了传统学科间的界限，促进了不同领域之间的交流和合作，为解决复杂的社会问题提供了新的思路和手段。

数据驱动的科学发现加速了知识的积累、改变了认识世界的方式，从而推动了新一轮科技革命和产业变革的产生和持续演进。科技革命在数字科学、物理科学、生物科学等众多领域的多源突破和协同推进，很大程度上得益于科学数据的积累和人工智能的应用。这些技术不仅使科学家能够更快地发现新知识，也拓展了研究的可能性，让我们能够探索以前难以触及的问题。

数据推动科技创新的动力源于自我强化的正向循环模式。数据的增加促进了科技创新，科技创新带来了更高效的研发活动，进而生产出更多的产品。这些新产品在生产和使用过程中产生的数据量又会进一步积累，为未来的科技创新提供了更加丰富的资源，从而形成一个持续自我强化的正向循环。这个循环不仅加速了科学发现的进程，也使得科技创新的主战场逐渐从实验室转移到了产业应用中，科学研究与产业实践之间的界限越来越模糊。这样的循环使科技创新不断地自我更新和加速，带来更广泛的社会利益和经济价值。

在数据时代，数据不仅拓展了科学知识边界，更改变了科学发现的逻辑和方式。这种变化要求我们在教育、政策制定、资源配置等方面进行相应的调整，以适应科学发现和技术创新的新模式。我们需要培养具有数据科学素养的人才，制定促进数据共享和合作的政策，投资于数据基础设施的建设，以支持科学研究和技术创新的新趋势。这不仅是对技术的挑战，更是对我们理解和实践科学的方式的一次深刻变革。

三、数据变革农业生产的方式和内容

在这个由数据驱动的时代，农业正在经历一场划时代的变革。随着大数据和人工智能技术的突破和普及，传统农业的生产方式和管理内容发生了根本性的改变。这些技术的融合不仅极大地提升了农业生产的效率和精度，还引领农业朝着更加可持续和环保的方向发展。通过对海量数据的分析，现代农业能够实现精准种植和管理，从而有效提高资源利用率，减少浪费，并优化作物产量和品质。这种基于数据的农业革新，不仅促进了农业生产的科学化和智能化，也为农业的长期可持续发展奠定了坚实的基础，展现了数据技术在推动农业现代化进程中的巨大潜力和价值。

随着现代技术的融入，传统依赖经验和直觉的农业生产方式正在向基于数据的科学决策模式转变。利用卫星遥感技术、土壤传感器等先进工具，可以实时监测农田的各种状态，如土壤湿度、养分含量、作物生长情况等，为农民提供精确的种植指导。这种基于数据分析的决策过程大大提高了资源使用的精确性，显著减少了水资源和化肥的使用，从而提高了作物产量和质量。通过对大量数据的收集和分析，农业生产过程变得更加高效和环境友好，农业生产不仅满足了当前的生产需求，同时也考虑到了对生态环境的长期影响。

数据分析的进步还极大地增强了农业生产的灵活性和适应性。通过精确预测天气变化和深入理解市场需求，农民可以更加灵活地规划种植周期和选择作物种类，有效提升了农产品的市场竞争力。个性化农业生产也成为现实，每块土地都可以根据其特定的环境条件接受最适宜的管理策略，实现了资源利用的最大化和作物产量的优化。这种数据驱动的个性化管理不仅提升了农业生产的整体效率，也为消费者提供了更多样化和高质量的农产品。

在推动农业向可持续发展方向转变的过程中，数据技术发挥了不可或缺的作用。通过对农业生产全过程的精确控制，如合理调配水肥，减少了对环境的负面影响，保护了生态平衡。数据分析的应用还帮助农业生产者监控和评估他们的生产活动对环境的具体影响，为采取更加环境友好的生产措施提供了科学依据。这不仅体现了农业生产对环境保护的责任感，也展示了数据技术在推进绿色农业、实现生态与生产和谐共生方面的巨大潜力。

在未来，数据驱动的农业将变为提供定制化个人营养解决方案的服务业。通过精细分析消费者的健康数据、饮食习惯和个人偏好，这种农业模式能够精确预测每个人的营养需求，并据此指导作物的种植、管理和加工，实现个性化食品生产。农业将不再是单一的农产品生产，而是转型为一个综合性的服务业，能够为消费者提供从田间到餐桌的定制化营养服务。这种服务不仅提高了食品的营养价值和个性化水平，还极大地促进了消费者健康生活方式的实现。通过这样的转型，农业将成为连接健康、技术和消费者需求的重要纽带，开启一个以数据和科技为核心、面向未来的营养服务新时代。

四、数据使制造更智能

在制造业领域，数据的融入正在催生一场前所未有的革命，将传统的生产模式推向智能化新纪元。物联网（IoT）、人工智能（AI）、机器学习等前沿技术的应用，不仅标志着制造业从劳动密集型和经验驱动型向数据驱动型的转变，也极大地提升了生产过程的智能化水平。这种变革不仅显著提高了生产效率和产品质量，还使企业能够更敏捷地适应市场的变化，应对各种挑战。通过深入分析和利用数据，企业可以实现更加精细化的生产管理和决策，从而在激烈的市场竞争中占据有利地位。智能制造的实践表明，数据不仅是提高生产力的工具，更是推动制造业创新和升级的关键因素。

在智能制造的新时代，生产设备和系统成为数据收集和分析的前沿阵地。通过在生产线上部署传感器，实时收集关于机器状态、生产环境、物料消耗等方面的数据，企业能够实现对生产过程的实时监控和管理。这些数据经过深入分析后，不仅可以用于及时发现设备的潜在问题，预测维护需求，减少设备故障导致的生产中断，还能够帮助企业优化生产流程，如调整生产计划、优化资源配置等，实现生产资源的最高效利用。通过这种方式，智能制造大大减少了生产中的浪费，提高了生产的连续性和灵活性，为企业带来了显著的成本优势和市场竞争力。

随着市场需求的多变性和个性化趋势的增强，数据技术的应用使得制造过程能够快速而灵活地调整。通过分析和利用客户需求数据，制造商现在能够在产品设计初期就考虑到消费者的个性化需求，实现定制化生产。这种基于数据的市场预测和生产调整，不仅加快了产品开发的速度，还提高了产品的市场适应性和消费者满意度。制造企业通过灵活调整生产线，能够及时响应市场变化，缩短产品上市时间，从而在竞争中抢占先机。

数据技术还在供应链管理方面发挥着重要作用。通过实时收集和分析供应链中的数据，制造企业可以更精确地管理库存，优化物流配送路线，降低运营成本，提高供应链的整体效率。这种数据驱动的供应链管理策略，不仅提高了物料供应的及时性和准确性，减少了库存积压和物流成本，还使企业能够更快地适应市场需求的变化，提升了整个供应链的响应速度和客户满意度。

在未来，全生命周期都由数据驱动的智能制造将彻底改变产品从设计、原材料采购、生产、物流到最终的消费和报废回收的每一个环节。在这里，人工智能和机器学习算法能够分析消费者行为和市场趋势，指导产品的创新设计。物联网技术让原材料的采购和使用更加高效，确保资源的最优配置。生产过程中，实时数据监控和预测性维护系统能够预防任何潜在故障，保障生产线的顺畅运行。智能物流系统根据实时需求和交通状况调整配送计划，优化配送路线。最终，产品的使用数据被收集和分析，通过数字孪生为即时的产品迭代提供宝贵输入，同时促进产品末期的报废回收利用。这种由数据驱动的全生命周期智能制造模式，不仅提高了生产效率和产品质量，还实现了资源的高效可持续利用，开启了制造业全新模式。

五、数据重新界定服务业的质量和效率

在数据时代，数据已经从单纯的数字和字符转变为服务业创新的催化剂。这种变革横跨金融、医疗、商贸、旅游、气象服务等所有服务行业，通过数据的力量创新服务内容，显著提高服务的质量和效率。这不仅改善了消费者体验，也使我们的日常生活更加丰富、方便。数据的应用正在重塑服务行业的面貌，揭示了其对现代社会进步的深远影响。

数据是金融界的魔法师。在当代金融界，数据分析将成为推动行业革新和优化决策的核心力量。随着大数据技术的飞速发展，银行和其他金融机构正变得越来越依赖于对客户数据的深度挖掘与分析。通过综合分析消费者的消费习惯、投资偏好以及生活方式等多维度信息，金融服务提供者能够在用户尚未完全明确自己的需求之前，便预见性地提供定制化的金融产品和解决方案。这种高度个性化的服务模式不仅极大地提升了用户体验，增强了客户忠诚度，也显著地提高了金融机构的业务效率和市场竞争力。数据分析在风险管理领域也发挥着至关重要的作用。通过对历史交易数据的系统分析，金融机构能够构建更为精确的风险评估模型，有效预测并控制贷款违约风险，防范信用卡欺诈等问题，从而优化信贷策略，降低不良资产比率。这种基于数据驱动的风险管理策略，不仅保障了金融机构的资产安全，也提升了整个行业对于市场动态的适应能力和稳健性。数据分析还能支持金融机构在产品设计、市场定位、客户服务等多方面进行创新，通过精细化管理和服务，进一步巩固其在激烈的市场竞争中的地位。数据这个魔法师不仅是金融机构赢得竞争优势的重要工具，更是推动金融行业持续健康发展的关键因素。随着

数据分析技术的不断进步和应用范围的扩大，其在金融领域的影响力会进一步增强，引领金融服务向着更加智能化、个性化的方向发展。

数据是电子商务市场的领航者。在电子商务的广阔天地里，数据分析已经成为驱动行业前进的不可或缺的引擎。电商平台通过对用户的购买历史、浏览习惯、偏好的综合分析，能够精准地提供个性化的商品推荐，这样的定制化服务极大地丰富了用户的购物体验，提高了用户满意度，并显著增加了平台的用户回购率。个性化推荐不仅锁定了用户的需求，还通过提高转化率和用户黏性，为电商平台带来了更高的业务增长量。数据分析还在营销策略的制定和执行过程中发挥着关键作用。通过对大数据的挖掘和分析，电商能够更有效地识别目标市场和客户群体，设计出更加精准和有针对性的营销活动，从而提高广告的投放效率和投资回报率。数据分析在库存管理中也显示出其不可替代的价值。通过预测销售趋势和消费者行为，电商平台能够更精确地调整库存量，减少积压，降低库存成本，同时确保满足市场需求，提高整体的运营效率和盈利能力。在数字化浪潮席卷全球的今天，电子商务依靠数据分析，不仅优化了消费者的购物旅程，还实现了业务流程的高效管理。数据的力量正在重新定义市场竞争的规则，使电子商务成为数字时代的市场拓展者，开辟了创新与增长的新路径。

数据是高效物流的幕后英雄。在物流行业，数据分析的应用对于实现高效运作至关重要。物流公司通过对订单数据、运输路线以及货物流动的综合分析，能够优化仓库管理，精确规划配送路径，显著提升配送效率。这样的数据驱动策略不仅大幅降低了物流成本，也显著提高了客户的满意度。特别是在面对高峰期订单激增的挑战时，数据分析的作用变得尤为重要。通过预测未来需求趋势，物流公司可以合理调配资源，确保服务的质量和效率得到保障。利用实时数据分析，物流行业能够迅速响应各种突发事件，确保货物能够安全且高效地送达目的地。通过充分利用数据分析，物流行业不仅能够提升自身的运营效率，还能为整个供应链生态系统带来更大的价值，展现了数据在推动物流行业持续进步中的核心作用。

数据是交通运输的流畅之道。在当今社会，随着城市化进程的加快，交通拥堵已成为影响城市发展和居民生活质量的重要因素。幸运的是，数据分析技术的发展正为我们提供解决交通拥堵问题的新思路。通过收集和分析交通流量数据，交通管理部门能够更精确地控制交通灯，实现信号配时的优化，从而有效缓解交叉口的交通压力。通过对各主要道路的流量进行实时监控，能够及时调整路线规划，引导车辆合理分布，避免部分路段过度拥堵。对于公共交通系统而言，数据分析同样发挥着重要作用。基于对乘客流量和出行模式的分析，公共交通运营机构可以制定更加合理的运输计划和调度策略，不仅提高了公共交通工具的运行效率，也极大地改善了乘客的出行体验。例如，通过预测高峰时段乘客流量，可以适时增加班次或使用容量更大的交通工具，以减少等候时间，提升服务质量。这种基于数据的智能交通管理，不仅让城市交通运输更加高效，也为城市的可持续发展提供了强有力的支撑。

数据实现文化旅游的个性推荐。随着旅游市场的日益成熟和旅游者需求的多样化，传统的一刀切式旅游服务已经无法满足现代旅游者的需求。数据分析技术的应用，使得旅游服务能够向个性化、定制化方向发展。通过分析旅游者的行为数据、偏好和历史旅行记录，旅游服务提供商能够推荐更加符合旅游者期望的目的地和活动，使每一次旅行都能成为旅游者个性化的体验。例如，对于喜欢历史文化的旅游者，系统可以推荐拥有丰富历史遗迹的目的地和相关的文化活动；对于爱好自然和探险的旅游者，系统可以推荐自然风光旖旎的国家公园或者户外探险活动。此外，数据分析还能帮助旅游景点更有效地管理游客流量，通过对游客访问时间、停留时长的分析，合理安排景点的开放时间和游览路线，有效避免高峰期的拥挤，提升游客的旅游体验。这种个性化的旅游推荐服务，不仅使旅游者的旅行更加丰富多彩，也为旅游业的发展注入了新的活力。

数据提升气象服务的精准性。在气象服务领域，数据分析的应用已经使天气预报的准确性和实用性达到了新的高度。通过收集和分析覆盖全球的大量气象数据，包括气温、湿度、气压、风速等，气象学家能够构建更为精确的天气模型，提供及时准确的天气预报。这种精准的预报对于农业生产、航空航海、城市规划乃至日常生活决策都具有重要意义。例如，准确的降雨预报可以帮助农民合理安排播种和灌溉，而及时的暴风雨警报则可以减少人员伤亡和财产损失。此外，气象服务的精准化还能帮助我们更好地应对气候变化带来的挑战，通过对极端天气事件的预测和分析，可以采取有效的适应和减缓措施，减少自然灾害对社会的影响。随着数据分析技术的不断进步和气象观测手段的持续改进，未来的气象服务将更加精准、更加个性化，更好地服务于社会和人民的需求。

在未来，数据将成为服务业革新的最核心力量，引领内容提供、服务质量和效率的全面升级。借助先进的数据分析技术，企业能够实现个性化服务的极致定制，通过深入挖掘用户偏好和行为模式，精准提供符合用户需求的服务内容。同时，数据将使服务质量评估和优化变得前所未有的精确，企业通过实时反馈机制快速调整服务策略，提升用户满意度。在效率方面，智能算法将预测并优化服务流程，显著减少等待时间，提高服务交付速度。综合来看，数据的全面应用将推动服务业向更加智能化、个性化和高效率的方向发展。

六、数据让城市更智慧

数据让城市更智慧。随着大数据、互联网、物联网（IoT）和人工智能技术的迅猛发展，我们正见证着城市管理和服务方式的革命性变革。智慧城市概念的提出，正是基于这些技术进步，目的是利用先进的数据处理能力，实现城市运营的高效与智能化。这不仅显著提升了城市运行的效率，改善了居民的生活质量，还为城市的长期可持续发展奠定了坚实的基础。通过智能化的管理，城市变得更加生动灵活，能够快速适应不断变化的需求和挑战，确保社会的和谐与经济的繁荣。

数据的集成和分析能力是实现智慧城市的基石。在这个信息爆炸的时代，城市各个角落部署的传感器和监控设备成为城市神经系统的一部分，实时收集着关于交通、环境、公共安全、能源使用等方面的宝贵数据。这些数据不仅仅是数字和图表，它们代表着城市的生命线，反映着城市的健康状况和运行效率。通过先进的数据分析技术，这些数据被转化为有价值的信息，为城市管理者提供决策支持，使他们能够实时响应交通堵塞、空气质量下降等城市问题。这种数据驱动的管理方式，不仅提高了城市管理的智能化水平，也为城市居民提供了更加舒适和安全的生活环境。

在交通管理方面，智慧城市通过数据分析技术的应用，实现了对交通流量的优化和拥堵的有效减少。智能交通系统通过实时分析交通数据，能够智能调整信号灯周期，优化公交车路线和发车间隔，减轻交通压力。这种基于数据的交通管理，不仅提高了道路的通行效率，也为城市居民节省了宝贵的时间。同时，利用大数据分析历史交通模式，城市规划者能够更加科学地进行道路、桥梁等基础设施的规划和建设，从根本上改善交通状况，提升城市的整体运行效率。

在环境保护方面，智慧城市利用实时监测数据来保护和改善城市环境。通过对空气质量、水体状况的持续监测，智慧城市能够及时发现污染问题并采取相应措施。数据分析帮助城市管理者识别污染源头，制定更加精准有效的环境政策。同时，智能电网技术的应用优化了能源分配和使用，提高能效，减少浪费，推动了绿色能源的利用。这些措施共同构建了一个环境友好型的智慧城市，不仅提升了居民的生活质量，也为后代留下了一个更加宜居的环境。

在公共安全领域，智慧城市通过安装大量的摄像头和传感器等设备，实现了对城市公共区域的全方位监控。这种全时监控系统能够及时发现异常情况，快速响应公共安全事件。数据分析在这里发挥了关键作用，能够帮助安全管理部门预测和识别潜在的安全风险，有效预防犯罪和事故的发生。在遇到自然灾害等紧急情况时，智慧城市能够利用其强大的数据处理能力，迅速启动应急响应机制，组织救援力量，有效减轻灾害带来的损失，保护城市居民的生命财产安全。这些智能化的公共安全措施，不仅提高了城市的应急管理能力，也极大地增强了居民的安全感和满意度。

七、数据让公共服务均等化、普惠化、便捷化

在数据时代，数据的力量正逐渐渗透到我们生活的每一个角落，体现在就业、健康、卫生、医疗、社会保障、教育和养老等公共服务的每一个领域。数据不再仅仅是数字和信息的堆砌，它们是智慧决策的基础，能够显著提升公共服务的均等化、普惠化和便捷化。随着大数据、人工智能和云计算等技术的发展，我们正步入一个新的时代，一个通过数据驱动让公共服务更加人性化、高效化和均质化的时代。

在就业领域，数据分析软件已经成为政府和各就业机构不可或缺的工具。通过深入挖掘和分析就业市场的大数据，可以揭示哪些行业正在迅速发展，哪些职业需求量在增加，以及哪些领域可能面临衰退的风险。这种深入的市场洞察力使得政府能够提前布局，通过制定有针对性的职业培训和教育计划，帮助公民适应经济发展的新趋势，重新获得就业机会或提升现有职业技能。同时，个性化的就业推荐系统，基于个人的教育背景、工作经验和兴趣爱好，能够为求职者匹配最适合的工作岗位，大大提高就业的效率和满意度。这不仅为个人职业发展提供了强大支持，也为整个社会经济的稳健发展做出了

贡献。

在健康和卫生领域，数据技术的应用正在引发一场革命。通过对个人健康数据的收集和分析，医疗机构能够设计出更加个性化的健康管理和疾病预防方案。这不仅能够帮助个体更好地管理自己的健康状况，还能够在很大程度上降低重大健康问题的发生率。此外，实时监控公共卫生数据能够使政府和相关机构快速识别并响应突发的公共卫生危机，如传染病暴发，从而有效控制疾病的传播，保障公众健康安全。这种基于数据的健康管理和疾病预防策略，为公民带来了更加健康的生活，同时也减轻了医疗系统的压力。

在医疗服务领域，数据的应用正在推动医疗服务方式的根本性变革。通过对患者历史和实时健康数据的分析，医生可以为患者提供更精确、更个性化的诊断和治疗建议。这种方法不仅提高了医疗服务的质量和效率，还增强了患者的满意度和治疗效果。远程医疗服务的发展，特别是在偏远地区，极大地提高了医疗服务的可获取性和便捷性，确保每个人不论身处何地，都能享受到优质的医疗服务。

在社会保障领域，数据的精准分析和应用使得社会保障服务变得更加高效和目标明确。政府通过对大量社会保障数据的分析，确保各项福利和援助措施能够精准地分配给真正需要帮助的人群。同时，数据分析还能帮助政府评估社会保障计划的效果，优化资源分配，确保社会保障体系的可持续发展。这不仅提高了政府服务的透明度和公众信任，也增强了社会保障体系的公平性和效率。

在教育领域，数据分析正帮助教育机构向更加个性化和高效的教学模式转变。通过对学生的学习行为、成绩进步和兴趣爱好的分析，教师能够为每位学生制订符合其个性化需求的教学计划，极大地提高了教学的有效性和学生的学习兴趣。此外，通过数据分析，教育决策者能够更公平、更合理地分配教育资源，确保每个孩子都能享受到高质量的教育，不论他们属于何种社会背景。

在养老服务领域，数据技术的应用为老年人提供了更加贴心、更加便捷的服务。通过分析老年人的健康状况和生活习惯，养老服务机构能够提供更加个性化的照护服务，使老年人的生活质量得到显著提升。同时，智能家居和远程监控技术的发展，使得家庭成员能够实时掌握老年人的健康状况，即使远在他乡也能及时了解和响应，确保老年人安全、健康地享受晚年生活。

在未来，数据将成为公共服务领域的革命性力量，彻底改变就业、健康、卫生、医疗、社保、教育和养老等服务的提供方式。通过精准的数据分析和智能算法，就业匹配将变得无缝而精确，健康、卫生和医疗服务能够实现个性化定制，预防疾病并提高治疗效率，社会保障将更加精准地定向支持，教育资源将根据个人需求和能力优化分配，养老服务则通过实时监测确保老年人的健康和幸福。这一切将构建一个更加高效、公平和人性化的公共服务系统，极大地提升社会整体福祉。

八、数字支撑国家治理体系和治理能力现代化

数据技术的广泛应用正在引领着国家治理体系和治理能力的现代化，这不仅是一场技术革命，更是我们迈向以信息为核心的新时代的标志。大数据、云计算、人工智能（AI）和物联网（IoT）等先进技术的综合应用，为国家治理注入了新的活力和动力。通过这些技术的运用，我们不仅提高了治理的效率和效能，还推动了治理体系的不断创新和优化。从根本上说，这使得我们能够更加精准地管理和服务社会，解决日益复杂的社会问题。因此，数据技术的发展不仅是技术的进步，更是对社会治理理念和方法的革新，为我们进一步推动国家发展和社会进步提供了坚实的基础。

数据技术的应用在政府管理和决策中发挥了革命性的作用，极大地提升了政策制定的科学性和准确性。通过对海量数据的深入分析，政府可以实现对国家经济运行状态的实时监测，及时掌握经济活动的动态变化。这种监测不仅限于宏观经济指标，如 GDP 增长率、失业率等，还包括对微观经济活动的观察，比如消费者行为、企业生产活动等。通过利用大数据技术，政府能够预测经济趋势，及早识别潜在的经济风险，从而制定出更为科学合理的宏观调控政策。数据技术的应用还使政府能够深入了解社会各领域的实际需求和问题所在，比如通过分析就业数据，可以发现哪些行业或地区面临就业压力；通过分析教育和医疗数据，可以识别服务供给不足或不平衡的问题。这种基于数据的决策模式，大大提高了政府政策的针对性和有效性，为政府提供了强大的工具来引导和调控社会经济发展。

数据技术的应用还显著提升了公共服务的质量和效率。通过建立统一的数据平台，政府可以整合和共享各部门的信息资源，这不仅提高了数据利用的效率，也使得公共服务更加便捷和精准。在健康医疗领域，利用个人健康数据，政府可以为公民提供定制化的健康管理方案和医疗服务，既提高了服

务质量，也有助于提升整个社会的健康水平。在教育领域，通过分析学生的学习数据，政府能够为学生提供更加个性化的学习资源和指导，这不仅提高了教育的有效性，也促进了教育公平。基于数据的公共服务项目，如智能交通系统、在线政务服务等，极大地提高了公共服务的便捷性和满意度，增强了公众对政府的信任和满意度。

在提升社会治理的精细化和智能化方面，数据技术的应用展现了其巨大潜力。乡村振兴是一个典型的例子，通过集成应用大数据、云计算和物联网（IoT）技术，政府能够实时监测和分析农业生产、农村基础设施、环境保护等关键领域的数据，从而实现对乡村发展的精准指导和管理。这种基于数据的智能化治理不仅提升了农村地区的治理效率，还促进了农业现代化，改善了农民的生活质量，加快了乡村振兴的步伐。数据技术还被广泛应用于法律法规的执行和监督中，通过对相关数据的分析，政府能够提高执法的效率和公正性，有效打击犯罪，保护公民的合法权益。这些显示了数据技术在推动社会治理现代化进程中的关键作用，展现了信息技术带来的转型和升级潜力。

数据技术的广泛应用促进了政府治理模式的创新，通过开放数据和建立电子政务平台，政府与公民之间的互动变得更加频繁和直接。这种开放的数据环境鼓励了公民参与政策制定和社会治理，增强了政策的透明度和民主性。公民可以更容易地获取政府信息，参与公共事务的讨论和决策，这不仅提升了政府的公信力，也增强了社会的凝聚力。在这种治理模式下，政府能够更有效地响应公众需求，促进社会的和谐与稳定，为实现社会的长期繁荣提供坚实的基础。

九、数据的时代挑战

数据技术虽然为社会发展和国家治理带来了前所未有的机遇，但同时也面临着不少挑战。这些挑战既包括技术层面的问题，也涉及伦理、法律和社会等多个方面。解决这些挑战需要政府、企业和社会各界的共同努力，通过制定合理的政策和规范、加强技术研究和人才培养、推广公众教育和意识提升，来促进数据技术的健康发展和应用。

隐私保护和数据安全日益重要。在数字化时代，个人信息和数据的安全成为公众、企业乃至政府最为关注的问题之一。随着大数据、云计算、人工智能等技术的广泛应用，海量的个人数据被收集、存储和处理，这不仅带来了便利，也带来了前所未有的隐私泄露和数据安全风险。黑客攻击、数据滥用、未经授权的数据访问等事件频发，严重威胁着个人隐私和数据安全。为应对这些挑战，需要建立更加完善的数据保护法律体系，加强数据加密技术的应用，提高数据处理的透明度和安全性。公众对于个人信息保护的意识也需要进一步提高，通过教育和培训加强个人对数据安全的认识和保护能力。企业和组织在数据收集和使用过程中应遵循最小必要原则，确保收集的数据仅用于明确的、合法的目的，并采取有效措施保护数据不被滥用或非法访问。

数据的准确性、完整性和一致性要求越来越高。数据是现代社会的重要资产，数据质量直接关系到数据的有效利用和决策的准确性。然而，数据收集、存储和处理过程中可能存在的错误、重复或不一致问题，都会影响数据质量，从而导致错误的分析结果和决策失误。因此，如何确保数据的准确性、完整性和一致性，成为数据管理的一大挑战。高质量的数据管理需要从数据收集源头做起，建立严格的数据标准和质量控制流程，通过技术手段（如数据清洗、数据校验等）提高数据质量。同时，随着数据量的急剧增加，数据存储和处理的成本也在不断上升，如何有效地管理海量数据，确保数据的可访问性和可用性，同时控制成本，也是数据管理需要面对的重要问题。此外，随着数据应用的复杂性增加，跨部门、跨领域的数据整合和共享变得尤为重要，这就要求建立统一的数据管理平台，实现数据的标准化、集成化和高效利用。

技术发展不平衡可能加剧。在全球范围内，数据技术的发展水平存在明显差异。发达国家通常拥有更为先进的技术、更充足的资源和更成熟的应用场景，而发展中国家则面临技术落后、资源有限的挑战。这种不平衡的技术发展现状不仅加剧了全球数字鸿沟，也影响了技术红利的公平分配，限制了发展中国家利用数据技术推动社会发展和经济增长的能力。为了缩小这种差距，国际社会需要加强合作，通过技术转移、知识共享和能力建设等方式支持发展中国家提升数据技术能力。同时，发展中国家也需要积极探索适合自身国情的技术发展道路，加大在教育、培训和研发方面的投入，提高本国人才的技术水平，以更好地适应和利用数字化带来的机遇。

伦理和法律问题愈发凸显。人工智能和自动化技术的迅速发展引发了一系列伦理和法律问题。例如，算法偏见可能导致决策不公，侵害某些群体的权益；自动化决策的透明度不足，使得人们难以理解和质疑决策过程；人工智能的行为可能引起安全事故，但责任归属难以界定。这些问题不仅挑战现有的法律法规体系，也引发公众对技术伦理的深刻思考。因此，迫切需要建立一套全面的伦理准则和法律框架，既要保护个人权利和社会公正，也要促进技术的健康发展。这需要政府、行业组织、技术开发者和社会各界共同努力，通过对话和合作，形成共识，明确技术应用的界限和责任，确保技术发展既符合伦理标准，又能带来社会价值。

技能和教育供需失衡严重。随着数据技术的快速发展，对相关技能的需求也在不断增加。然而，当前社会上对这些高技能人才的供给显然不足，造成了明显的技能缺口。这不仅限制了技术的进一步发展和应用，也影响了经济的增长和社会的进步。解决这一问题，需要从教育和培训入手，改革现有的教育体系，加强 STEM（科学、技术、工程和数学）教育，同时提供更多的职业培训和继续教育机会，以满足不同层次的技能需求。此外，鼓励女性和少数群体参与科技领域的学习和工作，也是扩大技能人才库、促进技术多样性和创新的重要途径。政府、教育机构和企业都应承担起责任，通过提供资源、创造机会和建立激励机制，共同促进社会整体的技术教育和技能提升。

社会接受度和适应性急需提高。技术的快速变革给社会结构和就业市场带来了深远影响。一方面，新技术的出现促进了产业升级和经济增长，创造了新的就业机会；另一方面，它也可能导致某些行业的衰退，引起就业岗位的减少和技能要求的改变，进而引发社会不安和对新技术的抵制。因此，如何引导社会正确理解和接受新技术，平衡技术发展带来的利益和挑战，成为一个重要的社会问题。这需要政府和社会组织采取积极措施，通过公众教育和宣传增强社会对新技术的认识，通过政策引导和支持帮助受影响的群体进行技能转换和就业转型，确保技术变革的过程中不会造成社会的分裂和不公，而是促进社会的整体进步和包容性发展。

十、数据创造无限可能的未来

在未来，数据的潜能将被挖掘到前所未有的深度，其应用前景不仅将彻底改变我们的日常生活方式，还有潜力重塑人类的认知边界和整个社会结构的基础。随着大数据、人工智能、机器学习等技术的飞速发展，数据正逐渐成为驱动全球创新的核心力量。在这个数据创造无限可能的世界里，我们可以预见一系列颠覆性的变化和进步。从智能化的城市管理、个性化医疗解决方案，到教育、农业、能源等领域的革新，数据的应用将横跨社会的各个层面。更进一步地，数据的力量也将推动人类社会向着更加智能、高效和可持续的方向发展，同时促进全球范围内的经济增长和社会福祉。在探索宇宙奥秘、应对全球性挑战等宏大议题上，数据同样扮演着不可或缺的角色。因此，我们正站在一个由数据驱动的新时代门槛上，面对着无限的可能性和挑战。

数据将成为连接现实世界与数字宇宙的桥梁，这一进程在未来将达到前所未有的深度和广度。随着虚拟现实（VR）、增强现实（AR）技术的日益成熟，以及元宇宙概念逐步变成现实，数据的存在和应用已经远远超越了传统的二维界面。我们不仅可以通过三维数据可视化技术在虚拟空间中以全新的视角和方式探索宇宙的奥秘，模拟复杂的社会经济系统，还能在数字世界中创建和体验一个完全不同的自我。这种前所未有的能力，使得人们能够在虚拟环境中进行实验、学习、娱乐，甚至进行社会实践，而这一切都是基于对海量数据的深度分析和高度仿真模拟。在这个过程中，数据不仅仅作为信息的载体，更是连接现实与虚拟、个体与世界的纽带。通过捕捉现实世界的细节，数据可以被转化为虚拟环境中的模拟对象，为用户提供沉浸式的体验。同时，这种跨界的数据应用也为研究者和开发者提供了一个无限宽广的试验场，允许他们在无风险的环境中测试新的理念和技术，推动科学、教育、娱乐等多个领域的进步。更重要的是，这种数据驱动的虚拟与现实的融合，将极大扩展人类的想象力和创造力。个人可以在虚拟世界中构建和体验自己理想的生活方式，社会可以利用这些技术来模拟和解决复杂的社会问题。从个体到集体，从娱乐到教育，从科研到商业，数据和其背后的技术正开启着一个全新的世界，让每一个人都有可能成为创造者，共同参与到这个虚拟与现实交织的未来中。这种跨界的数据应用不仅预示着技术的飞跃，更标志着人类社会进入一个全新的探索和创造阶段。

数据技术的飞速发展将彻底革新人类的交流方式和社会关系的构建。随着自然语言处理技术和机器学习算法的日趋成熟，未来的通信模式将突破传统语言和文字的局限，人们之间的交流将有可能通过思维直接进行。这意味着，数据技术将能够捕捉、解析乃至转换人类的思维模式，使得思想的传递和分享变得更加直接、高效，从而极大地提高沟通的精确度和深度。这种深度交流的实现，不仅仅是技术层面的突破，更将引发社会结构和文化层面的深刻变革。在这样的交流模式下，人与人之间的联系不仅会变得更加紧密——因为能够更深入地理解彼此的思想和感受，同时也将变得更加复杂——因为思维直接交流将带来更多层次的情感和认知交换。这种变化预示着未来的社会关系将基于更加真实和深入的个体理解，可能会催生全新的社会结构和文化形态，其中包括新的社交规范、合作模式以及冲突解决机制。随着这种全新交流形式的普及，我们可能会看到一个更加紧密而复杂的全球社会网络的形成，其中数据技术不仅仅作为信息传递的工具，更成为构建人类关系和社会组织的基石。

数据技术将成为推动人类生活个性化和定制化发展的关键力量。未来的生活场景中，从我们居住的环境布局、工作的模式方法，到休闲娱乐的选择，乃至健康管理的方案，都将深受数据影响和驱动，实现前所未有的个性化定制服务。人工智能技术凭借对大数据的分析和学习，能够精准捕捉到每个人独特的喜好、习惯和需求，进而提供最为贴合个人期望的产品和服务。这不仅仅体现在消费品的推荐上，更延伸至生活的各个方面，比如根据个人健康数据定制的饮食和运动计划，或是基于生活习惯优化的居家环境智能调控、个性化的职业发展路径规划等。这种高度定制化的生活方式，不仅使得每个人的生活更加贴合其个性和需求，而且极大地提升了生活的便捷性、舒适度和幸福感。在数据驱动的未来世界中，个性化和定制化服务将成为提高生活质量的重要手段，人们可以享受更加丰富多彩、健康快乐的生活。

未来数据技术将不断深入探索人类与机器的共生关系，开启一场生物技术与数据技术融合的革命。随着这两大领域的交汇，我们可能会见证数据驱动下的生物改造成为现实，其中人类可以借助先进的技术手段显著强化自身的身体能力、延长生命期限，乃至获得远超自然界范畴的感知能力。这种前所未有的进步意味着数据将不再仅作为外部信息的集合存在，而是转化为影响人类生理结构和认知功能的关键要素，从而深刻影响着人类的生活方式和自我认知。在这个过程中，人与机器之间的界限将逐渐模糊，人机共生将不再是科幻小说中的情节，而是现实生活中的常态。这种共生关系的建立，将带来诸多领域的创新与突破，包括医疗健康、工作效率、学习能力等方面的显著提升。

总之，在未来的发展道路上，数据无疑将成为推动前进的关键力量，开启的应用前景广阔无垠。技术的持续进步与创新，特别是在人工智能、机器学习、大数据分析等领域的突破，预示着数据将在医疗健康、环境保护、教育创新、智能制造等更加多样化的领域中释放出巨大的潜能，为人类社会带来深刻的变革和飞跃式的进步。

目 录

第一章

全面认识数据要素

第一节　数据的内涵、分类与特征

一、数据与数据要素

数据是数据要素的基础和源泉，数据要素是数据价值的体现和转化，二者存在紧密的内在联系，共同推动着经济社会的发展进步。在数字经济时代，数据和数据要素的概念边界变得模糊，二者的内涵高度重合，都强调了数据在经济发展中的核心地位。因此，在某些场合下，为了行文流畅或强调数据价值，这两个概念可以互换使用。

（一）数据的内涵

数据是指通过观测、测量、采集、统计或其他方式获取的原始记录、事实或数值，是信息的基础和载体。数据有多种形式，如数字、文本、图像、声音、视频等，反映了客观事物的某些状态、属性或特征。数据可以是定性的，也可以是定量的，可以用于分析、解释和推断，以支持决策、研究和预测。数据本身不直接创造价值，但是作为原始资料和信息源泉，是进行分析、研究、决策的基础，是科学研究、生产经营、社会管理等各个领域不可或缺的重要资源。在现代信息社会，海量数据的存在和利用推动了各行各业的发展和进步。

（二）数据要素的内涵

数据要素是将数据视为生产要素或生产资源的概念，体现了数据在当代经济中的重要地位和作用。与传统的土地、劳动力、资本等生产要素不同，数据要素通过对数据的加工、分析和利用创造经济价值，为生产、服务、决策等领域提供支持和动力。在数字经济时代，数据要素与其他生产要素共同参与生产活动，成为推动经济社会发展的重要驱动力。数据要素的概念反映了数据资源在现代生产中的核心作用，是衡量一个国家或地区发展水平的重要指标。

（三）数据与数据要素的关系

数据和数据要素既有区别，又有密切的内在联系。数据是数据要素的基础和前提，没有数据就无法形成数据要素。数据是原始的记录和资源，而数据要素则将数据视为生产要素或生产资源，用于生产、加工和创造价值。数据要素的形成是数据价值的体现和转化过程。单纯的数据本身不直接创造价值，但当它被加工、分析和利用时，就转化为了数据要素，成为推动经济社会发展的重要动力。例如，通过分析用户浏览数据为其推荐个性化内容，实现精准营销；利用医疗数据训练人工智能模型，用于疾病诊断和治疗方案制定等，都是将数据转化为数据要素而创造价值的典型案例。数据要素的出现，标志着人类社会进入了一个新的数字经济时代，数据正在成为继土地、劳动力、资本之后的又一重要生产资源。

在数字经济时代，数据被视为新型生产资源，其价值和作用日益凸显，人们更多强调数据在生产和创造价值方面的作用，数据和数据要素这两个概念的界定变得更加模糊，无论称为“数据”还是“数据要素”，都强调了数据在经济发展中的核心地位，数据的内涵与数据要素的内涵高度重合。在本书中，对这两个概念不再做严格区分，为了行文流畅或强调数据价值，这两个概念会根据情况互换使用。

（四）数据的质量要求

高质量的数据是支撑有效决策、科学研究和技术创新的基础。随着大数据和人工智能等技术的发展，对数据的依赖程度日益加深，因此，维护和提高数据的质量变得尤为重要。数据的原始性、客观性、可度量性、准确性、完整性、一致性、及时性、可访问性、可解释性和可靠性共同构成了数据质量的多维框架。这些性质不是孤立存在的，而是相互关联的，共同影响数据的整体价值和应用效果。

1. 原始性

原始性是数据最基本的属性之一，指数据保持其最初收集时的形态，未经任何加工或修改。这种数据是最接近真实事件的直接记录，因此，它具有非凡的价值，尤其在需要精确分析和研究原始现象时。原始数据的完整性和真实性是科学研究、决策分析等领域不可或缺的，它确保了数据分析的起点是准确无误的，为后续的数据处理和分析提供了坚实的基础。在处理原始数据时，保护其不受损害和篡改至关重要，这要求在数据收集、存储、传输等各个环节采取严格的数据安全措施。例如，在医学研究中，原始的临床试验数据必须被精确记录和妥善保存，以便于未来的分析、验证和复查。原始性保证了数据分析的客观性和可靠性，是维护数据质量的首要条件。

2. 客观性

客观性是衡量数据是否能够公正无偏地反映被观察现象的重要属性。数据的客观性要求在数据的收集、记录和分析过程中尽可能减少主观因素的干扰，确保数据准确地反映了实际情况，而不是受到研究者个人偏好、预设立场或外部压力的影响。客观性对于保障数据分析的准确性和公正性至关重要，是科学研究、市场分析、政策制定等领域中不可或缺的数据品质。为了维护数据的客观性，研究设计需要公平无偏，采样方法要公正合理，数据收集和处理过程应透明化，可供审核。例如，在进行市场调查时，选择的样本群体应广泛且多样，以避免数据偏差，确保研究结果的客观性和普遍适用性。

3. 可度量性

可度量性描述了数据能够被定量化并以数字形式表达的特性。这使得数据不仅仅能够被观察和描述，更重要的是，可以被精确度量和分析。具备高度可度量性的数据是进行统计分析、建立数学模型和做出科学预测的基础。它允许研究人员和分析师通过数字来评估对象的大小、强度、频率等，进行比较和排序。在经济学、工程学、社会科学等领域，可度量性使得复杂的问题可以通过数学和统计方法来解决，提高了研究和分析的精确性和效率。为了提高数据的可度量性，必须采用标准化的测量工具和单位，确保数据收集的一致性和可比性。例如，在进行环境监测时，使用国际认可的测量标准和仪器可以确保收集到的数据具有高度的可度量性，便于进行跨区域和跨时间的比较分析。

4. 准确性

准确性在数据的所有属性中占据着核心地位，它直接关系到数据是否能真实、精确地反映被观测或测量对象的实际状况。一个数据的准确性决定了其在后续分析和决策中的可信度。数据准确性的高低取决于数据收集、处理和分析过程中的严谨性和精确性。在任何领域，错误的数据都可能导致错误的结论和决策，从而带来不利的后果。例如，在医药研究中，准确的实验数据对于确保药物的安全性和有效性至关重要。为了提高数据的准确性，必须采用校准的仪器、有效的数据收集方法，遵循严格的质量控制流程。此外，数据准确性的评估和验证也是一个不可或缺的步骤，它通常涉及数据的校对、比对和逻辑检验。

5. 完整性

数据的完整性指的是数据集包含了进行全面分析所需的所有关键信息，没有缺失和遗漏部分。一个数据集的完整性对于确保分析结果的全面性和深度至关重要。不完整的数据可能会导致分析的偏差，影响决策的有效性。例如，在进行市场分析时，如果某个关键维度的数据缺失，可能会忽视重要的市场趋势或消费者行为，从而导致错误的市场策略。保持数据完整性的措施包括确保数据收集过程的全面性、建立数据备份和恢复机制，以及定期进行数据质量的检查。此外，数据整合过程中的一致性和准确性也对维护数据集的完整性至关重要，需要采用合适的技术和方法来整合不同来源的数据。

6. 一致性

数据的一致性指数据在不同时间点和数据源之间保持格式和内容的统一。在大规模和复杂的数据环境中，维持数据的一致性挑战重重，但这对于确保数据分析的有效性和可靠性极为关键。一致性的数据可以简化数据处理流程，减少数据清洗和预处理的工作量，提高数据分析的效率。在跨部门或跨系统协作时，一致性数据的重要性更加凸显，它确保了信息的准确传递和有效沟通。例如，在供应链管理中，从原料采购到产品销售的每个环节，数据格式和标准的一致性是高效协作和精准决策的基础。实现数据一致性的策略包括制定统一的数据标准、采用集中的数据管理系统和实施定期的数据质量审查。

7. 及时性

数据的及时性是指数据能够反映最新情况或事件，确保信息的当前性和相关性。及时性对于做出快速反应和决策尤为重要，特别是在变化迅速的环境中。例如，在金融市场，实时数据对于交易者来说至关重要，因为市场条件在短时间内可能发生显著变化，稍纵即逝的交易机会要求快速准确的数据支持。为了保证数据的及时性，需要建立有效的数据收集、处理和分发机制，确保数据从源头到最终用户的流转时间最短。此外，采用自动化工具和技术，进行实时数据流处理和数据推送服务，可以大幅提升数据更新的频率和速度，使决策者能够依据最新信息做出响应。

8. 可访问性

数据的可访问性指的是数据对于用户而言易于获取和使用的程度。高可访问性的数据可以确保所有有权利和需要的人都能够在适当的时间和地点使用数据，这对于增强数据的实用价值和促进信息共享至关重要。例如，政府公开数据平台的建设使得公共数据对公民和企业更加透明和可用，从而支持公共服务的改进、促进社会参与。为了提高数据的可访问性，需要考虑数据的存储位置、格式转换、界面友好性和权限管理等多个方面，确保数据能够以兼容、易用的方式被广泛访问。实施数据标准化、构建用户友好的查询接口和提供充足的文档与支持，都是提升数据可访问性的有效措施。

9. 可解释性

数据的可解释性关注数据及其背景信息能被用户理解的程度。这包括数据的来源、收集方法、意义以及如何被处理和分析的详细说明。数据的可解释性对于建立用户对数据的信任、促进数据的正确解读和应用至关重要。在医疗健康领域，对患者检测数据的可解释性要求尤为严格，医生和患者需要准确理解检测结果的含义，以便做出正确的医疗决策。增强数据的可解释性需要提供清晰的元数据、详细的数据字典和用户指南，以及增强对数据处理流程的透明度。通过这些措施，数据的使用者可以更好地理解数据的背景，正确解读数据含义，有效利用数据进行决策和分析。

10. 可靠性

数据的可靠性是指数据在多次收集或测量过程中保持一致性和稳定性的特性。它体现了数据的重复性和可信度，是评价数据质量的关键指标之一。在科学研究、技术开发、商业决策中，可靠性高的数据能确保分析结果的准确性和推论的有效性。例如，药物临床试验中，可靠的数据是评估药物效果和安全性的基础。为了提高数据的可靠性，需要采取严格的实验设计、标准化的数据收集流程以及有效的数据质量控制措施。数据的重复测量、交叉验证和错误检查等方法也常被用于评估和增强数据的可靠性。确保数据可靠性的同时，也夯实了数据分析和决策过程的基础，使得基于这些数据的结论更加坚实可信。

二、数据的分类

数据可以根据多种标准进行分类，这些分类反映了数据的性质、来源、结构和用途。

（一）按数据的格式分类

数据可以根据其格式被分为结构化数据、非结构化数据和半结构化数据。这种分类依据的是数据的格式化程度、存储方式和可查询性。不同类型的数据在处理、存储和分析方面有着不同的特点和要求。

1. 结构化数据

结构化数据指的是那些以固定格式存储的数据，通常存储在关系数据库中，如 SQL 数据库。这类数据容易被计算机程序和人类理解和操作，因为它遵循一定的模式，比如表格形式，每一列均有固定的数据类型和含义，每一行则代表一条记录。结构化数据的典型例子包括在线购物网站的订单信息、银行交易记录等。由于其高度组织化的特点，结构化数据可以通过标准的数据库查询语言（如 SQL）进行高效的查询和分析，是数据分析和报表生成中最常用的数据类型。

2. 非结构化数据

非结构化数据是指不遵循固定格式、难以存储在传统关系数据库中的数据。这类数据包括文本文件、电子邮件、视频、音频、社交媒体帖子等。非结构化数据的内容和格式多样，不遵循预定义的数据模型，因此处理起来比结构化数据更为复杂。尽管非结构化数据的分析和处理难度较大，但它占据了企业和互联网上大部分的数据量，包含了丰富的信息和知识，是大数据分析和人工智能领域的重要资源。

3. 半结构化数据

半结构化数据介于结构化数据和非结构化数据之间，它不符合严格的数据模型结构，但包含标签或其他标记性质的元素，这些元素用来标识数据的某些组成部分。半结构化数据的典型例子包括 XML 文件、JSON 文件和电子邮件头部信息。这类数据虽然不如结构化数据那样易于查询，但其自带的结构信息使得它比非结构化数据更易于处理和分析。半结构化数据既保留了非结构化数据的灵活性，又具有一定程度的可查询性和组织性，适用于需要灵活数据模型的应用场景。

（二）按数据的安全等级分类

从数据安全和敏感性的角度出发，数据可以根据其对组织或个人隐私的重要性以及泄露后可能造成的损害程度被分为不同的安全等级。这种分类有助于指导数据的处理、存储和传输过程中应采取的安全措施。虽然具体的分类标准可能因国家、行业和组织而异，但按照安全等级通常可以将数据分为以下几类。

1. 公开数据

公开数据是那些可自由共享和访问，不含敏感信息，对个人或组织造成损害的风险极低的数据类型。这类数据的典型例子包括政府网站上的统计数据、科研论文中的研究结果、公共领域的历史文档等。由于这些数据的公开性，它们主要用于提供信息、教育公众、促进透明度和支持学术研究。公开数据通常不需要特殊的安全措施，但仍然需要确保数据的准确性和真实性，以维护信息来源的信誉和可靠性。

2. 内部数据

内部数据指的是组织内部使用，不对外公开的数据，它可能包括公司的财务报表、内部策略文件、员工个人信息等。虽然这类数据不含直接的敏感信息，但未经授权的泄露仍可能对公司的日常运营和声誉造成负面影响。因此，保护内部数据需要适当的安全措施，比如限制数据访问权限、使用密码保护文件等，以确保数据仅对授权人员可见，从而保障组织的内部信息安全和业务连续性。

3. 敏感数据

敏感数据涉及个人隐私或组织安全的信息，如个人的财务状况、商业秘密等。这类数据的未授权访问或泄露可能导致个人隐私被侵犯或组织竞争优势的丧失。因此，对敏感数据的保护要求使用更高级别的安全措施，比如数据加密、安全的数据传输协议以及访问控制机制。确保敏感数据的安全对于维护消费者信任、遵守法律法规和保护组织利益至关重要。

4. 机密数据

机密数据是指那些极为重要的信息，如个人健康记录、政府机密文件等，其泄露可能对个人、组织或国家安全造成严重后果。保护这类数据需要采取最严格的安全措施，包括但不限于使用高级加密技术、实施严格的物理访问控制以及定期进行安全审计。管理机密数据的组织通常还需要遵循特定的法规要求，确保数据处理过程符合法律和伦理标准，以防止数据泄露和滥用风险。

5. 受限数据

受限数据涉及最高级别的安全敏感信息，包括涉及国家安全的信息、某些高级商业秘密等，其泄露可能导致极其严重的法律和财务后果。对于受限数据，除了采取最高级别的物理和网络安全措施外，组织还必须遵循严格的法律框架和政策指导，如定期进行背景审查和安全培训。受限数据的管理还涉及限制数据访问的范围，确保只有经过严格审查和授权的人员才能接触到这些数据，以及实施数据使用的严格监控和记录，确保数据安全和合规性。

（三）按数据产生的渠道分类

数据按照产生的渠道分为用户产生的数据、企业运营数据、机器和传感器数据、公共数据以及研究和学术数据。这些分类反映了数据的来源、收集方式以及其在实际应用中扮演的角色。理解这些分类有助于更好地制定数据管理策略，实现数据的有效利用和价值最大化。随着技术的进步和应用领域的拓展，数据的分类和应用场景将持续演进，带来更多的机遇和挑战。

1. 用户产生的数据

用户产生的数据源自个人或群体在互联网上的活动，包括但不限于社交媒体互动、在线购物行为、搜索历史以及各种在线服务的使用情况。这类数据反映了用户的偏好、习惯和行为模式，为企业提供了洞察消费者需求和市场趋势的宝贵资源。通过深入分析这些数据，企业能够设计更符合用户需求的产品和服务，实现个性化的市场营销策略，从而在竞争激烈的市场中获得优势。用户产生的数据的有效利用，不仅能够提升用户满意度和忠诚度，也是推动企业创新和发展的关键因素。

2. 企业运营数据

企业运营数据涵盖了企业在其日常运营过程中产生的各种数据，比如财务记录、销售数据、库存状况、人力资源管理信息等。这些数据是企业评估自身运营效率、财务健康状况和市场表现的基础，对于指导企业决策、优化运营流程、提高生产效率及实现成本控制具有重要意义。准确而全面的运营数据能够帮助企业管理层洞察业务状况，识别潜在问题和机会，制定有效的业务战略和改进措施，从而支持企业的持续发展和竞争力提升。

3. 机器和传感器数据

随着物联网技术的快速发展，机器和传感器数据成为现代社会的重要数据源。这些数据通过监测和记录设备状态、环境变化、物理位置等信息，为自动化控制、设备维护、环境监测和智能决策提供实时和精确的支持。机器和传感器数据的应用促进了工业自动化、智慧城市建设、智能家居发展以及环境保护等领域的创新和进步。有效管理和分析这些数据，能够极大地提高操作效率、优化资源配置，以及提升生活和工作的质量。

4. 公共数据

公共数据涉及政府、教育机构以及国际组织等公共部门开放的数据集，它们覆盖了广泛的领域，包括但不限于人口统计、经济指标、公共健康信息、教育成就以及环境状态等。这类数据对于促进社会的透明度、增强公民参与度、支撑科学研究和促进经济发展具有不可估量的价值。公共数据的有效利用能够帮助政策制定者更准确地理解社会现状、预测经济趋势、制定和评估政策的影响。同时，它为学术界提供了宝贵的研究资源，为企业提供了洞察市场的新机会。随着数字化转型的深入，公共数据的重要性日益凸显，成为推动社会创新和公共服务改进的关键资源。

5. 研究和学术数据

研究和学术数据是在科研活动中产生的，涉及实验结果、观测记录、调查数据以及模拟数据等多种形式。这类数据是科学发现和技术创新的基石，为验证理论假设、揭示自然规律、探索未知领域提供了基础支撑。研究和学术数据的系统收集、管理和分析对于拓展学术界的知识边界具有至关重要的作用。此外，随着开放科学的兴起，研究和学术数据的共享变得日益重要，它促进了跨学科合作、提高了研究的可复用性和透明度，加速了知识的传播和应用。在全球面临的许多复杂挑战中，高质量的研究和学术数据是寻找解决方案的关键资源。

（四）按数据的应用分类

从数据的应用角度出发，数据可以根据其在不同场景中的使用被分为多种类别，这种分类反映了数据如何支持决策制定、洞察发现、产品开发和服务改进等多个方面。这些分类不是相互排斥的，而是相互补充的，可以同时在多个领域和场景下使用。理解和运用这些分类可以帮助组织和个人更有效地利用数据，实现其目标和改进其服务。

1. 描述性数据

描述性数据是用来捕捉和描绘当前状况的一类数据，它像一面镜子，反映了组织或系统的即时画像。通过收集和分析销售记录、客户满意度调查、员工绩效评估等，管理者可以直观了解组织的运营状况，识别成功的方面和需要改进的地方。这种数据的应用是基础且广泛的，为决策提供了事实基础，帮助组织保持对其业务状况的持续监控和评估。

2. 诊断性数据

诊断性数据深挖“为什么”，通过对问题背后的原因进行分析，帮助我们找到答案。它关注的是识别发生某一事件或结果背后的因素和动机。例如，通过分析营销活动的数据，公司可以了解哪些活动最有效，哪些未达到预期效果，从而调整策略。诊断性数据的应用使组织能够从错误中学习，不断优化流程和策略。

3. 预测性数据

预测性数据利用历史数据和统计模型来预测未来的趋势和事件。这类数据的应用涵盖了从市场趋势预测、销售预测到股价变动等多个方面，为组织提供了未来的视角。通过对预测性数据的分析，组织可以在竞争中抢占先机，制订更具战略性的计划，降低风险，抓住机遇。

4. 规范性数据

规范性数据提供了基于当前数据分析的改进和优化建议。这类数据帮助组织识别最有效的行动方案，以实现特定目标或解决特定问题。例如，通过分析客户购买行为的数据，零售商可以确定哪些产品应该被推荐给特定的客户群，以增加销售额。规范性数据的关键在于其能够指导实际的行动步骤，促进决策过程的优化。

5. 增强性数据

增强性数据通过整合不同来源的数据，为决策和分析提供了一个更加全面和深入的视角。它涉及将外部数据（如市场趋势、社会经济数据）与内部数据（如销售数据、客户反馈）结合起来，以获得更丰富的洞察。这种跨域数据的融合可以揭示隐藏的模式和关联，帮助组织更好地理解其业务环境，制定更加精准和有效的策略。

6. 交互性数据

交互性数据关注用户如何与产品、服务或系统互动。它通过跟踪和分析用户的点击、滚动、导航等行为，提供改进用户体验和界面设计的洞察。通过对这些数据的分析，开发者和设计师可以识别用户体验中的痛点和优化机会，进而设计出更加直观和吸引人的产品。交互性数据的应用在数字产品和服务设计领域至关重要，直接影响用户满意度和产品的成功。

三、数据要素区别于传统生产要素的特征

数据作为新型生产要素，在现代经济体系中扮演着越来越重要的角色。与传统生产要素（如土地、劳动力、资本和技术）相比，数据要素具有一定的独特性和价值。

（一）非竞争性

数据要素之所以区别于传统生产要素的一个关键特征是非竞争性。从经济学的角度来看，非竞争性资源是指其被一个用户使用时不会减少其他人的使用效用或可用性的资源。土地或物理资本等传统生产要素通常在同一时间内仅能由单一实体使用，从而限制了它们的并行可访问性和效用。

数据的非竞争性从根本上改变了其在生产过程中的角色和价值。数据一经生成，就可由多个实体同时使用，而不会显著降低其质量、准确性或有效性。这种同时使用的特性，促进了信息的广泛共享和协作利用，这在当今互联和网络化的经济环境中至关重要。例如，某一地区或业务部门所使用的数据集，可以被不同地区或其他部门同时利用，而不会损失其保真度或实用性。

数据的非竞争性鼓励并促使其应用产生乘数效应。与传统资源可能随时间磨损或耗尽不同，数据可在不同环境和应用中反复使用，并通过这些不同的应用来增值。这一特性还有助于数据驱动操作的可扩展性，因为相同的数据可以支持多个流程或分析，而无须额外的资源分配。

尽管数据本身具有非竞争性，但存储、处理和分析数据所需的基础设施和系统可能不具备这一特性。这些组件可能会对数据的可访问性和高效利用构成限制。尽管数据本质上是非竞争性的，但数据隐私、安全和知识产权等问题可能对其自由和无限制的使用构成现实限制。

数据要素的非竞争性既带来了机遇也带来了挑战。它实现了数据的广泛和并行使用，促进了协作和创新，但同时也需要仔细考虑支持性基础设施和监管环境，以充分发挥其作为现代经济中独特且宝贵资源的潜力。

（二）可扩展性和可复制性

数据要素的可扩展性和可复制性也是其显著区别于传统生产要素的特性。可扩展性指的是以相对容易且增量成本最小的方式，更大规模地扩展和利用数据的能力。可复制性体现了数据要素被精确复制的能力，从而促进其在多个上下文中的分发和应用，而不损失保真度或完整性。

与物理资源形成鲜明对比的是，物理资源在扩展时经常遇到运输和成本相关的限制，而数据可以以惊人的效率跨各种平台、系统和地理边界进行复制和传播。这一属性得到了数字技术和云计算的支持，极大地降低了与数据存储和传输相关的成本和技术障碍。因此，一旦创建或获得了数据要素，就可以将其复制并部署到众多应用程序和分析中，从而有助于实现多样化的运营和战略计划，而无须额外的资源投入（通常需要扩大劳动力或资本）。

数据的可复制性还确保了组织或研究环境中信息的一致性。与有形资产不同，有形资产可能会随着每次使用或复制而退化或变化，数据则可以高保真度地复制，确保每个副本都是原始副本的精确且可靠的副本。这种精度对于保持信息的完整性和一致性至关重要，特别是在准确性至关重要的数据驱动决策过程中。

（三）对外部条件和解释的依赖性

数据要素的特性之一是其对上下文和解释的依赖性，这使其与传统的、更为固定的生产要素（如机械或原材料）形成鲜明对比。这种依赖性意味着数据的价值和效能在很大程度上取决于应用于数据的具体解释框架和外部环境。生产要素的功能和产出通常在不同外部条件下都较为明确和可量化，数据的效用和重要性却与其被解释和应用的方式紧密相关。

对外部条件的依赖性导致同一组数据在不同情境下或采用不同分析方法时，可能产生截然不同的见解和结论。这一特性强调了情境意识在数据分析和决策制定过程中的重要性。例如，在经济衰退与市场稳定时期分析消费者行为数据，可能导致截然不同的解释和理解。

对解释的依赖性凸显了分析技巧和领域知识在提取数据中有意义和准确

信息方面的关键作用。数据本身无固定含义，其价值通过应用专业的分析技术和对特定情境的理解来实现。这需要一定程度的专业数据分析知识和对相关领域或行业的深入理解，以便正确有效地解释数据。

然而，这种对上下文和解释的依赖也可能导致数据分析中的偏见和错误。由于缺乏对背景的理解或应用不当的分析方法，可能会对数据产生误解，从而导致错误的结论和误导性的决策。这就要求采用严谨和系统的数据分析方法，并对数据及其解释的背景因素进行批判性评估。这一特性在提供从同一数据集得出不同见解的灵活性的同时，也要求具备专业知识和警觉性，以避免误解，并充分发挥数据作为决策和战略规划中的独特且宝贵资源的潜力。

（四）动态性和演变性质

数据要素具有动态性和不断发展的本质，这与传统的、更为静态的生产要素（如土地、劳动力或实物资本）形成显著对比。动态性反映了数据固有的流动性和不断变化的状态，其形式、相关性和价值随着时间的推移而变化。数据要素不是静态实体，它们受到外部环境的持续变化、操作流程的不断变化和信息需求的演变的推动而不断更新、修改和转换。

与通常保持其形态和功能的有形资产不同，数据的本质是易变的。它捕捉并反映了商业、经济、社会和技术领域不断变化的现实。例如，消费者数据会随着偏好和行为的变化而更新，市场数据会随着经济动态而波动，而运营数据则随着内部流程的优化而变化。这种不断发展的特性要求数据管理系统具有适应和利用这些变化的能力。

数据的动态特性也强调了实时或近实时数据处理和分析在当代决策制定中的重要性。在快速变化的环境中，数据的价值可能对时间极为敏感，随着数据的过时，其相关性也可能降低。因此，及时捕获、处理和分析数据对于维持其在决策过程中的实用性和有效性至关重要。

数据不断变化的特性也对保持数据质量、准确性和一致性提出了挑战。随着数据的变化，需要持续监控和更新数据管理实践，以确保数据保持相关性、可靠性并反映当前情况。这需要强大的数据治理框架和敏捷的数据系统，能够适应数据的动态特性，确保数据在生产过程中仍然是宝贵的资产。

数据要素的动态和不断发展的特性给其作为生产要素的应用带来了机遇和挑战。与更静态的传统资源不同，数据的特点在于其流动性和对变化的响应能力，这使其成为快节奏和信息驱动的环境中的独特且有价值的资源。然而，这一特性也要求严格的数据管理实践，以确保数据持续的相关性、质量和完整性，以支持有效的决策和战略规划。

（五）存储和传输成本的经济性

在数字化经济中，数据要素在存储和传输成本动态方面呈现出显著的优势，与传统的物理生产要素相比，其具有更低的存储和运输成本。传统物理生产要素，如原材料和成品，通常需要显著的物理空间进行存储，并依赖于复杂的物流网络进行运输，这不仅导致高额的存储和运输成本，还往往伴随着损耗和延迟风险。与之相反，数据要素得益于数字技术和电信领域的进步，能够以极小的成本在广阔的地理空间内进行存储和传输。

数字化存储媒介的高密度、低成本特性，使得大量数据的存储成为可能，而无须占用相应规模的物理空间。同样，先进的网络基础设施和数据压缩技术使得数据可以快速、高效地跨越长距离传输，而成本仅是物理运输的一小部分。这种存储和传输的经济性不仅降低了运营成本，还增强了数据在全球范围内的可访问性和流动性。此外，云存储和云计算的兴起进一步推动了这一趋势，使得数据存储和处理成本进一步降低，同时提供了更大的灵活性和扩展性。

数据要素的这些特性使其在现代经济中变得越来越有价值。数据的低成本存储和传输能力不仅对企业运营产生深远影响，也为全球经济活动和跨国界合作提供了新的可能性。这种特性进一步促进了数据密集型业务模式的发展，并推动了数据驱动决策在不同行业中的普及。

（六）对质量的高度敏感性

数据要素对质量的高度敏感性强调了数据的准确性、完整性和一致性在确定其在各种流程和决策场景中的价值和适用性方面的重要性。传统生产要素（如机械或劳动力）的性能容易量化和观测，数据的效用在很大程度上依赖于其质量和完整性。

数据质量涉及数据的准确性、完整性和一致性。高质量的数据对有效决策至关重要，要确保基于准确且全面的信息得出见解和结论。例如，在预测分析中，预测的准确性直接受输入数据质量的影响。质量问题如错误、不一致或不完整的数据可能导致决策错误、分析失误，影响运营效率。

要保护数据免受未授权的访问、更改或删除，确保数据从创建到最终使用过程中的一致性和完整性。特别是在数据共享、复制或合作使用的环境中，完整性对维持数据的可信度至关重要。

针对数据对质量的高度敏感性，需要采取严格的数据管理措施。组织必须搭建强大的数据验证、清理和标准化流程，采取全面的安全措施、访问控制和审计跟踪，以防止和监控未授权或不当的数据修改。这些努力不仅对业务和运营环境中数据的有效利用至关重要，也对维护学术和研究环境中数据的可靠性和可信度非常重要。

（七）数据要素的监管和道德影响

数据要素的监管和道德影响构成了其区别于传统生产要素的一个关键维度。这强调了在数据管理和利用中遵守法律规范和道德原则的重要性，反映了数据驱动活动所处的复杂社会技术环境。

从监管的角度看，数据要素受众多法律和法规约束，这些法律法规管理数据的收集、使用、存储和共享。这些法律法规在不同司法管辖区之间差异显著，旨在保护个人隐私、确保数据安全，促进数据的公平和道德使用。

从道德角度看，数据的管理和利用有超出法律合规范围的考虑。这包括尊重个人隐私，确保数据处理和分析的公平性，防止数据驱动决策可能产生的偏见和歧视。符合道德的数据管理要求透明度、问责制以及尊重数据使用者的权利和尊严。在大数据和人工智能时代，这种道德维度尤为重要，因为数据分析和自动化决策过程可能对个人和社会产生深远影响。

应对数据要素监管和道德环境的挑战需要透彻理解相关法律法规，并恪守数据处理中的道德原则。这涉及实施强大的数据治理框架，包括法律合规性、道德数据实践以及主动解决数据使用的潜在道德困境和社会影响的方法。

（八）知识密集性

数据要素的知识密集性是其作为新型生产要素的一大特征，与体力劳动或机械等传统生产要素形成鲜明对比。这一特性凸显了在数据管理、解释和应用方面的专业知识的重要性。不同于更有形的传统生产资源，数据的效用和价值依赖于对其的深入理解和分析能力，这反映了数据在信息驱动型经济中的复杂性和微妙性。

数据要素本质上是抽象的，其有效利用需要较高的理解水平。从数据中提取有意义的见解需具备数据分析和统计分析的技能，以及在庞大且复杂的数据集中辨别模式和趋势的能力。例如，解读客户行为数据进行市场分析既需数据处理技术，也需对市场动态和消费者心理的了解。

数据的知识密集性也体现在其管理和治理方面。有效的数据管理涉及对数据架构、数据库设计、数据质量控制和数据安全实践的理解。考虑到数据的不断发展性、多样的存储格式以及数据技术的快速演变，这一点尤其重要。在数字化日益增强的世界中，确保数据的完整性、可用性和安全性需高水平的信息技术和网络安全专业知识。

数据的知识密集性也影响了劳动力发展和组织战略。对能够驾驭数据复杂性并利用数据获得战略优势的熟练数据专业人员的需求不断增长。这就需要对教育和培训计划进行投资，以提高组织各个层面的数据素养和分析技能。

（九）互连性和网络效应

数据要素的互连性和网络效应是其与传统生产要素明显不同的属性。这一特性指数据要素在互连或聚合时可实现的增强效用和价值，产生在传统资源中不常见的协同效应。例如，当数据集与其他数据的联系变得更加紧密或与其他数据集成时，其价值增加，这体现了数据背景下的网络效应。

数据的互连性有助于全面、多维度地理解信息，实现更深刻的洞察和更明智的决策。例如，将客户数据与市场趋势和经济指标结合，可以让企业更全面地了解运营环境，制定更有效的战略规划。这种互连性实现了不同数据源的合成，增强了分析的丰富性和深度。

数据的网络效应在数字和信息技术领域尤为显著。随着不同来源的数据结合，从这些聚合数据中提取的见解和潜在应用可能呈指数级增长，带来创新解决方案和创造价值的新机会。这在大数据分析等领域尤为明显，大型且多样化的数据集聚合可以揭示在较小、孤立的数据集中无法识别的模式和趋势。

实现数据的网络效应不仅需要整合数据的技术，还需要专业分析知识以提取有意义的见解。同时，需仔细考虑数据治理问题，包括数据隐私、安全性和道德使用，因为数据互连可能放大数据泄露或滥用的风险。

第二节　数据的应用和作用

数据既是推动现代经济发展的重要生产要素，也是具有巨大价值的资产。

数据作为一种新型的生产要素，正在深刻影响着经济结构、生产方式和社会发展，对数据的有效管理、保护和利用，成为现代经济发展的关键因素之一。数据作为资产，其管理和利用不仅能够为企业带来直接的经济效益，还能够促进业务创新和提升竞争力。

一、数据的应用

在现代经济和社会中，数据的应用范围日益广泛，覆盖了几乎所有行业和领域。随着技术的进步，尤其是在大数据、云计算、人工智能（AI）和物联网（IoT）等技术的推动下，数据的应用变得更加高效和深入。

（一）决策支持系统

在决策支持系统领域，数据作为关键的生产要素，提供了基础架构以支持复杂的决策过程。决策支持系统利用数据来辅助解决半结构化或非结构化的管理问题，特别是在商业智能（BI）和分析领域中。这些系统通过集成和分析各种来源的数据（如市场趋势、内部销售数据、客户反馈、竞争对手数据），提供有价值的业务洞察，帮助管理者制定基于数据的策略。

数据驱动的决策过程涵盖了从数据收集、预处理、分析到结果解释和报告的全过程。预测分析可以基于历史数据预测未来趋势，而描述性分析则关注于解释过去发生的事件。决策支持系统的核心能力，不仅在于处理和分析大量数据，还在于将分析结果转化为易于理解的内容，如可视化仪表板和报告，从而使决策者能够快速把握关键信息和趋势。

随着人工智能和机器学习技术的发展，决策支持系统正在朝着更高级的自动化和智能化发展。这些技术的融合不仅提高了数据处理的效率和准确性，还增强了系统在复杂环境下的预测和优化能力，如通过算法模型来识别市场机会或风险。

（二）运营管理

在运营管理方面，数据的作用在于优化组织的日常运营和提高整体效率。通过收集和分析各种与运营相关的数据（如生产数据、供应链信息、客户服务记录），企业能够获得对运营效率、成本控制和质量管理的深入见解。这些数据分析结果有助于识别流程中的低效环节、预测潜在的问题并提供改进措施。

在制造业中，数据分析用于监控设备性能和产品质量，实现预测性维护，从而减少停机时间和生产延误。通过分析生产过程中的数据，如机器运行状态和制造缺陷率，企业可以及时调整生产流程，优化资源分配，提高生产效率和产品质量。在供应链管理中，数据分析有助于优化库存水平，预测需求波动，减少物流成本，提高供应链的响应能力和灵活性。

随着物联网（IoT）和智能制造技术的发展，实时数据收集和分析成为可能。这些技术使企业能够实时监控和优化运营过程，比如通过实时数据分析来动态调整生产线。通过这种方式，数据不仅作为分析和报告的源头，还成为即时决策和流程自动化的基础。

（三）市场分析与客户关系管理

在市场分析与客户关系管理方面，数据的运用能够提供深入的消费者洞察和市场趋势分析。通过收集和分析消费者行为数据、购买历史、社交媒体互动和市场调研结果，企业能够构建详细的客户画像，理解消费者的需求和偏好。这些信息对于制定针对性的营销策略、优化产品和服务设计、提升客户体验至关重要。

数据分析在帮助企业识别目标市场、了解竞争环境及制定有效的市场进入和拓展策略方面发挥着关键作用。例如，通过分析不同顾客群体的反应和购买模式，企业可以更有效地定位其市场营销活动和促销策略。在 CRM 中，数据分析用于追踪和分析客户的购买历史和服务互动，从而能够提供更加个性化的服务和提升客户满意度。

数据驱动的市场分析还涉及预测模型的构建，这些模型可以预测市场趋势、消费者行为和销售结果，为企业决策提供支持。通过利用历史数据和市场动态，企业可以预测市场趋势，从而更快地适应市场变化和竞争挑战。

（四）风险管理与合规性

在风险管理与合规性领域，数据的关键作用日益凸显。在金融服务、保险、医疗保健和其他受监管行业，组织需要通过对大量数据的分析来评估和管理各种风险。这些风险包括信用风险、市场风险、操作风险和法律合规风险。

金融机构利用数据分析来监测和预防欺诈行为，评估信贷风险，以及优化投资组合。通过分析交易模式、客户行为和市场趋势，金融机构能够识别异常行为，预测潜在的风险事件，从而采取预防措施。例如，通过分析信用卡交易数据，银行能够检测到不寻常的消费模式，从而及时识别和阻止欺诈行为。

在合规性方面，数据分析有助于企业监控和确保其业务活动符合相关法律规定和行业标准。随着法规要求的不断变化，企业需要有效地处理和分析数据，以保持合规性并避免潜在的法律风险。例如，数据分析在反洗钱和客户尽职调查流程中至关重要，它能够帮助识别可疑活动和进行风险评级。

随着数据分析技术的不断进步，包括机器学习和预测建模的使用，风险管理与合规性领域的数据分析能力将得到进一步加强，为组织提供更有效的风险管理和合规保障。

（五）创新与产品开发

在创新和产品开发过程中，数据开始发挥非常重要的作用。企业利用数据分析来洞察市场趋势、客户需求和技术进展，从而驱动新产品的创意和开发。这种数据驱动的创新过程涉及从大量的市场、消费者和操作数据中提取有价值的信息，以指导产品设计和开发策略。

利用数据分析，企业能够识别和预测消费者行为的变化，从而发现新的产品机会或改进现有产品以更好地满足市场需求。例如，通过分析消费者在线行为和购买历史，企业可以发现潜在的市场细分，设计更符合特定客户群体需求的产品。此外，数据分析还有助于产品测试和迭代过程，通过收集用户反馈和使用数据，企业可以不断调整和优化产品特性。

在技术密集型行业，如科技和制药领域，数据分析对于研发活动尤为重要。它不仅能缩短新产品的研发周期，还能提高研发的成功率。例如，通过数据挖掘和模式识别，科技公司能够预测技术趋势，从而指导其研发方向。在制药行业，数据分析可用于药物的临床试验和开发过程。

（六）组织学习与知识发现

数据分析在促进组织学习与知识发现方面发挥着重要作用。在这个过程中，组织通过分析内部和外部的数据来发现、学习新的知识，这些知识可以用来改进业务流程、提高效率和开展创新活动。

组织通过分析操作数据（如销售数据、生产流程数据）可以识别流程的优势和弱点，从而提出改进措施和优化策略。例如，通过分析生产过程中的数据，制造企业可以发现影响生产效率的关键因素，从而优化生产线和提高产品质量。

数据分析还有助于组织捕捉和共享知识，特别是在大型企业或跨国公司中。通过建立数据驱动的知识管理系统，组织能够收集、整合和传播来自不同部门和地区的知识和经验，从而促进跨团队协作和创新。组织学习的另一个重要方面是员工技能和能力的提升。通过分析培训数据和员工绩效数据，企业可以更有效地制订培训计划和发展计划，以实现组织的长期目标和满足员工的职业发展需求。

二、数据的作用

数据在当代社会和经济中扮演着至关重要的角色，发挥着非常重要的作用，正在深刻改变社会结构、经济模式和人类生活。

（一）推动经济高质量发展

在数字经济时代，数据已成为推动经济高质量发展的核心要素。数据通过驱动创新、优化运营、提升生产效率以及促进新兴业务模式的发展，为经济高质量发展提供了巨大的动力。企业通过数据分析来发现市场需求的微妙变化，从而迅速调整战略，开发满足消费者需求的新产品和服务，实现市场的快速响应。此外，数据分析能帮助企业优化供应链管理，确保库存水平与市场需求相匹配，减少浪费，提高资源利用效率。

随着大数据、云计算、人工智能等技术的发展，数据不仅加速了传统行业的数字化转型，还促进了全新业务模式的诞生，如基于数据分析的个性化推荐系统、智能家居、在线教育和远程医疗服务等。这些创新不仅为消费者提供了更加丰富多样和高质量的产品与服务，也为经济发展开辟了新的增长点。

数据的价值在于其能够被转化为有用的信息和知识，推动决策过程的优化。在宏观层面，政府机构利用数据分析制定和调整经济政策，以更好地监控经济运行状态，及时应对经济波动和危机，促进经济的稳定和健康发展。在微观层面，数据赋能企业精细化管理，提升竞争力，从而在更广泛的层面推动经济高质量发展。

（二）促进社会进步

数据的广泛应用在促进社会进步方面扮演了重要角色，它通过提升公共服务质量、增强社会治理能力和推动教育及医疗创新，显著改善了人们的生活质量。在公共卫生领域，数据分析的应用使得疾病监控和预防变得更加精准高效。通过对大量健康数据的分析，医疗机构能够及时发现流行病趋势，制定有针对性的干预措施，减少疾病的传播和影响。在教育领域，学习数据的分析能够帮助教育者理解学生的学习习惯和需求，进而提供更加个性化的教学方法和资源，提高教育效果。

数据的应用还极大地提升了城市管理和社会治理的智能化水平。智能交通系统减少了交通拥堵，提高了出行效率；城市安全监控系统利用数据分析提高了公共安全。通过实时数据分析，政府能够更快响应社会需求和紧急情况，提高服务效率和质量。数据还为政策制定者提供了科学依据，使得政策更加贴合社会需求，有效解决了资源分配不均等问题，推动了社会公平和可持续发展。

（三）提高决策质量

在决策过程中，数据的应用显著提高了决策的质量。通过收集和分析相关数据，决策者可以基于实证而非直觉做出更加科学的判断。在商业领域，数据分析帮助企业捕捉市场动态，了解消费者行为，优化产品设计和营销策略，从而提升竞争力和扩大市场份额。在公共政策领域，政府通过分析相关数据，能够更准确地评估政策影响，制定更有效的经济、教育和卫生政策，以应对复杂多变的各种挑战。

数据分析还支持了风险管理和预测模型的建立，降低了不确定性。在金融服务领域，数据的应用使得风险评估更加精确，保障了金融市场的稳定。在自然灾害预测和管理方面，数据分析的应用有助于及时预警，减少灾害带来的损失。总之，数据的应用提升了决策的透明度和可靠性，对于促进经济发展和社会进步具有重要意义。

（四）增强个性化服务和体验

数据分析在提升个性化服务和体验方面发挥了关键作用。在零售和电子商务领域，通过分析消费者的购买历史、搜索行为和偏好，企业能够提供定制化的购物推荐，增强顾客的满意度和忠诚度。在媒体和娱乐领域，个性化的内容推荐系统根据用户的观看或收听习惯，推荐相关的电影、音乐或文章，极大地改善了用户体验。

个性化服务的提升不仅限于消费领域。在健康护理领域，基于基因信息等的数据分析能够形成个性化治疗方案，提高治疗效果。在教育领域，通过分析学生的学习数据，教育者可以提供符合每个学生学习进度和风格的定制化教学资源。总体而言，数据分析的应用在提高个性化服务和用户体验方面展现出巨大的潜力，为消费者带来了前所未有的便利和满足。

（五）促进全球化和跨界合作

数据的广泛应用促进了全球化进程，打破了地理和文化的界限，使得全球范围内的合作和交流变得更加紧密和高效。在经济全球化的背景下，数据流动成为连接不同国家和地区的桥梁，为跨国企业提供了实时的市场信息，帮助它们在全球范围内优化资源配置和供应链管理。此外，数据共享和技术转移在科学研究、环境保护等领域促进了国际合作，共同应对气候变化、疾病传播等全球性挑战。

随着信息技术的发展，跨界合作变得更加便捷，数据驱动的平台和服务横跨多个行业和领域，推动了知识经济的发展。例如，全球健康数据平台的建立使得各国医疗机构能够共享疾病数据和治疗经验，加速了新药的研发和助力疫情的控制。在教育领域，开放的在线课程和数字化学习资源让全世界的学生都能够接受质量一流的教育。

（六）支持可持续发展目标

数据在支持可持续发展目标（SDGs）方面发挥了至关重要的作用。通过对环境、社会和经济数据的收集、分析和监测，各国政府和国际组织能够更准确地评估可持续发展进程，制定科学的政策和措施，有效地监控和实施SDGs。例如，通过分析气候变化数据，科学家和决策者可以更好地理解全球变暖的影响，制定减排目标和适应策略。在消除贫困和饥饿、提供清洁水源、推动可持续能源使用等方面，数据分析有助于政府识别最需要援助的区域和群体，优化资源分配，提高援助效率。

数据的应用还促进了包容性增长和社会公平，通过分析就业、教育、健康等领域的数据，可以揭示和解决社会不平等问题。在城市发展中，智能城市利用数据分析优化交通、能源使用和废物管理，提高生活质量，减少环境污染，推动城市可持续发展。

第三节　推进数据有效供给和高效利用

在数据获取和利用中，我们会面临数据质量不佳、数据孤岛难以整合、隐私保护和数据安全等问题。为推进数据的有效供给和高效利用，需要建立数据标准和质量控制机制，促进跨部门数据共享与整合，完善数据治理与隐私保护机制，确保数据合规性和安全性，加强数据人才培养，提升数据分析与挖掘能力，促进数据驱动决策和创新发展等。

一、数据获取和利用中面临的困难和挑战

数据的广泛应用虽然带来了巨大的机遇，但同时也面临着多方面的挑战。这些挑战涉及技术、管理、伦理和法律等多个领域，需要全社会共同努力解决。

（一）数据获取困难和成本高昂

在当今数据驱动的时代，获取高质量和相关性强的数据成为许多组织面临的一项重大挑战。这一挑战主要源于两个方面：数据的可获取性和成本问题。首先，虽然互联网的发展使得大量数据变得更易于访问，但特定类型的高质量数据，如行业特定的市场数据、科学研究数据或者详细的消费者行为数据，往往受到版权保护，或仅在付费数据库中可用。这就使得这些数据的获取不仅困难，而且成本高昂。特别是对于创业公司和中小型企业，高额的数据获取成本可能成为其数据驱动创新业务的一大障碍。其次，即便数据可以被获取，数据的质量和相关性也可能无法满足特定的应用需求，导致额外的数据清洗和处理成本。数据的收集过程中可能存在偏差，或者数据本身可能包含错误和不一致性，这些问题需要通过复杂的预处理步骤来解决，进一步增加了成本和时间投入。最后，随着数据保护法规的出台，组织在获取和使用个人数据时必须遵守更严格的法律要求，这不仅增加了合规成本，也增加了在数据获取过程中的法律风险。因此，组织在追求数据驱动的商业优势时，必须在数据获取的可行性、成本效益和法律合规性之间找到平衡，这是

一个复杂且充满挑战的过程。

（二）数据质量与完整性的维护难题

在数据广泛应用的背景下，确保数据的质量与完整性成为一个日益严峻的挑战。数据在收集、存储、传输和处理过程中容易出现错误、丢失或者被篡改的风险，这直接影响到数据分析的准确性和决策制定的有效性。例如，一个简单的输入错误或者数据格式不一致问题，都可能导致分析结果的严重偏差。更复杂的是，随着数据量的爆炸式增长，手动检查数据质量变得几乎不可能，而自动化工具虽有所帮助，但并不能完全解决数据不一致或缺失的问题。此外，数据的完整性受到恶意软件攻击或内部数据泄露的威胁也日益增加，这不仅损害了数据的可用性，还可能导致严重的信任危机。

（三）数据隐私与安全的潜在威胁

随着个人数据成为公司竞争的重要资产，数据隐私与安全问题日益突出。每天都有大量的个人信息被收集和分析，包括个人身份信息、消费习惯、位置数据等敏感信息，这些数据的滥用和未经授权的访问可能对个人隐私造成极大威胁。尽管有越来越多的法律和规章制度被制定来保护个人数据，如欧盟的GDPR，但企业和组织在实践中仍然面临诸多挑战，包括如何在收集和使用数据的同时尊重用户隐私、如何防止数据泄露和黑客攻击、如何在数据安全和用户便利之间找到平衡点。此外，随着技术的发展，新的隐私和安全威胁不断出现，例如，通过人工智能技术进行的复杂数据分析可能在用户未明确同意的情况下揭露个人隐私。

（四）数据治理与合规性的复杂挑战

在全球化的商业环境中，数据治理和合规性管理变得日益复杂。组织需要遵守的数据保护法律和规定不断增加，且不同国家和地区之间存在显著差异。这要求企业不仅要在内部建立严格的数据管理和保护流程，还必须时刻关注外部法律环境的变化，以避免因违反数据保护法规而受到重罚。然而，实施有效的数据治理策略并非易事，它需要跨部门的合作和高层的支持，同时还需要投入大量的资源进行数据分类、风险评估和合规性检查。此外，对于跨国经营的企业来说，如何处理和传输跨境数据、满足各国的数据保护要求，是一个特别棘手的问题。这些挑战不仅增加了企业的运营成本，也给企业的数据利用策略带来了限制。

（五）技术和基础设施的发展滞后

面对数据应用带来的挑战，技术和基础设施的发展滞后问题不容忽视。尽管数据分析技术日益进步，但很多组织的基础设施不足以应对当前数据分析的规模和复杂性。组织需要处理的数据量正在以前所未有的速度增长，而这要求有足够的存储容量和计算能力来支持数据的收集、存储和分析，传统的数据库和分析工具往往难以有效处理实时或近实时的大规模数据流。这些技术和基础设施的限制不仅影响了数据分析的效率，也限制了新技术如人工智能和机器学习在数据处理中的应用。对于许多组织来说，如何在有限的预算内升级技术和基础设施，以支持更高效的数据应用，是一个重大的挑战。

（六）人才缺口与技能不足

随着数据分析的重要性日益凸显，对于具备数据科学、大数据分析和人工智能知识的专业人才的需求迅速增长。然而，市场上这类人才的供应却远远跟不上需求。许多组织发现，找到既懂技术又能理解业务需求的数据专家非常困难。此外，现有员工在数据技能方面的不足也是一个问题。很多员工缺乏必要的数据分析技能，无法有效地利用数据支持决策。这导致了数据分析的潜力未能充分发挥，限制了组织从数据中获得价值的能力。因此，如何吸引和培养数据领域的人才，以及如何提升现有员工的数据技能，成为组织亟须解决的问题。

（七）数据伦理和社会责任的挑战

随着数据应用的深入，数据伦理和社会责任的问题日益受到关注。在利用数据驱动决策和创新的同时，组织必须确保其数据应用行为符合伦理标准，不损害个人权利和社会公共利益。例如，数据分析可能无意中加剧歧视和偏见，或侵犯个人隐私。此外，收集和使用消费者数据的方式可能引起公众对数据滥用和监视的担忧。这些问题不仅涉及法律合规性，更关乎组织的品牌声誉和公众信任。因此，建立透明、负责任的数据管理和应用机制，确保数据应用的公正性和伦理性，是每个利用数据的组织面临的挑战。这要求组织不仅要遵守数据保护的法律法规，还需要在数据应用的各个阶段考虑伦理问题，采取措施保护数据主体的权益，确保数据应用的社会责任。

二、推进数据的有效供给和高效利用

推进数据的有效供给和高效利用是实现数字经济发展和提升国家竞争力的核心战略。面对各方面的挑战，需要采取全面系统的政策措施，建立完善的数据治理体系，加大数据基础设施投资，推动数据公开共享，加强数据安全和隐私保护，建立公私合作机制，提升全民数据素养和技能，鼓励数据分析和应用技术研发，培育数据企业创业生态，推进数据跨境流动，设立数据使用的伦理标准，从而推进数据的有效供给和高效利用。

（一）数据基础设施的战略规划和投资

数据基础设施构成了数据实用性、可访问性和安全性的基石，是有效管理和利用数据的关键资源，是各个领域不可或缺的组成部分。数据基础设施的加强不仅涉及硬件设施（如数据中心、高速网络连接和云计算平台）的建设，还包括软件系统、数据管理工具和安全协议的完善。数据基础设施的战略规划和投资是支持数据要素有效供给和高效利用的关键。数据基础设施是确保数据要素不仅丰富、可用，而且高质量、易于访问和安全的基础。

数据基础设施的投资包含多个方面。在基本层面上，它涵盖部署先进的数据收集系统，能够从各类来源捕捉多种数据类型，如物联网设备、在线交易和传感器网络。此外，强大的存储解决方案（如数据中心和云存储设施）对于容纳大量数据至关重要。这些存储解决方案的架构必须具备可扩展性、灵活性和安全性，以支持可靠的数据访问。先进的数据中心作为数据基础设施的重要组成部分，应具备高效的数据处理和存储能力。这需要投资于最新的服务器技术、大容量存储解决方案和高速处理器。数据中心的设计和运营还需考虑能源效率和可持续性，以应对日益增长的数据量和处理需求带来的能源挑战。云计算平台为数据存储和处理提供了灵活性和可扩展性，使组织能够根据需求快速调整资源，并支持远程数据访问和协作。高速网络连接是数据基础设施的关键，它确保数据能够在全球范围内快速、安全地传输。这需要投资于宽带基础设施、光纤网络和5G技术，以支持大数据传输和云计算服务。数据基础设施的另一个关键方面是保障数据安全和隐私。这要求在基础设施的设计和管理中整合先进的安全技术，如加密技术、防火墙和入侵检测系统。

战略投资还涉及复杂的数据处理技术，包括强大的计算工具、先进的分析软件和人工智能算法，这些技术可将原始数据转换为有价值的见解。这些处理工具的有效性对于从数据中提取价值极为关键，使组织能够基于准确、及时的信息做出明智决策。战略规划还涉及预测未来的数据需求和趋势，确保数据基础设施不仅能响应当前需求，也能适应未来发展。在快速演进的技术环境中，随着新型数据和分析方法的出现，这种远见显得尤为重要。

（二）标准化数据协议

标准化数据协议定义了一系列关于数据结构、编码、传输和处理的规则和格式，使不同系统和平台之间可以一致地定义、格式化和解释数据，为创建一个统一的数据环境提供了基础，促进了数据的互操作性，提高了数据质量，并支持了来自不同来源的数据的有效聚合和分析，使得数据能够在各种平台和应用程序之间共享、利用，从而推动数据驱动世界的创新和知识进步。

在没有标准化数据协议的情况下，不同来源的数据可能无法兼容，导致集成困难和潜在的数据质量问题。标准化在解决数据来源和格式多样性带来的挑战中扮演着关键角色。例如，XML 和 JSON 用于数据交换、SQL 用于数据库互动、HTTP/HTTPS 用于 Web 通信的标准化数据协议，提供了一种使不同数据系统能够有效通信和信息交换的通用语言。

标准化数据协议促进了数据集成和聚合，使来自不同来源的数据能够组合成一个连贯、全面的数据集。标准化的结构和格式确保了数据无论其来源如何都能被有效聚合、存储和分析。标准化数据协议的开发和实施涉及行业联盟、监管机构和国际标准化组织的合作。这种合作确保制定的标准具有普遍的适用性和相关性，并与最新技术进步保持同步。

（三）监管框架和数据治理

监管框架指的是权威机构制定的法律结构和标准，用于管理数据的收集、存储、处理和共享，包括制定全面的数据管理政策、标准和程序，旨在确保数据质量、安全性和合规性。具体来说，数据监管框架应涵盖数据的整个生命周期，从数据的收集、存储、处理到最终的使用和销毁，每个阶段都需要遵循严格的规范和最佳实践。此外，有效的数据监管还要求建立监督和评估机制，以确保数据管理的有效性和透明性。这包括对数据的访问和使用进行严格的控制，确保数据的适当使用，并保护个人隐私和机构数据安全。在制定这些监管框架时，还应考虑到数据的伦理使用和跨部门、跨机构的数据共享问题。这样的数据治理体系不仅可以提升数据的整体价值，还可以增强公众和利益相关方对数据管理实践的信任，为数据驱动的创新和决策提供坚实基础。

目前全球范围内出现了向更严格的数据保护和隐私标准转变的趋势。很多法规规定了数据处理者的关键义务，如获得数据提供者的同意、确保数据准确性、保证数据处理活动的透明度以及赋予个人对其数据的控制权。遵守这些法规不仅是法律要求，也是维护公众信任和组织声誉的关键。

数据治理涵盖组织内部实施的政策和实践，包括在组织内建立清晰的数据管理政策和程序，如数据质量控制、访问权限、数据安全和道德使用数据等。有效的治理确保数据得到一致、安全和高效的使用，支持组织实现目标，同时遵循道德标准和法律要求。

监管框架和数据治理的交叉带来了挑战和机遇。组织需应对复杂且不断变化的法律环境，调整其数据实践，以适应不同司法管辖区的多样且有时相互冲突的法规。同时，强大的数据治理可为组织提供竞争优势，使其能够负责任和创新地利用数据。

（四）开放数据计划

推动开放数据计划是加强数据要素有效供给和高效利用的重要战略，在公共部门领域尤为关键。开放数据是指向公众免费提供数据，允许其自由使用和分发。这种做法植根于透明、可访问和协作创新的原则。数据公开共享政策旨在打破数据孤岛，通过解除数据访问限制，提升数据的可用性和透明度，从而激发创新、促进公共参与，并优化决策过程。为实现这一目标，政策制定者需综合考虑法律、技术和文化等多个层面的因素，以构建一个开放且高效的数据共享生态系统。

开放数据计划要求政府制定促进数据发布的政策，并确保这些数据既可用又有价值。推动数据公开共享要求政府建立和维护一套高效的数据管理和分发平台。这包括采用标准化的数据格式、确保数据的质量和一致性，以及提供易于访问和使用的数据接口。这样的平台应支持各种数据类型（从结构化数据到非结构化数据），并能够处理大数据集，同时确保数据传输的安全性和可靠性。为了促进数据的广泛应用和分析，政策还应鼓励和支持数据的可视化和解读工具的开发。这有助于提升公众对数据的理解和运用，促进数据驱动的决策和创新。

在文化层面，推动数据公开共享涉及改变传统的数据管理观念，鼓励政府、学术界和企业之间的数据共享和协作。同时，应通过教育和培训项目提高公众对数据价值和数据保护重要性的认识。

开放数据的影响广泛，覆盖社会的多个部门。例如，在城市规划和公共服务领域，开放政府数据可助力智慧城市项目，改善交通管理、公共安全和环境监控等。在经济领域，开放数据为企业提供宝贵资源，助力新业务创立，推动创新。

（五）建立公私合作机制

在当今数据驱动的全球经济环境中，建立公私合作机制是增强数据要素有效应用的重要措施。它的核心在于整合公共部门和私营部门各自的优势和资源，共同推动数据技术的发展和应用，实现互利共赢。通过一个框架，政府、商业实体、学术研究机构以及其他非政府组织能够协同工作，在数据提供和分析方面提升数据质量、增强数据可访问性，共同解决复杂的数据问题，开发创新的数据驱动解决方案。

数据领域的公私合作应致力于建立一个互利的合作平台，其中政府部门提供政策支持、资金援助和数据资源，私营部门则带来技术专长、市场运营经验。这种合作可以打造一个更全面的数据生态系统，其中公共数据通过私营部门的技术、分析和洞察得以丰富和增强。例如，政府可以开放其数据库供私营企业使用，以便开发新的商业模式或改进服务，而私营企业可以将其在大数据分析、人工智能等领域的专业知识应用于公共服务的改善。

政府和私营部门可以联合投资与数据相关的研究项目。这些项目可能涉及数据挖掘、机器学习算法的开发，或者是对数据隐私和安全性的持续改进。通过这种合作，可以加速数据技术的发展，同时促进创新在各个领域的应用，如医疗保健、城市规划和环境监测。

在建立公私合作机制时，制定明确的框架和协议至关重要。这些框架和协议应当解决数据治理的问题，包括数据所有权、共享协议和隐私保护。

（六）公众数据素养和技能提升

在数字经济时代，公众数据熟练程度的重要性日益增长，因此，对数据素养的投资成为加强数据要素有效供给和高效利用的关键举措。数据素养不仅涵盖对数据的基本理解和使用能力，更包括了解数据的来源、结构、处理方法及其在决策过程中的应用。

数据作为宝贵资源，其价值只有在个体具备有效解释和分析数据的能力时才能得到充分发挥。因此，全面提升数据素养应从教育体系的基础层面开始，包括在学校教育中加强数据相关知识的教学。这包括将数据分析、统计原理和数据解读融入课程，使学生能够从小培养对数据的敏感性和理解力。在高等教育中，重点应放在提供更专业的数据科学、大数据分析和人工智能等领域的课程，以培养具备高级数据处理技能的专业人才。

对数据教育的投资也应延伸至员工的专业发展和持续学习。随着数据领域的快速发展，持续的培训和技能提升是必要的。要鼓励和支持在职人员通过短期课程、研讨会和在线学习平台等方式，提升其数据分析和解读能力，从而提高劳动力市场的整体数据素养水平。这不仅包括与数据处理和分析相关的技术技能，还涉及对数据伦理、隐私和治理的理解。

政策制定者应考虑到数据素养在不同社会群体中的差异，制定包容性强、有针对性的教育计划，确保所有群体都能获得相应的数据教育和培训资源。这不仅有助于缩小数字鸿沟，也能够提高全社会对数据驱动决策的接受度和参与度。

除了传统的教育和培训，公共宣传和社会普及活动也是提升数据素养的重要途径。通过媒体、公共讲座和社区活动等方式增加公众对数据重要性的认识和理解，可以促进一个以数据为导向的文化氛围的形成。这使个人能够在工作和生活中做出明智决策，通过更好地理解公开数据来增强公民参与意识，并促进基于数据的决策文化的形成。

（七）数据管理和分析领域的研发

在数字经济时代，数据的快速发展和日益增长的复杂性使得推动数据管理和分析领域的研发成为加强数据要素有效供给和高效利用的关键。该领域的研究与开发聚焦于系统性地追求方法、工具和技术方面的知识创新，以促进数据的有效捕获、存储、处理和分析。

数据管理和分析的研发涉及多个关键领域。首先，开发先进的算法和计算模型，以更高效地处理大规模、复杂数据集。这包括在机器学习、人工智能和预测分析方面的创新，旨在从数据中提取更深刻的见解。其次，提升数据存储技术，特别是增强数据存储库的容量、可扩展性和安全性。再次，探索新的数据库架构和数据处理框架，旨在优化数据系统性能，确保它们能够在决策过程中快速、实时或近实时地处理和提供数据。最后，研究数据集成工具和技术，它有助于实现不同来源数据的无缝组合，增强数据集的丰富性和实用性。

数据管理和分析的研发推动创新，为企业创造竞争优势和新的商业机会。它使企业能够开发新的数据驱动产品和服务、优化运营流程，并增强客户体验。政府应支持数据技术的商业化和产业化。通过建立创新孵化器、科技园区和数据创新中心，政府可以为初创企业和研发团队提供必要的资源和环境，以加速数据技术从理论到市场的转化。同时，政府还应鼓励私营部门对数据技术的投资和应用，通过提供市场准入便利和商业合作机会，激发私营部门的创新动力。

（八）培养数据共享和协作的文化

培育数据共享和协作的文化是实现数据要素有效供给和高效利用的重要战略。这种文化基于一种理念：数据是一种资源，在不同部门和学科之间的共享和协作能够带来更大的效益。这种文化不仅可以提高数据的可用性和丰富性，还促进了跨部门的创新和效率。

为了营造有利于数据共享的文化，需要建立标准化的数据格式和协议、强大的数据治理框架，用以解决数据隐私、安全和质量问题。同时，要开发能够实现不同利益相关者之间无缝数据集成和操作的平台和系统。

除了技术和监管因素，培养数据共享文化还涉及在组织内部及组织间培育协作和开放的精神。这需要领导层致力于数据透明度，并培养数据共享参与者之间的信任。

当然，培养数据共享文化还需解决如竞争利益、知识产权以及不愿共享专有或敏感信息等潜在障碍。克服这些障碍需要采取平衡的方法，既认识到共享数据的价值，也尊重数据提供者的权利。

（九）培育数据驱动企业的创业生态系统

创业企业凭借其固有的敏捷性和创新潜力，能够独特地探索数据技术的新应用，挑战现有范式。在当今全球化的数字经济背景下，培育以数据为核心的企业创业生态系统成为国家级战略规划的重要组成部分。国家需要在政策制定、资金支持、技术发展、市场准入及法规环境等多方面进行综合性布局与支持。

首先，应关注于创造有利于数据企业成立和成长的环境。这包括提供税收优惠、研发补贴、风险投资等财政激励措施，降低创业门槛，鼓励创新和风险承担。同时，政府可以通过设立专门的数据企业孵化器和加速器，为初创企业提供必要的资源、指导和网络支持，加速其成长和市场化过程。同时，监管支持也是至关重要的。政府应创建一个既鼓励创新又确保数据隐私、安全和道德使用的监管框架。

其次，技术发展的支持是培育创业生态系统的关键。这要求政府支持基础研究和应用技术研发，特别是在大数据、人工智能、云计算和物联网等领域，以提高企业创新能力，促进技术转移和商业化，加快技术创新成果的市场应用。

市场准入及法规环境的优化也对数据企业的发展至关重要。政府应努力创建公平竞争的市场环境，降低市场准入壁垒，保障数据企业能在合理的竞争环境中成长。此外，建立合理的数据管理和使用法规，确保数据企业在遵守数据安全、隐私保护和伦理规范的前提下运营，是保证创业生态系统健康发展的重要因素。

（十）促进数据跨境流动

在全球化和数字化日益加深的当代，促进数据跨境流动已成为国家政策制定的重要议题。数据跨境流动的促进对于加强国际合作、提升经济效率、刺激技术创新以及实现全球市场的有效整合至关重要。为了实现这一目标，需要一个全面的策略框架来平衡数据流动的便利性与安全性、隐私保护和国家主权之间的关系。

政府应致力于制定和实施国际标准和规则，以促进数据的跨境流动。这包括与其他国家及国际组织协调，建立数据传输的共同标准和规范，确保数据流动在不同司法管辖区之间的一致性和可预测性。此外，政府需考虑到各国在数据隐私和安全法律方面的差异，促进法律和标准的协调一致，同时制定全面的政策和措施来保护跨境传输数据的安全，确保跨境数据传输符合严格的数据保护标准，并且建立有效的数据安全监管机制和应急响应系统。

技术基础设施的建设和优化对于数据跨境流动至关重要。这包括提高网络基础设施的互联互通性、确保数据传输的安全性和效率，以及促进先进的数据处理和分析技术的发展。除了这些硬性措施，政府还应采取加强国际合作和协调的软性措施，比如通过国际论坛、多边谈判和双边协议等方式，加强数据治理的国际对话和合作，可以有效地应对数据跨境流动中出现的政治、法律和技术挑战。

（十一）加强数据安全和隐私保护

随着数据在社会、经济和技术进步中扮演着日益重要的角色，确保数据的安全性和保护个人隐私权益变得越来越重要。因此，制定和实施全面的数据安全和隐私保护政策是国家发挥数据要素作用的必要条件之一。这不仅需要法律和技术上的全面布局，还需要文化和教育层面的支持，以建立一个安全、可靠且尊重隐私的数据环境。

数据安全和隐私保护政策应覆盖数据的整个生命周期，包括数据的收集、存储、处理、传输和销毁各个阶段。首先，需要制定严格的数据收集准则，确保在收集个人信息和敏感信息时遵循合法性和最小必要性原则。其次，数据存储应采用先进的加密技术和物理安全措施，防止数据泄露和未经授权的访问。在数据处理和传输过程中，采用安全的数据处理协议和传输加密技术是保护数据不被篡改和截取的关键。另外，政策还需包括对于数据使用的严格控制，尤其是涉及个人隐私的数据处理。这要求在数据使用前必须获得数据主体的明确同意，并对数据用途、范围和时长进行严格限制。同时，个人应有权查阅、更正和删除有关自己的数据，以及在一定条件下拒绝自己的数据被使用。

在法规层面，政府应建立符合国际标准和最佳实践的数据保护法规，以应对数据跨境传输和国际合作中的隐私保护挑战。这包括与其他国家和地区协调一致的数据保护标准，确保在全球范围内的数据交流和合作既安全又高效。

除此之外，国家还应通过教育和培训项目提高公众和企业关于数据安全和隐私保护的意识。这包括对数据安全最佳实践的培训、隐私保护法规的普及教育，以及针对特定行业和领域的定制化数据安全指导。

（十二）建立数据使用的伦理标准

在数字经济时代，确立数据使用的伦理标准是一个复杂且至关重要的任务，它对于确保数据的合理、负责任和符合道德标准的使用具有重要意义。随着大数据、人工智能等技术的迅猛发展，如何在尊重个人隐私、保护数据安全、促进社会公正与促进技术创新之间找到平衡，已成为政策制定者必须面对的重大挑战。因此，制定和执行数据使用的伦理标准，不仅是技术发展的必要配套，更是社会发展的基本要求。

数据使用的伦理标准需要围绕数据收集、处理、共享和使用的全过程而建立。这包括确保在数据收集过程中遵循透明和公正的原则，尊重数据主体的知情同意权和隐私权。在数据处理和分析阶段，应重视数据的真实性和客观性，防止因偏见、误解或错误处理而导致的不公正和误判。数据使用的伦理标准还应考虑到数据的社会影响，特别是在人工智能和自动决策系统中的应用。这要求对这些系统进行伦理审查，确保其决策过程透明、可解释，并考虑到潜在的社会影响，特别是在可能影响公共利益和社会公正的领域。

在国际层面，数据使用的伦理标准还应与全球数据治理原则保持一致，考虑到不同国家和地区在隐私保护、数据安全和人权方面的差异。通过共享最佳实践、协调伦理标准和促进跨国界的数据伦理对话，可以加强全球范围内的数据伦理治理。

应当在数据科学家、伦理学家、法律专家以及公共和私营部门代表等广泛利益相关者的协商下制定伦理标准。在组织内部要培育伦理数据使用的文化，教育员工和利益相关者在数据处理的每个方面都应考虑伦理要素。

第二章

数据要素推动科学发现范式转变和科技创新动力重塑

科学数据无论在自然科学基础研究还是人文社科、艺术和体育的研究和应用中都有丰富的应用场景，推动着科学知识的边界不断拓展。大模型的开发和应用推动了科学发现范式转变和科技创新动力重塑。数据驱动的数字类、物理类和生物神经类科学发现的多源爆发和协同推进引发了新一轮科技革命和产业变革，数据供给与实践应用的正向循环使科学发现的起点和科技创新的主场从实验室走向产业应用。科学发现范式和科技创新动力的转变要求我国科技创新体系也要进行相应的调整。

第一节　科学数据在科学发现和科技创新中的应用场景

科学数据在自然科学基础研究中的应用，贯彻于模型构建、实验验证和理论推演全过程。在人文社会科学领域，数据在分析社会行为、历史演变、经济趋势和文化模式中的应用，加深了人们对社会动态的理解。这些应用不仅拓宽了研究的视野，也加深了人们对复杂系统的认识。

一、科学数据在自然科学基础研究中的应用场景

科学数据在自然科学基础研究中的应用场景广泛，覆盖了自然科学、工程学、生命科学、地球科学等多个领域。这些应用场景展示了科学数据在推进基础科学研究、增进人类对自然界的理解以及为技术创新铺路方面的重要作用。随着数据获取、存储和分析技术的进步，科学数据在基础研究中的应用将继续扩大，推动科学知识的边界不断向外延伸。

（一）物理学

物理学作为探索自然界最基本规律和现象的科学，其研究范围广泛——从微观的粒子物理到宏观的宇宙学，再到介乎二者之间的量子物理。在这些研究领域中，科学数据扮演着至关重要的角色，它不仅帮助科学家验证已有的理论模型，还引领他们探索未知的科学领域。特别地，在粒子物理学中，科学家利用加速器产生的高能粒子碰撞数据来探索物质的基本组成，例如，大型强子对撞机（LHC）的数据揭示了希格斯玻色子的存在，这是物理学家多年来一直在寻找的一种粒子，它为标准模型中的质量生成机制提供了关键证据。这一发现不仅是对人类在自然界基本力量理解的巨大进步，也为未来可能的新物理现象的发现奠定了基础。

量子物理学，同样依赖于精确而复杂的科学数据。量子计算、量子通信等前沿技术的研究，都需要通过实验数据来验证量子理论的预测正确与否，并探索量子系统的操控方法。量子纠缠和量子态的精确测量不仅挑战我们对物质和信息的传统认识，也为开发全新的计算和通信技术提供了可能。

宇宙学的研究通过观测和分析来自遥远星系、黑洞、宇宙背景辐射等的数据，探索宇宙的起源、结构和演化。近年来，通过精确的天文观测，科学家发现了加速膨胀的宇宙、暗物质和暗能量的存在，这些发现挑战并拓展了我们对宇宙最基本组成和运行机制的理解。例如，对宇宙微波背景辐射的精细观测不仅支持了大爆炸理论，还为理解宇宙早期状态提供了宝贵数据。

在这些研究中，科学数据的获取、处理和分析都是极为复杂和精密的过程。科学家依靠先进的实验设施，如粒子加速器、地面和空间望远镜，以及高性能计算机，收集大量数据。然后通过复杂的数据分析方法，如统计分析、机器学习等技术，从数据中提取物理信息，验证理论模型或发现新的物理现象。这一过程不仅需要跨学科的合作，还需要高度的创新和精确的实验设计。

科学数据在物理学研究中的应用，展现了现代科学方法的力量。它不仅加深了我们对物理世界的理解，也推动了新技术的发展，如粒子加速器技术在医学中的应用、量子信息技术的发展等。科学数据的应用也促进了科学理论的进步，如量子场论的发展、广义相对论的验证等。随着科技的进步和数据获取能力的提升，科学数据将在揭示自然界更深层次的秘密中继续发挥关键作用，为人类社会的发展提供强大的科学支撑和无限的想象空间。

（二）化学与材料科学

化学与材料科学是探索物质结构、性质以及变化规律的学科，在新材料开发、能源转换、环境保护等方面发挥着关键作用。科学数据在这一领域的应用极为广泛，它不仅帮助科学家理解复杂的化学反应机制，还促进了新材料的设计与开发。

在化学研究中，科学数据主要来源于实验观测和理论计算。实验数据包括化学反应的速率、产物的种类和数量、反应条件的影响等，而理论计算则依赖于量子化学、分子动力学模拟等方法，提供了分子水平上的洞察，如分子结构、电子分布和能量变化。这些数据的分析和解释，不仅加深了我们对化学反应规律的理解，还指导着新反应路径的探索和新化合物的设计。

在材料科学领域，科学数据的应用同样至关重要。通过分析材料的物理、化学性质（如强度、导电性、光学性质等），科学家可以设计并制备出具有特定功能的新材料。例如，在能源领域，通过研究材料的光吸收性质和电化学性能，科学家开发出了高效的太阳能电池和电化学储能设备。在环境科学中，对吸附材料和催化剂的研究帮助解决了空气和水污染问题。对生物兼容材料的研究则推动了生物医学工程的进步，如人工组织和器官的开发。

随着计算化学和材料模拟技术的发展，科学家现在能够在计算机上设计和预测新化合物和材料的性质，这极大地加速了新材料的开发过程。通过高通量计算和机器学习算法，科学家可以在短时间内评估大量可能的材料组合，筛选出具有潜在价值的候选物质进行实验验证。这种从“计算机实验室”到“真实实验室”的研究模式，不仅提高了研究效率，也降低了研究成本。

科学数据推动化学与材料科学教育的革新。通过实时数据的收集和分析，教育者可以为学生提供更加直观和互动的学习体验。例如，虚拟实验室允许学生在没有危险化学品的情况下，进行化学实验操作的模拟，增强了学习的安全性和趣味性。

（三）生物学与生命科学

生物学与生命科学是研究生命现象，生物结构、功能及进化的科学领域，它们对于理解生物多样性、疾病机理以及生态系统的运作至关重要。在这些领域内，科学数据的作用不可小觑，它为研究提供了基础，推动了生命科学的重大进展，尤其是在基因组学、蛋白质组学和系统生物学等方面。

基因组学的飞速发展依赖于大规模的基因序列数据。人类基因组计划及其后续的各种生物基因组项目，通过高通量测序技术生成了海量的基因数据。这些数据不仅揭示了生物遗传信息的复杂性，也为疾病研究、新药开发和精准医疗提供了基础。例如，通过比较不同个体的基因组序列，科学家可以识别出与特定疾病相关的基因变异，从而开发出有针对性的治疗方法。

蛋白质组学，关注的是细胞内所有蛋白质的表达、功能和调控机制。通过质谱等技术分析蛋白质样本，科学家能够得到蛋白质的质量、结构及其相互作用的信息，这对于理解生物学过程和疾病机理有着重要意义。例如，蛋白质组学数据帮助科学家揭示了癌症细胞中蛋白质表达的异常模式，为癌症的早期诊断和治疗提供了新的策略。

系统生物学则是一个整合性的研究领域，它利用大规模的生物数据，如基因组、转录组、蛋白质组和代谢组数据，通过计算模型来理解生物系统的复杂性。这种跨学科的方法使得科学家能够在系统层面上理解生命过程——从单个细胞的行为到整个生态系统的功能。例如，系统生物学方法已被用于模拟癌细胞的代谢网络，揭示新的药物靶点。

这些领域内的研究成果对人类社会有着深远的影响。在医学方面，基于这些研究的新疗法和药物不断涌现，极大地提高了治疗疾病的效率和精确度。在农业方面，通过基因编辑技术改良作物品种，提高作物的产量和抗病性，有助于解决全球食品安全问题。在环境保护方面，生命科学的研究有助于理解生态系统的运作机制，指导生物多样性的保护和可持续发展。

（四）环境科学与生态学

环境科学与生态学是研究地球环境及其生物组成之间相互作用的学科，关注的是如何维持生态平衡和促进可持续发展。在这些领域中，科学数据的应用是多方面的，从监测环境变化、评估人类活动的影响，到制定保护策略和管理自然资源。随着全球环境问题的日益严峻，如气候变化、生物多样性丧失、水资源短缺等，科学数据在提供解决方案和支持政策制定中扮演着越来越重要的角色。

环境监测是环境科学与生态学中一个基本且关键的应用场景，它依赖于从多种来源收集的大量数据，包括地面观测站、卫星遥感、无人机调查等。这些数据提供了关于大气、水体、土壤、生物群落等环境要素的详尽信息，帮助科学家监测环境质量、识别污染源和评估生态系统健康状况。例如，通过分析遥感数据，科学家能够追踪森林覆盖变化，评估森林砍伐和退化的程度，这对于生物多样性保护和碳循环研究至关重要。

在气候变化研究中，科学数据的作用尤为显著。利用从全球范围内收集的气候数据，包括温度、降水、风速和大气成分浓度等，科学家可以分析气候变化的趋势、模拟未来气候情景，并评估其对自然环境和人类社会的潜在影响。这些研究成果是国际气候谈判和制定减缓及适应气候变化策略的科学基础。

生物多样性研究也依赖于大量的科学数据，这些数据包括物种分布、种群数量、遗传多样性和生态位信息。通过长期监测和数据分析，科学家可以了解物种多样性的变化趋势，识别受威胁的物种，以及评估生态系统服务的变化。这些信息对于制定保护优先区域、恢复退化生态系统和维持生态平衡具有重要意义。

此外，科学数据还在环境污染控制和资源管理中发挥着关键作用。通过分析水质、空气质量和土壤污染的数据，科学家可以评估污染的程度和来源，为污染防治提供依据。在自然资源管理方面，利用水资源、矿产资源和能源的数据，我们可以优化资源的开发利用，实现资源的可持续管理。

未来，随着新技术的发展，如大数据分析、人工智能和物联网技术，科学数据在环境科学与生态学中的应用将更加广泛和深入。这些技术不仅能够提高数据收集和分析的效率，还能增强我们对环境和生态系统复杂相互作用的理解，为解决全球环境问题提供更加有效的工具和方法。科学数据在推动环境科学与生态学研究、指导环境政策制定以及促进人类社会可持续发展方面，将继续发挥着不可替代的作用。

（五）天文学与宇宙学

天文学与宇宙学是探索宇宙的起源、结构、演化和终极命运的科学。这些领域的研究依赖于对来自宇宙各个角落的数据的收集和分析，包括恒星、行星、星系、黑洞以及宇宙背景辐射等的观测数据。随着观测技术的进步和新型天文设施的建设，科学家现在能够收集到前所未有的详细和广泛的数据，这些数据不仅极大地丰富了我们对宇宙的认识，也推动了天文学与宇宙学理论的发展。

在恒星和行星系统的研究中，科学数据让我们能够深入理解恒星的形成、演化和死亡过程，以及行星系统的多样性。通过对恒星光谱的分析，科学家可以确定恒星的年龄、温度、质量和化学成分，进而推断出恒星和行星系统的形成历史。例如，开普勒太空望远镜和特兰西廷行星巡天卫星（TESS）提供的数据已帮助确认了数千颗系外行星的存在，极大地扩展了我们对行星多样性和可能的宜居环境的理解。

在星系和大尺度结构的研究中，科学数据揭示了宇宙的膨胀历史和大尺度结构的分布特征。通过分析不同波长的电磁辐射，从无线电波到伽马射线，科学家可以探测到来自遥远星系的光，并研究它们的形状、大小、亮度和距离。哈勃空间望远镜和詹姆斯·韦伯空间望远镜提供的深空观测数据，让我们能够观测到宇宙的早期状态，揭示了星系形成和演化的复杂过程。

在宇宙学研究中，科学数据对于理解宇宙的基本组成和演化至关重要。宇宙微波背景辐射的详细测量，如普朗克卫星所提供的数据，为大爆炸模型提供了强有力的证据，并揭示了宇宙早期的密度波动。这些波动是宇宙大尺度结构形成的种子，对于理解暗物质和暗能量的性质以及宇宙的整体几何结构具有重要意义。

高能天体物理学的发展也依赖于科学数据的收集和分析。对于伽马射线暴、超新星爆炸和并合的中子星等极端宇宙事件的观测，不仅提供了物质在极端条件下行为的线索，也为测试物理学的基本原理，如广义相对论提供了实验室。

未来，随着更先进的天文设施（如广角巡天望远镜、广角射电阵列）的建设和新技术的应用（如大数据技术、云计算和人工智能），我们将能够收集到更多、更详细的宇宙数据。这不仅有利于我们在天文学与宇宙学上的理论理解，也可能揭示新的物理现象和宇宙学原理，进一步拓展我们对宇宙的认知边界。科学数据在这一过程中扮演着不可替代的角色，它不仅是推动科学进步的基础，也是连接过去、现在和未来宇宙研究的桥梁。随着研究的深入，我们期待着揭开宇宙更多的秘密，解答关于宇宙起源、结构和命运的根本问题。

（六）数学与计算科学

数学与计算科学在现代研究中的作用不可小视，它们为解决复杂问题提供了强有力的工具和理论基础。在这些领域中，科学数据的应用极为广泛，从数值模拟和算法开发到数据分析和模式识别，科学数据都在其中扮演着核心角色。随着计算技术的发展，科学数据在数学与计算科学中的作用愈发显著，它不仅推动了理论的发展，也促进了技术的创新。

数值模拟是数学与计算科学中应用科学数据的一个重要方面。它允许科学家在计算机上模拟复杂的物理、化学或生物过程，从而获得对现象本质的深入理解，而无须进行昂贵或不可行的实验。例如，通过数值模拟，气候科学家可以在全球尺度上模拟气候变化过程，预测未来几十年甚至几百年的气候变化趋势。同样，流体动力学的数值模拟可以帮助工程师设计更高效的飞机和汽车，而在医学领域，数值模拟则用于理解人体内复杂的生物过程，如血液流动和药物传输。

算法开发是另一个应用科学数据的关键领域。随着数据量的爆炸性增长，开发能够高效处理和分析大数据的算法变得至关重要。机器学习和人工智能领域的快速发展，就是基于大量数据上的算法创新。这些算法能够从数据中学习模式和规律，应用于语音识别、图像处理、自然语言处理等多个领域。例如，深度学习算法在医学影像分析中的应用，已经使得疾病的早期诊断更为准确和高效。

数据分析与模式识别是数学与计算科学应用科学数据的又一重要方向。在生物学、环境科学、社会科学等领域，科学家利用统计学方法和计算工具，从复杂的数据集中提取有用信息，识别数据之间的关联性和规律。这不仅加深了我们对自然和社会现象的理解，也为决策提供了科学依据。例如，通过对大规模社会网络数据的分析，研究人员可以揭示人类行为模式，优化网络结构，甚至预测市场的变化。

在应对全球性挑战，如气候变化、疾病控制和能源管理方面，数学与计算科学中的科学数据应用也发挥着至关重要的作用。通过集成模型和大数据分析，科学家可以更准确地预测未来趋势，制定更有效的应对措施。例如，在新冠疫情期间，通过对疫情数据的实时分析和建模，研究人员能够预测疫情的传播趋势，为政府和公共卫生机构提供决策支持。

（七）地球科学

地球科学是一个包括地质学、地球物理学、大气科学、海洋科学等多个子领域的综合学科，旨在探索地球系统的结构、功能、演化和动态过程。在这个广阔的研究领域中，科学数据发挥着至关重要的作用，它们来源于地面观测站、遥感卫星、深海探测器、气象站等多种途径，为我们提供了关于地球各种物理、化学和生物过程的宝贵信息。随着技术的进步，特别是遥感技术和数据分析方法的发展，科学数据在地球科学中的应用变得越来越广泛，也越来越深入。

在地质学领域，科学数据被用来研究地壳的组成、结构和演化历史。通过分析岩石、矿物和化石的数据，地质学家可以重建古地理、古气候，并探索地球内部的动力学过程。例如，地震波数据的分析帮助科学家揭示了地球内部的结构，包括地壳、地幔和核心的边界。此外，利用卫星遥感数据，地质学家能够监测地质灾害，如地震、火山爆发和滑坡，评估它们对人类社会和自然环境的影响。

在地球物理学中，科学数据用于研究地球的物理属性和动力过程。地球物理学家利用重力、磁场、电磁场等数据，研究地球内部的结构和运动，以及地球与其他天体间的相互作用。这些数据不仅有助于我们理解地球的形成和演化，对于矿产资源的勘探和开发也具有重要价值。

大气科学和气候变化研究依赖于大量的气象数据和气候模型。通过分析大气温度、湿度、风速、降水量等数据，科学家可以监测和预测天气变化，研究气候系统的动态过程和气候变化的长期趋势。这些研究对于理解全球变暖、极端天气事件的频率和强度的变化，以及对生态系统和人类社会的影响至关重要。此外，科学数据也被用于验证和改进气候模型，提高气候预测的准确性。

海洋科学利用来自船只、浮标、潜水器和卫星的数据，研究海洋的物理、化学、生物过程，以及海洋与气候系统的相互作用。这些数据有助于科学家探索海洋环流、海平面变化、海洋生态系统的健康状况，以及海洋对全球气候变化的响应和调节作用。例如，通过分析海水温度和盐度的长期数据，科学家可以监测厄尔尼诺现象和拉尼娜现象，评估它们对全球气候模式的影响。

随着新技术的发展，包括人工智能、机器学习和高性能计算等，我们有理由相信，科学数据的应用将给地球科学领域带来更多的突破，为我们提供更深入的地球系统知识，从而更好地应对气候变化、自然灾害和资源管理等全球性挑战。

（八）跨学科研究

跨学科研究是当今科学研究的一个显著趋势，它打破了传统学科之间的界限，促进了不同领域知识和方法的融合，为解决复杂的科学问题和社会挑战提供了新的视角和工具。科学数据在其中扮演了至关重要的角色，不仅促进了知识的创新和技术的发展，也加深了我们对自然世界和人类社会的理解。

在生物医药领域，跨学科研究结合了生物学、化学、物理学、计算科学和工程学等多个学科的方法和知识，推动了精准医疗和个性化治疗的发展。通过分析大规模的基因组数据、蛋白质组数据和临床数据，科学家可以更准确地理解疾病的分子机制，发现新的药物靶点和治疗方法。例如，癌症基因组学的研究结合了生物信息学和统计学的方法，揭示了癌症的遗传异质性和复杂性，为癌症的早期诊断和个性化治疗提供了可能。

在环境科学和气候变化研究中，跨学科研究整合了大气科学、海洋学、地质学、生态学和社会科学等领域的知识，以更全面地理解和应对气候变化的影响。通过分析和模拟地球系统中的复杂相互作用，科学家可以更准确地预测气候变化的趋势，评估其对生态系统、水资源、农业生产和人类社会的潜在影响。这些研究为制定减缓气候变化和适应策略提供了科学依据。

在能源研究领域，跨学科研究结合了化学、物理学、材料科学、计算科学和工程技术，加速了清洁能源技术的发展。通过研究太阳能电池、风能、生物质能和储能材料的物理和化学性质，科学家可以设计出更高效、更经济、更环保的能源转换和存储系统。例如，固态电池的研究依赖于电化学、材料科学和纳米技术的知识，旨在提高电池的能量密度和安全性，为电动汽车和可再生能源的应用提供支撑。

在材料科学领域，跨学科研究利用计算科学、物理学和化学的方法，加速了新材料的设计和发现。通过高通量计算和机器学习算法，科学家可以在虚拟环境中预测材料的性质和行为，筛选出具有潜在应用价值的材料，从而减少实验的时间和成本。这种方法已成功用于发现新的催化剂、半导体材料和超导材料。

二、数据在人文社会科学研究与艺术体育实践中的应用场景

数据在人文社会科学研究中扮演着越来越重要的角色，不仅帮助研究者识别和理解复杂的社会现象，还促进了跨学科研究的发展，使人文社会科学研究方法更加多样化和精细化。数据在艺术研究与创作、体育研究与训练等领域的应用也深刻地影响着这些领域的各个方面，给艺术和体育实践带来了新的挑战和机遇，也为理解、欣赏艺术和体育提供了新的维度。

（一）研究方法创新和视角拓展

在当今信息时代，数据的作用已经渗透到人文社会科学研究的每一个角落，不仅丰富了研究方法和视角，而且促进了跨学科研究的发展。通过数据的力量，研究者能够更深入地理解复杂的社会现象，为社会发展和人类文明的进步提供新的思考和解决方案。

历史学者通过对数字化历史文档、图书馆档案和博物馆藏品的分析，运用文本挖掘和模式识别技术，能够揭示历史趋势、文化交流和社会变迁，开启了一种全新的历史研究方式。在文化研究领域，大数据分析工具的应用使研究者能够分析文化产品（如电影、音乐和文学作品）中的模式和趋势，进一步理解文化的传播和影响力。社交媒体分析在研究特定主题或事件的公众情绪和文化反响中显示出了不可或缺的作用。经济分析方面，大规模经济数据的分析帮助研究者预测经济发展趋势、理解市场动态，这些数据包括消费数据、股市数据、就业数据等。政治学研究者通过数据分析深入了解政治行为、选举结果、政策制定过程以及政治沟通，尤其是利用社交媒体数据分析政治讨论，这对于理解公众对政策的接受度和政治人物的影响力具有重要意义。人类学和社会学领域的研究者通过社会网络、人类行为和文化实践的数据分析，探索社会结构、人际关系和文化差异，这包括利用移动设备数据分析人类移动性模式以及通过在线交流数据研究社会群体和身份构建。在教育领域，数据分析在学习行为分析、教育成果评估和教学方法改进方面发挥着越来越重要的作用。通过分析学习管理系统中的数据和在线教育平台的用户数据，研究人员能够识别学习困难、评估教学效果并提出个性化教学策略。健康与医疗人文研究者通过分析健康记录、患者问卷和公共健康数据，深入探讨健康问题的社会因素、疾病模式以及医疗服务的社会影响，这有助于理解健康不平等的根源并提出解决方案。在环境研究和可持续发展领域，通过分析气候变化数据、环境监测数据和人类活动数据，研究人员能够探讨环境问题的社会影响和制定可持续发展策略。卫星数据的分析在研究森林砍伐对社区的影响、城市化进程中的环境压力等问题上展现了独特的价值。

（二）历史研究

在当代的历史研究中，数字化资源和数据分析技术已成为不可或缺的工具，它们为历史学者提供了前所未有的研究方法和视角。随着历史文档、图书馆档案以及博物馆藏品的数字化进程加速，大量的历史数据被转换成可供搜索、分析的数字格式，这不仅极大地便利了学者的研究工作，也为揭示历史趋势、文化交流和社会变迁开辟了新途径。

文本挖掘和模式识别技术的运用极大地丰富了历史学的研究方法，使得历史学者能够在海量的数据集中发掘出难以直观察觉的模式、趋势和关联性。这些技术允许研究者从不同时间段的期刊、报纸、书信等历史文档中分析特定词汇的使用频率，从而揭示随时间演变的社会态度和文化偏好。而量化分析历史事件的报道不仅能帮助学者把握某一时期公众的关注焦点，还能深入了解那一时期的社会动态。例如，通过对战争、政治变革或科技创新相关报道的分析，可以观察到社会对这些事件的反应和态度的变化，从而为历史研究提供独特的视角和深刻的见解。

历史地理信息系统（GIS）为历史研究领域带来了革命性的变化，是强大的地理空间分析工具。这使得研究者能够在地图上直观地展示历史数据，观察和分析不同时间点和时期的地理分布模式。例如，通过 GIS 技术，可以清晰地追踪过去的贸易路线如何随时间变迁、城市如何发展壮大以及战争或自然灾害的影响范围。这种技术不仅增强了历史事件和现象的空间维度理解，还为研究人口迁移模式、经济活动分布以及文化交流提供了新的分析手段。GIS 在历史研究中的应用，极大地促进了历史学科与地理学科的交叉融合，为历史学研究提供了更加丰富和精确的空间分析视角。

网络分析技术的应用为历史学者提供了一种全新的探索历史社会结构和人际关系的方法。通过对历史人物的通信记录、会面记录以及其他社交活动的分析，研究者可以揭示历史上的权力结构、社交圈和影响力的流动路径。这种方法特别适用于分析政治联盟、文化圈子以及科学共同体等社会群体的形成和变迁。例如，通过分析文艺复兴时期艺术家、赞助人和学者之间的通信记录，可以揭示当时艺术和科学的交流网络，以及这些网络是如何促进文化和科技创新的。网络分析技术为历史学研究提供了一种从社交网络角度理解历史变迁的新视角，增强了对历史社会动态的理解。

数字人文学的兴起标志着历史研究方法的一次重大变革，它通过跨学科合作，将计算机科学、统计学、文本分析等现代科技方法与传统的历史学研究方法结合起来。这种跨学科的融合不仅拓宽了历史学的研究范围，还推动了研究方法的创新和发展。数字人文学使得历史学者能够处理和分析前所未有规模的数据集，运用复杂的算法和计算模型来探索历史现象，从而实现对历史事件和文化变迁的更深入、更精细的分析。这种方法的应用极大地提高了历史研究的精确度和深度，为历史学科的发展带来了新的动力。

随着数字化工具的普及和发展，历史学研究的成果变得更加容易共享和传播。在线数据库、数字图书馆和开放获取资源的建立，为全球的学者和公众提供了方便的访问途径，使得宝贵的历史资源得到了广泛的利用和传播。这不仅促进了国际间的学术交流和合作，也加深了公众对历史知识的理解和兴趣。数字化工具的应用，使得历史学研究成果不再局限于学术圈内的传播，而是通过互联网平台向更广泛的受众开放，从而提高了历史学科的社会影响力和公众参与度。

（三）文化研究

在当代的文化研究中，数据的应用已经成为探索和理解文化现象的关键工具之一。数据在文化研究中的应用不仅提高了研究的效率和精确性，还开辟了新的研究领域和视角。通过深入分析文化数据，研究者能够更好地理解文化的内涵和外延，捕捉文化变迁的脉络，从而更深刻地洞察人类文化的多样性和丰富性。

文化产品，包括电影、音乐、文学作品、艺术品、广告和社交媒体内容，构成了文化研究的核心内容。这些产品不仅镜像了它们所处时代的文化特质和社会价值观，还在塑造公众的文化认同和审美观念上发挥着重要作用。通过对这类文化产物中的模式、趋势进行深入分析，研究者可以揭示文化的多元性、复杂性以及其动态变化的本质。例如，文本挖掘技术的应用，能够在海量的文学作品中识别出特定主题或叙述模式的频率变化，进而映射出社会演进过程中文化议题和叙述手法的演变轨迹。这种分析方法不仅加深了我们对文化演化过程的理解，也为探索文化与社会变迁之间的相互作用提供了新的视角。

社交媒体平台作为现代文化交流的中心舞台，提供了大量丰富的数据资源，成为文化研究领域的一个重要研究对象。通过分析社交媒体上的用户行为、话题讨论以及情感表达，研究者能够捕捉到公众对特定文化事件或产品的响应和态度。这不仅有助于揭示文化现象的传播机制，还能够观察到公众参与和文化影响力的扩散范围。例如，对某部电影或音乐视频在社交媒体上的分享和讨论情况进行跟踪分析，可以帮助研究者了解其受欢迎的程度、观众群体的特点及文化内容的传播途径，从而深入理解文化内容在社会中的流动和影响。

通过数据分析揭示的文化消费模式和趋势，为理解文化市场的结构和动态提供了重要的视角。利用消费数据，研究者可以探索不同文化产品的受欢迎程度、消费者的地理分布及其消费偏好等信息。这些分析结果有助于深入了解文化产品如何满足不同社会群体的需求，以及如何影响和塑造消费者的文化偏好。例如，流媒体平台的观看数据分析，可以揭示特定电视剧或电影的受众特征，提供关于文化生产和消费模式的深刻洞察，从而促进对文化市场运作方式的理解。

量化数据分析为文化研究提供了一种客观且系统的方法，使得研究者能够处理和分析大量数据，揭示其中隐含的模式和趋势，为理解复杂的文化现象提供新的解释。尽管如此，量化分析并不能完全替代传统的定性研究方法。鉴于文化现象的复杂性和多样性，采用多元化的研究方法，结合定量和定性分析，是获取更全面、更深刻理解的关键。此外，数据科学与传统人文学科的跨学科合作，如计算机视觉技术在艺术作品分析中的应用、自然语言处理技术在文学作品研究中的运用，不仅推动了研究方法的创新，也拓展了文化研究的边界，为深化我们对文化复杂性的认识开辟了新的路径。

（四）经济分析

在当代人文社会科学的诸多研究领域中，经济分析尤其凸显了数据应用的重要性和广泛性。通过对大规模经济数据的分析，研究者能够揭示经济趋势、市场行为、政策效果以及经济结构的变化。数据在经济分析中的应用极大地丰富了经济学的研究内容和方法，使得经济研究更加科学化、精细化和系统化。通过对经济数据的深入分析，研究者不仅能够更好地理解经济现象和经济规律，也能为经济政策的制定和实施提供坚实的理论和实证基础。

在经济趋势分析领域，数据的应用已成为研究者不可或缺的工具。通过精细的时间序列分析，经济学家能够监测和解析宏观经济指标如经济增长率、通货膨胀率和失业率等的动态变化。这种分析能帮助人们识别经济周期的波动、长期趋势的形成以及可能的经济风险点。例如，通过综合分析国内生产总值（GDP）增长率与消费者价格指数（CPI），研究者不仅能够评估特定经济政策的短期和长期效果，还能预测经济未来的可能走向。这样的分析为政策制定者提供了基于数据的决策支持，增强了经济政策的针对性和有效性。

市场行为分析通过深入探索消费者、企业和金融市场的行为模式，揭示市场运作的深层机制。利用从消费者调查、企业财报到股票市场的交易数据等多元数据源，经济分析师能够洞察市场参与者的决策逻辑、供需关系和价格变动趋势。这些洞察为理解市场波动提供了理论基础，对于优化市场监管策略、指导企业战略规划以及辅助投资者做出更为明智的投资选择具有重要价值。

在政策效果评估方面，数据分析使得研究者能够精确衡量经济政策的实际成效，涵盖经济增长、就业机会创造和收入分配等多个维度。通过对比政策实施前后的经济指标，结合先进的计量经济学模型和统计技术，可以客观评估政策的有效性和副作用。这不仅为政策制定者提供了基于事实的反馈，也提升了政策透明度，帮助公众更好地理解政策对经济的影响。

经济结构变化的分析关注于识别和解释经济内部各部门及其与全球经济环境之间互动的变化。通过综合运用产业数据、国际贸易统计数据和全球经济指标，研究者能够追踪经济全球化的进程、产业结构的演变以及技术创新对经济布局的影响。这些分析结果为指导产业政策的制定、优化经济结构、促进国际经济合作等方面提供了科学依据，有助于推动经济的可持续发展。

随着大数据和人工智能技术的快速进步，经济研究方法正在经历一场深刻的变革。人工智能的应用不仅提高了预测经济活动的精准度，还能有效识别市场趋势和评估经济政策的潜在影响。此外，网络分析和文本分析等新兴技术的引入为经济网络结构、市场情绪以及政策文件的深度解析开辟了新的研究路径。这些技术的应用极大地拓宽了经济研究的视野，为解决复杂的经济问题提供了更多的可能性和创新思路。

（五）工商管理研究

数据在工商管理中的应用已经成为现代企业获得竞争优势的关键。通过对市场、财务、运营和人力资源等方面的数据进行深入分析，企业不仅能够更好地理解外部市场环境和内部运营效率，还能够基于数据做出更加精确和高效的管理决策。随着大数据、云计算和人工智能技术的快速发展，企业现在能够收集和分析前所未有规模和复杂度的数据，从而以数据驱动的方式做出更加精确和高效的管理决策。

在市场分析与消费者行为研究方面，数据分析为企业提供了深入洞察市场趋势和消费者需求的能力。通过分析来自社交媒体、顾客调查、在线购物平台等渠道的大量数据，企业可以识别出当前的市场需求、预测未来的消费趋势，并根据这些信息调整产品开发和市场营销策略。例如，通过文本分析社交媒体上的消费者评论和讨论，企业可以迅速捕捉到消费者对产品特性的喜好和不满，从而及时调整产品设计和营销信息，以更好地满足市场需求。

在企业运营和供应链管理方面，数据分析技术的应用极大地提升了企业的运营效率和响应速度。通过实时监控生产线的数据、库存水平和物流状态，企业能够及时发现和解决生产瓶颈、库存过剩或供应链中断的问题，从而降低运营成本并提高客户满意度。此外，预测分析技术可以帮助企业预测市场需求变化，优化库存水平，避免过度库存或缺货情况，确保供应链的平稳运转和成本效率。

财务管理是工商管理中数据分析应用的一个重要领域。通过深入分析财务报表、市场数据和宏观经济指标，企业能够更准确地进行财务预测、评估投资项目的风险与回报，以及进行有效的财务风险管理。数据分析不仅帮助企业识别和评估潜在的财务风险，还能够为企业提供支持决策的财务洞察，如通过现金流分析预测未来的资金需求，确保企业的财务稳健和持续增长。

人力资源管理也是数据分析发挥巨大作用的领域。通过分析员工的绩效数据、培训反馈和员工满意度调查等信息，企业可以有效地评估人力资源政策的效果，优化人才管理和员工发展计划。数据分析还能帮助企业在招聘过程中识别最优秀的候选人，预测候选人的未来表现，从而提高人才选拔的质量和效率。此外，通过对员工行为数据的分析，企业可以更好地理解员工的工作习惯和需求，设计更具吸引力的激励机制和工作环境，提升员工的工作满意度和忠诚度。

随着技术的进步，工商管理中的数据分析方法正变得越来越先进。机器学习和人工智能的应用使得企业能够从海量复杂的数据中提取有价值的信息，支持复杂的决策过程。例如，通过对消费者行为模式的深度学习，企业可以发现新的市场细分和定制化营销策略。数据可视化技术的发展也为管理决策提供了强大的支持，使得复杂的数据分析结果能够通过直观的图表和仪表板清晰展现，帮助管理层快速做出决策。

（六）人类学和社会学研究

在当代人类学和社会学的研究中，数据的应用已经成为探索人类行为、社会结构以及文化现象的重要途径。随着信息技术的发展和大数据时代的到来，人类学和社会学研究者开始利用各种数据分析工具和方法，深入探讨社会动态、文化交流以及人类行为的复杂性，这不仅拓宽了研究的视野，也增强了研究的深度和广度。

在社会结构和社会网络分析领域，数据的应用帮助研究者揭示个体和群体之间的相互作用和联系模式。通过分析社交媒体数据、通信记录以及各种在线互动数据，研究者能够构建社会网络模型，探索社交网络的形成机制、群体的互动行为以及社会关系的影响力分布。例如，通过对微信、Twitter、抖音上的社交网络数据进行分析，研究者可以了解信息是如何在网络中传播的，哪些节点（个体或群体）在信息传播过程中扮演着核心角色，以及社交网络对个体的意见形成和行为选择有何影响。这些分析不仅揭示了社交媒体塑造信息传播的路径，还展现了社会网络中的权力结构和影响力动态。进一步地，研究者通过挖掘和分析这些数据，能够识别社会网络中的关键传播者，了解群体如何形成共识或分裂，以及网络互动如何影响社会观念和行动。这种深入的分析为理解现代社会的交流方式、加强社会凝聚力以及优化信息传播策略提供了宝贵的视角和工具。

在人类行为和社会动态研究中，大数据和计算社会科学方法的应用极大地丰富了研究内容。通过收集和分析来自互联网、移动设备和各种数字平台的行为数据，研究者能够实时监测和分析人类行为模式、社会运动的发展以及公共政策的社会影响。这种方法不仅提高了研究的时效性和精确性，也使得研究者能够在更大的范围和更细致的层面上理解社会现象。例如，通过分析社交媒体上的趋势和话题，研究者可以追踪公众对于重大事件的反应和情绪变化，从而深入理解公众意识的形成过程。此外，通过监测和分析手机定位数据，研究者能够研究人群移动模式和城市活动的变化，为城市规划和交通管理提供数据支持。这些研究不仅为理解个体和群体行为提供了新的视角，也为社会管理和决策提供了实时、动态的数据支撑。

在社会变迁和发展研究中，数据分析技术的应用使得研究者能够追踪和预测社会变化的趋势和路径。通过分析历史数据、经济指标、人口统计数据等，研究者可以探索经济发展、社会变革以及技术进步对社会结构和社会关系的长期影响。这种分析有助于理解社会发展的复杂性，为社会规划和政策制定提供科学依据。通过综合运用时间序列分析、预测模型和情景分析，研究者不仅能够识别和分析过去的发展趋势，还能预测未来可能的变化轨迹。这些研究帮助政策制定者和社会规划者在长期的社会经济规划中做出更为科学和合理的决策。例如，通过分析人口老龄化的趋势，社会科学家可以预测其对公共健康、养老服务和劳动市场的潜在影响，从而为应对这些挑战提出策略和政策建议。

在社会问题和公共政策评估方面，数据分析为识别社会问题、分析政策效果以及优化政策设计提供了强有力的工具。通过对公共服务的使用数据、政策实施的前后比较分析以及对社会调查数据的深入分析，研究者可以评估政策的社会影响，识别政策执行中的问题和挑战，提出改进方案。这种基于数据的政策评估和优化过程，有助于提高政策的有效性和社会福祉。例如，通过对教育政策改革前后的学生成绩和就业率数据进行分析，研究者可以评估政策的实际效果，识别改进的方向。此外，通过分析公共卫生政策对疫情控制的影响，政策制定者可以了解哪些措施最有效，从而在未来的公共卫生危机中做出更加科学和合理的响应。这些基于数据的分析和评估不仅增强了政策的透明度和可靠性，也为解决复杂的社会问题提供了创新的思路和方法。

（七）艺术研究与创作

在当今这个数据驱动的时代，艺术研究与创作领域也逐渐融入了大数据的应用，开启了一条探索艺术表达与理解新路径。数据不仅在艺术研究中扮演着越来越重要的角色，也为艺术家提供了新的创作手段和灵感来源，为艺术的理解和欣赏提供了新的维度。

数据分析技术为艺术史研究提供了新的视角。通过对大量艺术作品的风格、题材、色彩等特征的数据化分析，研究者可以揭示不同时期、地区和艺术流派之间的联系与差异。例如，利用图像识别和机器学习技术，研究者能够分析数千幅画作的风格演变，从而揭示艺术风格发展的模式和趋势。这种方法不仅为理解艺术史提供了量化的证据，也丰富了艺术史研究方法。此外，通过分析艺术品的创作和流传数据，如不同时期艺术品的价格波动、收藏偏好的变化等，研究者可以探究艺术市场的变化趋势，为研究艺术品的经济价值和社会地位提供新的视角。

在艺术创作实践中，数据的应用已经成为推动艺术创新和实验的重要力量。艺术家通过收集和分析各种数据（如环境数据、社会媒体数据、人体运动数据等），将数据转化为视觉、声音或其他感官形式的艺术表达。例如，一些艺术家利用实时的环境数据（如气温、湿度、空气质量指数等）来创作动态变化的视觉艺术作品，这些作品反映了自然环境的即时状态，引发人们对环境变化的思考和关注。此外，利用社会媒体数据，艺术家可以捕捉到社会情绪的波动，通过艺术作品呈现公众关注的热点问题和情绪变化，从而使艺术与现实社会产生更紧密的联系。

数据技术在艺术教育和批评中的应用，为艺术的教学和评价提供了新的工具和方法。通过分析学生创作的艺术作品的数据，教师可以更客观地评价学生的艺术表达和技巧，从而提供更个性化和精准的教学反馈。同时，利用数据分析工具，艺术评论家和研究者可以对艺术作品进行更深入的分析，如通过对艺术品评论和社会媒体上的讨论数据的分析，了解公众对特定艺术作品或艺术事件的反应和评价，为艺术批评和理论研究提供新的数据支持。

数据可视化本身已经成为一种新兴的艺术形式。艺术家通过将复杂的数据集转化为视觉艺术作品，不仅展示了数据的美学潜力，也为观众提供了探索和理解数据的新途径。这些数据可视化作品往往能够直观地揭示数据背后的模式和故事，引发人们对数据背后现象的思考，如社会经济发展趋势、人类行为模式等。通过这种方式，艺术家不仅拓展了艺术表达的边界，也使得艺术作品能够与科技、数据和社会现象产生对话，增强了艺术的社会参与度和影响力。随着数据技术的不断发展和艺术家对数据的创新应用，数据驱动的艺术将持续为人们探索艺术与科技、社会之间的复杂关系提供丰富的材料和灵感。

（八）体育研究与训练

数据在体育研究与训练中的应用正深刻地影响着这一领域的各个方面，从优化个体运动员的训练计划和提升团队的整体表现，到预防伤害和增强观赏体验，数据驱动的方法正在为体育界带来革命性的变革。这一变革不仅改善了运动员的表现，还深化了我们对体育运动各个方面的理解。随着技术的不断进步和数据分析方法的日益成熟，未来体育领域将进一步发掘数据的潜力，实现更高水平的科学化、精细化管理和训练。

数据分析在运动员训练优化中扮演着核心角色。通过收集和分析运动员的生理数据（如心率、血氧水平、能量消耗）和表现数据（如速度、跳跃高度、精确度），教练和科学家能够为每位运动员定制训练计划。这种方法使得训练更加科学和个性化，能够根据运动员的具体需求调整训练强度和内容，从而最大化其潜能并提升表现。例如，通过分析跑步者的步态和心率变化，专家可以识别出效率低下的跑步模式并提出改进方案，这不仅提升了运动表现，也减少了受伤的风险。此外，利用数据分析，教练团队能够实时监控运动员的训练状态，及时调整训练计划以防过度训练，确保运动员能够在关键比赛中达到最佳状态。

数据在体育伤害预防和康复中的应用正变得越来越重要。通过对运动员长期的生理和运动数据进行监测和分析，研究者可以识别伤害风险的早期迹象，如某些运动模式可能导致的过度使用伤害。这种预测性分析使得教练和医疗团队能够及时采取预防措施，如调整训练内容或强度，以避免伤害的发生。在运动员受伤后，定制化的数据分析还可以指导康复训练，通过精确监测康复过程中的进展，医疗团队可以更有效地设计康复计划，加速运动员恢复到最佳状态。

数据分析在制定比赛策略和提升团队表现方面发挥了重要作用。通过分析对手的比赛数据和团队自身的表现数据，教练可以制定出更为精准的比赛策略。这包括对对手强项和弱点的分析，以及基于历史数据对比赛走势的预测。例如，在篮球比赛中，通过分析对手球员的投篮热图和防守习惯，教练团队可以调整战术安排，利用对手的弱点或调整自己的防守策略。此外，数据分析还可以用于团队内部的角色分配和战术调整，确保每位球员的能力和特点都能被最大化地利用。在体育赛队挑选选手的过程中，表现数据（如得分、助攻、防守效率等统计指标）逐渐成为关键考量因素。这些数据量化了运动员的场上表现，为教练和选拔团队提供了客观依据，从而做出更加合理和有效的选人决策，确保团队的整体竞争力。

在增强观赏体验方面，数据分析技术为体育迷提供了前所未有的深度和维度。通过对比赛数据的实时分析和可视化，观众不仅可以获得比赛的基本信息，如比分和统计数据，还可以深入了解比赛的战术层面和球员表现的细节。例如，足球比赛中的传球图、篮球比赛中的球员移动轨迹等，为观众提供了更丰富的比赛解读，增加了观赛的互动性和趣味性。此外，通过分析社交媒体上的体育讨论数据，媒体和赛事组织者可以更好地了解观众的兴趣和需求，进一步定制化比赛的报道和推广活动，提升体育赛事的吸引力和观赏价值。

第二节 科学数据助力我国“卡脖子”技术突破

通过对科学数据的深度挖掘和分析，我国能够加速“卡脖子”技术的研究与突破，如高性能计算、半导体材料、生物医药等，通过数据驱动的创新方法，加快技术迭代，提升自主创新能力，有效缩小与国际先进水平的差距。

一、我国有哪些“卡脖子”技术

“卡脖子”技术是指那些对国家安全和经济发展至关重要，但国内尚未完全掌握，依赖于国外进口的关键技术。对于中国而言，解决这些技术瓶颈是实现高水平科技自立自强的关键。对中国来说，“卡脖子”技术主要包括以下十类。

（一）高端芯片制造技术

高端芯片制造技术是全球半导体行业的核心。随着科技的快速发展，芯片制造技术已进入 7 纳米、5 纳米乃至更先进工艺的竞赛中。这些技术不仅代表了制造精度的极限挑战，还涉及极紫外光（EUV）光刻、多模式栅极堆叠（FinFET）技术等先进制造技术的应用。对于中国而言，高端芯片制造技术的自主掌握是提升国家科技实力、保障信息安全的关键。目前，虽然中国在芯片设计领域取得了显著进展，但在高端芯片制造上仍依赖于国外的技术和设备，特别是在 EUV 光刻机等核心设备上的依赖。这种依赖限制了中国在半导体产业链上游的竞争力和话语权，也成为国家安全和经济发展的潜在风险。因此，加大研发投入，突破关键核心技术，实现高端制程技术的自主可控，对于中国来说具有非常迫切和长远的战略意义。

（二）半导体制造设备

半导体制造设备是实现集成电路芯片生产的关键工具，包括光刻机、蚀刻机、离子注入机等核心设备。其中，光刻机尤为关键，它直接决定了芯片制造的精细程度和产量效率。全球光刻机市场长期被荷兰 ASML、日本尼康和佳能等少数企业垄断，尤其是在极紫外光（EUV）光刻技术方面，ASML 几乎占据了全球市场的垄断地位。对中国来说，高端半导体制造设备尤其是 EUV 光刻机的缺乏，成为制约半导体产业发展的重要瓶颈。虽然中国正在加大研发投入，力图突破这一领域的技术难题，但短期内实现自主生产高端光刻机的难度极大。因此，加快自主研发进程，提升本土半导体设备制造能力，减少对外依赖，对于保障国家安全和产业链自主可控具有重要意义。

（三）先进的航空发动机技术

航空发动机作为现代航空装备的“心脏”，其性能直接影响到飞机的飞行速度、载重量、航程等关键指标。先进的航空发动机技术涵盖了材料科学、热力学、流体力学等多个领域，是航空工业的技术高地。中国在航空发动机领域虽然取得了一定的进展，但与世界先进水平相比，仍存在一定的差距，特别是在高性能军用和民用航空发动机的核心技术上。这些技术难点包括但不限于高温合金材料的研发、涡轮叶片的精密铸造技术、高效率低耗能的燃烧室设计等。突破这些技术难关，对于提升中国的航空工业水平、保障国家安全具有重要意义。因此，中国正在加大研发投入，推动航空发动机技术的自主创新，通过国家重大科技项目支持、跨国合作等多种方式，加速航空发动机技术的发展。

（四）操作系统和核心软件

操作系统和核心软件是信息技术领域的基石，它们不仅是计算机和其他智能设备运行的基础，也是保障信息系统安全的关键。在全球范围内，操作系统市场长期由少数几家国际巨头企业主导，这给国家信息安全构成了潜在风险。中国在操作系统和核心软件领域虽然取得了进展，如推出了一些国产操作系统，但在市场占有率、兼容性、用户体验等方面与国际主流产品相比仍有较大差距。针对这一挑战，中国正致力于加强自主创新，推动国产操作系统和核心软件的研发和应用。通过政策扶持、企业合作和开源社区建设等方式，提高国产软件的技术水平和市场竞争力，旨在构建安全可控的信息技术体系，保障国家信息安全和经济社会的持续健康发展。

（五）高端医疗设备

高端医疗设备，如磁共振成像（MRI）、计算机断层扫描（CT）机、超声波诊断仪等，是现代医疗诊断的重要工具。这些设备在提高疾病诊断准确性、促进医学研究等方面发挥着关键作用。目前，高端医疗设备市场主要被 GE、西门子、飞利浦等国际巨头控制，中国虽然在医疗设备行业取得了快速发展，但在高端产品领域仍存在较大的技术和市场份额差距。面对这一挑战，中国加大了对高端医疗设备研发的投入，通过国家重点研发计划、产学研合作等方式，促进高端医疗设备技术的突破，提升国产设备的市场竞争力，旨在减少对进口设备的依赖，提高医疗健康行业的自主创新能力。

（六）精密制造设备和仪器

精密制造设备和仪器，包括精密加工中心、高精度测量仪器和分析仪器等，是现代制造业和科学研究不可或缺的工具。这些设备和仪器在航空航天、精密机械、新材料研发等领域扮演着核心角色。中国在这一领域虽然已取得一定进展，但与国际先进水平相比，仍面临技术创新能力不足、高端产品依赖进口等问题。为了突破这些技术瓶颈，中国正在实施创新驱动发展战略，加强关键核心技术研发，推进产业结构升级。通过国家科技重大专项、加强国际合作等措施，努力提升精密制造设备和仪器的自主研发及产业化能力，以满足国内外市场的需求，推动制造业高质量发展。

（七）新材料

新材料技术是现代工业发展的基石，涵盖了高性能金属材料、先进陶瓷、高分子材料、纳米材料等多个领域。这些材料具有轻质、高强、耐高温、耐腐蚀等特性，广泛应用于航空航天、新能源、电子信息、生物医药等行业。中国在新材料领域取得了显著成就，尤其是在稀土材料、石墨烯、超导材料等方面处于国际领先地位。然而，部分关键高端材料仍依赖进口，如航空用高温合金、大型集成电路用高纯度半导体材料等。为实现材料自主可控，中国正加大研发投入，推动产学研合作，加快新材料的产业化进程，提升在关键领域的国际竞争力。

（八）先进动力系统和传动技术

先进动力系统和传动技术是推动现代工业和交通运输发展的关键技术之一，主要包括新能源汽车动力系统、航空发动机、高效环保的内燃机、高性能电机和变速器等。在新能源汽车领域，电动汽车（EV）的动力电池、电机和电力电子控制技术是核心。中国在电动汽车动力系统领域取得了快速发展，成为全球最大的新能源汽车市场。然而，某些高端技术领域，如下一代高能量密度电池、高性能电机和先进传动系统，仍需突破国外技术壁垒。因此，中国正致力于加强自主创新，提高关键技术的研发和产业化水平，以促进汽车工业的转型升级。

（九）农业生物技术

农业生物技术是现代农业发展的重要支撑，包括转基因技术、基因编辑、微生物肥料和病害防治等。这些技术可以显著提高作物产量、改善品质、增强抗病虫害能力，对于保障粮食安全和推动农业可持续发展具有重要意义。

中国在农业生物技术方面取得了一系列进展，特别是在基因编辑技术的研究与应用方面，已展现出强大的科研实力。然而，面对复杂的国际形势和技术贸易壁垒，加快农业生物技术的自主创新，加强安全评价和监管体系建设，促进科技成果的转化和应用，对于提升农业竞争力和实现农业现代化具有重要意义。

（十）量子技术

量子技术是21世纪最具革命性的前沿科技之一，涵盖量子计算、量子通信、量子测量和量子模拟等领域。量子计算的超强计算能力、量子通信的绝对安全性等特点，给信息技术、材料科学、生物医药等领域的发展带来了颠覆性的可能。中国在量子技术方面取得了举世瞩目的成就，如成功发射世界首颗量子科学实验卫星“墨子号”，建成了世界最长的陆地量子通信网络。尽管如此，量子技术的实际应用和产业化仍面临巨大挑战。中国正在加大投入，推进量子科技创新研究中心等国家级平台建设，加速量子技术从实验室向产业化的转变，力争在这一未来科技竞赛中占据先机。

二、科学数据在突破“卡脖子”技术中的应用

在突破“卡脖子”技术的过程中，科学数据的重要性日益凸显。通过对海量数据的高效利用，不仅可以加速技术研发和创新，还可以显著提高研发的成功率和效率，为我国科技进步和产业升级提供有力支撑。

（一）高端芯片制造技术上的突破应用

高端芯片制造技术是当今世界科技竞争的前沿领域，对于推动国家科技进步和保障国家安全具有极其重要的意义。在这一领域内，科学数据的应用极为广泛，涉及从材料选择、设计优化到生产工艺的各个环节。材料科学的进步，尤其是在半导体材料的研究上，依赖于对大量实验数据的分析，以揭示材料属性与结构之间的深层次关系。光刻技术作为芯片制造的核心技术之一，其发展同样离不开对海量科学数据的分析和应用，包括光源波长、曝光时间、光刻胶性能等参数的优化。

通过对这些关键技术参数的精确控制和优化，不仅可以提高芯片的生产效率和良品率，还能在更大程度上缩小芯片的尺寸，提升其性能。此外，随着人工智能、大数据分析技术的应用，芯片设计和制造过程中的数据处理变

得更加高效，能够实现更复杂的设计，满足不断升级的市场需求。总之，科学数据的深度应用是推动高端芯片制造技术进步的关键驱动力，对于保持和提升我国在全球半导体产业中的竞争力具有重要意义。

（二）半导体制造设备上的突破应用

半导体制造设备作为芯片生产的基础，其技术水平的高低直接关系到整个半导体产业链的效率和质量。在这一领域中，科学数据的角色不可或缺，通过对设备运行状态的实时监控和分析，实现了设备性能的最大化和生产过程的优化。设备的模拟仿真技术，依托于强大的数据处理能力，能够在虚拟环境中精确模拟设备运行状态，对设备进行性能评估和故障诊断，大大降低了实际生产中的风险和成本。

数据分析技术的应用还能够帮助制造商预测设备的维护时间和生产线的最佳配置，提高生产效率，减少停机时间。随着智能制造的发展，基于数据分析的自动化和智能化水平不断提升，生产过程更加灵活和高效，能够快速响应市场变化。机器学习和深度学习技术的引入进一步增强了数据分析的深度和广度，使得设备的自我优化和故障预测更加精准。在未来，科学数据将继续在半导体制造设备的研发和优化中扮演关键角色，推动整个行业的技术进步和产能提升。

（三）航空发动机技术上的突破应用

航空发动机作为航空工业的心脏，其技术水平直接影响到飞行器的性能和安全。在先进航空发动机技术的研发中，科学数据的应用覆盖了从设计、测试到维护的全过程。在设计阶段，通过对大量飞行数据和仿真数据的分析，工程师能够对发动机的性能进行准确预测，优化设计方案。这些数据不仅涉及发动机本身的参数，还包括外部环境条件（如温度、压力等）对发动机性能的影响。在性能测试阶段，通过对测试数据的深入分析，研究人员能够评估发动机在不同工况下的表现，及时调整和优化设计。这些测试不仅包括地面测试，还有实际飞行中的性能测试，以确保发动机的可靠性和安全性。在发动机的运营维护阶段，数据分析技术能够帮助维护团队准确诊断发动机的状态，预测潜在故障，实现预防性维护，延长发动机的使用寿命。

计算流体力学（CFD）技术通过对发动机内部流场的精确模拟，为燃烧室设计、涡轮叶片优化提供重要支持。这不仅提高了发动机的燃烧效率，还减少了燃料消耗和排放。总之，科学数据在推动航空发动机技术发展中发挥了不可替代的作用，为我国航空工业的进步和国防安全提供了坚实的技术支撑。

（四）操作系统和核心软件上的突破应用

科学数据在操作系统和核心软件的发展中起到了至关重要的作用，特别是在解决我国在这一领域所面临的“卡脖子”技术问题上。随着信息技术的迅猛发展，操作系统和核心软件成为支撑国家信息基础设施、保障网络安全、促进数字经济发展的关键技术。在这一过程中，科学数据的应用体现在多个方面。

科学数据通过对操作系统和核心软件性能的优化、安全性的增强以及创新能力的提升，为我国在这一关键技术领域实现自主可控和技术突破提供了强有力的支撑。

科学数据的分析与应用有助于操作系统和核心软件的性能优化。通过收集大量的系统运行数据，开发者可以分析系统在不同环境下的表现，识别性能瓶颈，从而有针对性地进行优化。例如，通过对用户行为数据的分析，可以优化系统界面的设计，提高用户体验；通过分析系统在高负载下的运行数据，可以优化调度算法，提升系统的稳定性和响应速度。

科学数据的深度挖掘和利用对于增强操作系统和核心软件的安全性至关重要。通过对历史安全事件的数据分析，可以识别出潜在的安全威胁和漏洞，及时修补，有效防御未来可能的攻击。此外，利用机器学习等人工智能技术，可以构建智能的安全防御系统，实现对异常行为的实时监控和预警，从而提高系统的整体安全水平。

科学数据还促进了操作系统和核心软件的创新发展。通过对用户需求、市场趋势等数据的分析，开发者可以更精准地把握技术发展的方向，推出满足用户需求的新功能和产品。同时，借助于数据分析，可以加快新技术在操作系统和核心软件中的应用，如云计算、大数据、边缘计算等，推动操作系统和核心软件的持续创新和升级。

（五）高端医疗设备上的突破应用

高端医疗设备的研发和应用是推动现代医学进步的关键力量，其中科学数据的作用不可或缺。设备如磁共振成像（MRI）、计算机断层扫描（CT）、超声波诊断系统等在提升医疗诊断准确性和治疗效果方面起着核心作用。科学数据在这一进程中的应用极为广泛，从设备的设计初期到临床测试阶段，再到最终的临床应用，科学数据都在其中发挥着核心作用。

在医疗设备的设计与优化阶段，科学数据的角色至关重要，它赋能工程师以数据驱动的方式来评估和选择最佳的设计方案。特别是在复杂设备（如MRI）的开发过程中，通过分析大量成像数据，研发团队能够精确调整磁场强度、梯度系统和射频脉冲，这些参数直接影响到成像的质量。优化后的MRI设备不仅能够提供更高清晰度的图像，对疾病的诊断更为精确，同时也极大地提高了患者的舒适度，减少了他们因长时间保持静止而感受到的不适。此外，这种优化还有助于提升医疗机构的工作效率，因为缩短了单次扫描的时间，使得可以在同一时间内服务更多的患者。

在临床测试阶段，大数据技术的应用显得尤为重要。通过整合和分析从医疗设备获取的诊断数据以及患者的治疗反应和健康追踪信息，研究人员能够全面评估设备的安全性和效能。这一过程不仅帮助确认设备在实际医疗环境中的表现，也为设备的持续改进和优化提供了宝贵的数据支持。例如，通过追踪患者使用特定医疗设备后的恢复情况，研发团队可以发现并解决设备可能存在的缺陷，进一步提升设备的安全性和治疗效果。

（六）精密制造设备和仪器上的突破应用

科学数据在突破精密制造设备和仪器的“卡脖子”技术方面发挥了不可替代的作用。通过深入挖掘和应用科学数据，不仅能够加速技术研发，提升产品性能，还能促进产业链的整体升级和国家产业的国际竞争力提升。

在设计优化上，利用大数据和仿真技术，研发团队可以在设计阶段对设备和仪器进行多维度的模拟和测试，这包括材料选择、结构设计、工艺流程等各个环节。通过对这些数据的分析，可以预测和评估产品设计中可能存在的问题和性能瓶颈，进而进行针对性的优化和调整。这种基于数据的设计方法大大提高了研发效率，缩短了产品从设计到实验再到量产的周期，显著降低了研发成本。

科学数据在提高制造精度和设备性能中也起着至关重要的作用。通过收集和分析生产过程中的实时数据，包括温度、压力、振动等各种参数，可以实时监控设备的运行状态，及时发现和解决生产过程中的问题。同时，利用机器学习和人工智能技术对历史数据进行深度学习，可以不断优化制造工艺，提高产品质量和生产效率。此外，通过对市场和应用数据的分析，可以更好地把握客户需求和行业趋势，指导产品的持续升级和迭代，保持技术和市场的领先。

科学数据的共享和开放亦是推动精密制造技术突破的重要途径。建立和完善科学数据共享机制，可以促进不同研究机构、高校和企业之间的信息交流和资源整合，形成创新合力。这不仅有助于聚集国内外的智慧、攻克技术难题，还能促进科研成果的转化应用，加快产业升级步伐。此外，通过国际合作交流，我国可以更快地接轨国际先进技术标准和研发体系，提升自身的技术水平和竞争力。

（七）新材料上的突破应用

科学数据在我国新材料技术突破中具有不可替代的作用。丰富、准确的数据为新材料的研发和优化提供了强有力的工具和方法，不仅能够指导新材料的设计与研发、优化生产工艺、提高材料性能，还能够促进国际合作，加速新材料技术的国际化进程，从而极大地推动新材料技术的突破。

在新材料的研发初期，科学数据主要用于材料的设计与预测。利用计算材料学、量子化学计算等技术，研究人员能够在理论上预测材料的性能，这一过程依赖于大量的科学数据和复杂的数据分析。通过这种方式，可以在实验前预筛选出有潜力的材料体系，避免了盲目实验的巨大成本和时间消耗。此外，数据驱动的材料发现策略还能揭示材料性能与结构、组成之间的深层次关系，为设计具有特定功能的新材料提供理论依据和方向指导。

在新材料从实验室向工业化应用转化的过程中，科学数据在材料性能的优化和生产工艺的改进方面扮演着举足轻重的角色。通过对生产过程中产生的大量数据进行实时监控和分析，能够及时发现生产中的问题，优化工艺参数，提高材料的性能和产出率。同时，利用大数据和人工智能技术对材料性能进行深入分析，可以进一步细化材料的应用领域，推动新材料在更广泛领域的应用。例如，在能源材料、生物医用材料等高技术领域，科学数据的应用不仅加速了新材料的研发，还大幅提升了材料的应用效果和社会价值。

除了直接促进新材料技术的研发和应用，科学数据还在促进国际合作、加强科研交流方面发挥了重要作用。通过共享科学数据，我国的研究机构和企业能够更容易地与国际上的合作伙伴进行数据交换和技术对接，共同解决新材料研发过程中遇到的难题。这种开放的科学数据环境不仅加速了技术的国际化进程，也为我国新材料技术的突破创造了更多机会。

（八）先进动力系统和传动技术上的突破应用

科学数据在先进动力系统和传动技术方面的应用，不仅加速了先进动力系统和传动技术的研发和工程化应用，还促进了产业升级和技术创新体系的建立。

在先进动力系统的研发中，科学数据的应用主要体现在高性能材料的开发、能效优化、新能源技术的应用等方面。通过收集和分析大量的实验数据和仿真数据，研究人员能够深入理解材料性能、热力学过程和能量转换机制等基础科学问题，从而指导新型高效动力系统的设计和优化。例如，在开发新一代航空发动机或汽车动力电池时，科学数据可以帮助研究团队预测材料在极端条件下的表现，评估不同设计方案的能效，优化能量管理系统，确保动力系统的高效稳定运行。

在传动技术领域，科学数据的应用同样发挥着至关重要的作用。精密的数据分析可以指导传动系统的设计，实现结构优化和性能提升。通过对大量操作数据的分析，研发人员可以精确掌握传动系统在不同工作条件下的性能特点和故障模式，进而优化传动比设计、提高系统响应速度和传动效率。此外，利用机器学习等人工智能技术，可以实现传动系统的智能监控和预测维护，降低运维成本，延长设备寿命。

科学数据的共享和开放也为我国在先进动力系统和传动技术领域的突破提供了有力支持。通过建立国家级或行业级的科学数据平台，促进数据资源的交流和共享，可以加速知识的积累和技术的迭代，促进跨学科和跨领域的合作，共同解决技术难题。同时，与国际先进技术标准和研发体系的接轨，也需要大量的科学数据支撑，这对于提升我国在全球产业链中的地位和影响力至关重要。

（九）农业生物技术上的突破应用

科学数据在推动我国农业生物技术突破中发挥了至关重要的作用。它通过提供精准、高效的数据支持，极大地推动了农业生物技术的突破和发展，不仅加速了新技术的研发，提高了育种的效率和精度，还促进了生物防治技术的应用和创新，为确保国家粮食安全和促进农业可持续发展提供了强有力的支持。

在转基因技术和分子育种领域，科学数据的作用尤为显著。通过对大量基因组数据的分析和挖掘，研究人员能够精确识别与农作物产量、品质、抗性等关键性状相关的基因，为分子标记辅助育种提供可靠的基础。利用高通量测序技术、基因编辑技术等现代生物技术手段，可以在更短的时间内完成对目标性状的改良，显著提高育种的效率和精确度。此外，科学数据还能够帮助研究人员深入理解作物生长发育的分子机制，为开发新型生物技术产品提供理论依据。

在生物防治技术方面，科学数据同样发挥着重要作用。大数据和人工智能技术的应用可以对病虫害发生规律进行深入分析，预测病虫害的暴发趋势，为生物防治措施的制定和实施提供科学依据。通过分析不同生物防治剂对病虫害的控制效果，可以优化生物防治技术的应用方案，提高防治效率，减少化学农药的使用，保护农业生态环境。此外，科学数据还能够促进生物防治剂的研发和创新，通过对天敌生物、微生物制剂等生物资源的遗传资源和功能特性进行深入研究，开发出更为安全高效的生物防治产品。

科学数据在农业生物技术领域的应用不仅限于技术研发，还包括对农业生物技术应用效果的监测和评估。通过收集和分析作物生长数据、环境数据等，可以全面评价转基因作物、分子育种作物在不同环境条件下的表现，确保其安全可靠地推广应用。同时，科学数据还能够支撑农业生物技术政策的制定和调整，为农业生物技术的监管和风险评估提供科学依据，确保技术的可持续发展。

（十）量子技术上的突破应用

我国在量子技术领域虽取得了显著成就，但在实现量子计算机的大规模量子位操作、量子错误校正、量子算法的优化等关键技术上仍面临挑战。科学数据通过精确的数据分析和深入的理论研究，在推动我国量子技术突破中扮演了至关重要的角色。它不仅加速了量子计算和量子通信技术的研发，还促进了量子理论的深入研究和新量子效应的发现，从而加速了量子技术的发展和应用。

在量子计算领域，科学数据的作用尤为关键。通过对量子态的精确测量和量子位操作的数据收集，科学家可以深入理解量子叠加和纠缠等量子现象，从而设计出更有效的量子算法和量子错误校正方案。这些数据不仅支持了量子计算机硬件的开发和优化，还为量子软件的开发提供了重要基础。例如，通过分析量子态演化的数据，研究人员可以优化量子控制策略，提高量子操作的精确度和稳定性，这对于构建高效的量子计算机至关重要。

在量子通信方面，科学数据的应用同样发挥着重要作用。通过收集和分析量子密钥分发过程中的数据，可以评估量子通信系统的安全性和可靠性，优化通信协议，提高数据传输的效率和安全性。此外，科学数据还支持了量子卫星通信技术的研发和应用，通过对从量子卫星到地面站的量子态传输数据进行分析，科学家可以探索和解决量子通信在长距离传输中面临的技术难题，推动量子网络的构建。

科学数据在促进量子技术理论研究和实验验证中的重要性不可忽视。通过对大量实验数据的深入分析，研究人员可以验证量子理论的预测，发现新的量子效应，指导量子材料和量子器件的设计。同时，利用高性能计算资源处理和模拟大规模量子系统的动态，可以加深对复杂量子系统行为的理解，为量子技术的应用提供理论支撑。

三、科学数据在突破我国“卡脖子”技术方面的重大作用

科学数据在突破“卡脖子”技术方面的重大意义不仅体现在促进技术进步和提高研发效率上，还包括促进学科融合、增强国际竞争力和支持科技政策制定等多个方面。随着数据科学技术的不断进步和应用，科学数据的作用将越来越显著，对我国科技发展和产业升级产生长远的影响。

（一）加速技术创新与突破

科学数据在推动我国突破“卡脖子”技术难题中的作用不容小觑，尤其在加速技术创新与实现关键技术突破方面具有显著意义。在现代科研活动中，大量的实验数据、仿真数据以及理论分析数据构成了科学研究的基础。这些数据不仅包含了丰富的科学信息和知识，还蕴含着解决复杂技术问题的钥匙。通过高效的数据分析技术，研究人员能够在这些数据中发现新的科学规律、理解未知的物理现象，从而为新技术的开发提供理论基础和实验指导。更重要的是，科学数据的应用能够帮助研究人员快速识别研发过程中的关键技术难题，通过数据驱动的方法优化研发策略，提前预见可能的失败和挑战，从而有针对性地调整研究方向或改进技术方案。这种基于数据的研发模式大大加快了科技创新的步伐，为我国在竞争激烈的国际科技舞台上实现技术自立自强提供了强大的动力和支持。在从基础科学研究到技术应用的全链条中，科学数据的有效利用极大地缩短了技术从概念到市场的时间，加速了“卡脖

子”技术的突破，为我国科技进步和产业升级注入了新的活力。

（二）提高研发效率和成功率

科学数据对于提高研发效率和成功率具有决定性的影响。在传统的研发模式中，大量的时间和资源被投入基于经验的试错过程中，不仅效率低下，而且成功率不高。随着大数据和人工智能技术的发展，科学数据的分析和应用成为提高研发效率的关键。通过对历史研发数据的深度挖掘，研究人员可以发现研发过程中的模式和规律，预测实验结果，避免无效和重复的研究，从而有针对性地优化研发策略。例如，在新药开发领域，通过对药物分子结构和生物活性数据的分析，可以在早期阶段预测药物的效果和安全性，显著缩短开发周期和减少成本。在材料科学研究中，利用机器学习方法分析和预测材料的性能，可以快速筛选出有前景的材料体系，加速新材料的开发。这种基于数据的研发方法大大提高了科研项目的成功率，减少了研发的不确定性和风险，为我国在关键技术领域的突破提供了坚实的支撑。

（三）促进跨学科交流与合作

在解决“卡脖子”技术难题的过程中，科学数据的共享和开放起到了桥梁和纽带的作用，极大地促进了不同学科和领域之间的交流与合作。在现代科学研究中，许多突破性的进展往往发生在学科的交叉点上，而这些创新的实现往往需要不同领域之间的数据和知识的共享。通过建立开放的科学数据平台，研究人员可以轻松访问来自其他学科的数据资源，这不仅为研究提供了新的视角和方法，还能激发新的研究思路和创意。例如，生物信息学的发展就是生物学和信息科学数据交叉融合的结果，它的发展极大地推动了生命科学和医学的进步。在气候变化、环境保护等全球性问题的研究中，来自地理学、环境科学、计算机科学等多学科的数据集合提供了解决问题的关键信息。此外，科学数据的共享还有助于建立跨国界的研究合作，通过国际合作共同应对全球性科技挑战，提升我国在国际科研合作中的地位和影响力。这种跨学科、跨领域、跨国界的合作模式，为我国突破“卡脖子”技术难题提供了强大的动力和广阔的视野。

（四）增强国际竞争力

科学数据在增强我国国际竞争力方面起到了核心作用。在全球科技竞争日益激烈的今天，掌握关键技术的先机意味着能够在国际舞台上占据有利地位。科学数据的深度挖掘和应用，为我国在新能源、生物技术、信息技术等关键领域的研究提供了强大的支撑，这些领域的突破直接关系到国家的经济发展和安全。通过科学数据分析，我们能够洞察全球技术发展趋势，及时调整研发方向，抢占技术高地。此外，科学数据的国际共享与合作也为我国科研人员提供了与世界顶尖科学家交流合作的机会，这不仅提升了我国科研的国际影响力，还促进了国内外优秀科研资源的整合，加速了科技成果的国际吸收转化。在科学数据的支持下，我国在一些先进技术领域已经实现了从追随者到领跑者的转变，这种转变不仅提升了我国的国际竞争力，还增强了国家的科技安全和经济安全。

（五）支持政策制定和决策

科学数据对于支持政策制定和决策具有重要的意义。在制定国家科技政策和规划时，科学数据提供了客观的基础和依据。通过对科学数据的深入分析，政策制定者可以准确把握科技发展的趋势，评估不同科技领域的发展潜力和战略重要性，从而做出更为科学和合理的决策。例如，通过分析国内外科研产出的数据，可以识别我国在科技领域的强项和短板，据此制定提升科研水平、加强国际合作的策略。同时，科学数据还能够支撑对科技政策执行效果的评估，通过对比政策实施前后的科研数据变化，评价政策的有效性，为政策的调整提供依据。此外，科学数据还对于资源配置、科技项目评审等具有指导作用，能够帮助决策者合理分配科研资源，提高科研投入的效益。在信息时代，科学数据成为连接科技前沿、政策制定和社会需求的重要桥梁，其在支持政策制定和决策过程中的作用愈发凸显，对于推动我国科技进步和社会发展具有深远的影响。

第三节　科学发现逻辑的转变与我国科技创新体系的重构

在新一轮的科技革命和产业变革中，科学发现和技术创新越来越多地依赖于数据的驱动。这种依赖不仅改变了科学研究的传统逻辑，也促使我们必须重新思考和构建适应这一变化的科技创新体系。随着大数据、人工智能等技术的迅速发展和广泛应用，数据的收集、处理、分析与应用相互促进，成为推动科学发现的关键。我国科技创新体系也适应了科学发现和技术进步的这种新逻辑。

一、科学发现的逻辑正经历着深刻的变化

在数据推动的新一轮科技革命和产业变革中，科学发现的逻辑正经历着深刻的变化。

（一）数据驱动的科学发现方法论转变

在数据时代，新一轮科技革命和产业变革中科学发现的逻辑已从传统的演绎和归纳推理转向数据驱动的探索模式，这一转变不仅重新定义了科学研究的路径，也为理解复杂现象开辟了新的维度。这种方法论的转变得益于大数据技术的迅猛发展，它使得处理和分析前所未有规模和复杂度的数据集成为可能。在数据驱动的科学发现中，科学家们不再是单纯从理论出发，通过设定假设并进行实验验证，而是通过高效的数据处理算法，从大规模数据中提取模式、建立关联，并进而生成新的科学假设和理论。数据驱动的科学研究不仅改变了问题的提出方式，也提高了科学发现的效率和准确性。这种方法在生物信息学、环境科学、社会学等多个领域展现出强大的力量，尤其在那些实验方法受限或不可行的领域。当然，数据驱动的科学发现对数据质量和完整性提出更高要求，不准确或有偏的数据可能导致误导性的结论。大数据分析的复杂性也要求科学家具备跨领域的知识和技能，需要警惕数据分析过程中的过度拟合、错误归因、隐私和伦理等问题，需要对数据背后的科学原理和现象有深入的理解。

（二）跨学科综合的趋势加强

跨学科综合在当代科学研究中发挥着越来越重要的作用，已成为推动知识创新和科学进步的重要动力。它打破了传统学科界限，促进了不同领域知识和技术的深度融合。它不仅是科学进步的必然结果，也是应对当今世界复杂问题的必要手段。跨学科综合的趋势源于对复杂科学问题的认识和处理需要超越单一学科的视角和方法。这种融合不仅是理论上的交叉，更体现在方法、工具和思想的深度整合。不同学科的理论、方法和工具被综合应用于解决特定的科学问题，从而促进了新知识的创造和科学边界的拓展。例如，生物信息学的兴起，就是生物学、计算机科学和数学等学科知识和方法的集成，

使得科学家能够在更大的数据集上进行更深入的基因组分析。同样，环境科学的发展也依赖于生态学、地理学、化学和物理学等多个学科的综合。跨学科研究需要克服不同学科之间的语言和方法论差异可能导致的沟通和理解障碍，需要发展新的评价标准，以公正地评价跨学科研究的质量和影响，要求科学家不仅掌握自己专业领域的深入知识，还需要对其他相关学科有足够的了解和尊重。这种跨学科的背景和能力对于推动复杂问题的创新解决方案至关重要。

（三）科技进步主体的多元化

在数据推动的新一轮科技革命和产业变革中，科技进步的主体已经从传统的学术机构和研究中心向更为广泛和多元的参与者转变。这种转变标志着科技创新的生态正在经历深刻的重构，涵盖了从大型企业到个体创新者的广泛参与者。传统上，科技创新和科学发现主要由大学、科研院所等机构主导。在数据时代，这一格局发生着显著的变化。企业，尤其是大型科技公司，已经成为科技创新的重要推动力。这些企业不仅在资金和资源上具有优势，而且在快速将研究成果转化为实际应用方面也显示出了强大的能力。此外，随着技术的普及和信息流通的加速，个人和小型团队也能够参与到科技创新的过程中，推动了草根创新的兴起。这种多元化的科技进步主体结构加速了创新的步伐，使得新技术和新应用得以更快地进入市场和社会，不同类型的创新主体之间的合作和竞争也促进了创新生态系统的健康发展。

（四）科技进步的推动力量转变

在数据驱动的科技革命和产业变革中，科技进步的推动力量经历了显著的转变，从传统的以技术和资本为主导转向以数据、人才和创新生态系统为核心。传统上，科技进步依赖于技术突破和资本投入，这些因素仍然是推动创新的重要组成部分。然而，在数据时代，数据成为新的关键资源。大数据的积累和分析为创新提供了前所未有的信息和洞见，使得基于数据的决策、预测和创新成为可能。同时，人才也被认为是推动科技进步的重要力量。在高度复杂和竞争激烈的科技环境中，拥有创新思维和跨学科能力的人才是实现科技突破的关键。创新生态系统也逐渐成为理解科技进步的一个重要维度。它强调了不同创新主体（包括企业、学术机构、政府等）之间的相互作用和协同效应。一个健康和活跃的创新生态系统能够促进知识共享、资源高效配置和创新活动的协同，从而加速科技发展和应用。科技进步推动力量的转变反映了科技进步动力的多维性和复杂性，对于理解和引导新一轮科技革命和产业变革至关重要。它要求各方主体在战略规划和实际操作中考虑到数据、人才和创新生态系统的重要性，共同努力创造一个有利于持续科技进步和社会发展的环境。

（五）开放式和协作式研究的推进

在新一轮科技革命和产业变革浪潮中，开放式和协作式研究代表了科学研究的未来方向，它不仅能够加速科学发现和创新，也能够促进科学的民主化和全球化。开放式科学（Open Science）是一种以增进透明度、可访问性和协作性为核心的科学实践模式，旨在通过共享研究数据、方法和结果，以及促进科研过程的公开参与，来加速知识的流通和科学的进步。这种研究模式对于应对当代面临的复杂全球性挑战（如气候变化、可持续发展等）至关重要，因为它促进了不同领域和地域的科学家之间的交流和协作，使得科学研究能够更快地适应和解决这些挑战。开放式和协作式研究面临着数据共享的难题，包括数据隐私、知识产权以及数据标准化等问题，需要平衡传统的学术成果评价和开放式贡献的评价。要充分发挥开放式和协作式研究的潜力，需要政策制定者、研究机构、科学家以及公众等各方面的共同努力。

（六）模拟和虚拟实验的普及

随着计算技术的快速发展，模拟和虚拟实验在科学研究中的应用日益普及，它提供了一种快速验证假设和理论的方法。研究人员可以利用计算模型对各种科学理论进行测试，快速获得反馈，从而加速科学发现的进程。这种方法特别适用于那些难以通过传统实验方法进行探索的领域，如宇宙物理学、深海研究或纳米技术等。这些技术的核心优势在于能够在虚拟环境中对复杂系统进行高度精准控制的模拟，从而为科学研究提供了一个既安全又高效的实验平台。模拟和虚拟实验的应用涉及众多科学领域，从物理学、化学到生物学和环境科学。在这些领域中，传统的实验方法往往需要昂贵的设备和材料，且有时伴随着潜在的风险。而通过高性能计算技术，研究人员可以在虚拟环境中构建复杂的模型，进行各种参数的调整和实验条件的模拟，从而在不接触实际物质或系统的情况下，预测和分析实验结果。模拟和虚拟实验还具有重要的成本效益，在虚拟环境中进行实验可以显著降低物质资源的消耗，减少实验过程中的能耗和废物排放，同时避免了实验人员在处理高危险性物质或进行高风险实验时的潜在风险。

（七）虚拟世界与现实世界的即时交互

当前科技革命和产业变革的背景下，数字孪生技术的发展和应用成为一个重要趋势，它深刻地影响着虚拟世界与现实世界的互动方式。数字孪生技术的核心是在虚拟环境中对真实世界进行高度精准的仿真，并通过收集和分析来自物理实体的数据，实现对其状态和行为的实时跟踪和持续改进。数字孪生技术的应用涉及多个层面。在产品设计领域，它允许设计师在虚拟环境中对产品进行详细的测试和优化，从而提高设计效率，降低研发成本。在系统测试方面，通过数字孪生可以在不影响真实运行环境的前提下，进行全面的性能测试和故障模拟。在运维管理中，数字孪生技术可以实现对设备和系统的实时监控和预测性维护，有效提高运维效率和安全性。从科学研究的角度来看，数字孪生技术使研究人员能够在虚拟环境中对复杂系统进行实验和分析，这对于理解复杂现象、验证科学理论和开发新技术具有重要意义。数字孪生技术作为一种连接虚拟世界和现实世界的桥梁，不仅在工业和商业领域中展现出广泛的应用潜力，也为科学研究和技术创新提供了新的视角和工具。随着相关技术的发展和完善，数字孪生技术将在新一轮科技革命和产业变革中扮演越来越重要的角色。

（八）不同领域科学发现的协同性增强

在数据驱动的新一轮科技革命和产业变革中，各个领域的科学发现不再是孤立的，而是相互协同、共同促进，形成一个高度互联和动态交互的知识网络。随着大数据技术的发展和云计算平台的普及，来自不同学科和领域的大量数据可以被共享和融合，为研究人员提供了丰富的信息资源。例如，生物学领域的基因数据、物理学领域的粒子碰撞数据以及地球科学中的气候数据的共享使得研究人员可以跨越学科界限，进行更为全面和深入的分析。同时，数据科学、人工智能、计算机科学等新兴学科的发展，为传统学科如化学、物理学、生物学等提供了新的研究工具和方法。这种多学科间的互补和融合不仅加深了对已有知识的理解，也催生了新的研究领域和科学问题。技术创新的快速迭代也推动了科学发现的加速。新技术的出现，如下一代测序技术、高性能计算和先进的成像技术，极大地提高了研究的效率和精度。这些技术的迅速发展和应用使得科学家能够更快地验证假说、探索新的科学领域，并促进了科学理论和技术应用的迭代更新。跨学科的协同和技术的迭代不仅加速了科学发现的过程，还推动了产业变革。例如，在生物医药领域，数据科学的应用促进了精准医疗和个性化治疗的发展；在材料科学领域，计算模拟和机器学习加速了新材料的发现和设计。各个领域的科学发现通过数据共享、多学科融合和技术创新的互相协同，共同推动了科学的快速进步和技术的革新，这不仅改变了科研的方式，也正在深刻地影响着社会和经济的发展。

二、与科学发现逻辑转变相契合的国家科技创新体系的必备特征

一个与科学发现逻辑转变相适应的国家科技创新体系应是多元协同、灵活高效、跨学科支持、技术先进、保护有力、评价公正、国际协作，并与社会发展目标紧密相连的综合体系。

（一）多元化和协同的创新主体

在科学发现逻辑不断转型下，国家科技创新体系中的多元化和协同创新主体显得尤为重要。这种多元化体现在政府研究机构、高等教育机构和科研院所、企业（包括大型企业和中小企业）、非政府组织以及个体创新者的广泛参与。这些不同的主体具有各自的资源优势、专业知识和创新动力，其合作协同能够显著提高科技创新的效率和质量。政府研究机构通常在基础研究和长期项目中起主导作用，提供稳定的研究资金和政策支持，促进科学探索的深入。高等教育机构和科研院所，通过培养创新人才、进行基础与应用研究，成为知识创新和技术转移的重要基地。而企业，特别是中小企业和初创公司，以其灵活性和市场敏感性，能够快速将科研成果转化为产品和服务，推动科技创新的商业化。非政府组织和个体创新者往往专注于特定领域或问题，提供创新解决方案，促进社会进步和可持续发展。多元化创新主体的有效协同需要相应的政策支持和机制建设，以确保不同主体间的有效沟通和资源共享，消除创新过程中的障碍，形成协同创新的整体合力。

（二）灵活性和响应性强的管理与治理结构

在当今科学发现逻辑的显著变革背景下，国家科技创新体系亟须具备灵活性和响应性强的管理与治理结构，以适应快速变化的科技环境和多变的社

会需求。这种结构的核心在于其能够迅速适应科技进步的速度，并及时响应市场和社会的需求变化，从而促进科技创新的健康发展。灵活的管理结构意味着在新兴科技趋势和挑战出现时，能够快速做出策略调整和资源重新配置。这需要政策制定者具有前瞻性视角和敏锐的市场洞察力，能够基于科技发展和社会需求的实时反馈进行决策。例如，面对人工智能和大数据等新兴技术的发展，政策制定者应能迅速调整相关的研发投入和政策支持，以促进这些技术的健康成长和应用。治理结构的响应性不仅体现在对外部变化的快速反应上，也体现在内部决策过程的效率和透明度上。这意味着科技治理体系应当具备快速响应内外部变化的能力，如科技发展的新趋势、市场需求的变化、社会伦理的关切。这要求建立有效的信息反馈机制和决策流程，确保决策能够及时反映最新的科技发展和社会需求。科技创新本质上伴随着不确定性和风险，因此治理结构还应鼓励创新和实验性思维，允许一定程度的风险承担。创新体系需要提供一个容错的环境，鼓励科研人员和企业进行勇敢的探索和实验。治理结构在鼓励创新的同时，还要确保科研活动的公正性和伦理性，促使科技创新活动符合社会伦理和公共利益。

（三）强大的跨学科研究支持

跨学科研究能够打破传统学科界限，促进新知识的产生，加速科技创新的过程，所以在现代科学中的重要性日益凸显。在适应科学发现逻辑转变的国家科技创新体系中，跨学科研究的支持是核心特征之一。这种支持体现在国家科技创新体系对于不同学科间知识和技术融合的鼓励，对于跨学科合作的积极促进。国家科技创新体系应鼓励并促进不同学科领域的相互渗透和合作。例如，生物学、计算机科学、物理学和工程学的结合产生了生物信息学和纳米技术等新兴学科。这种结合不仅丰富了各自学科的研究内容，还开辟了新的研究领域和应用前景。这种科技创新体系还应提供跨学科研究平台和资源，支持科研人员在多学科背景下进行合作研究。这包括共享实验室设施、数据资源和研究资金，以及建立跨学科研究团队和联合研究项目。这样的支持机制有助于科研人员充分利用各学科的优势，共同探索复杂科学问题的解决方案。适应科学发现新逻辑的国家科技创新体系还应注重跨学科研究在人才培养中的作用。通过跨学科教育和培训项目，培养具有综合视野和多元技能的科研人才。这些人才能够在不同学科间自如地进行知识转换和应用，成为促进科技创新的重要力量。

（四）先进的数据科学和信息技术能力

在当今科学发现逻辑的显著变革中，国家科技创新体系应将数据科学和信息技术能力的提升视为关键组成部分。这不仅是因为大数据和先进计算技术在现代科研中的核心地位，也因为这些技术是推动科技创新和实现科学突破的重要手段。数据挖掘、机器学习、统计分析和大数据技术等数据科学能力的强化是实现有效数据分析和洞察的基础。在现代科学研究中，从生物医学到环境科学，越来越多的领域依赖于大规模数据的分析来提出新的假设、验证理论和开发应用。因此，国家科技创新体系应具备处理和分析大数据的高级技术能力，以支持这些领域的科学研究。信息技术的先进性和普及对于科技创新体系也至关重要。这不仅指高性能计算、云计算和人工智能等技术的发展，也包括这些技术在科学研究和实际应用中的广泛应用。例如，高性能计算使得复杂的科学模拟成为可能，云计算提供了灵活的数据存储和计算资源，而人工智能技术在数据解析和模式识别中发挥着关键作用。数据科学和信息技术的融合推动了科学方法的创新。在许多科学领域，传统的实验和理论研究方法正在与数据驱动的方法相结合，形成新的研究范式。这种结合不仅加速了科学发现的过程，也拓展了科学研究的边界，使得研究人员能够探索以往难以触及的问题。

（五）健全的知识产权保护和数据安全机制

健全的知识产权保护和数据安全机制是适应科学发现逻辑转变的国家科技创新体系的基础。在快速发展的科技环境中，保障创新成果的合法权益和维护数据的安全性是推动持续创新的关键因素。知识产权保护机制在鼓励创新和确保研究与开发投资回报方面发挥着重要作用。随着科技创新活动日益加速，保护创新者的知识产权成为激励更多研发活动的关键。这不仅涉及传统的专利、版权和商标保护，还包括对新兴技术领域（如软件、生物技术和新材料）知识产权的保护。有效的知识产权保护机制不仅能保障创新者的利益，还能促进技术转移和商业化，加速科技成果的社会应用。数据安全在当前科技发展中也显得尤为重要。随着大数据、人工智能和云计算等技术的广泛应用，海量数据成为科研和创新活动的核心资源。因此，确保数据的安全和正确使用、防止数据泄露和滥用，是维护科技创新健康发展的必要条件。这包括建立严格的数据安全管理制度、制定数据保护政策和加强对数据处理活动的监管。知识产权保护和数据安全机制还需考虑国际合作和全球治理的要求。在科技日益全球化的今天，国际上的知识产权法律和数据安全标准对于跨国科研合作和技术交流至关重要。因此，国家科技创新体系应积极参与国际知识产权和数据安全标准的制定和协调，以适应全球化科技创新的需要。

（六）有效的科研评价和激励体系

有效的科研评价和激励体系是适应科学发现逻辑转变的国家科技创新体系的重要组成部分。这种体系通过更加全面和公正的评价方式，结合有效的激励机制，不仅能够激发科研人员的创新潜力，还能够促进科学研究的质量和社会价值，从而推动科技进步和社会发展。有效的科研评价体系应超越传统的以量化指标为主的评价方式，应更多地关注研究的原创性、创新性、对学科发展的贡献以及社会和经济影响。激励机制在科研评价体系中同样非常重要。激励机制应促进科研人员的创新动力，鼓励他们从事高风险但可能带来重大突破的研究。这包括提供充足的研究资金、合理的职业发展通道、对杰出科研成果的奖励和认可。特别是对年轻科研人员和处于职业早期阶段的研究者，提供必要的支持和鼓励尤为重要。有效的科研评价和激励体系还需兼顾公正性和透明性。评价过程应公开透明，确保所有科研人员在评价体系中得到公平对待。同时，应考虑科研活动的伦理和社会责任，确保科研工作在追求创新的同时，符合伦理标准和社会期望。

（七）积极参与国际科技合作和竞争

国家科技创新体系需要具备全球视野，能够在国际科技舞台上与他国共同合作，共享资源，共解难题，并在全球科技竞争中保持活力和竞争力。通过这种方式，国家科技创新体系不仅能够促进国内科技进步，也能为解决全球性问题做出贡献。国际科技合作为一个国家提供了获取新知识、学习先进技术和吸引外部资源的途径。这种合作通常涉及共享大型科研设施、联合开展跨国科研项目、进行学术交流和培训等。在这一过程中，不同国家的科研机构和科学家通过共同努力，能够集中力量解决如气候变化、疾病控制和能源安全等全球性的科技难题。积极参与国际竞争是提升国家科技实力和国际影响力的必要途径。竞争促进了技术创新和科学发现的动力，推动国内科研机构和企业不断提升研发能力，以在全球市场中保持竞争优势。同时，参与国际竞争也要求国家科技创新体系具备快速响应全球科技趋势和市场需求变化的能力。适应科学发现逻辑转变的国家科技创新体系还应具备在国际科技治理中发挥作用的能力。这意味着国家不仅要在国际科学项目和研究中扮演重要角色，还要参与制定国际科技规则和标准，解决全球性科技伦理和法律问题。

三、科学发现逻辑转变对我国科技创新体系的挑战

科学发现逻辑的转变对我国科技创新体系构成了重大挑战。传统的线性思维方式已不再适用于当今复杂多变的科技领域，而非线性、跨学科思维模式则要求我们重新审视创新的路径和方法。这种转变要求我们更加开放、包容，促进不同学科之间的融合与交叉，激发创新的火花，培养具备跨学科思维能力的科技人才，以更好地适应未来科技创新的发展趋势。

（一）顺应创新主体多元化的挑战

我国科技创新体系在面对创新主体多元化的过程中，必须解决资源配置不均、协同机制不足、文化差异、企业创新作用不充分等关键问题，以实现更加高效和协调的创新发展。首先，资源配置不均衡是一个需要重视的问题。政府和大型国有企业在科技创新中的资源较多，而中小企业和个人创新者创新资源不充足，特别是资金、人才和技术等关键要素。其次，不同创新主体间的协同机制不足，影响了创新活动的整体效率。行政体制、利益分配和知识产权保护等因素导致不同创新主体间的有效合作受限，尤其是学术界与产业界之间的合作障碍，阻碍了科技成果的快速商业化。再次，创新文化的差异性也是一大挑战。我国传统的自上而下的创新模式与市场驱动的创新文化之间存在差异，这限制了创新过程的灵活性和应变能力。最后，特别需要指出的是，企业尤其是私营企业在科技创新体系中的作用并未得到充分发挥，它们在科研资金、政策支持和市场准入等方面相对于国有企业处于不利地位，这种情况限制了私营部门的创新潜力和对科技进步的贡献。

（二）科技创新推动力量转变的挑战

我国科技创新从传统的技术和资本驱动向以数据、人才和创新生态系统为核心的复合型力量的转变，给我国现有的科技创新体系带来了诸多挑战，需要系统地解决数据管理、人才培养和创新生态系统建设等方面的问题，以更好地适应这一转变，推动科技创新的持续发展。首先，数据作为新的推动

力量，其管理和利用能力成为关键。然而，我国在大数据的收集、处理和分析方面仍存在差距，缺乏统一的数据标准和管理机制，存在数据安全和隐私保护方面的问题，限制了数据在科技创新中的有效应用。其次，人才推动力量的转变也存在挑战。虽然我国在科技领域的人才培养方面取得了显著进展，但在高端科技人才，尤其是具有国际视野的创新型人才的培养上，仍然面临着挑战。最后，创新生态系统的构建也是一个重要挑战。我国需要进一步加强不同创新主体之间的协作，涉及政府、企业和研究机构等，以形成一个更加高效和协同的创新环境。然而，目前在资源分配、政策支持和合作机制方面还存在不足，这些问题阻碍了创新生态系统的高效运行。

（三）更新科技创新治理机制的挑战

传统的治理模式已不再完全适应新的研究和创新环境，科研评价体系的改革、科研伦理和数据安全的加强、跨学科研究的支持及科研资金的有效管理等对于提升我国科技创新体系的整体效能和适应性具有关键意义。首先，科研评价体系落后。目前我国科研评价体系过分强调数量指标，如论文发表数量和影响因子，而对科研质量、创新性和社会影响的评价不足。这种以量化指标为主导的评价体系导致科研工作的方向偏向于短期产出，忽视了长期的科学探索和深层次的技术创新。其次，科研伦理和数据安全的监管不足。随着科研活动日益依赖大数据和高级计算技术，数据安全和隐私保护成了重要问题。然而，现有的法律法规和监管机制在保护数据安全和个人隐私方面仍有不足，尤其是在跨学科和跨国界的科研合作中。再次，跨学科研究和协作的治理面临挑战。虽然跨学科研究对于应对复杂科学问题至关重要，但现有的科研治理体系往往以单一学科为主导，缺乏有效的跨学科研究支持和激励机制。这限制了不同学科间的知识和技术融合，影响了科研活动的创新性和效率。最后，科研资金分配和管理不透明和低效。现有的科研资金管理和分配机制不够透明，且效率不高，导致资源分配存在不合理现象，影响了科研活动的质量和创新能力。

（四）提升创新体系的适应性和灵活性的挑战

提升我国科技创新体系的适应性和灵活性是一个迫切且复杂的挑战。在快速发展和不断变化的全球科技环境中，我国的科技创新体系需要更加灵活和敏捷地响应技术变革和市场需求，需要从体制机制、资源配置、行政管理和战略规划等多个方面进行深入的改革和优化。首先，现有创新体系在响应快速技术变化方面的效率不足。我国的科技创新体系往往以大型项目和长期规划为主导，在面对快速发展的科技趋势和市场变化时，这种体系往往难以迅速调整方向和策略。这种缺乏灵活性的体制可能导致错过关键的技术突破和市场机会。其次，我国科技创新体系中的资源配置和流动存在局限性。虽然政府在科技创新中扮演着关键角色，但资源分配往往集中在某些特定领域和机构，导致其他潜在的创新领域和小型企业、初创公司等新兴创新主体缺乏足够支持。这种不均衡的资源分配限制了国家创新体系的整体效能。此外，体制内部的僵化和过度行政化也是一个重要问题。在现有的科技创新体系中，过多的行政流程和过度的形式要求往往阻碍了创新活动的灵活性和效率。这导致科研人员和创新团队在项目申报、资金使用等方面花费大量时间和精力，影响了科技创新的积极性和主动性。最后，对新兴技术领域和创新模式的适应性不足。随着科技发展的新趋势，如人工智能、大数据、生物技术等的快速崛起，我国的科技创新体系需要及时调整策略和重点，以充分利用这些新兴领域的创新潜力，而体系内部对这些新趋势的适应和响应往往滞后。

（五）推广跨学科研究的挑战

我国科技创新体系在跨学科研究方面面临着体制机制、文化认知、资源配置和知识传播等多重挑战，这些挑战在一定程度上限制了跨学科研究的发展和创新潜力的充分发挥。首先，在体制机制上，我国的科研体系传统上以学科为界限，各学科间的隔阂导致跨学科研究的机会和激励相对有限。科研评价体系往往倾向于传统学科内的成果，而非跨学科的创新，导致科研人员在职业发展和资源获取方面倾向于专注单一学科。其次，文化和认知上的障碍也不容忽视。我国的学术界长期以来形成了学科间壁垒较强的研究文化，这种文化认知限制了跨学科合作的积极性和创新性。科研人员往往面临来自所属学科的认同和压力，这使得他们在跨学科项目中的参与度受限。此外，资源配置的问题同样突出。在我国的科技创新体系中，跨学科研究项目往往难以获得与传统学科相当的资金和资源支持。这不仅包括直接的财政投入，还涉及实验设施、人才培养和科研平台等方面的支持。缺乏充分的资源支持，限制了跨学科研究的规模和深度。最后，跨学科研究在知识传播和成果转化方面也面临挑战。由于跨学科项目的复杂性和多元性，其研究成果的传播和应用需要更多元和灵活的途径，但现有的机制往往难以满足这些需求。

（六）强化数据科学和信息技术能力的挑战

我国科技创新体系在数据科学和信息技术能力方面面临着技术能力不足、人才培养缺陷和基础设施局限性等挑战，这些问题的存在成为制约我国科技创新整体能力提升的关键因素。首先，在技术能力方面，尽管我国在某些信息技术领域取得了显著进步，但在数据科学和高端信息技术的研发方面仍存在一定差距。这包括大数据处理、云计算、人工智能等先进技术的研究和应用。这种技术能力的不足限制了科技创新活动的深度和广度，尤其是在处理复杂科学问题和开发新型技术解决方案方面。其次，人才培养方面的挑战也十分突出。我国虽然拥有庞大的科技人才库，但在数据科学和高端信息技术方面的专业人才相对匮乏。现有的教育体系和职业培训机制未能充分适应这一领域的快速发展，导致了人才供给不足和能力结构不匹配的问题。最后，基础设施的局限性也是一个重要挑战。尽管我国在某些区域建立了先进的信息技术基础设施，但在全国范围内，尤其是在中小城市和农村地区，高效的数据处理和分析基础设施仍然缺乏。这种不均衡的发展限制了数据科学和信息技术在全国范围内的应用和普及。

（七）加强知识产权保护和数据安全的挑战

知识产权保护和数据安全直接影响科技创新的效率和质量。随着科研活动越来越多地依赖于大数据和先进信息技术，加强知识产权保护和数据安全的挑战变得更加紧迫。首先，在知识产权保护方面，我国虽然已经建立了相对完善的法律框架，但在执行力度和效率上仍存在不足。尤其是在软件、生物技术、新材料等高科技领域，知识产权的保护难度更大，侵权行为检测和维权成本较高，抑制了企业和研究机构在这些领域的创新积极性。其次，数据安全问题日益突出。在大数据时代，大量的科研数据收集、存储和处理带来了数据安全和隐私保护的挑战。这不仅涉及个人隐私泄露的风险，也包括科研数据被非法访问或滥用的风险。我国在数据安全管理和技术保护方面的能力还未能完全满足当前科研活动的需求，特别是在跨国科研合作项目中，数据安全标准和保护措施的不统一更加剧了这一问题。此外，知识产权和数据安全问题的复杂性还体现在跨学科和国际合作领域。随着科研合作的国际化和学科交叉，不同国家和领域的知识产权保护标准和数据安全要求存在差异，这给我国的科研团队带来了额外的合作障碍和管理负担。

（八）适应国际科技合作和竞争新格局的挑战

随着全球科技创新格局的演变，我国在国际科技合作和竞争中面临一系列挑战，这些挑战直接影响着国家科技创新体系的有效性和国际影响力。首先，国际科技合作机制不完善。尽管我国在扩大国际科技交流合作方面取得了一定进展，但在合作机制的建立、国际科研项目的管理、跨国知识产权保护等方面仍存在不足。这些问题不仅限制了合作的深度和广度，也影响了合作成果的有效转化和应用。其次，国际科技竞争加剧。随着我国科技实力的提升，国际上对我国科技发展更加关注，竞争压力也随之增大。如何在保持技术创新优势的同时，应对国际竞争中的知识产权争议、市场准入限制和技术封锁，成为我国科技创新体系需要解决的问题。再次，国际科技标准和规范不适应。随着科技的全球化，国际科技标准和规范在科技合作和竞争中发挥着越来越重要的作用。我国在某些高科技领域与国际标准存在差距，这不仅影响了我国产品和技术的国际市场准入，也限制了我国在国际科技规则制定中的话语权。最后，国际科技人才的竞争和流动压力加大。在全球科技创新竞争中，高端科技人才的吸引和保留成为关键因素。我国在国际科技人才引进方面面临着激烈的竞争，尤其是在吸引全球顶尖科研人员和维持国内科研人才的稳定性方面。

（九）改革科研评价和激励机制的挑战

我国科技创新体系中现行的科研评价和激励机制阻碍着科研活动的质量提升和创新能力的发挥。首先，当前的科研评价体系过度依赖论文发表数量、影响因子等定量指标。这种以量化指标为核心的评价体系导致科研工作重视短期产出，忽视了长期的创新和深度探索。这种评价方式往往促使科研人员追求数量而非质量，导致科研资源和精力的浪费。其次，现有的激励机制未能充分激发科研人员的创新潜力。科研工作的激励主要依赖于项目资助和职称晋升，这在一定程度上忽视了对个人创新能力和贡献的认可。缺乏有效的激励机制，导致科研人员的积极性和创新动力不足。最后，科研评价和激励机制的不透明和不公平问题也不容忽视。评价标准的不统一和评价过程的不透明，加上评价结果与科研人员职业发展紧密相关，这些因素可能导致科研环境中的不公正现象，影响科研人员的工作积极性和团队合作精神。

四、建立与科学发现逻辑改变相适应的国家科技创新体系

建立与科学发现逻辑改变相适应的国家科技创新体系，需要采取一系列综合性和前瞻性的政策措施。这些措施应围绕促进科技创新的环境构建、人才培养、资源配置、制度创新和国际合作等多个方面展开。

（一）构筑扎实的数据科学基础以驱动科技创新

在科学发现的新逻辑中，数据科学和信息技术的角色日益凸显，它们成为推动科技创新的核心动力。为了适应这一变革，必须通过强化相关基础设施，构筑一个可靠、高效且安全的数据科学框架，涉及硬件资源、软件平台、数据管理、分析能力以及信息安全等多方面，确保科技创新的数据驱动基础设施能够支撑起未来科学的发展和技术的进步。

高性能计算能力是该框架的重要组成部分，它为处理复杂计算和大规模数据集提供了必要的支撑。此外，云计算平台和数据存储系统需要具备足够的灵活性和扩展性，以适应不断增长的数据处理需求。同时，为了确保数据的质量和完整性，必须建立严格的数据管理规范和流程，包括数据的采集、清洗、整合和存储等方面。

数据分析的能力是实现知识发现和洞察的关键。这不仅需要先进的分析工具和算法，还需要相应的人才培养和专业发展。因此，培训和吸引数据科学家、分析师和工程师等专业人才至关重要。这些人才将能够利用数据科学的方法，从大数据中提取有价值的信息，为科学研究和技术发展提供支撑。

在信息安全方面，随着数据泄露和网络攻击事件的增加，建立强大的信息安全体系显得尤为重要。这要求不仅要有先进的技术来保护数据不受威胁，还需要有相应的法律和政策来规范数据的使用和分享。

（二）激发跨学科协同以应对复杂科研挑战

在科学发现新逻辑的影响下，跨学科和多领域合作已成为推进科技创新的关键。这种合作允许不同领域的科学家和研究者汇集各自的知识和技能，共同解决科研中的复杂问题。有效的跨学科合作政策应致力于建立一个促进不同学科融合与合作的科研环境，从而优化资源配置，提高研究质量和效率。

为了促进跨学科和多领域合作，科研机构需要建立合作平台，如跨学科研究中心，它们可以提供必要的物理空间和资源，以便研究人员进行集体工

作和交流。同时，这些平台还应提供跨学科研究项目的资金和行政支持，包括启动资金、设备购置和研究助理聘用等。

跨学科的合作还需要对科研评价机制进行改革，以确保科研人员在跨学科项目中的贡献得到认可。这可能意味着创新传统的评价标准，例如，为跨学科研究成果的发表和专利申请制定新的评价指标。这样的评价体系应更多关注研究的创新性和实际影响，而非传统的学术产出量化指标。

高等教育体系中跨学科课程的设计和实施对于培养未来的跨学科研究人员至关重要。大学和研究机构应鼓励学生参与跨学科项目和课程，以发展他们在多个学科领域内的知识和技能。

（三）优化人才培养和引进以筑牢科技创新基石

对于与科学发现新逻辑相适应的国家科技创新体系来说，优化人才培养和引进机制是筑牢基石的关键。高质量的科技人才是推动科学进步和技术创新的主要动力。因此，构建有效的人才培养和引进体系，对于实现科技与经济的协同发展，以及增强国家竞争力具有至关重要的意义。

人才培养机制的优化需要在教育体系中植入创新意识和跨学科学习的元素。这包括改革现有的教育课程，加强科学、技术、工程和数学（STEM）领域的教育，同时引入创新和创业教育，以培养学生的批判性思维、问题解决和团队协作能力。

为了吸引和保留顶尖人才，需要实施具有竞争力的薪酬和激励机制。这包括提供有吸引力的研究资金、良好的工作条件、职业发展机会，以及向杰出贡献者提供认可和奖励。

引进机制的优化还需包括国际人才的吸引策略。通过建立国际交流和合作项目，提供合适的工作和居住条件，以及营造包容和开放的研究环境，吸引全球科研人员到国内工作和生活。

优化的人才培养和引进机制还应注重性别平等和多元化，鼓励不同背景和多样性视角的科研人员加入科研工作。这不仅有助于提升科研团队的创新能力，还能确保科研活动的广泛性和包容性。

（四）强化知识产权保护以培育创新生态

知识产权保护与创新激励政策的优化是建立与科学发现新逻辑相适应的国家科技创新体系的基础制度。通过强化知识产权保护和设计有效的激励机制，可以为科技创新提供强有力的法律保障和市场激励，从而培育出一个充满活力的创新生态。这一体系不仅需要确保创新者的知识成果得到法律的充分保护，还要通过激励措施鼓励更广泛的科技创新和应用。

在知识产权保护方面，需要从立法和执法两个层面加强工作。在立法层面，应制定包含先进科技产品和服务的知识产权法律，确保法律框架能够应对新兴科技带来的挑战。在执法层面，加大知识产权侵权的打击力度，提高审理效率和加强国际合作，提升知识产权保护的实际效果。

知识产权体系的建设还要考虑到激励创新的必要性。创新激励可以通过提供税收优惠、研发补贴、创新奖励等形式来实施，以降低创新风险和增加研发投入的动力。此外，知识产权的有效运用，如技术转让和许可协议，也是激励创新的重要方式，它可以帮助将科研成果转化为实际的经济效益。

在培育创新生态的同时，知识产权体系还应兼顾公共利益，确保科技进步能够惠及整个社会。这需要在保护知识产权的同时，推动知识的公开和共享，尤其是在教育、健康和环境等公共领域的科研成果。

（五）构建科技与社会需求同步的对接机制

科技与社会需求对接的机制是适应科学发现逻辑改变的国家科技创新体系的重要组成部分。这种机制要求科技创新不仅反映科研界的探索动向，同时也响应社会的实际需求和挑战。这样的对接机制能够确保科技发展成果能够有效转化为社会经济发展的实际动力，促进人类生活质量的提升和社会问题的解决。

实现这一机制，需要深化科学研究与社会需求之间的沟通。这包括建立由政府部门、研究机构、企业界和公民组成的多方参与平台，以便收集和分析社会需求，指导科技研发的方向。这样的平台能够提供跨领域的视角，帮助识别解决现实问题所需的科技创新点。

要加强科研成果转化机制，将科研成果快速有效地应用于社会经济发展中。这需要从政策上给予科技转移和商业化过程中的支持，如简化技术转移流程、提供财政补贴和税收优惠等。通过这些措施，可以加速科技成果从实验室走向市场的过程，更好地服务于社会需求。

对接机制还需考虑科技发展可能带来的社会影响，如就业变化、伦理问题等。在科技政策制定过程中，应综合考虑这些潜在影响，并采取预防和调节措施，以保障科技创新的成果得到公正和合理的分配。

（六）重塑科研评价体系以培育创新文化

科研评价和激励体系的改革是建立现代科技创新体系的关键一环，其目的是更好地激发科研人员的创新潜力，并公正地评价和奖励科研人员的贡献。在新的科学发现逻辑下，评价体系需要从传统的以量化指标为主转向综合评价科研质量、创新程度和社会影响的多维度体系。

评价体系的改革应减少对科研产出数量的过度依赖，如论文发表数量和影响因子，转而更多关注研究的原创性、深度和对学科发展的贡献。这样的评价标准鼓励科研人员进行长期而深入的探索，而不是追求短期的产出。

激励机制的改革应当确保科研人员能够获得与其创新贡献相匹配的认可和奖励。这包括公正的职业晋升路径、科研成果的奖金激励以及为高风险研究提供的支持。一个有效的激励机制能够吸引和保留优秀的科研人才，同时激发整个科研社群的活力。

评价和激励体系的改革还应关注跨学科研究的特殊性。对于跨学科研究成果的评价应更加灵活和包容，以反映其在融合不同学科知识中的创新价值。

（七）推动国际科技合作与交流以实现全球创新共赢

在当今科学技术日益全球化的背景下，加强国际科技合作与交流是建立与科学发现新逻辑相适应的国家科技创新体系的重要策略。这一策略不仅有助于推动科技领域的知识共享和技术互通，还能促进国家间的科技合作与交流，共同应对全球性科技挑战，实现全球科技创新的共赢局面。

国际科技合作的加强可以帮助我国科研机构和科学家获取全球科研前沿的信息和技术，与国际同行进行知识和经验的交流。这种合作包括联合研究项目、国际科研团队的建立、科学数据和资源的共享、共同参与大型国际科技计划或实验等。

国际科技交流的深化有助于提升我国在全球科技舞台上的影响力和竞争力。通过参加国际科学会议、组织国际学术研讨会以及出版国际合作研究成果，可以增强我国科学研究的国际可见度和认可度，为我国科学家和研究机构建立更广泛的国际合作网络。

国际科技合作与交流还应重视人才培养和流动的促进。通过留学生项目、访问学者交流、国际研究生教育合作等方式，可以培养具有国际视野和跨文化沟通能力的科技人才，同时吸引全球优秀科学家来华工作和生活。

（八）加强制度创新与政策灵活性以提高科技制度适应性

制度创新与政策灵活性是建立与科学发现新逻辑相适应的国家科技创新体系的根本保障。通过不断评估和调整科技政策，确保政策设计能够适应科技发展的快速变化，并响应社会和市场的需求，为科技创新提供稳定而有力的支持。这一策略强调的是，科技政策和制度设计应具备高度的适应性和灵活性，以便及时响应科技领域的快速变化和社会需求的演进。

制度创新的关键在于构建一个能够促进科技创新、适应市场变化并响应社会挑战的框架。这包括对现有科技政策的不断评估和调整，以确保政策能够与科技发展的最新趋势保持一致。例如，随着新兴技术如人工智能和生物技术的发展，相关的法律法规也需要相应更新，以解决新技术带来的伦理和社会问题。

政策灵活性则要求科技政策制定者能够迅速响应内外部环境的变化。这意味着政策制定者需要考虑科技进步的不确定性和复杂性，以及这些变化可能对经济、社会和环境带来的影响。因此，政策制定者应采用动态、迭代的方法，允许在新的信息和条件下对政策进行调整和优化。

制度创新与政策灵活性还应包含跨部门和跨领域的合作机制。科技问题常常涉及多个领域，有效的政策制定需要各相关部门之间的协调和合作。这种跨部门合作能够确保政策的综合性和一致性，避免政策制定的碎片化。

第三章 数据驱动制造业革新

随着新一轮科技革命和产业变革深入发展，数据作为关键生产要素的价值日益凸显。数据要素在智能生产、供应链管理、产品设计和开发、客户关系管理以及服务和维护等方面具有非常广泛的应用场景。数据的集成和分析提供的洞见可以提高各类要素协同效率，优化资源配置，突破产出边界，创造新产业、新业态和新模式，在制造业中发挥放大、叠加、倍增作用。我国需要采取系统性措施，推动数据要素高水平应用，进一步释放数据的潜力，推动数据要素在制造业中更好发挥乘数效应。

第一节　数据要素在智能制造中的应用场景

数据要素在制造业中有着广泛和关键的应用。这些应用不仅包括提高生产效率和产品质量，还涉及推动整个制造业的创新和转型。

一、创新研发模式

在当今的智能制造领域，数据要素的应用正在引领制造业研发模式经历一场前所未有的深刻变革。这种变革背后的动力源自大数据、云计算、人工智能等先进技术的发展和广泛应用，它们共同推动制造业从传统的、经验驱动的设计和迭代测试模式，向一个全新的、数据驱动的研发模式转变。这一转变标志着制造业研发进入了一个高效、精准、快速响应市场和技术变化的新时代。在这一新的研发模式下，制造业企业能够更有效地利用数据分析和人工智能技术，从海量的设计数据、生产过程数据以及市场反馈数据中提取有价值的信息，以指导产品的设计和开发。这不仅显著提高了研发的效率和效果，降低了成本和风险，还使企业能够更灵敏地捕捉市场动态，快速适应技术演进，从而在激烈的市场竞争中取得优势，推动制造业向更高质量、更个性化的方向发展。

在这一新的研发模式下，企业能够充分利用集成的设计、仿真和实验验证数据，构建出高度精确的数字化产品模型。这些数字化模型能够在没有物理原型的情况下，在虚拟环境中准确模拟出产品的实际性能和可能的使用场景，极大地提高了产品设计的准确性和可靠性。这种基于数据的仿真测试方式，有效地缩短了产品从设计到生产的周期，大幅降低了研发成本，提高了企业的市场响应速度。同时，数据驱动的研发模式还使企业能够深入分析历史设计数据、生产过程数据和市场反馈数据，准确把握和预测市场趋势，更好地理解用户需求。这样，企业不仅能够设计出更符合市场和用户期待的产品，还能够在产品设计之初就预见并解决潜在的问题，提升产品的市场竞争力和用户满意度，为企业带来更大的商业价值和品牌影响力。

二、优化生产流程

优化生产流程在制造业中是一项至关重要的任务，其核心在于使用数据驱动的方法来提升整个生产流程的效率和效果。在传统制造业中，生产流程往往依赖于经验和定性判断，这可能导致效率低下、资源浪费以及生产质量的不一致。在数据驱动的制造环境中，通过收集和分析来自生产线的各种数据，企业能够更精确地理解生产过程中的每一个环节，从而进行更有效的管理和优化。

数据分析可以帮助识别生产流程中的瓶颈。通过监控生产线的实时数据，比如机器的运行速度、原材料消耗率、产品质量控制参数等，可以准确地发现哪个环节影响了生产效率。一旦识别出这些瓶颈，就可以采取具体措施来解决，比如调整机器设定、改进工作方法或重新安排生产计划。

数据分析还能帮助制造商实现更高效的资源分配。通过分析生产数据，企业可以更准确地预测对原材料、能源和人力的需求，从而减少浪费并降低成本。例如，通过预测产品需求趋势，企业可以优化库存管理，避免过度库存或库存短缺。

数据驱动的生产流程优化还包括提高产品质量。通过实时监控生产过程中的关键质量指标，可以及时发现问题并进行调整，从而减少废品率和提高产品一致性。例如，通过分析装配线上的数据，可以及时调整机器的精准度，确保每个产品都符合质量标准。

优化生产流程还涉及工作场所的安全和员工的满意度。通过分析生产数据，可以发现可能导致安全隐患的模式，及时采取措施以防止事故发生。同时，通过优化生产流程，可以减轻员工的工作负担，提高工作效率，从而提升员工满意度。

三、实现预测性维护

预测性维护在制造业中是一种先进的维护策略，旨在通过分析设备运行数据来预测潜在故障，从而在问题发生之前进行维修或替换，以减少设备停机时间和维护成本，提高生产效率和经济效益。这种方法与传统的预防性维护（基于时间或使用周期进行维护）以及反应性维护（设备出现故障后进行维修）相比，具有显著的优势。

在预测性维护中，关键在于收集和分析设备运行过程中产生的数据。这些数据包括设备的运行参数（如温度、压力、振动水平等）、设备状态的历史记录，以及外部环境因素等。通过应用数据分析、机器学习和人工智能技术，可以从这些数据中识别出设备可能出现故障的早期迹象。例如，通过分析某一机器部件的振动模式，可以预测该部件何时可能会发生故障。如果分析表明某个部件的振动水平异常，预测性维护系统可以提前发出警告，允许维护团队在部件发生故障之前进行维修或更换，从而避免了可能导致更大损害的设备故障。

预测性维护还可以帮助企业更有效地安排维护工作，减少不必要的维护活动。这不仅降低了维护成本，还提高了整体设备的使用效率。通过减少设备意外停机的次数，企业可以确保生产过程的连续性和稳定性，从而提高生产效率和产品质量。

预测性维护具有显著的经济效益。通过减少紧急维修所需的成本和时间，以及减少由于设备故障导致的生产损失，企业可以实现显著的成本节约。同时，这种维护策略还有助于延长设备的使用寿命，进一步降低长期资金成本。

四、提升质量控制

数据驱动的质量控制涉及在制造业中使用数据和先进的分析技术来监控和提升产品的质量。在传统的制造模式中，质量控制往往依赖于后期的产品检验，这种方式可能导致资源浪费，因为问题通常在生产过程结束后才被发现。而通过实施数据驱动的质量控制策略，制造业可以更早地识别和解决质量问题，从而提高效率和减少成本。

数据驱动的质量控制涉及收集和分析各种生产过程中的数据，包括原材料属性、机器操作参数、环境条件以及产品检测结果等。这些数据可以通过各种传感器和数据采集系统实时获取。通过应用统计分析、机器学习和人工智能技术，可以从这些数据中识别出可能导致质量问题的模式和趋势。例如，通过分析生产线上机器的运行数据（如温度、压力、速度等），可以实时监控设备的性能和产品的一致性。如果发现任何偏离正常范围的数据，可以立即采取措施进行调整或维修，从而防止质量问题的发生。此外，这种方法还可以帮助企业更好地理解生产过程中的各个因素如何影响最终产品的质量，从而实现过程优化和产品改进。

数据驱动的质量控制还可以帮助制造商实现更高效的资源利用和废料减少。通过优化生产过程和及时识别质量问题，可以显著减少不合格产品的产出，从而降低原材料和能源的浪费。同时，这种方法还有助于提高客户满意度和市场竞争力，因为能够持续地提供高质量的产品。

五、改善供应链管理

改善供应链管理在制造业中扮演着非常重要的角色，涉及运用数据分析来优化从原材料的采购到最终产品的交付等供应链的各个环节。传统的供应链管理通常基于固定的规则和经验判断，这可能导致资源浪费、库存过剩或不足，以及对市场变化的反应迟缓。然而，通过实施数据驱动的供应链管理，企业能够更灵活、更高效地应对市场需求和供应链的不确定性。

在数据驱动的供应链管理中，关键是收集和分析各种数据，包括市场需求、库存水平、物流效率、供应商性能等。这些数据可以通过企业资源计划（ERP）系统、供应链管理软件、物联网（IoT）设备等途径获取。通过使用高级数据分析技术，如预测分析、机器学习等，企业可以从这些数据中洞察供应链的动态变化，从而做出更准确的决策。例如，通过分析历史销售数据和市场趋势，企业可以准确预测未来的产品需求，从而优化生产计划和库存管理。这有助于减少过度生产和过剩库存，降低库存成本，同时确保产品及时供应市场，提高客户满意度。

数据分析还可以用于优化物流和分销策略。通过分析运输路径、配送时间和成本等数据，企业可以找到更高效、成本更低的物流解决方案。这不仅提升了供应链的效率，还降低了运输成本和环境影响。数据驱动的供应链管理还包括与供应商的协作。通过共享数据和分析结果，企业与供应商可以更紧密地协作，共同优化整个供应链。例如，实时共享库存和需求数据可以帮助供应商更好地计划它的生产和配送，减少供应链中断的风险。

六、推动协同制造

数据要素正成为推动制造业革新的关键力量，尤其在促进协同制造方面的作用不容小觑。通过实现数据在供应链各环节之间的无缝流通和共享，协同制造突破了传统生产模式的局限，为制造业带来了前所未有的协作效率和灵活性。这种基于数据共享的生产方式不仅加速了信息的传递，提高了决策的效率，还使得供应链各方能够实时调整生产计划和物流安排，以最快速度响应市场变化。更重要的是，数据共享和协作机制极大地增强了供应链的整体韧性，使其能够有效抵御外部冲击，保障生产的连续性。在这一模式下，制造业的生产方式和组织模式正在经历深刻的变革，向更加开放、协作、高效的方向发展，为实现智能制造和产业升级提供了坚实的基础。

在推动协同制造的过程中，确立产品主数据标准生态系统显得尤为关键。这个生态系统通过统一数据标准，确保了数据在供应链各环节之间的一致性和互操作性，极大地促进了不同企业和部门之间的有效沟通和协作。例如，供应商通过访问共享的产品设计数据，能够及时准确地理解设计要求和生产目标，更早地介入产品开发过程，显著缩短产品的研发周期和上市时间。此外，制造商通过实时共享生产进度和质量监控数据，不仅提高了生产的透明度，还增强了下游客户的信任度和满意度。这种基于数据标准的协同制造模式，不仅提升了生产效率和产品质量，还加强了供应链各方的合作关系，推动了整个制造业向更加智能和高效的方向发展。

七、实现个性化生产

个性化生产在当今的制造业中正成为一种重要趋势，它利用数据和先进的技术来满足市场对于个性化产品的需求。传统的制造模式侧重于批量生产，强调标准化和效率，但往往无法充分满足消费者对产品个性化的需求。通过引入数据驱动的个性化生产，制造业可以在保持高效率的同时，提供更多样化和个性化的产品。

个性化生产的核心是收集和分析消费者的数据，包括购买历史、偏好、反馈以及社交媒体行为等。这些数据提供了深入的洞察，帮助制造商理解消费者的具体需求和期望。随后，利用这些洞察，制造商可以设计和生产符合个别消费者需求的产品，从单件定制到小批量定制均可。例如，服装制造业可以通过分析消费者的购买历史和体型数据，定制个性化的服装尺寸和款式。汽车制造商可以提供定制化的车辆选项，如不同的颜色、内饰和技术配置，以满足不同消费者的个性化需求。

个性化生产的一个关键技术是数字化制造，特别是 3D 打印技术。3D 打印允许制造商快速、高效地生产小批量或单件定制产品，无需昂贵的模具和传统生产线。此外，先进的计算机辅助设计（CAD）软件使得设计个性化产品变得更加容易和高效。个性化生产还需要强大的供应链支持，以确保快速响应消费者需求。这意味着制造商需要具备灵活的生产能力和高效的物流系统，以便在短时间内完成从设计到交付的整个过程。

八、优化能源管理

优化能源管理涉及使用数据分析和技术来提高能源效率，降低能源成本，同时减少对环境的影响。在传统的制造模式中，能源管理通常依赖于标准化的消耗模式和基本的监控系统，这种方法往往无法充分发现节能的潜力。而随着数据收集和分析技术的发展，制造业现在有能力更精确地监测和控制能源使用，从而实现更高的能效和成本节约。

能源管理的核心是实时收集和分析能源消耗数据，包括电力、燃气、水和其他能源资源的使用情况。这些数据可以通过智能传感器、能源管理系统（EMS）和物联网（IoT）设备收集得到。通过对这些数据进行深入分析，制造企业可以识别出能源浪费的关键领域，并采取措施进行优化。例如，数据分析可以揭示特定生产线或设备的能源使用效率不高的原因，允许企业进行定向调整，如改进设备配置、更新老旧设备或改变操作程序。此外，通过分析能源使用模式和生产活动之间的关系，企业可以更有效地安排生产活动，以减少高峰时段的能源需求，从而降低能源成本。

数据驱动的能源管理另一个关键领域是可再生能源的利用。通过将数据分析与可再生能源系统（如太阳能和风能）相结合，制造业可以更有效地利用这些资源，减少对传统能源的依赖。这不仅有助于减少对环境的影响，还可以提高能源安全和价格稳定性。

九、管理产品生命周期

管理产品生命周期涉及使用数据和分析工具来监控和优化产品从设计到

废弃的整个生命周期。传统的产品生命周期管理往往侧重于各个阶段的独立操作，缺乏整体的视角和数据驱动的决策支持。而随着技术的发展，特别是在大数据和物联网（IoT）技术的推动下，制造业现在能够更全面地理解和管理产品的整个生命周期。

在数据驱动的产品生命周期管理中，重点在于收集和分析产品设计、生产、使用以及回收阶段的数据。这些数据可以提供关于产品性能、使用模式、维护需求以及最终废弃处理的深入洞察。例如，通过分析使用阶段的数据，制造商可以了解产品的耐久性和维护需求，从而在未来的设计中考虑到这些因素，提高产品的质量和用户体验。

产品设计阶段是产品生命周期管理的关键环节。在这一阶段，数据分析可以帮助识别潜在的设计问题，优化材料选择和制造工艺，以提高产品的可靠性和效率。而通过考虑产品的全生命周期环境影响，设计师可以开发更加可持续和环保的产品。在生产阶段，数据分析有助于监控生产过程的效率和质量，确保产品符合设计规范。同时，通过实时跟踪生产数据，制造商可以快速响应问题，减少废品和返工，提高生产效率。产品使用阶段的数据分析对于提高客户满意度和产品维护尤为重要。通过收集和分析产品使用数据，制造商可以提供更好的售后服务和维护计划，甚至提前预测并解决潜在的产品问题。在产品的回收和废弃阶段，数据分析可以帮助企业更有效地回收资源和处理废弃物，减少对环境的影响，实现循环经济的目标。

十、分析市场趋势

分析市场趋势在制造业中扮演着至关重要的角色，这一过程涉及使用数据和先进分析技术来理解市场动态，预测未来趋势，从而指导企业决策和战略规划。在传统模式下，市场分析往往基于历史销售数据和直觉判断，这可能导致对市场变化的反应不够敏捷和准确。而在当今数据驱动的商业环境中，制造企业可以利用丰富的数据资源和先进的分析工具来获取更深入、更全面的市场洞察。

市场趋势分析的核心在于收集和分析各种市场相关数据，包括消费者行为、竞争对手活动、经济指标、社会和技术趋势等。这些数据可以来源于多种渠道，如销售记录、客户反馈、社交媒体、行业报告以及公共数据集。通过对这些数据进行综合分析，制造企业可以识别市场需求的变化、消费者偏好的演进以及潜在的新市场机会。例如，通过分析消费者购买行为和反馈，企业可以了解哪些产品特性受欢迎，哪些需要改进，从而指导新产品开发和现有产品的迭代。此外，通过监控竞争对手的活动和市场表现，企业可以及时调整自己的市场策略，以应对竞争压力。

市场趋势分析还包括使用先进的预测模型，如机器学习算法，来预测未来的市场动态。这些模型可以基于历史数据和市场指标来预测销售趋势、价格变化以及市场需求的波动，从而帮助企业做出更正确的决策。

十一、提高智能化制造水平

提高智能化制造水平在当代制造业中是一个重要的发展方向，旨在通过集成先进的数据分析、人工智能（AI）和物联网（IoT）技术，提升整个生产过程的自动化和智能化程度。这一趋势不仅关注单个机器或过程的自动化，而且致力于实现整个生产系统的智能优化，以提高效率、减少成本，并增强产品质量和生产的灵活性。

智能化制造的核心在于利用大数据和 AI 技术对生产过程进行深入的分析和优化。这包括从生产线上的各种设备和传感器收集大量数据，并运用机器学习算法对这些数据进行分析，以识别效率瓶颈、预测设备故障、优化生产调度和提高能源利用效率。例如，通过实时监控设备状态和生产流程，AI 系统可以自动调整参数以优化生产效率和产品质量。

智能化制造还涉及增强机器人和自动化设备的能力，使它们能够更加灵活和智能地处理复杂任务。在传统制造系统中，机器人通常被编程执行固定、重复的任务。而随着技术的进步，尤其是在数据科学和机器学习领域，现代工业机器人正在变得更加智能和适应性强，能够更有效地应对复杂和变化的生产需求。提高机器人自动化效率的核心在于集成和分析大量的运营数据，这些数据包括机器人的运动轨迹、操作速度、执行精度，以及与其他设备和人员的交互情况。通过实时监控这些数据，并应用机器学习和人工智能算法，可以不断优化机器人的行为，提升其操作的精确度和效率。例如，通过分析生产线上机器人的性能数据，可以识别出效率低下或精度不足的原因，并据此调整机器人的运动参数或工作流程。此外，通过实时数据分析，机器人能够更灵活地适应生产线的变化，如产品设计的修改或生产流程的调整。

智能化制造的另一个关键方面是物联网技术的应用。通过将生产设备、仓库、物流系统等连接成一个互联的网络，制造企业可以实现更加精准和高效的生产管理。IoT 设备可以实时监控生产线的状态，收集关键数据，并将这些信息反馈给中央控制系统，从而实现更加智能的决策和管理。

十二、加强安全管理

加强安全管理涉及利用数据分析来预防事故，确保生产过程符合安全标准，从而保护员工免受事故伤害，提高生产效率和企业声誉。在传统的安全管理实践中，重点往往放在事后的事故调查和应对措施上。而随着数据分析技术的发展，制造业企业现在能够更主动地识别和减轻安全风险，从而预防事故的发生。

数据驱动的安全管理主要依赖于收集和分析有关工作场所的各种数据，包括设备运行数据、员工操作行为、工作环境条件等。这些数据可以通过传感器、监控摄像头、员工反馈等方式收集。分析这些数据可以揭示潜在的安全隐患，如设备故障、操作不当或环境风险。例如，通过监测设备的运行参数和性能数据，可以及时发现设备的异常行为，预测潜在的故障，从而在事故发生之前进行维护或替换。此外，分析员工的操作模式和行为数据有助于识别不安全的工作实践，制造企业可以据此提供更有效的安全培训和指导。

数据分析还可以用于改进应急响应计划。通过模拟不同的事故场景和响应策略，企业可以预先制定出更有效的应急措施，以减少事故发生时的伤害和损失。此外，数据驱动的安全管理还包括长期的健康风险评估。通过分析长时间的工作环境数据和员工健康记录，可以识别可能导致长期健康问题的因素，如持续的噪声暴露或有害物质接触，从而采取措施降低这些风险。

十三、开发使能技术

使能技术是那些能够推动新产品、新服务或新系统创新发展的关键技术。这些技术本身可能并不直接产生商业价值，但它们为其他领域的技术进步、产品创新或服务优化提供了必要的支持和可能性，从而使得这些领域能够实现跨越式的发展或质的改进。使能技术通常具有广泛的应用潜力，能够影响多个行业和领域。创成式设计的软件工具、虚实融合试验平台、智能无人装备等新型工业软件和装备都是使能技术，每一项都代表着技术创新的前沿。创成式设计软件可以支持全新的产品设计理念和方法，使设计师能够探索以往无法实现的设计空间，从而推动整个设计行业的创新。虚实融合试验平台能够使研发团队在虚拟环境中高效准确地模拟和测试产品性能，加速产品从概念到市场的过程，为多个行业的产品研发带来革命性的改进。智能无人装备则通过自动化和智能化技术，改变传统的生产和作业模式，为制造、物流等行业带来深刻的变革。

数据要素在开发使能技术的应用场景中发挥着至关重要的作用。使能技术基于对大量设计、仿真、实验、生产和运营数据的深入分析和应用，推动了制造业向更高效、智能和可持续的方向发展。这些技术的开发和应用，不仅优化了传统的制造流程，还为制造业带来了全新的创新机会和商业模式。

创成式设计软件利用复杂的数据算法，使设计师能在早期设计阶段就模拟和评估不同设计方案的性能，极大地提高了设计的效率和创新性。这种基于数据驱动的设计方法，允许企业快速响应市场变化，推出符合用户需求和环境友好的产品。虚实融合试验平台则通过整合实体和虚拟的数据，为产品开发提供了一个无缝的测试和验证环境，显著降低了成本和缩短了时间，加快了新产品的上市周期。智能无人装备的开发，基于对生产现场大量实时数据的分析，实现了生产过程的自动化和智能化，提高了生产效率和安全性，同时也降低了人工成本。

十四、强化区域联动

在当今地区经济一体化的大背景下，数据要素的应用不仅局限于单个企业内部的生产和服务优化，更扩展到了加强区域间制造资源协同的宏观层面。这种跨区域的制造资源协同，特别是在支持产能、采购、库存、物流数据流通方面，正成为推动区域经济一体化发展、提升区域竞争力的重要力量。通过数据的集成和共享，不同区域的制造企业能够实现资源的优化配置，加强产业链的紧密合作，促进区域产业的互补和共赢，为实现区域经济的高质量发展提供强有力的支撑。

通过建立区域间的数据共享平台，可以实现产能、采购、库存和物流等关键信息的实时流通和共享。这种信息共享机制能够加强区域内外企业之间的协同配合，提高生产计划的准确性和物流配送的效率。例如，通过分析区域内外的产能数据和市场需求，企业可以实现跨区域的产能调配和优化，避免资源浪费，提升整体产能利用率。同时，实时共享的物流数据可以帮助企业优化物流路径和调度计划，降低物流成本，提高物流效率。

区域间的制造资源协同还促进了区域产业的优势互补和集群发展。通过数据分析，可以深入了解区域内外产业的发展状况和资源配置，有针对性地促进产业链上下游企业之间的紧密合作，形成特色鲜明、竞争力强的产业集群。这种基于数据驱动的区域产业协同发展模式，不仅提升了区域内企业的创新能力和市场竞争力，也为区域经济的转型升级和可持续发展注入了新的活力。

第二节 数据要素形成乘数效应的机制

数据要素能够深刻影响制造业的各个环节，这些影响相互作用和相互增强，形成了一种乘数效应，即数据要素的应用不仅在单个环节上提升效率和效果，而且能够在整个制造业的生态系统中创造出远大于数据单独作用的综合效益，实现效果的倍增。

一、驱动智能制造的实现

智能制造的实现，根本上是一个数据驱动的过程。数据要素通过使制造过程更加透明和可控，提供了实现高效、灵活、可持续制造的可能。这种以数据为核心的智能制造模式，不仅是制造业技术进步的象征，更是制造业应对全球化竞争、满足个性化需求、实现绿色发展的重要手段。数据要素在推动智能制造实现方面的重大意义，不仅体现在技术革新上，更体现在它为制造业的未来发展开辟了全新的路径。

智能制造是利用信息技术和制造技术的深度融合来实现制造过程的智能化，它标志着制造业从传统制造向数字化、网络化、智能化转型。在这一转型过程中，数据要素发挥着核心的作用。通过对生产设备、物流信息、产品质量等各个环节产生的海量数据进行收集、分析和利用，智能制造能够实现资源的最优配置、生产的自动化调度、产品质量的实时监控和供应链的高效管理。

数据的应用使得智能制造具备前所未有的灵活性和响应能力。例如，在需求驱动的生产模式中，通过分析市场数据和消费者行为，智能制造系统可以实时调整生产计划，以快速响应市场变化。这种能力不仅提高了生产效率，也缩短了产品的上市时间，提升了企业的市场竞争力。

数据要素还促进了制造业的创新发展。通过对生产过程中产生的数据进行深度挖掘，企业可以发现新的业务模式和产品创新机会。例如，基于产品使用数据的分析，企业可以开发出更加符合用户需求的定制化产品，或者通过对生产流程数据的分析，企业可以优化生产工艺，降低生产成本，提高产品竞争力。

数据要素的应用还大大提升了制造业的可持续发展能力。通过对能源消耗、原材料使用等环节的数据分析，智能制造能够实现更加环保和节能的生产方式。这不仅减少了对环境的影响，也降低了企业的运营成本，实现了经济效益和社会责任的双赢。

二、优化生产流程

数据要素在优化生产流程方面的应用，不仅能够显著提高制造业的生产效率和产品质量，还能够为企业带来更加灵活、适应性强的生产能力。这种基于数据的生产流程优化，为制造业企业在全球化竞争中保持竞争优势提供了有力支撑。通过实时收集和分析生产数据，制造企业能够洞察生产过程中的每一个细节，从而识别出效率低下的环节、资源浪费的点以及潜在的改进机会。这种数据驱动的方法使得生产流程的优化变得更加科学、精确和高效，相比传统基于经验的优化方法，它能够提供更加客观、全面的改进依据。

在生产流程优化的实践中，数据分析可以应用于多个层面：从宏观的生产计划调整、资源分配，到微观的工序改进、设备参数调整等。例如，通过分析生产线上的数据，企业可以发现特定工序的瓶颈问题，进而通过调整生产节奏、改进工艺流程或引入自动化设备来解决这些问题。此外，数据分析还能帮助企业更精准地预测原材料需求和成品库存需求，优化库存管理，减少资金占用和仓储成本。

数据要素的应用还体现在生产质量的提升上。通过对生产过程中的关键质量控制点进行实时监控，企业可以即时发现产品质量偏差，迅速采取措施进行调整或排除，从而确保产品质量的稳定性和一致性。这种基于数据的质量控制方式，不仅提高了产品的合格率，而且减少了因质量问题导致的返工和退货，从而进一步提高生产效率和降低成本。

更重要的是，数据要素的应用促进了生产流程的持续改进。通过对生产数据的持续收集和分析，企业可以不断地发现新的改进机会，实施改进措施，并通过数据来评估改进效果，形成一个闭环的改进循环。这种基于数据的持续改进机制，使得生产流程的优化成为一个动态的、持续的过程，能够不断适应市场变化和技术进步，保持企业的竞争力。

三、提高产品质量

全球化竞争日益激烈的今天，产品质量已经成为制造业企业生存和发展的关键。数据要素的应用，通过实现对生产过程的精确控制和对客户需求的深入了解，不仅可以显著提高产品质量，而且能够推动企业持续改进和创新，最终在激烈的市场竞争中占据有利地位。通过这种方式，数据不仅是提升产品质量的工具，更是企业创新和提升竞争力的源泉。

在传统的制造模式中，产品质量控制往往依赖于后期检测和人工经验，这种方式不仅效率低下，而且难以实现产品质量的稳定性和一致性。而数据驱动的质量控制系统能够通过实时监控生产过程中的关键参数，如温度、压力、速度等，确保每一个生产环节都在最佳状态下运行，及时发现并纠正生产过程中的偏差，从而显著提高产品的稳定性和一致性。

数据分析在产品质量提升中的应用不仅限于生产过程的监控，它还能够通过分析产品使用和客户反馈数据，为产品改进和设计提供依据。这种基于数据的反馈循环，能够帮助企业更好地理解客户需求，及时调整产品设计，不断提升产品的性能和质量。例如，通过分析客户使用数据，企业可以发现产品的潜在缺陷或改进点，进而通过设计优化和工艺改进，提高产品的耐用性和用户体验。

数据要素还能够帮助企业实现跨部门的协同，通过共享质量数据，各部门能够共同参与到产品质量改进的过程中，从设计、采购、生产到销售的每一个环节都以提高产品质量为目标进行优化。这种全过程、多维度的质量管理和控制，大大提高了制造业的产品质量，提高了企业的品牌声誉和市场竞争力。

四、加强供应链管理

在全球化经济背景下，制造业供应链变得日益复杂和分散，传统的供应链管理方式已难以满足快速响应市场变化的需求。数据要素在加强制造业供应链管理方面的应用，通过提供实时、准确的供应链数据和深入的分析洞察，使企业能够实时跟踪原材料的采购、生产进度、库存水平以及产品的配送状态，实现供应链的端到端可视化，帮助企业实现供应链的优化和风险管理，提高了供应链的透明度、效率和灵活性。这不仅为企业降低成本、提高效率提供了强有力的支撑，也为企业在激烈的市场竞争中保持竞争优势提供了重要保障。

通过对供应链数据的分析，企业可以准确预测市场需求，优化生产计划和库存管理，减少库存积压和缺货的风险。这种基于数据的需求预测和库存优化，不仅可以降低企业的运营成本，还能提高客户满意度。例如，通过分析历史销售数据和市场趋势，企业可以提前调整生产量和库存策略，确保产品及时供应，满足市场需求。

数据要素还能帮助企业更有效地管理供应商关系。通过对供应商性能数据的分析，企业可以评估供应商的可靠性和配送效率，选择最优的供应商合作伙伴。这种基于数据的供应商管理，不仅可以保证原材料的质量和供应的稳定性，还能加强与供应商的合作关系，提升整个供应链的竞争力。

在应对供应链风险方面，数据要素的应用也显示出其不可替代的价值。通过对供应链数据的实时监控和分析，企业可以及时发现潜在的风险因素，如供应中断、运输延迟等，进而迅速采取应对措施，如调整供应链路线、寻找替代供应商等，以最小化风险影响。这种基于数据的风险管理，提高了企业应对突发事件的能力，增强了供应链的韧性。

五、驱动创新和新产品开发

数据要素在制造业中的广泛应用，尤其是在驱动创新和新产品开发方面，具有不可估量的重大意义。在当前的市场环境中，消费者需求日益多样化和个性化，快速的技术变革和激烈的竞争环境要求制造企业不断创新以满足市场需求，保持竞争力。数据要素的应用为制造企业提供了一种持续创新的能力，通过深入分析消费者行为、市场趋势、技术进步等大量数据，为企业提供丰富的洞察，帮助企业捕捉到新的产品开发机会，使企业能够快速响应市场变化，不断推出满足市场需求的新产品和服务。这种基于数据的创新机制，不仅增强了企业的市场竞争力，也为企业的长期发展提供了动力。

数据分析在新产品开发过程中发挥着关键作用。通过对市场数据、消费者反馈数据和社交媒体数据的分析，企业可以准确把握消费者需求和偏好，预测市场趋势，从而指导产品创新和设计，确保新产品能够满足市场需求，提高新产品的市场接受度和成功率。例如，通过分析消费者对现有产品的使用数据和反馈，企业可以发现产品改进的方向或创新的功能点，开发出更加符合消费者期望的新产品。

数据要素的应用还能够促进生产工艺和技术的创新。通过对生产过程中产生的数据进行分析，企业可以发现生产效率低下的原因，识别工艺改进的机会，或者通过数据驱动的模拟和优化，开发出新的生产工艺和技术，提高生产效率，降低成本，增强产品的竞争力。

数据要素还能够支持企业进行开放式创新。通过整合内外部数据资源，如供应商、合作伙伴和公共研究数据，企业可以在更广阔的范围内寻求创新灵感，加速创新过程。这种基于数据的协同创新模式，能够加速知识的流通和创新的实现，提高创新的效率和效果。

六、提升客户满意度

随着市场竞争的加剧和消费者需求的多样化，企业越来越意识到提升客户满意度的重要性。数据要素的大规模应用可以深入了解客户需求、提供个性化服务、提高服务质量和响应速度、持续改进产品和服务，为制造业企业在激烈的市场竞争中赢得客户忠诚度提供有力的支撑。这不仅直接关系到企业的市场份额和收益增长，也是企业可持续发展的关键。

数据分析能够帮助企业精准识别和理解消费者的行为模式和需求偏好。通过收集和分析客户购买历史、在线行为数据、社交媒体反馈等信息，企业可以获得关于消费者需求和期望的深入洞察。这些洞察使得企业能够设计和提供更符合消费者期望的产品和服务，从而提升消费者的满意度。

数据要素的应用还能够支持企业提供个性化的客户体验。通过对客户数据的分析，企业可以实现客户细分，针对不同的客户群体设计定制化的营销策略，以及产品和服务。例如，通过分析消费者的购买行为和偏好，企业可以向他们推荐个性化的产品和服务，提供定制化的促销活动，从而增强客户的购买体验和满意度。

数据要素还能够帮助企业提高服务质量和响应速度。通过实时监控和分析客户服务数据，企业可以及时发现并解决客户遇到的问题，优化客户服务流程，提高服务效率。这种基于数据的快速响应机制，不仅能够及时满足客户需求，解决客户痛点，还能够预防问题的发生，提前介入，从而显著提高客户的满意度和忠诚度。

数据要素的应用还能够帮助企业持续改进、优化产品和服务。通过对客户反馈和产品使用数据的持续收集和分析，企业可以不断地识别改进的机会，优化产品设计和服务流程，不断提高产品和服务的质量。这种基于数据的持续改进机制，确保了企业能够持续提供符合甚至超越客户期望的高质量产品和服务。

第三节　数据要素在制造业的广泛应用对我国的重大战略意义

数据要素在制造业的广泛应用对中国具有重大的战略意义，不仅关乎产业升级和经济结构的优化，也关系到国家竞争力的提升和可持续发展的实现。

一、推动经济高质量发展

数据要素在制造业的广泛应用是中国经济高质量发展的重要推动力。随着全球产业竞争格局的变化，中国正处于经济转型的关键时期，面临从传统制造向智能制造、从规模速度型增长向质量效益型增长转变的双重任务。数据技术的应用，特别是大数据、云计算、人工智能等前沿技术，在这一过程中起到了核心作用。通过这些技术的应用，可以实现生产过程的优化、产品质量的提升、生产效率的提高和成本的有效降低，促进制造业向更加智能化、精细化和绿色化的方向发展。例如，智能制造项目的实施不仅提高了企业的自动化水平，还通过精确的数据分析优化了生产流程，减少了资源浪费，提高了能源利用效率。这些变革有助于提升中国制造业的整体竞争力，推动经济结构的优化升级，实现从“中国制造”向“中国智造”的转变，从而为经济高质量发展奠定坚实基础。

二、促进产业结构优化升级

数据要素的广泛应用对于促进中国产业结构的优化和升级具有深远的影响。随着信息技术的快速发展，数据已成为推动产业革命的新动力。在制造业领域，通过集成应用物联网、大数据分析、云计算等技术，企业能够实现生产流程的实时监控、预测维护、智能调度和个性化定制，这些技术的应用不仅提升了生产效率和产品质量，还推动了新产品和新服务模式的创新，如基于用户行为数据的产品设计创新、基于大数据分析的供应链管理优化等。这种以数据为核心的创新模式，促进了传统制造业向更加智能、服务化的方向转型，形成了一批具有核心竞争力的新兴产业，如智能制造设备、工业互联网平台、大数据服务等。同时，数据技术的应用还推动了产业间的融合，比如制造业与信息技术的深度融合、制造业与服务业的互动升级，进一步丰富了产业结构，提高了产业链的价值。这些变化不仅加快了中国产业结构的优化升级，也为中国经济的持续健康发展提供了强大动力。

三、增强国际竞争力

数据要素的应用极大地增强了中国制造业的国际竞争力。随着数据技术的融入，中国制造业能够更加精准地响应全球市场需求，提升产品和服务的质量与创新性。数据分析帮助企业优化设计、减少试错成本、缩短研发周期，推动了高附加值产品的开发。同时，利用数据分析优化供应链管理，不仅提高了物流效率，降低了运营成本，还增强了企业对市场变化的快速响应能力。此外，通过智能制造提升生产效率和灵活性，中国制造业能够在全球价值链中更好地定位自己，提升出口竞争力。这一系列的转变，使得中国制造业不仅在传统制造领域保持竞争力，也在新兴高技术领域展现出强大的影响力，从而在复杂多变的国际竞争环境中占据有利地位。

四、培育新的经济增长点

数据技术在制造业中的应用催生了新的经济增长点，为中国经济发展注入了新的活力。随着工业互联网平台的兴起和大数据技术的广泛应用，基于数据的智能制造、定制化生产、远程运维服务等新模式不断涌现，这些新模式不仅提升了制造业本身的附加值，也推动了服务业、信息技术业等相关产业的快速发展。例如，通过收集和分析大量生产数据，企业可以开发出更加符合市场需求的产品，同时基于数据提供增值服务，如预测性维护、生产过程优化咨询等，从而开辟了新的经济增长点。此外，数据技术的应用还促进了跨行业融合，比如制造业与互联网、大健康、环保等行业的深度结合，形成了一系列创新的交叉领域，这些领域往往具有更高的增长潜力和更广阔的市场前景。通过不断探索和利用数据的价值，中国能够在全球经济中把握先机，持续培育和扩大新的经济增长点。

五、提升人才培养和创新能力

数据技术在制造业的应用不仅推动了产业升级，也对中国的人才培养和创新能力提出了新的要求。随着智能制造和数字化转型的深入发展，对于具备数据分析、人工智能、机器学习等技能的高素质人才的需求急剧增加。这一趋势促使中国在教育体系和人才培养机制上进行调整和优化，更加重视STEM 教育的投入，加强与产业界的合作，建立更为灵活和实践导向的教育模式。同时，通过建立多层次、宽领域的创新平台和创业孵化器，鼓励科研机构、高校和企业之间的深度合作，中国能够不断提升自身的科技创新能力和研发水平，为持续的产业升级和经济发展提供强大的人才支撑和技术保障。此外，随着数据技术的普及和应用，创新思维和创业精神在全社会范围内得到提倡和鼓励，这有助于形成良好的创新生态，吸引更多优秀人才投身于科技创新和创业实践中，从而进一步提升中国在全球创新竞争中的地位。

六、促进可持续发展和绿色制造

数据要素在制造业的应用对于推动中国可持续发展和实现绿色制造具有重要意义。通过利用数据分析和智能技术，企业能够实现更高效的资源利用和能源管理，优化生产流程，减少废物产生和排放，降低环境污染，推动制造业向更加绿色、低碳的方向发展。例如，智能制造系统能够根据实时数据调整生产计划和能源消耗，实现精准制造和节能减排。此外，通过分析产品全生命周期数据，企业可以设计出更加环保的产品，推广循环经济模式。这些做法不仅有助于提升企业的环境责任感和社会形象，也符合国家可持续发展的战略目标，对于应对全球气候变化和环境挑战、保护生态环境、实现绿色发展具有重要作用。

七、加强全球产业链和供应链的协同

在全球化经济背景下，数据技术的应用有助于加强全球产业链和供应链的协同，提高中国在全球经济中的影响力和话语权。通过构建基于数据共享和分析的国际合作平台，中国企业能够与全球伙伴实现更紧密的信息交流和资源整合，优化全球供应链布局，提升供应链的韧性和效率。这种跨境数据流动和合作不仅能够帮助中国企业更好地应对国际市场的复杂性和不确定性，也促进了全球产业链的优化升级，增强了全球经济的稳定性和发展活力。同时，通过在全球范围内推广数据标准和共享机制，中国可以积极参与全球治理体系的建设，提升自身在国际经贸规则制定中的影响力，为构建开放型世界经济贡献中国智慧和中国方案。

第四节 推动数据要素在制造业中更好发挥乘数效应

要使数据要素在制造业中更好地发挥乘数效应和倍增效果，企业需要采取一系列系统化的策略和措施，涵盖数据管理、技术应用、人才培养、组织文化等多个方面。

一、提升数据管理能力，筑牢数据发挥乘数效应的基石

在制造业中，要更好地发挥数据要素的乘数效应和倍增效果，核心策略之一是提升数据管理能力。这一策略的实施不仅需要企业投入相应的技术和资源，还需要培养强烈的数据意识和文化，确保数据管理的策略和实践能够贯穿于企业运营的各个层面。提升数据管理能力涉及确保数据质量、强化数据集成能力、建立有效的数据治理框架，以及优化数据收集过程。

确保数据质量是所有数据分析和应用的前提。制造业企业面对的挑战是如何从庞大而复杂的数据中提取准确、可靠的信息。这要求企业建立一套完善的数据质量管理体系，包括自动化的数据收集和处理技术，以减少人为错误。同时，利用数据清洗、验证和修复技术手段提高数据质量，如使用数据质量工具自动检测和更正错误数据，确保数据分析的基础是准确和可靠的。

强化数据集成能力对于打破数据孤岛、实现数据的全面利用至关重要。通过建立数据仓库或采用数据湖等技术，企业可以将来自生产、供应链、客户关系管理等多个系统的数据集成到统一的平台中，实现数据的全面视图。这有助于深入分析和理解业务运营，发现跨系统、跨部门的数据关联和洞察，为决策提供更全面的支持。

建立有效的数据治理框架也是提升数据管理能力的关键方面，涉及数据的所有权、质量控制和标准化等。通过建立清晰的数据治理政策和流程，明确数据的责任主体，制定数据标准和质量要求，企业可以确保数据的有效管理和合理使用。

在数据收集方面，企业应采用高效的数据收集工具和方法，确保收集到的数据既全面又准确。这包括利用物联网（IoT）设备自动收集生产线数据、使用在线调查和社交媒体分析工具收集市场和消费者数据，以及实施实时数据监控系统以持续捕获操作数据。通过优化数据收集过程，企业可以获得更

丰富、更有价值的数据资源，为数据分析和决策提供坚实的基础。

二、加强技术投入和创新，激发制造业数据潜能

在制造业中，加强技术投入和创新是实现数据要素乘数效应的另一关键策略。通过采用先进的数据分析工具和人工智能技术，企业可以深入挖掘数据的潜在价值，推动生产流程的优化，实现产品和服务的创新，从而在激烈的市场竞争中占据有利地位。

投资于大数据分析技术是加强技术投入的基础。大数据技术能够处理和分析海量的数据集，揭示数据之间的关系、模式和趋势。这对于优化生产计划、提高运营效率、减少浪费等方面至关重要。通过实时分析生产数据，企业可以即时调整生产策略，实现更高效的资源利用和更快的市场响应。

人工智能和机器学习的应用可以进一步提升数据分析的深度和广度。这些技术可以帮助企业从复杂数据中识别出复杂的模式和预测未来趋势，支持更加智能化的决策制定。例如，通过机器学习模型，企业可以实现预测性维护，减少设备故障和生产中断，从而降低维护成本并提高生产连续性。

云计算技术的应用为数据分析提供了强大的计算资源和灵活的数据存储能力。云平台使企业能够根据需要快速扩展计算资源，支持大规模的数据处理和分析任务。此外，云技术还支持高度的协作和数据共享，使得跨地域、跨部门的团队可以共同参与到数据分析和决策过程中，进一步提高数据利用效率和决策效果。

物联网（IoT）技术在制造业中的应用也极为关键。通过在生产设备和产品上部署传感器，企业可以实时收集关于设备状态、生产过程和产品性能的数据。这些数据不仅可以用于优化生产过程和提高产品质量，还可以为新服务的创造提供数据支持，如基于使用数据的个性化服务和产品。

数字孪生技术的引入能够创建物理资产的虚拟副本，通过模拟和分析帮助企业在虚拟环境中测试和优化产品设计、生产流程和运营策略。这种方法可以显著降低实验和测试的成本，加速产品开发和创新过程。

三、培养和吸引数据科学人才，增强数据化转型的关键动力

在制造业实现数据要素的乘数效应和倍增效果的过程中，培养和吸引数据科学人才是至关重要的一环。技术的发展和应用虽然是基础，但人才是驱动这一切成为可能的关键。数据科学人才能够将复杂的数据转化为可行的洞

察和策略，推动企业的数据化决策和创新发展。

内部培训与发展是培养数据科学人才的重要途径。制造业企业应建立系统的数据科学培训项目，包括数据分析、机器学习、统计学等相关课程，以提升员工的数据素养和分析能力。通过工作坊、在线课程和实践项目等多种形式，激发员工的学习兴趣，帮助他们掌握数据处理和分析的实用技能。此外，鼓励员工参与实际的数据分析项目，通过解决实际问题来加深对数据科学的理解和应用。

引进外部专家是快速提升企业数据科学能力的有效手段。企业可以通过直接招聘、与高校和研究机构合作等多种方式，吸引数据科学、人工智能和大数据分析等领域的顶尖人才。这些专家不仅可以为企业带来最新的技术和知识，还能够帮助企业建立或优化数据分析体系，提升整个组织的数据分析能力。

建立跨功能的数据分析团队也是提升企业数据科学能力的关键。这样的团队通常由数据科学家、数据工程师、业务分析师和 IT 专家等多方面人才组成，能够从不同角度共同分析和解决问题。跨功能团队能够促进不同专业背景人才之间的知识交流和协作，从而更有效地发掘数据的价值，支持企业决策和创新。

创造一个支持和鼓励数据创新的工作环境是吸引和保留数据科学人才的关键。企业应重视数据科学人才的职业发展，提供有竞争力的薪酬福利、持续的学习和成长机会以及开放的创新文化。通过建立这样的工作环境，企业不仅能够吸引顶尖人才，还能激发员工的创造力和积极性，推动企业在数据化转型道路上取得更大的成功。

四、建立数据驱动的企业文化，凝聚制造业数字化转型的核心

在制造业中充分发挥数据要素的乘数效应和倍增效果，不仅需要强大的技术支持和专业人才，还需建立和培养一种数据驱动的企业文化。这种文化的核心是将数据视为决策和创新的基石，鼓励全员参与数据的收集、分析和应用，从而实现组织的全面数据化转型。

推广数据驱动的决策制定是建立这种企业文化的重要步骤。企业应当鼓励从高层管理到一线员工都基于数据来进行决策。这意味着在制定任何战略或解决任何问题时，都应首先考虑数据能提供哪些支持和洞察。为此，企业需要提供相应的数据访问权限和分析工具，使员工能够轻松获取和利用数据。

通过定期的培训和交流会，增强员工的数据意识和分析技能，进一步推动数据驱动决策的实践。

促进跨部门协作对于打破数据孤岛、实现数据的全面利用同样重要。在传统企业中，不同部门往往独立运作，数据资源分散，这限制了数据潜能的发挥。通过建立跨部门的数据协作机制，比如共享数据平台、跨部门数据项目小组等，企业可以促进不同背景和专业知识的团队成员共同分析和解决问题，从而充分挖掘数据的价值。

鼓励创新和容忍失败也是建立数据驱动文化的关键。数据分析和应用过程中，尝试和错误是不可避免的。企业应当鼓励员工基于数据进行创新尝试，即使这些尝试并不总能成功。通过建立一种积极的、容忍失败的文化氛围，员工将更愿意探索新的数据应用方式，这对于长期的创新和改进至关重要。

企业领导层的支持和示范作用对于培养数据驱动的企业文化至关重要。领导者不仅需要通过言传身教来强调数据的重要性，还应制定相应的政策和措施，如奖励基于数据做出的成功决策，来引领企业文化的转变。

五、确保数据安全与合规，提供数字化转型的基础保障

在制造业深入推进数字化转型和充分挖掘数据潜能的过程中，确保数据安全与合规是不可忽视的基础保障。随着数据量的日益增长和数据应用范围的不断扩大，数据安全和隐私保护的挑战也日益严峻。企业必须采取有效措施，确保数据的安全性和合规性，以维护企业和客户的利益，同时遵守相关法律法规。

建立和完善数据安全管理体系是确保数据安全的基础。这包括制定数据安全政策、实施数据访问控制、加强数据加密、进行定期的数据安全审计等。通过这些措施，企业可以防止数据泄露、丢失或被未授权访问，保护数据免受外部攻击和内部滥用。

数据合规性也是企业在数据化转型过程中必须重视的方面。随着各国和地区对数据保护的法律法规不断完善，如欧盟的通用数据保护条例（GDPR）、加州消费者隐私法案（CCPA）等，企业在收集、存储、处理和传输数据时必须确保符合这些法律法规的要求。这不仅涉及技术和管理措施的调整，也需要企业进行合规性培训，提升全体员工的合规意识。

加强对供应链和第三方服务提供商的数据安全管理也是非常关键的。在制造业的数据化应用中，往往涉及与供应链伙伴、云服务提供商等第三方的

数据共享和交换。企业需要通过合同和审计等方式，确保这些第三方在数据处理过程中也能遵守数据安全和隐私保护的规定。

应对数据安全事件的能力也是衡量企业数据安全管理水平的重要指标。企业应建立数据安全事件响应计划，包括事件的快速识别、评估、处置和恢复等环节。通过模拟演练和培训，提升员工应对数据安全事件的能力，减少潜在的损失。

六、持续监测和优化数据应用效果，提升数据的动态价值

为了在制造业中更好地发挥数据要素的乘数效应和倍增效果，企业需要持续监测和优化数据应用效果。这一策略确保了数据应用项目不仅在初期实施时有效，而且能够随着时间的推移和外部环境的变化持续提供价值。持续监测和优化是一个动态的过程，它要求企业在数据应用全周期内不断评估、调整和改进数据应用策略和实践。

建立性能指标和监控系统是进行持续监测的基础。企业应定义一系列具体、可量化的性能指标，如生产效率、产品质量、客户满意度等，这些指标应直接关联数据应用项目的目标。通过设置自动化的数据监控和报警系统，企业可以实时跟踪这些指标的表现，及时发现问题和机会。

定期评估数据应用的效果是优化过程的重要环节。这包括分析数据应用项目是否达到了预期目标，评估数据应用对业务性能的具体影响，以及识别存在的问题和改进空间。通过定期的评估，企业可以获得关于数据应用效果的深入洞察，为后续的优化决策提供依据。

基于评估结果实施针对性的优化措施是确保数据应用持续提供价值的关键。这可能包括调整数据分析模型、改进数据收集和处理流程、优化数据应用场景等。优化措施应当具有针对性，旨在解决评估过程中发现的具体问题，提升数据应用的效率和效果。

鼓励跨部门协作和知识共享也是持续优化过程中的重要因素。通过促进不同部门之间的沟通和协作，企业可以更好地整合内部资源，共享成功经验和教训，加速数据应用的迭代和创新。此外，建立一个支持持续学习和改进的组织文化，可以激励员工积极参与到数据应用的持续优化中，进一步提升企业的数据利用能力。

第四章

数据要素推动智慧农业发展

第一节　数据要素在农业领域的应用场景

在现代农业领域，数据要素广泛应用于精准农业、土壤和作物监测、智能灌溉系统、病虫害防治、作物种植规划、供应链优化、遗传学和育种、市场趋势分析、创新等多个方面，极大地提高了农业生产的效率和可持续性。利用先进技术如遥感、物联网和大数据分析，不仅优化了播种、施肥、灌溉和收获等农事活动，还帮助农业从业者实现了对作物健康的实时监控、智能化管理灌溉、减少资源浪费，以及精准预测市场动态，提高了农业系统的智能化和精准化水平，促进了农业向更高效、环境友好和科技驱动的方向发展。

一、精准农业

精准农业是一种集成应用了信息技术和设备技术于农业生产各个环节的先进农业经营管理模式。它通过精确控制农业生产过程，实现对作物生长条件的最优化管理，从而提高农业生产效率和作物质量，减少环境影响。

（一）数据收集

精准农业的基础是对农田数据的精确收集，关键在于使用多种技术和设备来捕获关于土壤、作物、气候和环境的详细信息。地面传感器、卫星遥感、无人机（UAVs）等是数据收集的主要工具。地面传感器实时监测土壤湿度、pH 值、温度和养分水平，为灌溉和施肥提供依据。卫星遥感通过捕捉农田的卫星图像，提供作物生长和土壤状况的大范围信息，帮助分析作物覆盖面积和监测作物健康。无人机搭载多光谱相机等设备，捕获高分辨率图像，精确识别作物生长不均匀性和早期病虫害。物联网（IoT）技术将传感器和设备网络化，实现数据的实时收集和远程监控。

通过将这些数据输入农业管理软件进行分析，农业生产者可以获得全面的农田状态视图，包括作物健康、土壤条件和气候变化等信息。这些洞察帮助决策者确定最佳播种时间、作物种类选择、灌溉和施肥计划，以及病虫害管理策略，最终目标是通过优化资源管理来提高农业生产效率和作物质量。随着技术的进步，精准农业的数据收集方法将变得更加精细和高效，为农业生产提供强有力的支持。

（二）数据分析与决策支持

在精准农业的框架内，数据分析与决策支持占据核心地位，它们通过深入分析农田收集的大量数据，为农业生产提供科学的决策依据。这一过程涉及先进的数据处理技术，包括机器学习、人工智能（AI）和大数据分析，这些技术能够从土壤特性、气候变化、作物生长状况及病虫害发生等数据中提取有价值的信息。数据分析与决策支持系统的最终目标是提高农业生产的精确性和效率，通过精确控制资源使用（如水、肥料和农药），减少浪费，增加产量，同时减轻对环境的负面影响。

机器学习算法可以通过分析历史和实时数据，预测作物生长趋势、病虫害暴发概率和气候变化的影响，从而指导农民在最佳时间进行播种、灌溉和施肥。人工智能系统能够模拟专家的决策过程，提供作物管理的个性化建议，如调整作物种植密度或选择更适合当前土壤和气候条件的作物品种。大数据分析帮助整合不同来源的数据，包括卫星图像、无人机拍摄数据和地面传感器数据，提供一个全面的农田管理视图。这种集成分析有助于发现农田内部的异质性，比如哪些区域需要更多的关注和资源投入，哪些作物表现出高产或高抗病性等。

（三）变量率技术（VRT）

变量率技术（VRT）在精准农业领域的应用标志着农业资源管理方式的重大转变。VRT 技术使得农业生产者能够在农田的不同区域根据作物的实际需求和土壤的具体条件，精确施用不同量的水、肥料、种子和农药。这种方法的关键在于精确测量农田内部的变异性，如土壤类型、水分含量、养分水平以及作物生长状况，从而实现对资源的最优化分配和管理。通过地面传感器、卫星遥感和无人机等多源数据收集工具，农业生产者可以获得农田每一块土地的详细信息，包括土壤质量和作物生长条件，确保施肥、灌溉和植保措施的精确性和时效性。

实施 VRT 不仅可以提升作物产量和改善作物质量，还能显著降低资源浪费和减轻对环境的负面影响。例如，通过 VRT，可以在土壤养分丰富的区域减少肥料用量，而在作物生长不良的区域增加水分和养分供给，这样不仅优化了资源的利用，还避免了因过量施肥和灌溉造成的环境问题，如水体富营养化和土壤盐碱化。

VRT 的成功实施依赖于先进的农业机械和智能控制系统。现代农业设备配备了能够进行变量施肥和播种的技术，同时集成了 GPS 定位和数据分析软件，这些设备能够根据收集到的数据或预设的管理参数自动调整作业模式和强度。这种智能化的作业方式不仅提高了农业生产的效率和灵活性，也为实现可持续农业生产提供了强有力的技术支持。

（四）自动化与机器人技术

自动化与机器人技术在精准农业中的应用，预示着农业生产方式的根本变革，正日益成为提高农业生产效率和实现可持续农业目标的关键因素。随着技术的进步，农业机器人、自动驾驶拖拉机、无人机以及其他自动化设备已经开始在种植、管理和收割作物中发挥重要作用。通过提高作业的精度和效率、减少化学品的使用，这些技术不仅能够提升农业生产的经济效益，还能够促进环境保护和可持续农业的实现。

农业机器人能够执行多种农田作业，包括除草、施肥、播种、收割和果实采摘等。这些机器人通常配备高精度的传感器和视觉识别系统，能够识别作物和杂草，实现精确的目标定位和作业执行。例如，除草机器人可以精确识别和定位杂草，然后通过机械手臂或定向喷药进行除草，减少了对化学除草剂的依赖，从而减轻了农业生产对环境的负面影响。自动驾驶拖拉机和其他自动化农业设备通过集成 GPS 和高级导航技术，能够在农田中自动执行耕作、播种、施肥和收割等任务。这些设备的使用不仅提高了作业的精确性和一致性，还显著提升了工作效率，使得农田管理更加系统化和规范化。无人机在精准农业中的应用主要集中在作物监测、病虫害防治和精准施药等方面。无人机能够快速覆盖大片农田，收集高分辨率的图像数据，用于评估作物生长状况和识别潜在的问题区域。此外，无人机还可以携带小型喷雾器，进行精准施药，最大限度地减少药剂的使用量和环境污染。

（五）持续监测与管理

持续监测与管理是精准农业实践中的一个关键环节，它涉及对农田内作物生长状况、土壤特性、环境条件等多个方面的实时跟踪和分析。这一过程依赖先进的传感器技术、遥感技术、物联网（IoT）设备以及数据分析平台，旨在为农业生产者提供及时、准确的信息，以支持决策制定和优化农田管理策略。

通过在农田中部署土壤湿度传感器、温度传感器、光照传感器等，持续监测系统能够实时收集关于土壤和环境条件的数据。这些数据对于判断作物的灌溉需求、预测病虫害发生概率以及调整施肥计划至关重要。同时，结合无人机或卫星遥感技术收集的作物生长图像，农业生产者可以细致了解作物生长的均匀性、识别潜在的生长问题并采取相应的管理措施。

物联网技术的应用使得各种传感器和设备能够相互连接，实现数据的无缝传输和集成。这不仅提高了数据收集的效率，也使得数据分析更加深入和全面。通过数据分析平台，农业生产者可以获得关于农田状况的综合视图，包括作物生长分析、资源使用效率评估和环境影响分析等。这些分析结果为农业生产提供了科学的指导，帮助生产者做出更合理的决策，如何时进行灌溉、何时施肥以及如何进行病虫害管理等。

持续监测与管理还有助于实现农业生产的可持续发展。通过精确控制资源的使用、减少化肥和农药的过量施用，可以显著减轻农业生产对环境的负面影响，保护生态环境，同时提高农业生产的经济效益和社会效益。随着技术的不断进步和成本的降低，持续监测与管理将在全球范围内得到更广泛的应用。这不仅会提高农业生产的效率和质量，还将推动农业向着更加智能化、精准化和可持续化的方向发展。

二、土壤和作物监测

在精准农业的实践中，土壤和作物监测是通过收集和分析关于土壤条件及作物生长状态的数据来优化农作物管理和提高农业生产效率的关键应用场景。这种监测方法依赖于高精度的传感器、遥感技术、数据分析平台，从而实现对农作物生长环境的精细管理，不仅提升了农业生产的精确性和效率，还对促进可持续农业实践和提高农民收入具有重要作用。数据要素在土壤和作物监测中的具体应用包括以下几个方面。

（一）实时土壤状况监测

因为土壤是所有作物生长的基础，其质量直接影响到作物的健康和产量，所以实时土壤状况监测在现代农业中占据核心地位。随着科技的进步，农业从业者现在可以通过地面安装的传感器网络来获得关于土壤当前状况的实时数据，这些数据包括土壤湿度、pH 值、温度和养分含量等多维度关键指标。例如，土壤湿度传感器能够帮助农民实时了解土壤的水分状态，这对于确定何时进行灌溉至关重要，以保证作物能够在最佳的水分条件下生长。土壤 pH 值传感器则提供土壤酸碱度的重要信息，酸碱度对于作物能否有效吸收土壤中的养分至关重要，因此通过调整土壤 pH 值，可以优化作物的生长环境。

实时监测土壤温度对于预测作物生长周期、种植时间和收获期也非常重要。温度直接影响到作物种子的发芽率和生长速度。此外，通过监测土壤中的养分含量，尤其是氮、磷、钾等主要营养元素，农业从业者可以更精确地施肥，避免过量施肥造成的资源浪费和环境污染。这些通过传感器获得的实时数据不仅可以单独使用，还可以通过数据融合技术结合起来，提供更全面的土壤健康评估。通过先进的数据分析和人工智能算法，这些数据可以转化为具体的农业行动建议，比如灌溉和施肥的最佳时机和量，以及土壤改良措施。实时土壤状况监测技术的进步和应用，极大地提高了土壤管理的科学性和精确性，为作物提供了最佳的生长条件，同时也推动了农业资源的可持续利用和环境保护。

随着物联网（IoT）技术的发展，未来的土壤状况监测将更加自动化和智能化。传感器将更加微型化、节能且成本低廉，使得大规模部署成为可能。同时，数据分析软件将更加强大和用户友好，能够为农业从业者提供更加直观和实用的决策支持。这些进步将进一步优化土壤管理，提高农业生产效率，为实现全球粮食安全和可持续发展目标贡献力量。

（二）作物生长状况监测

作物生长状况监测是利用高科技工具，如搭载在无人机或卫星上的遥感设备，从空中获取作物生长情况的详细图像。这些高分辨率图像能够提供作物植被覆盖度、生长速率和潜在的病虫害迹象等关键信息。通过应用先进的图像处理和数据分析技术，农业从业者可以对作物的健康状况进行准确的评估，及时发现任何生长异常或潜在问题。

遥感技术的应用使得作物监测不再局限于地面观察，而是能够覆盖广阔的农田区域，提供实时且连续的作物生长数据。这种技术的优势在于其能够迅速识别出需要特别关注的区域，如受病虫害影响或缺水的作物，从而使农业管理措施更加有针对性和及时。此外，无人机和卫星遥感技术还能够帮助评估作物的整体健康状况，监测作物生长的整体趋势，为产量预测和收获计划提供依据。

随着遥感技术的不断进步和数据分析方法的日益成熟，未来的作物生长状况监测将更加精准和高效。机器学习和人工智能算法的应用将进一步提升图像数据处理的能力，能够自动识别更细微的作物生长差异和潜在问题，从而为农业生产提供更加深入和全面的洞见。此外，随着物联网技术的发展，作物监测系统将更加智能化，能够与灌溉、施肥等其他农业管理系统实现无缝连接，实现真正的精准农业管理。

（三）数据驱动的决策支持

在现代农业管理中，数据驱动的决策支持系统正成为提升农业生产效率和可持续性的关键工具。这一系统基于从土壤和作物监测中收集的大量数据，结合先进的数据分析和机器学习算法，向农业从业者提供科学的决策依据。无论是实时土壤状况、作物生长状况还是历史趋势数据，都被汇总到中央数据平台，通过对这些数据的深入分析，平台能够提供如灌溉最佳时机、施肥建议、病虫害防控策略等具体的农业管理建议。

这种决策支持系统的优势在于其能够将复杂的数据转化为直接、实用的农业行动指南。例如，通过分析土壤湿度和作物需水量的数据，系统可以预测最佳灌溉时机，避免过度或不足灌溉，从而节约水资源并确保作物健康生长。同样，通过对作物生长数据和历史产量数据的分析，系统可以预测未来产量，帮助农业从业者提前做好市场供应和物流准备。

未来，随着数据分析技术和人工智能算法的不断进步，数据驱动的决策支持系统将变得更加智能和高效。系统将能够自动识别数据中的模式和趋势，实时更新决策建议，甚至预测未来可能出现的问题，并提前提出解决方案。此外，这种系统的应用也将扩展到更多农业领域，如供应链管理、市场分析和农业保险等，为整个农业产业链提供数据支持和优化建议。

（四）精准的养分管理

在农业生产中，精准的养分管理是确保作物健康成长和最大化产量的关键。传统的养分管理方法往往依赖于经验判断和一般化的施肥指南，这可能导致养分的过量或不足，从而影响作物生长和环境质量。随着精准农业技术的发展，数据要素的应用已经开始革新传统的养分管理方法。

通过利用土壤传感器、无人机和卫星遥感等技术收集的数据，农业从业者可以获得关于土壤养分状况的详细和实时信息。这些数据包括土壤中主要营养素（如氮、磷、钾）的含量、土壤有机质水平以及其他微量元素的状态。结合作物生长需求和土壤养分数据，农业从业者可以制定出更为精确的施肥计划，确保作物能够在关键生长阶段获得所需养分。进一步地，通过应用数据分析和机器学习算法，农业从业者可以对收集到的大量养分管理数据进行深入分析，识别土壤养分的吸收模式和作物的响应关系。这不仅有助于优化当前的施肥策略，还能预测未来的养分需求，指导长期的土壤管理和改良计划。

未来，随着物联网技术的进一步发展和智能化农业设备的普及，实时养分管理将变得更加自动化和智能化。智能施肥系统能够根据实时监测到的土壤养分状况和作物需求，自动调整施肥量和时间，实现精准供肥。此外，与作物生长模型和气候预测技术的集成，将使养分管理更加精细化，进一步提升农业生产的效率和可持续性。

（五）长期趋势分析与规划

通过对多年积累的土壤和作物监测数据进行深入分析，农业从业者能够识别出关键的生产趋势、作物生长模式以及土壤状况的变化趋势。这些长期数据的分析为农业生产的未来规划和决策提供了宝贵的洞察，帮助农业从业者做出更为科学和前瞻性的决策。

长期趋势分析的核心在于利用历史数据预测未来，这包括但不限于作物产量的年际变化、土壤养分水平的长期趋势以及病虫害发生模式的变化。例如，通过分析过去几年的产量数据和相关的气候数据，可以预测特定气候条件对作物产量的潜在影响，从而为未来的种植计划和风险管理提供依据。同样，通过长期跟踪土壤养分水平和施肥实践的效果，可以优化土壤管理策略，实现土壤养分的可持续管理。此外，长期趋势分析还可以帮助农业从业者评估特定农业管理措施的效果，如轮作制度、有机耕作和水土保持措施等，为可持续农业实践的推广和优化提供科学依据。随着数据分析技术和人工智能算法的不断发展，对长期趋势的分析将变得更加精准和深入，能够更好地预测和应对未来的挑战。

未来，随着更多高质量的数据被收集和分析，长期趋势分析将成为支持农业生态系统健康、提高作物适应性和生产效率的重要工具。它不仅能够帮助农业从业者应对气候变化带来的挑战，还能够指导农业生产向着更加可持续和高效的方向发展。通过精准的长期规划和管理，农业生产能够更好地满足全球不断增长的食物需求，同时保护和维护自然资源和环境。

三、智能灌溉系统

智能灌溉系统利用数据和信息技术来优化灌溉过程，通过数据收集、分析和自动化控制，实现更高效、环境友好的灌溉管理，确保农作物根据其生长阶段和环境条件得到适量的水分。这种方法不仅提高了水资源的利用效率，还有助于农业从业者根据实际需求制订灌溉计划，从而提高作物产量和减少资源浪费。

（一）土壤湿度监测和调控

智能灌溉系统中的土壤湿度监测是通过在农田中布置多个传感器来实现的。这些传感器能够实时检测土壤的水分含量，提供精确的湿度数据。系统根据这些数据自动调节灌溉，确保只有在必要时才进行灌溉，从而避免浪费水资源。此外，这种监测还有助于防止过度灌溉造成的土壤侵蚀和养分流失，以及灌溉不足导致的作物生长受阻。通过精确控制水分供应，农业从业者可以显著提高作物的生长质量和产量，同时减少水资源的消耗。

（二）气象数据集成与预测

智能灌溉系统结合了气象数据，如降雨概率、温度、风速和湿度等信息，用以优化灌溉计划。这些数据通过先进的计算模型被分析，预测未来几天内的天气状况。系统据此调整灌溉策略，以适应预测的天气条件。例如，在预测到未来几天会有降雨时，系统会减少或暂停灌溉，以充分利用自然降水。这种方法不仅节省了水资源，还有助于保持土壤和作物的最佳状况。

（三）植物生长阶段的水分管理

智能灌溉系统能够根据作物的不同生长阶段调整水分供应。在作物的生长初期，可能需要较多的水分以支持根系发展和植株生长，而在成熟期则可能需要减少水分供应，以促进果实或种子的成熟。这种精确的水分管理不仅优化了作物的生长条件，还提高了水资源的使用效率。同时，通过自动记录每个生长阶段的灌溉数据，系统可以帮助农业从业者分析和改进未来的灌溉策略。

（四）区域性灌溉控制

在不同的农田区域，土壤类型、作物种类和微气候条件可能存在差异。智能灌溉系统可以对这些不同区域实施定制化的灌溉，确保每个区域都得到最适合其特定条件的水分供应。这种局部化的灌溉方法不仅提高了水资源的利用效率，也有助于提高作物的整体健康和产量。例如，沙质土壤区域可能需要更频繁的灌溉，而黏土质土壤区域则可能需要较少的水分。

（五）遥控和自动化操作

现代智能灌溉系统通常配备远程控制功能，允许农业从业者通过智能设备如手机或电脑远程监控和调整灌溉设置。这一特性极大地提高了灌溉管理的灵活性和便利性，使农业从业者即使不在现场也能管理灌溉系统。自动化的灌溉操作减少了对人工干预的依赖，提高了操作的准确性和效率，同时也降低了人力成本。

（六）水资源利用效率提升

智能灌溉系统通过精确控制每次灌溉的时间和量，大幅提高了水资源的使用效率。这在水资源紧张的地区尤为重要，可以帮助农业从业者最大限度地利用有限的水源，同时保持作物的健康生长。此外，提高水资源利用效率也有助于减小对地下水和地表水资源的压力，保持整个生态系统的可持续性。

四、病虫害管理

数据驱动的病虫害管理是利用先进的信息技术和大数据分析，实现对农作物病虫害的早期预警、实时监测和精准防控。它不仅能够帮助农业从业者及时识别和有效控制病虫害，还能够通过数据分析持续优化病虫害管理策略，提高农业生产的效率和可持续性。这种基于数据的病虫害管理方法，是现代农业向更加智能化、环境友好化发展的重要体现。

（一）病虫害发生的预警系统

利用遥感技术和地面监测数据、结合气象信息构建的病虫害预警系统，代表了农业科技在病虫害管理领域的一大进步。这一系统通过分析环境因素，如气温、湿度和降雨量与病虫害发生规律之间的关系，能够有效预测潜在的病虫害风险。例如，许多病虫害的暴发与特定的气候条件，如连续高温或湿润天气有着密切的关联。通过实时监测这些关键的环境变量，预警系统能够在病虫害发生之前提供预警，从而使农业从业者有足够的时间采取有效的预防措施。

这种预警系统的实现依托于先进的遥感技术和地面传感器网络的综合应用。遥感卫星能够提供大范围的气象数据，而地面传感器则能够在农田层面提供更为精确的环境监测数据。这些数据通过专业的数据分析平台进行综合处理和分析，利用历史病虫害发生数据和当前的气象条件，应用预测模型来评估病虫害发生的可能性和风险等级。

预警系统的一个关键优势在于能够提供具体的预警信息，包括可能受影响的地区、预计的病虫害种类以及发生的时间窗口。这使得农业从业者能够根据预警信息制定有针对性的防控措施，比如调整灌溉计划以降低田间湿度、提前布置防虫网或使用生物防治方法来减少化学农药的使用。未来，随着遥感技术、数据分析能力和人工智能算法的不断发展，病虫害预警系统将变得更加智能和精准。它不仅能够提前预测病虫害的发生，还能够为农业从业者提供更为精细化的管理建议，进一步降低病虫害对农业生产的影响，促进农业的可持续发展。此外，这种预警系统的应用也将扩展到更多农业领域，为农业生产提供更全面的保护和支持。

（二）病虫害实时监测

病虫害实时监测通过地面传感器网络和无人机搭载的高清摄像头来实现。这些先进技术的应用为农业从业者提供了关于作物健康状况的实时数据和图像，特别是在病虫害识别和管理方面展现了巨大的潜力。通过图像识别技术和机器学习算法，这些工具能够从所捕获的图像中自动识别出病斑、虫害等病虫害迹象，使得农业从业者能够在病虫害扩散之前及时发现并定位受影响的区域。

地面传感器监测作物周围的微环境，如湿度和温度，这些都是病虫害发生的关键影响因素。而无人机提供的高分辨率图像让农业从业者能够从更宏观的视角观察作物的整体健康状况，及时识别病虫害的初期迹象。这种实时监测技术的应用，不仅能够帮助农业从业者快速识别病虫害的威胁，采取针对性的防控措施，而且可以减少不必要的化学农药使用，保护农田生态环境。

实时病虫害监测技术的进步，尤其是图像识别和数据分析算法的发展，将使得农业从业者能够更加精确地识别病虫害类型和受影响程度，实现更为精细化的病虫害管理。未来，随着物联网（IoT）技术的进一步集成，病虫害监测系统将更加智能化和自动化，能够提供实时警报和自动化的管理建议，进一步减轻人力资源的压力，提高农业生产的整体效率。

（三）病虫害精准防控

一旦病虫害通过实时监测系统被成功识别，采取精准的防控措施就显得尤为重要。这种基于数据和技术的方法能够确保农业从业者对病虫害的响应既及时又有效，最大限度地减少作物损失，同时减少化学农药的使用，保持环境健康。

在综合利用遥感技术、地面监测数据和机器学习算法识别出病虫害之后，农业信息系统可以根据病虫害的类型、发生程度以及作物的生长阶段等因素，为农业从业者提供定制化的防控建议。这些建议包括推荐使用的农药种类、最佳施药时间以及精确的施药量。通过精准施药，不仅可以有效控制病虫害，还能减少农药对作物本身及周围环境的潜在负面影响。

精准防控还倡导采用综合病虫害管理（IPM）的方法，这包括生物防治、物理防治和化学防治的合理结合使用，以实现病虫害管理的最优效果。例如，对于某些病虫害，可能优先推荐使用天敌或生物农药等生物防治措施，仅在必要时辅以化学防治。

随着技术的进步，未来的病虫害防控和治疗将更加依赖于数据分析和智能决策支持系统。利用大数据和人工智能技术，这些系统将能够实时更新防控建议，根据环境变化和病虫害发展趋势动态调整防控策略。此外，未来还可能发展出更多非化学的防治技术，如基因编辑作物以增强其抗病虫害能力，以及利用物联网技术实现更为精细化的作物保护措施。

（四）优化病虫害防控策略

收集和分析在病虫害管理过程中产生的数据有助于未来的病虫害防控策略更加精细化。这一过程涉及利用历史和实时数据来洞察病虫害的发生模式、评估防治措施的效果，并据此调整管理策略。通过持续的数据分析，农业从业者可以更深入地理解病虫害的生态和生物学特性，识别病虫害发生和传播的关键影响因素。

数据分析可以揭示特定病虫害与环境因素（如气候条件、作物种植模式）之间的复杂关系，帮助农业从业者预测病虫害的潜在风险，并在病虫害发生前采取预防措施。此外，对防治措施效果的评估能够指导农业从业者选择更有效的管理方法，比如确定最适合的生物防治措施或化学农药使用策略，以及施药的最佳时机和剂量。

长期积累的病虫害管理数据还为科学研究提供了宝贵资源，促进了病虫害管理技术的创新和发展。研究人员可以利用这些数据进行深入研究，开发新的病虫害预测模型、防治技术和抗病虫害作物品种，进一步提高病虫害管理的科学性和有效性。

随着大数据和人工智能技术的发展，未来的病虫害管理将变得更加数据驱动和智能化。数据分析平台将能够实时处理大量数据，提供更准确的病虫害风险预测和个性化的防控建议。同时，机器学习算法的应用将使病虫害识别和管理决策更加精准和自动化，进一步提升病虫害防控的效率和效果。

五、作物种植规划

作物种植规划利用大数据分析和高精度技术，帮助农业从业者做出科学的决策，以优化作物种植的种类、面积和时间，从而提高产量和经济效益，同时推进生态系统保护。

（一）市场需求分析与作物选择

在现代农业经营中，利用数据分析技术对历史市场数据、消费者偏好及价格波动进行深入分析变得越来越重要。这种分析方法能够显著增强农业从业者预测未来市场需求趋势的能力，为种植前的作物选择和规模规划提供科学依据。例如，通过仔细分析过去几年的市场表现数据，可以准确识别某种作物在特定季节内的高需求期。这使得农业从业者能够针对性地在适当的时间进行种植，以确保在需求高峰时期获得最大的经济效益。此外，大数据分析也帮助揭示消费者对特定作物品种或品质的偏好趋势，使得农业生产能够更加贴近市场需求，提高作物的市场竞争力。通过这些深入的分析，农业从业者不仅可以做出更加合理的作物选择决策，还可以有效规避由于市场波动带来的风险，提高农业经营的可持续性和盈利能力。

（二）环境条件分析与土地利用优化

结合遥感技术和地理信息系统（GIS），农业从业者可以获得关于土壤类型、水资源分布和气候条件的详细信息，这些信息对于优化土地利用和提高作物产量至关重要。通过对这些环境数据的分析，可以明确哪些作物最适合在特定区域及条件下种植，从而实现土地资源的最大化利用。例如，利用遥感数据分析土壤的 pH 值和养分水平，可以帮助农业从业者选择与该土壤条件最匹配的作物种类，或者采取适宜的土壤改良措施，以提高土地的生产潜力。此外，通过分析气候条件和水资源的分布，农业从业者可以制定更加科学的作物轮作策略和灌溉计划，进一步提升作物的生长效率和产量。这种基于环境条件分析的土地利用优化策略，不仅能够保证农业生产的高效性，还有助于保护生态环境，促进农业生产的可持续发展。

（三）精准播种与作物管理

基于对市场需求和环境条件的深入理解，精准农业技术为农业从业者提供了精准播种的策略，这包括确定最佳播种时间、行距和种植密度，以适应特定的气候条件和土壤特性，确保作物健康成长。这种方法不仅考虑了作物对光照、温度和水分的需求，还结合了土壤的养分状况和结构，使得每一粒种子都能在最适宜的环境中发芽生长。通过数据分析，精准农业技术进一步为作物的生长周期提供定制化的管理建议，如何时灌溉、何时施肥以及如何进行病虫害防治，每一步都基于数据进行优化决策。这种精准管理方式最大限度地提高了资源的使用效率，减少了浪费，同时提高了作物的产量和品质。随着技术的进步，未来的精准播种和作物管理将更加自动化和智能化，利用物联网（IoT）设备实时监测作物生长状况和环境变化，自动调整灌溉和施肥计划，甚至通过机器人技术实现自动化除草和收割，大大提升农业生产的效率和可持续性。

（四）风险评估与缓减措施

在作物种植规划过程中，进行风险评估并制定相应的缓解措施是确保农业生产稳定性和可持续性的关键一步。利用数据分析技术评估可能面临的风险，如极端天气事件、病虫害暴发或市场价格波动，农业从业者可以基于分析结果制定出具体的应对策略。例如，通过分析历史天气数据和作物生长记录，可以预测某些气候条件下病虫害的发生概率，进而选择更具抗逆性的作物品种或采用先进的病虫害管理技术。同时，多样化种植策略也是分散风险的有效方法，通过种植不同类型的作物，即使某一作物因天气或病虫害受损，也能通过其他作物稳定总体产量和收入。此外，利用市场数据进行价格风险管理，如通过期货市场锁定销售价格，也是减轻市场波动影响的有效手段。随着预测模型和数据分析工具的不断完善，未来的风险评估和缓解措施将更加精准和有效，为农业生产提供更坚实的安全网。

（五）长期种植规划与生态保护

通过收集和分析长期的环境、市场和作物生长数据，精准农业技术支持农业从业者进行长期的作物种植规划，这不仅有助于短期内提高经济效益，而且促进了农业生产的可持续发展。长期规划考虑到土壤健康、生态系统保护和资源可持续利用等方面，通过轮作和休耕制度改善土壤结构和养分循环，选择耐旱或抗病害的作物品种以适应气候变化，采用环保的农业实践以减少化学农药和肥料的使用。此外，长期数据的分析还能揭示作物生长与环境因素之间的深层关系，指导农业从业者选择更适宜的作物种植时间和管理措施，以应对未来可能的环境变化。随着数据分析技术和可持续农业实践的进一步发展，长期规划将更加注重生态平衡和社会责任，助力农业生态系统的健康发展，为后代提供充足的食物资源和良好的生活环境。

六、遗传学和育种

数据要素在遗传学和育种中的应用已经成为现代农业科学的核心，使育种过程从依赖经验和直觉转变为基于科学和数据的精确操作。这不仅提高了作物改良的速度和准确性，扩大了育种的可能性，而且加速了作物改良的步伐，提高了作物适应性、产量和质量，为应对全球粮食安全挑战提供了新的解决方案。

（一）基因组测序与解析

基因组测序与解析在现代遗传学和育种中起着至关重要的作用，为科学家提供了作物遗传信息的全面视图。随着高通量测序技术的进步和成本下降，研究人员能够迅速获取作物及其野生亲缘种的基因组数据，从而揭示控制关键农艺性状（如产量、抗病性、耐逆性和品质）的基因。这些发现不仅加深了对作物遗传机制的理解，而且为有针对性的作物改良提供了科学依据。通过分析基因组数据，育种师可以识别出负责特定性状的基因，使用传统育种或先进的分子育种技术（如分子标记辅助选择或基因编辑）来培育具有期望特性的新品种。基因组测序还揭示了作物遗传资源中的丰富变异，为增加作物的遗传多样性和适应性提供了可能。随着更多基因组的测序和功能基因组学研究的深入，基因组测序与解析将继续推动作物育种向着更加精准和高效的方向发展，为解决全球粮食安全和可持续农业生产问题贡献力量。

（二）分子标记辅助选择（MAS）

分子标记辅助选择（MAS）是一种革命性的育种方法，通过利用与特定农艺性状紧密相关的分子标记，可以显著提升育种的速度和准确性。在这一过程中，数据要素发挥着核心作用，它使得育种师能够在作物的早期发育阶段就准确识别出携带有利基因的个体，避免了长时间等待作物成熟后才能进行表型选择的低效方式。

MAS 的实践基于对大量基因组数据的分析，从中识别出与目标性状（如抗病性、耐旱性、品质改良）相关的特定 DNA 序列或标记。这些标记作为遗传选择的依据，允许育种师通过简单的 DNA 测试就能评估作物的遗传潜力，从而进行更加精确的选择。未来，随着更多功能性标记的发现和验证，MAS 在作物改良中的应用将更加广泛。它不仅能够加速改良过程，还能够提高作物品种的遗传多样性和适应性，特别是在面对气候变化和新病虫害威胁时。此外，MAS 与新兴的基因编辑技术相结合，可以使定向改良作物性状成为可能，从而进一步提升育种的效率和精度。

（三）基因编辑技术

基因编辑技术，特别是 CRISPR-Cas9 方法，已经成为遗传学和育种领域的一项革命性工具。这项技术允许科学家以前所未有的精确度进行 DNA 的定向修改，可以精确地添加、删除或替换基因组中的特定序列。这种精准操作的能力为育种师提供了直接改善作物性状的手段，如增强作物的抗病虫害能力、提高产量或改善营养品质。

基因编辑的关键优势在于其高效性和精确性。与传统育种方法和早期的转基因技术相比，基因编辑能够在不引入外源 DNA 的情况下实现对作物遗传特性的快速改良。这不仅缩短了育种周期，还有助于减少与转基因作物相关的公众和监管担忧。未来，基因编辑技术将进一步扩大其在农业中的应用范围。随着编辑技术的不断完善和对作物基因功能理解的深入，我们将能够更有效地应对作物生产面临的挑战，如适应气候变化、提高作物的抗逆性和营养价值。此外，基因编辑技术的发展还将推动定制化育种的实现，满足特定地区和市场的需求。

（四）转基因技术

转基因技术作为现代农业科技的一个重要分支，通过将外源基因引入作物中，为作物赋予新的性状或改善原有性状。这项技术使得作物能够表达非自然状态下不会表达的蛋白质，如抗虫蛋白或耐草甘膦（一种广泛使用的除草剂）的蛋白，从而增强作物的抗病虫害能力、提高产量或改善营养价值。

转基因技术的应用已经成功推出了多个商业化的转基因作物品种，如抗虫棉、耐草甘膦大豆等，这些作物在全球范围内广泛种植，显著提高了农业生产效率和作物产量。转基因技术的成功应用证明了其在应对特定农业挑战方面的有效性，如减少对化学农药的依赖、提高作物对不利环境条件的适应性。未来，转基因技术将继续在创建具有新功能性状的作物品种中发挥作用。随着基因工程技术的进步和公众对转基因作物安全性认知的提高，预计将开发出更多具有改良营养品质、高效利用资源和适应更广泛环境条件的转基因作物。同时，对转基因作物的监管政策和公众接受度也将影响转基因技术的应用范围和发展速度。

（五）基因组选择（GS）

基因组选择（GS）标志着育种方法的一次重大变革，它利用整个基因组的信息来预测个体的表型性状，特别是那些由多个基因共同控制的复杂性状。GS 不单单依赖于几个分子标记，而是考虑了整个基因组中数千到数万个标记的信息，这使得育种师能够更全面地评估作物的遗传潜力。

GS 的应用极大地提高了育种的效率，尤其是对于那些表型评价困难、成本高昂或需要长时间才能表现出来的性状，如干旱耐受性、整体产量和食品加工品质。通过对整个基因组的分析，GS 使得育种师可以在早期就准确预测作物的表型表现，从而加快优良品种的筛选和推广。未来，随着测序技术的进步和成本的进一步降低，GS 在育种中的应用将变得更加广泛和高效。此外，随着生物信息学和统计遗传学方法的不断发展，对基因组数据的分析将更加精确，能够为育种提供更深入的遗传洞察。未来，GS 技术将与其他新兴技术融合，如基因编辑，进一步提升育种的精确度和灵活性，使得定制化育种成为可能。

七、供应链管理

在现代农业生产中，供应链管理扮演着关键角色，它通过高效地管理从田间到消费者手中的整个流程，确保农产品的质量、减少浪费，并提高经济效益。数据在农业供应链管理中的应用极大地提高了整个流程的透明度、效率和响应性。从确保食品安全到优化物流，再到响应市场变化，数据驱动的供应链管理正在成为现代农业不可或缺的一部分。

（一）农产品追踪与溯源

在供应链管理中，农产品的追踪与溯源通过使用条码、RFID 标签和区块链技术等手段实现，为消费者提供从田间到餐桌的全程透明度。这种系统能够记录农产品在种植、收获、加工、包装、运输和销售的每个环节的详细信息。这不仅增强了消费者对食品来源和生产方式的信心，也使得在食品安全事件发生时，能快速追溯和定位问题源头，及时从市场上撤下受影响的产品。此外，追踪与溯源技术还可以帮助生产者和分销商监控供应链的效率，识别瓶颈问题，并进行优化，提高整个供应链的运作效率。

（二）需求预测与库存管理

通过收集和分析历史销售数据、季节性趋势、市场活动和消费者行为等信息，供应链管理系统可以准确预测对不同农产品的需求。这种预测能力对于制订生产计划、调整库存水平和优化采购策略至关重要。有效的需求预测与库存管理不仅可以减少库存积压和过期食品的损失，还可以确保市场的供需平衡，避免缺货或过剩的情况发生。通过动态调整库存策略，企业可以更灵活地应对市场变化，提高客户满意度和企业的经济效益。

（三）运输与物流优化

在农业供应链管理中，优化运输和物流是提高效率和降低成本的关键。通过分析运输时间、成本、路线和环境因素等数据，可以制定最优的物流方案。利用GPS和实时跟踪技术，企业可以监控货物的运输状态，确保按时交付，同时减少运输过程中的损耗和延误。此外，运用大数据和分析工具优化货物装载和配送路线，可以显著减少能源消耗和碳排放，促进供应链的绿色可持续发展。这种优化不仅提升了供应链的环境友好性，也增强了企业的社会责任感和市场竞争力。

（四）质量控制与食品安全

在整个供应链中实现质量控制和保障食品安全，是维护消费者健康和信任的基础。利用先进的检测技术和数据分析，可以在生产、加工和包装过程中及时识别质量问题和潜在的食品安全风险。例如，通过监控温度和湿度，可以确保农产品在储存和运输过程中保持最佳状态，防止食品腐败和污染。同时，建立全面的食品安全管理体系和质量标准，可以提高供应链的整体质量控制水平，确保消费者能够获得安全、健康的农产品。

第二节　数据要素形成乘数效应的机制

在农业领域，数据要素的乘数效应体现在数据驱动的精准管理和决策支持能够显著优化资源利用等，并促进农业可持续发展。数据要素通过整合农业生产各个环节的信息，形成对农业全产业链的深入洞察，从而实现从种植、养殖到加工、销售全过程的优化管理。

一、提升决策质量

在现代农业实践中，数据的重要性不断增加，尤其是在提升决策质量方面。农业从业者收集和分析大量与农业生产相关的数据，包括土壤条件、气候变化、作物生长周期和历史产量数据等，基于实证数据而非仅凭经验或直觉做出种植、灌溉、施肥和收获等关键决策。

例如，通过分析气候数据和作物对特定气候条件的响应，数据分析工具可以预测哪些作物在特定地区和特定季节内能够获得最佳生长条件和产量。这不仅帮助农业从业者优化作物种植计划，还能够有效规避由于气候不匹配引发的生产风险。此外，通过土壤数据分析，农业从业者可以精准了解土壤的养分状况和水分含量，进行精准施肥和灌溉，既保证作物健康成长，又避免了资源的浪费。

数据分析还能够帮助农业从业者评估不同农业管理措施的效果，如不同的种植模式、灌溉系统和病虫害防治策略。通过收集作物生长数据和实施特定管理措施的结果数据，数据分析工具能够识别哪些措施对提高产量和品质最为有效，从而为未来的农业实践提供指导。随着人工智能和机器学习技术的发展，数据在提升决策质量方面的能力将进一步增强。这些先进技术可以从复杂的数据集中识别模式和趋势，预测未来的市场需求和气候变化，提供更为精准和及时的决策支持。

二、优化资源利用

在农业生产过程中，资源利用的优化是提高生产效率和环境可持续性的关键因素。随着数据分析技术的进步，农业从业者能够更精准地管理和利用水资源、土壤养分、能源和其他农业输入品。利用土壤传感器、气象站数据和卫星遥感技术，可以实时监测农田的水分状况、土壤养分水平和作物生长状态，这些数据的集成分析为灌溉、施肥和病虫害防治等农业管理活动提供了精确的指导。

例如，通过实时监测土壤湿度和作物蒸腾作用，精准灌溉系统能够根据作物的实际需水量自动调整灌溉计划，既确保作物获得足够水分，又避免了水资源的浪费。同样地，利用土壤和作物生长数据，可以精准计算出作物对特定养分的需求，通过变量施肥技术精确施用肥料，不仅提高了肥料利用效率，还减少了过量施肥可能造成的环境污染。

数据和数据分析技术还能够帮助农业从业者优化能源使用和农业机械的部署。通过分析作物生长数据和农业机械的工作效率，可以优化作物收割、处理和运输过程中的能源消耗，减少碳排放，推动农业生产的绿色转型。随着物联网（IoT）技术的应用和智能农业设备的发展，未来的资源利用优化将更加智能化和自动化。农业从业者将能够通过智能手机或电脑远程监控和管理农田，实时调整管理措施以适应环境变化，进一步提升资源利用的效率和精准度。

三、风险管理与减灾

在农业生产过程中，风险管理与减灾策略的制定和实施是保障农作物稳定产出和农业可持续发展的重要环节。随着大数据和先进分析技术的应用，农业领域的风险管理已经迈入了一个新的阶段。这些技术能够帮助农业从业者更有效地识别、评估和应对各种农业生产中可能遇到的风险，包括自然灾害（如干旱、洪水和病虫害）和市场风险（如价格波动）。

通过集成和分析气候数据、土壤状况、作物生长模式以及历史灾害记录等信息，数据和数据分析技术可以提前预警可能发生的自然灾害和病虫害暴发，使农业从业者能够提前采取预防措施，比如调整种植计划、实施适时的灌溉和施肥策略、采用病虫害防治措施等，从而减轻灾害对作物生产的影响。此外，通过对市场数据的实时监控和分析，农业从业者可以更好地预测价格波动，合理规划作物的种植和销售策略，减少市场变化带来的经济损失。

数据和数据分析技术还支持了农业保险和金融服务的创新，提供了更为科学和精准的风险评估工具，帮助保险公司开发出更符合农业生产实际需要的保险产品，为农业从业者提供更有效的风险转移和经济保障机制。这不仅增强了农业系统对风险的抵御能力，也促进了农业金融市场的发展，为农业生产提供了更多的资金支持。

未来，随着物联网、人工智能和遥感技术的进一步发展，农业风险管理与减灾的能力将进一步增强。更加精细和实时的数据收集、更加智能和高效的数据分析将使得风险预警更加准确，应对措施更加及时有效。

四、促进农业可持续发展

在面临全球气候变化、资源枯竭和生态环境退化等挑战的当下，促进农业的可持续发展成为全球性的紧迫任务。数据和数据分析技术在这一过程中扮演了关键角色，为农业从业者提供精确的信息和深入的洞察，帮助他们做出既能提高产量和效率，又能保护环境、维护生态平衡的决策。

数据和数据分析技术能够帮助农业从业者更好地理解和管理土壤健康，例如，通过分析土壤养分、水分和微生物活性的数据，农业从业者可以采取适当的土壤管理措施，如合理施肥、轮作和有机耕作，以维持土壤的肥力和生物多样性。这些做法不仅能提高土地的生产力，还能减少化肥和农药的使用，减轻对环境的压力。数据和数据分析技术对于水资源的高效利用同样至关重要。通过实时监测和分析作物的水分需求和土壤水分状况，精准灌溉系统能够确保作物获得恰到好处的水分供应，避免浪费宝贵的水资源，并减少水分过量或不足对作物生长的不利影响。

数据和数据分析技术还促进了农业生产模式的创新。例如，利用遥感数据和作物生长模型，农业从业者可以优化作物种植结构和种植计划，实施精准农业和可持续农业实践，如精准施肥、病虫害生物防治和作物多样化种植，这些做法有助于提高农业生态系统的韧性，增强其对气候变化和市场波动的适应能力。

长期来看，通过收集和分析农业生产、市场和环境的大数据，可以帮助农业从业者制定出更为全面和长远的农业可持续策略。这包括保护生物多样性、促进农村社区发展和探索低碳农业模式等，这些策略不仅有助于应对当前的挑战，也为保障未来世代的食物安全和生态福祉提供了坚实的基础。

五、加速技术创新与应用

在农业领域，技术的创新与应用是推动生产效率提高和实现可持续发展的关键动力。数据和数据分析技术的发展为农业带来了革命性的变化，它不仅加速了新农业技术的创新，还促进了这些技术在实际生产中的广泛应用。

数据驱动的农业技术创新涵盖多个方面，包括精准农业、智能农业设备、作物健康监测系统、自动化灌溉和施肥系统等。例如，通过利用遥感技术和地面传感器收集的大量数据，研发团队可以开发出能够实时监测作物生长状况和环境变化的智能系统，这些系统能够为农业从业者提供精确的作物管理建议，如最佳施肥时机和量、灌溉需求和病虫害防治策略。此外，基于数据分析的作物模型和气候模型能够预测作物产量和气候变化对农业生产的影响，帮助农业从业者提前做好准备，减少不确定性带来的风险。

数据和数据分析技术还促进了农业机械化和自动化技术的创新和应用。智能农业机器人、无人机、自动化种植及收获系统的开发和使用，大大提高了农业生产的效率和减轻了农民的劳动强度。这些设备和系统能够根据实时数据自动调整操作参数，实现精准施肥、播种、除草和收获，进一步提高资源利用效率，减少浪费。

数据和数据分析技术还推动了农业生产方式的转型。通过分析消费者偏好和市场趋势数据，农业创新不仅有利于提高生产效率，还有利于开发新的农产品和服务，满足市场和消费者的多元化需求。这种市场驱动的创新有助于提升农业产品的附加值，开拓新的经济增长点。

六、强化供应链管理和市场适应性

在全球化的经济背景下，农业供应链管理的效率和市场适应性成为农业成功的关键因素之一。数据和数据分析技术的应用在这一领域发挥了至关重要的作用，它通过提供实时的信息和深入的洞察，帮助农业从业者优化供应链操作，提高对市场变化的响应速度和适应能力。

通过大数据分析，可以对整个农产品供应链进行实时监控和管理，从作物种植、收获、加工到运输和销售的每一个环节都能实现信息的透明化和流程的优化。例如，物流追踪系统能够实时监控农产品的运输状态，确保产品能够在最佳时效内到达市场，减少损耗和浪费。同时，通过分析消费者需求、市场趋势和销售数据，农业从业者可以更精准地预测市场需求，合理规划生产和供应量，避免过剩或短缺的情况发生。

数据和数据分析技术还促进了供应链中各方之间的协同和信息共享，比如农民、加工企业、分销商和零售商之间的信息流通和资源配置可以更加高效和透明。这种协同作用不仅提高了供应链的整体运作效率，还增强了农业生产对市场变化的适应性和灵活性。

数据要素对于提高农业产品的附加值和开拓新的市场也发挥着重要作用。通过对消费者行为、偏好及市场趋势的深入分析，农业从业者可以开发出更符合市场需求的农产品和服务，如有机产品、功能性食品和定制化农产品等，满足消费者对健康和品质的高标准要求。

第三节　以数据要素推动我国智慧农业发展

以数据要素推动我国智慧农业发展需要做到：提升农业生产数智化水平，通过遥感、物联网、大数据和人工智能等技术手段，优化农业生产各环节，提高效率和产品质量；通过农产品追溯体系确保食品安全、提升市场竞争力；强化产业链数据融通，促进各环节高效协同；推广以需定产新模式，实现精准对接市场需求，提升供应链响应速度和灵活性；提升抗风险能力，通过数据融合与监测预警系统，提升农业生产的稳定性和可持续性。

一、提升农业生产数智化水平

提升农业生产数智化水平是农业现代化的核心内容之一，它涉及农业生产全过程中数据的高效利用和智能化管理，旨在通过科技手段大幅提高农业生产效率和产品质量。实现这一目标，需要农业生产经营主体与相关服务企业共同努力，融合利用遥感、气象、土壤、农事作业、灾害、农作物病虫害、动物疫病以及市场等多源数据，加快打造以数据和模型为支撑的农业生产数智化场景，实现精准种植、精准养殖、精准捕捞等智慧农业作业方式，提高粮食等农产品的生产效率。

以数据和模型为支撑的农业生产数智化场景是指运用现代信息技术，特别是大数据、人工智能、物联网、遥感技术等，收集、处理和分析与农业生产相关的各种数据（如气象、土壤、作物生长、病虫害、市场需求等），并基于这些数据构建预测和决策模型，以此来指导农业生产活动，实现精准种植、养殖和捕捞等智能化操作的一种先进农业管理方式。这种场景的核心在于利用数据和模型对农业生产过程进行优化和智能化管理，从而提高农业生产的效率、减少资源浪费、提升农产品质量、增强农业生态的可持续性，同时也能更好地应对市场变化和自然风险。在这种场景下，农业生产经营主体能够根据实时数据和模型分析结果，做出更科学、精准的决策，比如决定最佳播种时间、选择最适合的作物品种、实施精确灌溉和施肥、及时防治病虫害等。以数据和模型为支撑的农业生产数智化场景不仅仅是技术上的创新，更是农业管理方式的革命，它通过数据驱动的方式，将农业生产的各个环节紧密联系起来，形成一个高效、协同的农业生态系统，为实现农业现代化、提升全球农业竞争力提供强有力的支撑。

精准种植、精准养殖、精准捕捞等智慧农业作业方式是以数据和现代信息技术为基础，旨在提高农业生产效率、保障农产品质量、提升环境可持续性的农业管理策略。这些方法通过精确控制农业生产的各个环节，实现资源的最优化利用，最大限度地提升农业生产的整体效益。精准种植依托于大数据、物联网、遥感技术等现代信息技术，对农田土壤、气候条件、作物生长状况等进行实时监测和分析。农业从业者可以根据数据分析结果决定最适宜的作物种植品种、种植时间和种植密度。通过精确控制施肥、灌溉、病虫害防治等环节，实现作物高效健康生长，提高单产和作物质量，同时减少化肥和农药的使用量，降低环境污染。精准养殖利用物联网技术对养殖环境（如水质、温度、湿度等）和动物健康状况进行实时监控，通过数据分析确定最佳养殖模式和管理策略。例如，根据水质数据调整养殖水体的 pH 值和营养盐水平，根据动物生长数据调整饲料配比和投喂量。这种方式可以有效提升养殖效率，保障动物健康，减少疫病发生，提高养殖产品的质量和安全性。精准捕捞通过卫星定位、海洋遥感等技术，对海洋资源分布、鱼群动态进行实时监测和分析，指导捕捞作业。捕捞者可以根据分析结果选择最佳的捕捞时机和地点，采用合适的捕捞工具和方法，实现对海洋资源的合理开发和利用。这不仅提高了捕捞效率，保证了渔获物的新鲜度和质量，还有助于保护海洋生态环境，促进渔业资源的可持续利用。

二、提高农产品追溯管理能力

提高农产品追溯管理能力已成为确保食品安全、增强消费者信任、提升市场竞争力的关键因素。农产品追溯体系能够记录并追踪产品从生产、加工到销售的每一个环节，为消费者提供透明的产品信息，对于提升农业生产的质量与效率、构建现代农业体系具有重大意义。

建立一个完善的农产品追溯体系是确保食品安全和增强消费者信任的重要基础。这一体系的建立依赖于强大的数据收集与管理能力，它要求从农产品的产地选择、种植、收获、加工、运输到销售的每一个环节都有详尽的记录和监控。关键数据包括作物的种植条件、施肥和灌溉记录、收获批次、加工过程、运输途径以及最终销售点等。通过利用现代信息技术，如条形码、二维码、RFID 等，可以实现对农产品全过程的实时跟踪和监控，保障数据的准确性和及时更新。这一过程需要相关企业和第三方机构的密切合作，共同构建一个透明、可靠的追溯体系，从而确保农产品从田间到餐桌的每一步都可追溯、可信赖。

提高农产品追溯管理能力的另一关键点是强化追溯数据平台的构建和应用。通过建立一个中心化的追溯管理平台，可以有效整合农业供应链上下游的数据资源，实现信息的全面互联和共享。这个平台不仅能实时提供追溯查询服务，还能深度分析数据，为生产和销售决策提供科学依据。例如，通过分析消费市场的需求变化，生产者可以及时调整种植或生产计划，加工企业可以优化产品线，而销售商则能更好地管理库存。这样的数据平台使得整个供应链更加灵活高效，能够快速响应市场变化，提升整体运营效率。

提高农产品追溯管理能力还涉及追溯体系与市场营销策略的有效融合。

利用追溯体系，企业可以向消费者明确展示产品的来源、加工和质量保证信息，提升产品透明度，增强消费者对品牌的信任和忠诚度。同时，通过对追溯数据的分析，企业能够洞察消费者偏好，精准定位市场，推出符合消费者需求的创新产品，实现精准营销。这种以数据为支撑的营销策略，不仅可以扩大市场份额，还能提升品牌形象，为企业带来更大的经济效益和社会价值。

三、推进产业链数据融通创新

推进产业链数据融通创新是现代农业发展的重要趋势，旨在通过信息技术的应用，实现农业生产、销售、加工等各环节数据的互联互通和高效利用。这一战略不仅能够提高农业生产的智能化和精准化水平，还能促进农产品市场的有效对接和供应链的整体优化，从而提升整个农业产业链的效率和竞争力。

在当今农业产业链的快速发展中，第三方服务平台起着至关重要的作用，尤其是在推进产业链数据融通创新方面。通过有效整合农业生产、加工、销售等各环节的数据资源，这些平台为农业生产经营主体提供了一系列全面的智慧服务，极大地提升了农业生产的效率和市场响应速度。这些服务涵盖了从智慧种养到智慧捕捞、再到产销对接的全过程，通过对土壤、气候、海洋资源分布、鱼群动态以及市场需求和供应情况的深入分析，为农业经营主体提供科学的种植、养殖和捕捞建议，帮助他们根据实际市场需求调整生产计划，找到最佳的销售渠道，从而实现产出的最大化和利润的优化。

除了对生产和销售过程的精准指导外，这些第三方平台还提供疫病防治和行情信息服务，进一步增强了农业生产的抗风险能力。通过实时监控和分析疫情数据，平台能够向农民及时发出疫病预警，提供有效的防控策略，减轻因疫情暴发可能带来的损失。同时，通过提供最新的市场价格和趋势分析，可以帮助农产品生产者和加工商更好地了解市场动态，为他们的生产和销售决策提供有力的数据支撑。这种基于数据分析的决策模式，不仅提高了农业生产的精确度和效率，也为农产品市场的稳定和发展提供了坚实的基础。

实现生产、销售、加工等数据的全面融通，并构建一站式服务体系，对于提升整个农业产业链的运作效率至关重要。这种数据整合不仅能够为农业生产经营者提供从种植规划到产品销售的一体化解决方案，还涵盖了供应链金融等关键金融服务，有效解决了农业生产和产品流通过程中遇到的资金短缺问题。例如，利用先进的数据分析技术，金融机构可以深入了解农产品的生产情况和市场需求，为农民和农产品加工企业提供基于风险评估的定制化贷款服务。这种服务不仅降低了贷款的风险，也为农民和农产品加工企业提供了更加灵活、高效的金融支持，从而促进了农业产业的可持续发展和经济效益的提升。通过这样的一站式服务体系，农业产业链的各个环节能够更加紧密地协同工作，共同推动农业向更高效、智能化的方向发展。

四、推广以需定产模式

以需定产模式是通过高效的数据融合与分析，实现农业生产与市场需求之间的精准对接。这种模式通过整合农业生产、加工与商贸流通的数据，促进信息的双向流动，从而使农产品生产更加精准化、高效化，并提升整个供应链的响应速度和灵活性。

在以需定产模式的实践中，电商平台、农产品批发市场、大型超市以及物流企业发挥着至关重要的角色。这些商贸流通渠道不仅是农产品销售的主要场所，也成为信息收集与反馈的关键节点。通过对销售数据的深入分析，这些实体能够精准捕捉到市场需求的即时变化、消费者的购买偏好以及季节对市场需求的影响。这不仅促进了数据的集中管理和利用，还加强了生产端与市场之间的信息流通。通过将这些分析结果反馈给农产品生产和加工环节，农业生产者和加工企业能够及时调整生产策略和产品结构，更好地适应市场变化，提升产品的市场竞争力。如此形成的闭环反馈机制，确保了农业生产的灵活性和市场的快速响应，极大地提高了整个农业供应链的效率和效益。

农产品生产端的应对策略在以需定产模式中尤为关键。通过对市场数据的细致分析，农业生产者可以做出更加科学的种植和养殖决策。以果蔬为例，当数据指示某一品种在未来某个季节将会经历需求高峰时，农业生产者可以提前调整种植计划，增加该品种的种植面积，或利用温室等设施农业技术加速生产周期，以便产品能够及时上市，满足市场需求。此外，农产品加工环节也能根据消费者趋势和市场需求的数据分析，调整加工产品的种类和生产量，优化生产流程，提升产品的附加值和市场竞争力。这种市场驱动的生产调整不仅能够确保农产品的销售，还能够提高农业生产者的收入和加工企业的利润，从而推动整个农业产业链的高质量发展。

五、提升农业生产抗风险能力

在当前全球化和气候变化的大背景下，农业生产面临着多重风险，包括自然灾害、疫病传播、市场价格波动等。提升农业生产抗风险能力，不仅是保障粮食安全和农业可持续发展的需要，也是提高农业竞争力的关键。实现这一目标，需要构建一个以数据融合、分析、发布和应用为基础的农业监测预警系统，特别是在粮食、生猪、果蔬等关键领域。

强化数据融合和分析是提升农业生产抗风险能力的基础。通过整合关键数据，如产能、运输、加工、贸易和消费信息，可以构建一个全面的农业大数据平台。这一平台能够提供从宏观到微观的全方位视角，帮助决策者和农业从业者深入了解农业生产和市场的实时动态。它不仅能够展现当前的供需状况、价格变化和市场趋势，还能预测未来的发展方向，为农业生产提供科学的决策依据。通过对历史数据的深度挖掘，平台能够识别出生产和市场中的潜在风险点，如异常气候变化对作物生长的影响、市场需求的突然变化等，从而使农业从业者能够提前做好准备，采取相应的风险防范和应对措施，有效降低不确定性带来的影响。

加强农业监测预警是提升抗风险能力的关键。借助遥感技术、物联网和人工智能等先进的信息技术，可以实现对农业生产全过程的实时监控和分析，及时发现农作物生长异常、自然灾害的预警和疫病的早期识别。例如，遥感技术能够对大范围的农田进行实时监测，及时发现由过旱、洪涝等自然灾害引起的作物受损情况，使得农民能够迅速采取灾害应对措施，比如调整灌溉计划或采取紧急救援措施。同样，物联网技术通过在农田中部署大量传感器，可以精准监测土壤湿度、温度、养分水平等关键指标，为精准农业管理提供数据支撑。人工智能技术则可以通过对大量数据的学习和分析，预测疫情发展趋势，为疫病防控提供科学指导。这些技术的应用，极大地提高了农业对于自然灾害和疫病等风险的预警和应对能力，减轻了灾害对农业生产的影响，保障了农业生产的稳定性和农产品的安全性。

第五章

数据要素加速医疗保健和医学研究变革

医疗保健和医学研究在提升人类健康水平、延长生命期望、增进公共卫生安全以及提升人类生活质量等方面发挥着不可替代的重大作用，是推动社会进步和保障人民福祉的关键领域。数据要素在医疗保健和医学研究中的深入应用，能够实现精准医疗、促进疾病预防、提高诊疗效率、加速科学发现和创新，显著提升了医疗服务的质量和效率，为人类健康和生命科学的进步提供了强大动力。

第一节　数据要素在医疗保健和医学研究中的应用场景

数据要素在医疗保健和医学研究方面的应用场景十分广泛，涵盖了从临床护理到后台研究、从疾病预防到治疗效果评估等多个方面。在这些医疗场景中，数据在医疗保健和医学研究中扮演着至关重要的角色，它不仅能够提高临床决策的质量和效率，还能推动医学研究的进步，为患者提供更安全、更有效和更个性化的医疗服务。

一、临床护理

数据要素在临床护理方面具有广泛而深入的应用场景，提高了医疗服务的质量、效率和个性化程度，同时也影响了未来临床护理的创新和发展的方向。

（一）患者健康信息管理

在临床护理领域，患者健康信息管理的核心在于通过电子健康记录（EHR）和个人健康记录（PHR）系统的应用，实现对患者医疗信息的全面、系统化管理。电子健康记录系统为医疗服务提供者收集、存储和交换患者的详细医疗历史，包括病史、诊断、治疗过程、检查结果及药物使用记录等，从而支持医生做出更加准确的诊断和个性化的治疗计划。同时，EHR 系统还能够提高医疗服务的效率，减少医疗错误，保障患者信息的安全和隐私。另外，PHR 系统则赋予患者对自己健康信息的更大控制权，允许他们直接参与健康信息的管理，包括更新个人信息、管理药物列表、查看治疗历史等，这不仅有助于提升患者的自我管理能力，还能增强患者与医疗服务提供者之间的沟通和合作。通过这样的信息管理方式，医疗服务提供者能够获得一个更加全面、连贯的患者健康概况，而患者也能够更好地参与和理解自己的治疗过程，共同推动医疗服务质量的提升。

（二）实时健康监测和预警系统

实时健康监测和预警系统是现代临床护理中的一个革命性进展，通过医疗级可穿戴设备和床旁监测系统，可以实时跟踪患者的生命体征，如心率、血压、血氧饱和度等。这些设备能够不间断地收集健康数据，为医疗团队提供即时的、准确的患者健康状态信息。更进一步地，借助先进的数据分析技术和机器学习算法，这些系统能够从持续收集的大量数据中识别出潜在的健康风险和异常模式，自动触发预警，及时通知医疗人员进行干预。例如，对于心脏病患者，系统可以实时监测心律变异，一旦检测到异常模式，即可立即发出预警，从而极大地降低了心脏事件的风险。此外，这些实时监测和预警系统还可以应用于手术室、重症监护室等关键医疗环境，提高了医疗响应速度和治疗效率，显著提升了患者的安全和治疗结果。通过实时的健康监测与智能预警，医疗服务提供者能够更加主动地管理患者的健康状况，实现从被动治疗向主动预防的转变，从根本上改善临床护理的质量和效果。

（三）临床决策支持系统

临床决策支持系统（CDSS）在现代医疗保健中扮演着至关重要的角色，它提供了基于证据的治疗建议和患者特定的医疗信息，显著提高了临床决策的质量和效率。这些系统利用先进的数据处理技术，如人工智能和机器学习，分析患者的详细健康记录，包括医疗历史、实验室检查结果、影像学资料等，以生成个性化的治疗建议。CDSS 能够整合和分析大量的医学研究和临床指南，为医生提供即时、可靠的医疗建议，帮助他们在复杂的临床情境中做出更加明智的决策。例如，对于一个特定的患者，CDSS 可以推荐最适合其病情的药物，并提醒医生关于该药物的潜在副作用和与患者当前用药的相互作用，从而避免不必要的医疗风险。CDSS 还支持实现更高级别的个性化医疗服务。通过分析患者的遗传信息、生活方式和环境因素，CDSS 可以预测患者对特定治疗的反应，从而为每个患者量身定制治疗方案。这种高度个性化的治疗不仅可以提高治疗效果，还能减少治疗成本，避免对患者造成不必要的身体和心理负担。随着医学研究的不断进步和医疗数据量的日益增长，临床决策支持系统将更加完善，为医生提供更加精准、全面的决策支持，最终提升整个医疗保健系统的质量和效率。

（四）药物管理和安全

药物管理和安全是临床护理中的一个关键领域，涉及确保患者安全使用药物的各个方面。随着电子处方和药物管理系统的普及，医疗机构能够以前所未有的精度和效率管理患者的药物治疗。这些系统通过自动化的方式记录患者的药物处方信息，有效减少了处方错误和给药错误，从而显著提高了药物安全。系统能够实时检查患者的药物清单，自动识别潜在的药物相互作用和过敏反应风险，确保医生在开具新药物处方时能够获得重要的安全提示。药物管理系统还提供了全面的药物追踪和监控功能，从药物处方、发药到患者服药的整个过程都在监控之中。这种全程管理不仅可以确保患者按时按量服药，还能够帮助医疗团队跟踪药物治疗的效果，及时调整治疗方案。对于慢性病患者和需要长期服用多种药物的患者来说，这种系统化的药物管理可以提供巨大的帮助，有效减少了由于药物管理不当导致的健康问题。随着技术的不断进步，未来的药物管理和安全系统将更加智能化，能够提供更加个性化的药物治疗建议，甚至利用人工智能技术预测患者对特定药物的反应，进一步提高药物治疗的安全性和有效性。这些进步将使药物管理和安全成为提升临床护理质量和患者治疗效果的重要支柱。

（五）患者沟通和参与

患者沟通和参与在现代临床护理中占据核心位置，旨在提升患者满意度和健康结果。通过患者门户和移动应用，医疗机构能够提供一个互动平台，使患者能够更方便地获取自己的健康信息、预约医生、查看检查结果、管理药物处方等。这种直接的数字接入不仅加强了患者与医疗服务提供者之间的沟通，也极大地提高了患者对自己健康管理的参与度和控制力。例如，通过患者门户，患者可以随时查看自己的医疗记录，了解治疗进展，甚至在一些系统中，患者可以直接与医疗团队成员进行消息交流，及时了解与健康相关的问题，这不仅提高了患者满意度，也促进了医疗服务的透明度和可靠性。

远程护理计划则为慢性病管理和康复期患者提供了更加个性化和灵活的护理方案。通过远程监控技术和在线咨询服务，患者可以在家中接受持续的医疗关注和支持，减少了访问医院的频率。这种护理模式不仅为患者提供了更加舒适和便捷的护理体验，也使医疗资源得到了更有效的分配和利用。随着远程医疗技术的不断进步，患者参与和沟通策略将继续向着更加个性化、互动化的方向发展，进一步提升患者的健康管理能力和生活质量。

（六）质量改进和性能评估

质量改进和性能评估是确保临床护理服务持续优化的关键因素。通过收集和分析治疗效果、患者满意度、护理安全等关键指标，医疗机构可以评估服务质量，并识别改进的机会。这种基于数据的方法使医疗机构能够系统地监控和评估医疗服务的表现，从而在必要时实施针对性的改进措施。例如，通过分析患者满意度调查结果，医院可以发现服务中的不足之处，如等待时间过长、沟通不充分等问题，并据此优化流程和提升服务质量。

数据分析工具也在医疗质量改进中扮演着越来越重要的角色。利用大数据技术和机器学习算法，医疗机构可以从海量的医疗记录和操作数据中挖掘出有价值的信息，识别出改进医疗服务和提高治疗效果的机会。这不仅包括提升临床操作的效率，还涉及优化资源分配、减少医疗浪费和提高患者安全性等方面。随着技术的进步和数据分析能力的增强，质量改进和性能评估将更加精准和高效，为医疗保健系统提供强大的支持，确保医疗服务能够不断适应患者需求的变化，提供高质量的医疗护理。

二、远程医疗

在远程医疗领域，数据要素的应用非常重要，可以提高医疗服务的可及性和效率，促进患者健康管理的个性化和精准性，使患者即使在家中也能享受到连续、全面的医疗关怀和健康管理服务。以下是数据要素在远程医疗中的几个关键应用场景。

（一）远程诊断服务

远程诊断服务作为现代医疗技术进步的一个标志性成就，极大地提升了医疗服务的可及性和效率。这项服务允许医生和医疗专家无须与患者面对面，就能通过分析患者上传至网络的详细健康记录、医学影像资料、生命体征数据等进行准确的疾病诊断。特别是对于居住在偏远地区的患者，远程诊断服务打破了地理限制，使他们能够获得城市医疗中心的专业诊断和治疗建议，从而显著提高了这些地区患者的医疗质量和生活质量。

除了跨越地理障碍的优势，远程诊断服务还为医疗系统带来了成本效益的提升。它减少了患者因就医需要的旅行开销和时间消耗，同时也缓解了城市医疗中心的就诊压力和空间限制。随着医疗影像技术和电子健康记录系统的不断进步，配合严格的数据加密和隐私保护措施，远程诊断服务的安全性和准确性得到了极大的增强。这种服务不仅提高了医疗服务的响应速度，还通过促进医疗资源的均衡分配提升了整个医疗保健系统的效率。

（二）远程监控患者健康

远程监控患者健康是一种利用现代技术手段，如可穿戴设备和移动健康应用，实时收集患者健康数据并传输给医疗服务提供者的服务模式。这一模式尤其适用于慢性病患者的日常管理，允许医生远程监控患者的心率、血压、血糖等关键健康指标，及时调整治疗方案，甚至在紧急情况下迅速作出反应，有效预防疾病的恶化。远程健康监控不仅提高了慢性病管理的连续性和个性化程度，也极大地方便了老年人、行动不便者或居住在医疗资源稀缺地区的患者，使他们能够在家中享受到持续的医疗关注和专业护理。

随着物联网、人工智能和大数据分析技术的飞速发展，远程监控系统的智能化和精准度正在不断提高。这些技术不仅能够实时监控和分析患者的健康状态，还能预测潜在的健康风险，为预防性医疗和早期干预提供了强有力的工具。通过大规模收集和分析健康数据，医生能够获得更深入的疾病洞察，为患者提供更加精准和个性化的治疗方案。此外，这种远程监控系统也为医疗保健系统带来了成本效益的显著提升，通过减少不必要的医院就诊和住院治疗，优化了医疗资源的分配，为实现高质量、高效率的医疗服务提供了坚实的基础。

（三）个性化健康咨询和管理

个性化健康咨询和管理在远程医疗服务中占据至关重要的位置，它通过深入分析患者的健康数据、生活习惯和个人偏好，提供定制化的健康管理计划，从而显著提高慢性病患者的生活质量和治疗效果。这种服务模式利用先进的数据分析技术，结合医生的专业知识，为患者制定包括饮食调整、运动计划、药物管理等在内的全面健康管理方案。特别是对于糖尿病、高血压等需要长期管理的慢性疾病患者，个性化的健康咨询能够帮助他们更好地控制病情，预防并发症的发生。

个性化健康管理服务还强调医患之间的互动沟通，患者可以通过远程医疗平台随时向医生反馈自己的健康状况和治疗反应，医生则根据这些反馈及时调整治疗方案。这种动态的、双向的健康管理模式，不仅提高了治疗方案的适应性和有效性，还增强了患者的治疗依从性和满意度。随着人工智能和机器学习技术的不断发展，个性化健康咨询和管理服务将能够提供更加精准的健康建议，实现真正的精准医疗和个性化治疗。

（四）虚拟家庭医生服务

虚拟家庭医生服务通过远程医疗平台为患者提供了一个长期、稳定的医疗健康管理伙伴。这种服务模式允许患者在家中就能定期与家庭医生进行视频会诊，讨论健康问题，获取医疗建议，甚至完成某些类型的远程治疗。家庭医生不仅负责患者的常规健康管理和疾病预防，还能在患者健康状况发生变化时提供及时的医疗干预，确保患者能够获得连续性的医疗关怀。

虚拟家庭医生服务的一个重要特点是它的整合性和协调性。家庭医生作为患者健康管理的中心，可以协调不同专科医生的治疗计划，确保患者接受全面且一致的医疗服务。这对于多重慢性病患者尤为重要，因为他们需要从多个专科医生那里接受治疗。通过虚拟家庭医生服务，患者的所有健康信息和医疗记录都能集中管理，避免了治疗方案之间的冲突和重复。

随着远程医疗技术的进步，虚拟家庭医生服务正在变得越来越普及。它不仅为患者提供了更加方便、高效的医疗服务体验，还有助于提升医疗服务的质量和患者的整体健康水平。未来，随着更多的医疗机构和医生加入远程医疗服务，虚拟家庭医生模式有望成为医疗保健体系中的一个重要组成部分，为更多的患者提供持续、全面的医疗支持和健康管理服务。

（五）远程心理健康支持

远程心理健康支持为心理健康领域带来了创新的服务模式，通过提供在线咨询和治疗，极大地提高了心理健康服务的可及性和便捷性。这项服务特别针对那些居住在偏远地区或因时间、物理条件限制无法获取传统心理健康服务的人群。患者可以通过视频会议、即时消息、电子邮件等方式与心理健康专家进行互动，获取专业的心理咨询和治疗建议。这种方式不仅为患者提供了一个安全、私密的沟通环境，还能够帮助他们克服因面对面咨询而可能感到的尴尬或羞耻感。

远程心理健康支持服务的另一大优势在于灵活性。患者可以根据自己的时间安排选择最合适的咨询时间，这种灵活的服务模式对于忙碌的现代人来说尤为重要。此外，这种服务还能够为患者提供更加广泛的选择空间，使他们能够根据个人偏好和需求选择最适合的治疗师。随着技术的不断进步和社会对心理健康重视程度的提高，远程心理健康支持服务将会越来越普及，它不仅提升了心理健康服务的效率和效果，也为心理健康领域的发展开辟了新的可能性。

（六）远程康复服务

远程康复服务通过利用远程通信技术为需要康复治疗的患者提供专业指导和支持，尤其适用于行动不便或居住在医疗资源稀缺地区的患者。患者可以在家中通过视频链接接受物理治疗师、言语治疗师等专业人员的实时指导，进行各种康复练习。这种方式不仅可以有效减少患者的出行负担，还能够确保患者在专业人员的监督下正确进行康复练习，提高康复效果。

远程康复服务还具有高度的个性化特点。康复专家可以根据患者的具体情况，制定个性化的康复方案，并通过远程监控患者的康复进程，及时调整康复方案。此外，这种服务还能够提供多学科团队的协同治疗，比如营养师、心理咨询师等不同领域的专家共同为患者提供全方位的康复支持。随着移动健康应用和穿戴式设备的发展，远程康复服务的监测和指导能力将进一步增强，为患者提供更加精准、高效的康复治疗方案。这种创新的服务模式不仅有助于提升康复治疗的可及性和质量，也为康复医学领域带来了新的发展机遇。

三、医学影像分析

数据要素在医学影像分析领域的深入应用，不仅可以提高诊断准确性和效率，还在疾病管理、治疗评估和医疗教育等领域展现出广泛的应用前景。随着技术的不断进步，未来医学影像分析的应用将更加广泛和深入，为临床诊断和治疗提供更强大的支持。以下是数据要素在医学影像分析中的几个关键应用场景。

（一）自动化疾病识别和分类

自动化疾病识别和分类在医学影像分析领域中的应用正迅速成为改变医疗诊断模式的关键技术。利用深度学习、机器学习等人工智能技术，医学影像分析系统能够自动识别医学影像中的异常特征，如肿瘤、病变等，从而辅助医生进行快速准确的诊断。这些系统通过分析大量的医学影像数据，学习不同疾病的影像表现特征，能够在新的影像资料中准确地标识出潜在的疾病迹象。

这种自动化识别和分类技术不仅极大地提高了医学影像分析的效率，减少了医生的工作负担，也显著提升了诊断的准确率。特别是在一些细微病变的识别上，人工智能系统由于其出色的图像识别能力，往往能够发现人眼可能忽略的异常点。此外，这种技术还具有极高的应用价值，它可以跨越不同类型的医学影像，如 X 射线、CT、MRI 等，广泛应用于多种疾病的诊断中，包括癌症、心血管疾病、神经系统疾病等。

随着数据处理能力的不断增强和算法的持续优化，自动化疾病识别和分类技术正变得越来越精准，为实现早期诊断和治疗提供了可能。这不仅对提升患者的生存率和生活质量具有重要意义，也为医疗系统带来了更高效、经济的运作方式。

（二）辅助放射科医生进行诊断

在医学影像分析的应用中，辅助放射科医生进行诊断是一个极具革命性的进步。通过采用高级影像处理技术和人工智能算法，医学影像分析系统能够提取和突出显示医学影像中的关键信息，帮助放射科医生更快、更准确地识别影像中的异常区域。这种辅助诊断工具能够分析从简单的骨折到复杂的肿瘤等一系列病变，为医生提供详尽的影像分析报告，包括病变的大小、形状、位置以及可能的病理类型等。

这项技术的应用极大地提高了诊断的效率，特别是在面对大量影像资料时，能够快速筛选出需要重点关注的案例，减轻医生的工作负担，同时也减少了因疲劳导致的误诊和漏诊风险。更重要的是，这种技术的应用提高了医疗服务的质量，使得患者能够获得更加及时和精确的诊断，从而尽早开始适当的治疗。

随着技术的不断进步，这种辅助诊断工具正在变得越来越智能化，能够提供更加深入和细致的影像分析，甚至能够预测疾病的发展趋势和治疗反应。此外，随着医疗数据的日益丰富和算法的持续优化，未来这种辅助放射科医生进行诊断的技术有望实现更广泛的个性化医疗应用，为每一位患者提供最适合其特定情况的诊断和治疗建议。

（三）疾病进展监测和治疗效果评估

疾病进展监测和治疗效果评估在医学影像分析中占据了极其重要的地位，它通过对患者定期的影像数据进行深入分析，为医生提供了一种有效的手段来跟踪疾病的发展情况以及评估治疗方案的效果。这种分析不仅对肿瘤大小进行量化评估，也涉及对影像特征的变化分析，如病灶的形态变化、边缘特征以及与周围组织的关系等，这些都是评估疾病进展和治疗响应的重要指标。

利用先进的影像处理技术和人工智能算法，医学影像分析系统能够自动比较患者不同时间点的影像资料，准确地识别和量化病变区域的变化，从而提供关于疾病进展或治疗效果的直观证据。这种技术的应用对于个性化治疗方案的制定具有重要意义，医生可以根据疾病的实际进展情况调整治疗策略，以达到最佳治疗效果。此外，这种技术还有助于早期识别治疗失败或疾病复发的迹象，确保可以及时调整治疗方案，最大限度地提高患者的生存率和生活质量。

随着影像技术和数据分析方法的不断进步，疾病进展监测和治疗效果评估的精度和效率将得到进一步提升。这不仅能够为临床决策提供更加可靠的科学依据，还能够推动个性化医疗和精准治疗策略的发展，为患者提供更加精准、高效的医疗服务。

（四）影像数据的结构化报告

影像数据的结构化报告是医学影像分析领域中的一个重要应用，它通过自动提取影像中的关键信息，并以标准化的格式呈现，极大地提高了报告的编写效率和准确性。利用自然语言处理技术，医学影像分析系统可以识别和解释影像数据，自动生成包含病变描述、位置、大小以及可能的临床意义等内容的报告。这种自动化过程不仅减轻了放射科医生的工作负担，也提高了报告的一致性和标准化水平，有助于医生更快地理解和利用影像资料进行诊断和治疗决策。

结构化的影像报告对于促进医疗团队之间的沟通也非常重要，它确保了不同医生和专业人员能够快速准确地获取和理解影像分析结果，促进了多学科团队协作治疗模式的实施。此外，结构化报告还为后续的数据分析和研究提供了宝贵的数据资源，支持了大数据医学研究和人工智能算法的训练，推动了医学影像学和相关领域的科学进步。

随着医学影像技术和人工智能算法的不断发展，影像数据的结构化报告将变得更加智能化和个性化，能够提供更加详细和深入的影像分析结果，为临床提供更加精确和全面的决策支持。这不仅有助于提升医疗服务质量，也为医学研究和未来的医疗创新奠定了坚实的基础。

（五）精准医疗和个性化治疗支持

精准医疗和个性化治疗支持通过医学影像分析技术，为现代医疗提供了一种革命性的方法，确保治疗方案能够精确地对应患者的独特健康需求。基于深度学习和人工智能算法的能力，对医学影像进行深入分析，从而识别出疾病的早期迹象、预测病情发展，并评估患者对特定治疗方法的响应性。在处理复杂病例如癌症治疗中，它可以明显提高治疗的成功率，因为它允许医生根据患者的生物标志物和疾病的具体特征来定制治疗计划。

精准医疗和个性化治疗支持的实施，不仅优化了治疗过程，还大大改善了患者的治疗经历。通过精确匹配治疗方案，可以减少不必要的副作用，同时提高治疗效果，确保患者能够接受最适合其个人健康状况的治疗。随着医学影像技术的持续进步和数据分析方法的不断创新，精准医疗和个性化治疗支持将继续提高其准确性和效率，为患者提供更加个性化、高效的医疗服务。这不仅标志着医疗服务向着更高水平迈进，也为未来医学研究和治疗方法的开发奠定了坚实的基础，使得医疗服务更加人性化、精准化。

（六）人工智能辅助教育和培训

人工智能在医学影像分析中的应用不仅限于提高诊断的准确性和效率，还包括在医学教育和专业培训中的应用。通过提供大量的影像数据和丰富的案例分析，人工智能技术能够帮助医学生和年轻医生更快地掌握诊断技能，提高他们对复杂病例的理解和处理能力。这种技术可以模拟真实临床环境中的诊断过程，让学习者通过互动式学习平台进行实践操作，从而在安全的虚拟环境中积累经验，提高诊断能力。

人工智能辅助的教育工具还能够根据个人的学习进度和能力提供个性化的学习方案，通过分析学习者的互动反应和测试结果，自动调整教学内容和难度，确保学习效率最大化。这种个性化的学习体验对于培养未来的医疗专业人士具有重要意义，它不仅能够提高学习者的技能水平，还能够激发他们对医学研究的兴趣，推动医学领域的创新和进步。随着人工智能技术在医学教育中的进一步应用和发展，预计将为医学教育培训带来更加深远的变革。

四、基因组学和精准医疗

数据要素在基因组学和精准医疗领域有着广泛而深入的应用。这些应用正在彻底改变我们对疾病治疗和预防的方法，从而提高医疗服务的效率和个性化水平，为患者带来更加精准和个性化的治疗方案。随着技术的发展，基因组学在医疗领域的应用将继续扩大，为实现更加精准的医疗保健提供强大的支持。以下是数据要素在基因组学和精准医疗领域中的几个关键应用场景。

（一）遗传风险评估

遗传风险评估在精准医疗和个性化治疗领域中扮演着至关重要的角色。通过分析个体的基因组数据，科学家能够识别出与特定疾病相关的遗传标记，为个人提供基于遗传的风险评估。这种评估可以指导个人在生活方式选择和预防措施上做出更为明智的决策，以减少患病风险。例如，如果某人被发现携带与某种癌症高度相关的遗传变异，那么他可以采取更频繁的筛查措施，或者采取预防性的医疗措施。

遗传风险评估还对家族遗传病的管理具有重要意义。家庭成员可以通过遗传咨询了解自己的遗传风险，并根据这些信息做出有关生育选择的决定。随着基因组测序技术的进步和成本的降低，个体化的遗传风险评估变得越来越可行，为广大人群提供了了解自己遗传风险的机会。

（二）药物基因组学

药物基因组学利用个体的遗传信息来预测他们对特定药物的反应，这对于实现个性化医疗具有革命性的意义。通过分析患者的基因组数据，医生可以预测哪些药物对特定患者最为有效，哪些可能会引起不良反应或毒副作用。这种方法可以显著提高药物治疗的安全性和有效性，避免“试错”式的药物选择过程。

药物基因组学的应用范围广泛，覆盖了从抗癌药物到心血管疾病治疗药物的各个方面。例如，在抗抑郁药物的选择上，基因组信息可以帮助医生预测患者对不同药物的反应，选择最合适的治疗方案。随着越来越多的药物基因组学数据被发现和应用，未来的药物治疗将更加精准、高效，极大地提升患者的治疗体验和治疗结果。

（三）癌症基因组分析

癌症基因组分析正在开创癌症治疗的新纪元，它通过精细地研究癌细胞的遗传物质，揭示了癌症发展背后的复杂机制。这项技术利用高通量测序技术对癌细胞进行全面分析，不仅能够识别已知的致癌基因变异，还能发现新的遗传变异，为癌症的预防、诊断和治疗提供了新的思路。通过对不同类型癌症的深入研究，科学家已经能够根据癌症的遗传特征将其分类，这对于开发针对特定癌症的靶向治疗药物具有重要意义。

癌症基因组分析的一个突出成就是在个体化治疗方案的制定上，它允许医生基于患者肿瘤的特定遗传变异来选择最合适的治疗方法。例如，针对带有特定 EGFR 突变的非小细胞肺癌患者，可以优先考虑使用靶向 EGFR 的药物，以提高治疗的针对性和效果。此外，随着免疫疗法的兴起，基因组分析还可以帮助识别那些最有可能从免疫疗法中受益的患者，使得治疗更加精准。

（四）罕见疾病诊断

罕见疾病的诊断长期以来一直是医学领域的一大挑战，由于这些疾病的低发病率和临床表现的多样性，常规诊断方法往往难以准确诊断。然而，随着基因组学技术的发展，特别是全基因组测序和外显子测序技术的应用，为罕见疾病的诊断提供了新的可能。通过对患者的基因组进行综合分析，医生可以识别出致病的遗传变异，即使这些变异极为罕见或以前从未被报道过。

基因组学技术在罕见疾病诊断中的应用，不仅极大地提高了诊断的速度和准确性，还有助于揭示疾病的遗传机制，为疾病的治疗和管理提供重要信息。例如，对于某些遗传性代谢病，一旦准确诊断，即可通过饮食调整、酶替代疗法等方法进行有效管理。此外，对罕见疾病的遗传诊断还有助于进行家族遗传咨询，为患者家庭提供重要的生殖指导。

预测性基因检测代表了精准医疗领域的一个重要进展，通过分析个体的基因组来预测特定疾病的风险，为早期预防和个性化治疗提供科学依据。这种检测尤其对于那些有家族遗传病史的人群来说，具有重要的价值，它能够帮助个体了解自己携带特定遗传病变的可能性，以及可能引发的健康问题。

（五）预测性基因检测

预测性基因检测的应用不仅限于遗传性疾病，如家族性高胆固醇血症、遗传性乳腺癌和卵巢癌综合征等，还包括心脏病、糖尿病等常见慢性疾病的风险评估。通过早期识别高风险个体，医生可以提供定制化的健康管理计划，包括生活方式的调整、定期的健康监测和预防性药物治疗，从而有效降低疾病发生的风险或延缓疾病的发展。

预测性基因检测还为生殖健康提供了指导，帮助有生育计划的夫妇了解潜在的遗传风险，为他们提供关于遗传咨询和生殖选择的重要信息。例如，通过检测囊性纤维化或镰状细胞贫血等遗传病的相关基因，有生育计划的夫妇可以评估未来孩子患病的风险，并根据检测结果做出更为明智的决策。

随着基因检测技术的不断进步和成本的降低，预测性基因检测正在成为越来越多人进行个人健康管理和疾病预防的一部分。这种检测不仅增强了个体对自身健康的主动性和控制力，也为医生提供了更多的信息来制定更加精准和个性化的治疗计划，是实现精准医疗目标的关键步骤之一。

（六）生物标志物发现

生物标志物发现正在为医学研究和临床诊断开辟新的道路，它提供了一种通过检测和分析体内特定指标来识别疾病状态的方法。生物标志物不仅可以用于疾病的早期诊断，还能够评估疾病的严重程度、预测治疗反应以及监测疾病进展或复发。例如，在肿瘤学领域，特定的蛋白质、循环肿瘤 DNA 或 RNA 片段可以作为癌症的生物标志物，它们的存在或浓度变化常常与肿瘤的存在、发展及对治疗的响应紧密相关。

生物标志物的发现和应用极大地促进了个性化医疗的发展。通过识别与特定疾病相关的标志物，医生能够为患者提供更为精确的治疗方案。在心血管疾病中，血液中的特定生物标志物，如胆固醇、同型半胱氨酸和 C 反应蛋白，可以帮助评估患者心血管疾病的风险，指导预防和治疗措施的制定。

随着高通量测序技术和蛋白质组学的发展，研究者现在能够系统地识别和验证大量潜在的生物标志物，这些标志物涵盖了从基因、RNA、蛋白质到代谢产物等多个层面。这种全面的分析不仅加深了我们对疾病生物学基础的理解，也为发现新的药物治疗靶点提供了可能。

生物标志物的应用已经扩展到各个医学领域，从传统的肿瘤学、心血管疾病到新兴的炎症性疾病和神经退行性疾病。随着更多生物标志物的发现和验证，未来的医疗将更加注重疾病的早期诊断和个性化治疗，为患者提供更加有效和安全的医疗方案。

五、医学研究和临床试验

数据要素在医学研究和临床试验中的应用越来越广泛，从基础研究到临床应用，数据的收集、分析和应用逐渐成为推动医学进步的关键因素。它们通过各种方式支持和促进了对疾病机理的理解、新治疗方法的发现以及现有治疗方案的改进。随着数据积累和数字技术的不断发展，未来将有更多创新的应用出现。

（一）病因研究

病因研究在医学科学领域占据核心地位，它旨在深入探索和揭示导致各类疾病发生的根本原因。这一研究领域综合运用临床数据、生物标志物、遗传信息等多源数据，通过高度精密的分析，识别出与疾病密切相关的风险因素、遗传倾向和生物分子机制。随着生物统计学、分子生物学、基因组学以及计算生物学等现代科技的发展，病因研究的精度和深度正在达到前所未有的水平。这不仅为疾病的预防、诊断和治疗提供了科学依据，也推动了个性化医疗和精准治疗策略的发展。

在病因研究的过程中，科学家不局限于单一因素的探索，而是采用全面分析的方法，涵盖遗传因素、生活方式、环境暴露等多个层面。例如，在癌症研究中，科学家通过分析患者的完整基因组，能够发现特定基因突变与某种癌症的发生强烈相关。这些发现不仅有助于理解癌症的分子机制，还能指导靶向药物的开发和治疗方案的制定。同样，在心血管疾病领域，除了遗传背景的研究，科学家还关注饮食习惯、身体活动水平、吸烟和饮酒等生活方式因素对疾病风险的影响，以及如何通过改善这些因素来降低疾病发生的可能性。

病因研究的成果不仅能够促进新治疗方法的开发，还对公共卫生政策的制定和健康促进计划的实施具有重要指导意义。通过对疾病病因的全面理解，可以更有效地指导人们采取预防措施，避免疾病的发生。此外，随着大数据分析技术和人工智能算法在医学研究中的应用越来越广泛，病因研究的方法和范围将进一步扩大，使得我们能够从更宏观和深入的角度理解疾病的复杂性，从而为全人类的健康带来新的希望和可能。

（二）新药发现和开发

在医学研究和临床试验的领域，新药发现和开发过程是一个高度复杂且数据驱动的任务。在新药发现和开发的各个阶段，数据要素通过加速药物筛选、深化对药物作用机制的理解、优化临床试验设计和提高药物安全性评估的准确性，为医学研究和患者治疗带来了革命性的进步，加速新药的研发进程并提高成功率。

在新药的初步筛选阶段，高通量筛选（HTS）技术扮演了革命性的角色。通过这项技术，研究人员可以同时对成千上万种化合物进行生物活性测试，迅速筛选出对特定生物靶标有高度亲和力和活性的候选分子。这个过程产生了大量数据，对于快速识别出有治疗潜力的化合物至关重要。机器学习和人工智能算法的应用，使得从这些数据中识别出有前景的候选药物成为可能。这些算法能够分析化合物的特性和效果，预测哪些化合物最有可能成为有效的药物。通过这种方式，HTS 技术和数据分析共同加速了新药的发现过程，为医学研究和患者带来了新的希望。

在这些候选药物被选中后，就进入了更为深入的研究阶段，这时数据要素的作用更加凸显。生物信息学工具在此阶段被广泛应用，帮助科学家深入理解药物的作用机制，即药物如何与生物靶标相互作用，以及对疾病生物路径的影响。此外，通过对药物的吸收、分布、代谢和排泄（ADME）特性的研究，科学家能够获得关于药物如何在人体内行为的重要信息。这些数据对于评估药物的安全性、有效性及给药方案至关重要，确保了药物开发过程的科学性和有效性。这一系列的数据分析和生物信息学应用，共同推动了新药研发的进程，提高了研发效率和成功率，为现代医药提供了强有力的支持。

进入临床试验阶段，数据要素的重要性进一步增加。临床试验设计依赖于精确的统计方法来确保结果的可靠性和有效性。此外，实时数据收集和分析技术使得研究人员能够及时监控试验进展，根据中间分析结果动态调整试验设计，这种适应性试验设计在提高研究效率的同时，也保证了患者安全。数据要素还在新药的安全性和有效性评估中发挥着至关重要的作用。通过分析来自临床试验的大量数据，研究人员能够详细评估新药的疗效，识别可能的不良反应和副作用。这些信息对于确定药物的剂量、给药方式以及针对特定患者群体的安全性和有效性指导至关重要。

（三）临床试验设计和管理

临床试验设计和管理是医学研究领域的一个关键环节，它确保了新药或治疗方法的安全性和有效性能够在人体中得到科学的验证。数据要素在临床试验设计和管理中的深入应用可以提高试验的科学性、准确性和效率，极大地推动医学研究的发展和新药的创新。随着生物统计学、信息技术和数据分析方法的进步，临床试验的设计和管理会变得更加精确、高效、智能、个性。

在临床试验的设计阶段，数据分析的运用极其关键，它指导研究人员选择最恰当的试验类型，精确计算出所需的样本大小，并选用最适合的统计方法。这一步骤保障了试验能够有效地进行，同时确保了研究结果的准确性和科学性。通过深入挖掘历史数据，研究者能够对新药或治疗方法预期的效果及可能的副作用有一个初步的判断。这使得研究者在设计试验时，可以事先设定好评价指标和监测计划，从而全面评估治疗方案的有效性和安全性。这种基于数据的预先规划，为临床试验的顺利执行奠定了坚实的基础，确保了试验可以在科学严谨的基础上进行。

在临床试验的管理阶段，实时数据收集与监控系统的作用不可或缺。这些系统实时监控试验进度和参与者的健康状况，确保及时捕捉和处理所有的不良事件。此外，数据管理系统的作用在于确保收集到的数据的准确性和完整性，从而保障试验结果的可信度。这一系列的数据监控和管理措施，不仅确保了临床试验的顺利进行，也保障了参与者的安全和试验数据的质量，为最终分析提供了坚实的数据支持。

在试验执行过程中，适应性设计展现出其独特的优势。这种设计允许研究团队根据中期分析结果调整试验方案，如修改剂量或调整参与者人数，甚至在发现试验无效时提前终止。这样的灵活性不仅提升了临床试验的效率，降低了成本，还显著减少了参与者面临的风险。适应性设计体现了现代临床试验向更加人性化、高效化发展的趋势，使得研究过程更加符合实际需要，同时保护了参与者的利益。

在临床试验结果的分析阶段，数据要素的作用显得尤为重要。利用高级统计模型和机器学习技术，研究人员能够深入挖掘试验数据，揭示药物或治疗方法的作用原理及其在不同患者群体中的效果差异。这些分析结果不仅支撑药物上市的申请，还为医学界提供了丰富的知识储备，促进了后续研究和临床实践的发展。通过这样深度的数据分析，研究人员能够更好地理解治疗手段的影响，为未来的医疗创新铺平道路。

（四）治疗效果和安全性评估

在医学研究和临床试验的领域内，治疗效果和安全性评估是确保新药或新疗法能够有效且安全地应用于患者的关键步骤。坚实的数据支撑系统不仅提高了临床试验的效率和精确度，也保障了患者的安全和福祉，为医学研究和新药开发的每一步提供了科学的指导和支持。这些评估工作的成功执行，是确保新治疗方法能够顺利进入市场、为患者带来实际益处的基础。

治疗效果的评估是临床试验中至关重要的一环，它从患者开始接受治疗的那一刻起就已经启动。研究团队会收集患者的基本健康状况、治疗前后的生物标志物水平变化，以及治疗对疾病状态影响的全面数据。通过精细的统计分析，研究人员比较治疗组和对照组的数据差异，以此验证新疗法是否带来了预期的改善效果。更进一步地，通过对数据的分层分析，研究人员能够洞察不同人群在治疗反应上的细微差异，识别出哪些患者更可能从新疗法中获益，或者谁可能面临更高的副作用风险。这种细致的数据剖析，为制定更为个性化的治疗方案提供了科学依据，确保每位患者都能获得最适合自己的治疗。

在进行安全性评估时，研究团队会对收集到的所有与安全性相关的数据进行全面而细致的检查。这包括监控和分析不良事件报告、检测实验室结果中的任何异常变化，以及评估可能的药物相互作用。在这个过程中，数据管理系统起着至关重要的作用，它通过确保数据的准确无误和完整性，为安全性评估提供了坚实的基础。这些系统使得研究团队能够有效地处理和分析大量的数据，迅速识别出任何可能指示治疗相关风险的迹象，从而采取必要的预防或干预措施，保障参与试验的患者安全。

随着数据科学和人工智能技术的进步，临床试验的治疗效果和安全性评估方法正变得更加先进和精确。研究人员现在能够应用机器学习等复杂的数据分析技术，深度挖掘临床试验中积累的大规模数据集，识别出治疗效果与患者特定特征之间的深层联系，以及潜在的安全风险。这种技术不仅能够提高评估的准确度，还能够在试验的早期阶段预警可能的不良反应，为临床试验的设计和实施提供更为强大的支持。通过这些先进的数据分析方法，研究人员能够更加精确地评估新治疗方法的效果和安全性，为患者带来更安全、更有效的治疗选择。

（五）个性化治疗策略的开发

在医学研究和临床试验的领域中，个性化治疗策略的开发已成为提高疗效和患者安全的关键途径。数据要素在个性化治疗策略的开发中的作用日益重要。通过深入分析从临床试验中收集到的庞大数据集，包括患者的遗传信息、生物标志物、疾病特征以及对治疗的反应等，研究人员能够揭示不同患者群体对特定治疗的反应差异。这种差异性的理解是个性化治疗策略开发的基础，它允许医生为每位患者量身定制治疗方案，最大限度地提高治疗效果，同时减少不必要的副作用风险。

在个性化治疗策略的开发中，数据分析技术扮演了决定性的角色，将医学研究推入了一个新的时代。利用先进的机器学习和人工智能算法，研究人员能够深入探索和分析海量的医疗数据，从而识别出对特定治疗有重要预测价值的生物标志物和遗传标记。这些技术使得从患者的遗传信息到临床表现的每一个细节都能被细致考察，揭示了不同患者对相同治疗反应不同的深层原因。这不仅有助于预测患者对药物的反应性，还能够指出哪些患者更可能因为特定的遗传背景而面临更高的副作用风险。这种基于深度数据分析的方法，为医生提供了前所未有的精确工具，以制定最适合每位患者的治疗方案，确保治疗的个性化和最优化。

个性化治疗策略的成功不仅体现在短期内的治疗效果，还在于能够确保患者长期的健康和生活质量。通过对患者治疗后的随访数据进行持续的收集和分析，研究人员能够跟踪治疗的长期效果，及时发现并处理任何延迟出现的副作用或其他相关问题。这种持续的数据监控和分析不仅为个性化治疗策略提供了实时的反馈和调整依据，也为医学界提供了关于治疗持久性和安全性的宝贵信息。通过这些深入的数据评估，个性化治疗策略能够不断优化和改进，从而确保为患者提供最安全、最有效的治疗方案，帮助他们在治疗过程中和治疗后都能获得最佳的健康结果。随着医学研究和数据分析技术的不断进步，未来的个性化治疗将更加精准和高效。数据要素的深度挖掘和应用，不仅能够为每位患者提供更加精确的治疗选择，还将推动医学研究向着更加个性化、数据驱动的方向发展。

（六）健康经济学评估

在医学研究和临床试验的领域中，健康经济学评估起着至关重要的作用，特别是在资源有限的医疗保健系统中。通过综合利用数据要素，这类评估能够为医疗决策提供经济效益的重要参考，确保患者能够接受成本效益高的治疗方法。在这一过程中，数据分析技术被广泛应用于评价不同医疗干预措施的成本与效果，为医疗保健领域提供重要的经济洞见，帮助各方面利益相关者在复杂的医疗环境中做出更加合理的决策。

健康经济学评估通常包括成本效用分析、成本效益分析和成本效果分析等多样化的方法。这些评估方法深入分析了从医疗直接成本到间接成本，再到治疗带来的广泛健康效果，如生活质量的提高和生命延长等方面的数据。特别是在评估新药或新治疗方法时，这些经济学方法能够揭示投入与产出之间的平衡，帮助决策者理解新介入措施的经济价值。这不仅涉及对药物购买和治疗操作成本的考量，还包括对患者生活质量改善的价值评估，确保了医疗资源的合理利用。此外，通过对不同治疗方案的经济效果进行比较，研究人员能够为医疗保健提供者和患者提供基于价值的治疗选择建议，推动医疗实践向更加注重成本效益的方向发展。

随着大数据和人工智能等技术的进步，健康经济学评估的数据分析方法变得更加精细和高效。这些先进技术的应用使得研究人员能够从庞杂的数据集中挖掘出更深层次的见解，如通过模式识别技术发现成本与健康效果之间未被注意的联系，或利用预测模型在项目初期就对经济效益进行估算。这种能力不仅增强了评估的准确性，还极大地缩短了决策时间，使医疗保健系统能够更快地响应和适应新的医疗技术和治疗方法。因此，借助这些技术，健康经济学评估能够为医疗保健政策的制定和资源的合理分配提供更加坚实的数据支持，确保医疗服务的质量和可及性，同时促进公平和效率的提升。

（七）长期疾病管理研究

在医学研究和临床试验领域，长期疾病管理的研究显得尤为重要，这是因为慢性疾病（如心脏病、糖尿病和癌症等）不仅广泛影响全球人口的健康，而且对医疗保健系统构成了长期而持续的负担。在这一研究领域中，数据要素的应用为了解疾病的自然进展、评估治疗干预的长期效果以及优化患者的健康管理提供了关键的支持。

通过综合利用临床试验、医疗档案以及患者自我报告的数据，研究团队能够深入监测慢性疾病的长期发展趋势，并识别出影响疾病进展的关键变量。这一过程中，应特别关注患者的生活习惯变化、对药物治疗的依从性以及定期监测的健康指标，这些数据共同构成了评估治疗效果长期持续性的基础。通过这种方法，研究人员不仅能够量化治疗方案对疾病控制的具体影响，还能够根据数据反馈调整和优化治疗策略。这种基于数据的治疗调整进一步增强了治疗方案的个性化和有效性，确保每位患者都能够接受最适合其病情和生活条件的治疗方法。此外，持续的数据收集和分析还有助于研究人员理解慢性疾病在不同人群中的表现差异，为精准医疗提供了坚实的数据支持。

随着大数据技术和人工智能算法的不断进步，现代医学研究有了前所未有的能力，可以从海量的数据中挖掘出关键的健康信息和趋势。这些技术使得对慢性疾病患者的健康预测和风险评估更加准确和高效，极大地提升了数据分析的效率和精度。通过这些先进的分析方法，研究人员能够发现以往难以察觉的疾病发展模式和风险因素，为设计针对性更强的干预措施提供了科学依据。这些基于数据的新发现不仅为慢性疾病管理开辟了新的途径，也推动了个性化治疗策略的发展，使得慢性疾病患者能够享受到更为精准和有效的医疗服务。在这个过程中，大数据和人工智能技术的应用不仅改善了慢性疾病的管理效果，还促进了医学研究和临床实践的创新和进步。

通过对长期疾病管理研究中收集到的数据进行深入分析，医学研究人员能够为患者制订更加精确的治疗计划，同时为医疗保健政策制定和资源分配提供科学依据。这种基于数据的长期疾病管理研究不仅能够改善患者的生活质量，还能够减轻医疗系统的负担，提高医疗资源的使用效率。随着数据收集技术的不断进步和数据分析方法的日益成熟，长期疾病管理的研究将继续深化，为患者提供更加个性化、有效和可持续的健康管理方案。

六、质量控制和管理

在医疗保健和医学研究领域，数据要素在质量控制和管理中的应用是多方面的，以下是一些主要的应用场景。

（一）患者安全监控

在医疗保健领域，确保患者安全是提高医疗质量的关键。随着医疗技术的进步，特别是大数据分析、机器学习和人工智能技术的发展，医疗机构现在能够更有效地监控患者安全。这包括实时追踪和分析从临床试验、医疗记录到患者自我报告等多来源的大量数据，以识别和预防不良事件、药物错误和诊断失误等潜在安全风险。通过对这些数据的精细分析，医疗团队能够发现问题的根本原因，及时采取措施，预防事故的发生，从而显著提高患者的治疗安全性。例如，利用先进的数据分析工具，医院可以监测手术过程中的感染率，分析药物治疗中的错误率，或者评估特定治疗方法的副作用频率。这些信息使得医疗决策者能够及时调整医疗策略和流程，以减少患者的安全风险。此外，数据分析还能帮助医疗机构评估和改进其安全文化，确保所有医护人员都能够遵循最佳实践，提供最安全的医疗服务。

随着越来越多的医疗机构开始实施数据驱动的安全监控系统，我们可以预见到患者安全将得到显著改善。这些系统不仅能够为医疗提供者提供实时的反馈和警示，还能够通过持续的数据分析和学习，不断优化和提高医疗服务质量。在未来，随着数据分析技术的进一步发展，医疗机构将能够提供更加个性化和精准的治疗方案，进一步提高患者安全，确保每位患者都能够获得最适合其个人需求的高质量医疗服务。

（二）临床路径和治疗指南的遵循

在医疗保健领域，临床路径和治疗指南的遵循对于确保患者接受标准化和高质量的治疗至关重要。随着大数据和高级分析技术的发展，医疗机构现在能够更加有效地监控和评估临床实践中对这些指南的遵守情况。通过收集广泛的数据，包括医疗记录、药物处方记录以及治疗结果等，研究人员和医疗质量管理团队可以深入分析治疗过程，识别与最佳实践标准的偏差。这不仅有助于指出哪些方面需要改进，还能揭示潜在的质量问题和患者安全风险。例如，通过对特定疾病治疗的数据分析，医疗机构可以评估治疗方案的执行情况，如是否按照临床指南推荐的药物和剂量进行治疗，患者对治疗的响应如何，以及是否及时进行了必要的跟踪和评估。通过这种方式，医疗机构不仅能够确保患者接受一致性和高标准的护理，还能够基于实际数据持续优化治疗流程和策略。

通过细致的数据挖掘，医疗机构能够准确地识别出哪些因素影响了医疗团队遵守临床指南的程度，这不仅包括医护人员对指南的了解程度和接受态度，还涵盖了患者的治疗偏好和存在的系统性障碍。这些深入的分析为制定针对性的改进措施提供了坚实基础，例如，通过定制的教育和培训项目增强医疗人员的指南知识，或是通过优化医疗流程和工作环境，使得遵循指南变得更为容易和高效。这样的措施可以提升医疗服务的质量，确保每位患者都能够接受到基于最佳证据的护理。

（三）医疗服务质量评估

在医疗保健领域，利用数据分析来优化治疗方案和提升患者生活质量已成为一种重要的实践。特别是在长期疾病管理研究中，对来自临床试验、医疗记录和患者自我报告的数据进行深入分析，可以揭示治疗方法对患者健康趋势的长期影响。这种分析不仅关注治疗的直接效果，如疾病症状的缓解或生理指标的改善，还广泛考虑治疗对患者整体生活质量的影响，包括身体健康、心理状态和社会适应等方面。

通过精细的数据分析，医疗研究人员能够识别出哪些治疗策略最有效，哪些可能需要调整或改进。例如，分析患者在接受特定治疗后的生活质量变化数据，可以帮助医生了解治疗方案在提高患者日常活动能力、减轻疼痛和改善心理健康方面的实际效果。此外，通过追踪患者对治疗的反馈，医疗团队可以及时调整治疗计划，以更好地满足患者的个性化需求。

这种基于数据的方法不仅使得治疗更加精准和个性化，还推动了医疗服务向更加人性化的方向发展。它鼓励医疗机构不断追求治疗方法的创新，以确保患者不仅能够获得最有效的医疗干预，还能够在治疗过程中保持最高的生活质量。随着医疗数据分析技术的不断进步，预计未来医疗保健将能够提供更加全面和细致的患者护理，使每位患者都能够享受到真正以患者为中心的治疗体验。

（四）研究数据的完整性和准确性

在医学研究中，确保数据的完整性和准确性是基础工作，对于保证研究质量、确保研究结果的可靠性具有至关重要的作用。随着信息技术的发展，特别是大数据和人工智能技术的应用，现代医学研究所依赖的数据量急剧增加，数据类型也更加多样化。这要求研究人员不仅要有效收集和管理数据，更要确保数据分析的准确性和科学性。

数据管理系统在这一过程中发挥着核心作用。它通过一系列的标准操作程序和技术手段，如数据加密、访问控制和审核跟踪等，保障数据的安全、保密和完整性。此外，数据管理系统还提供了数据清洗、验证和分析的工具，帮助研究人员识别和修正数据中的错误和不一致，确保最终分析的准确性。

通过这种系统化的数据管理，医学研究能够在一个可靠的基础上进行。这不仅提高了研究的效率，还增强了研究结果的信度和有效性。例如，在临床试验中，准确的数据分析可以帮助研究人员有效评估新药或新治疗方法的安全性和有效性，为临床应用和政策制定提供科学依据。随着医学研究向着更加精准和个性化的方向发展，对数据管理的要求也将更加严格。未来，随着数据分析技术的进一步发展，数据管理系统将更加智能化和自动化，能够更有效地支持复杂的医学研究，为医疗保健领域带来更多创新和突破。

（五）性能指标的监控与改进

在医疗保健领域，性能指标的监控与改进是确保医疗服务质量和效率的关键。通过对关键性能指标的持续监控和分析，医疗机构不仅能够及时发现服务中的问题和不足，还能够基于数据做出有根据的决策，持续改进服务质量和效率。这种基于数据的管理方法将越来越成为医疗保健行业提升服务标准和患者满意度的重要工具。

随着数据分析技术的发展，医疗机构现在能够利用大数据来设定、监控并优化关键性能指标（KPIs），如患者等待时间、床位利用率、手术成功率以及患者满意度等。这些指标的持续监控不仅有助于医疗机构评估其服务的当前表现，还能够识别潜在的改进领域，从而制定有效的改进措施。例如，通过分析患者等待时间的数据，医疗机构可以识别出导致延迟的具体环节，如登记流程、初诊评估或是诊疗服务的提供。基于这些信息，医疗机构可以调整工作流程或增加资源投入，以减少患者的等待时间，提高服务效率。同样，对于床位利用率的分析可以帮助医院更好地管理住院部门的容量，优化床位分配和患者转移流程，从而提升资源利用效率和患者满意度。

数据分析还能够为医疗机构提供对手术成功率和患者满意度等更为复杂的性能指标的深入洞察。通过收集手术过程中的各类信息，如手术团队配置、所使用医疗设备的性能以及患者的术后恢复状况，医疗机构能够全面评价手术流程的效率和效果。这些数据不仅能够帮助识别提高手术成功率的潜在机会，还能够揭示优化病人护理过程的关键点。此外，通过分析患者满意度调查结果，医疗机构可以更好地理解患者对服务的具体需求和期望，进而采取针对性措施，提高服务质量，优化患者体验。这样的数据驱动方法不仅增强了医疗服务的透明度和可靠性，也显著提升了患者的满意度和信任度。

（六）成本控制和资源优化

在医疗保健领域，成本控制和资源优化是实现高效医疗服务的关键要素。随着大数据和分析技术的发展，医疗机构现在有能力通过深入分析各类数据来优化资源分配和降低运营成本。这些数据包括药品使用情况、医疗设备的运行效率、人力资源的配置以及患者护理的成本效益等方面的信息。通过对这些数据进行综合分析，医疗机构可以识别出成本节约的机会，同时确保患者接受高质量的医疗服务。

数据分析可以帮助医疗机构评估药物库存管理的效率，识别出药品浪费的原因，并优化药物采购和分配流程，从而降低药品成本。同时，通过监控医疗设备的使用情况和维护记录，医疗机构可以有效地规划设备的维护和更新周期，提高设备利用率，减少不必要的开支。此外，对人力资源配置的分析不仅能够提高医护人员的工作效率，还能够通过优化班次安排和人员分配，提升患者护理质量，增强患者满意度。

数据分析还能够帮助医疗机构评估治疗方案的成本效益，通过比较不同治疗方法的成本和治疗效果，医疗决策者可以选择最具成本效益的治疗方案，为患者提供经济实惠的医疗服务。这种基于数据的决策过程不仅有助于医疗机构在有限的资源下提供最优质的服务，还有助于构建更加公平和可持续的医疗保健系统。

（七）遵守法规和标准

在医疗保健领域，遵守法规和标准是确保提供安全、高质量医疗服务的基石。数据分析在这一过程中起着至关重要的作用，它不仅帮助医疗机构监控和确保自身操作的合规性，还促进了医疗服务质量的持续提升。例如，通过对患者数据的保密性、完整性和可访问性的分析，医疗机构能够确保其符合国家对医疗方面法律法规的要求。此外，数据分析还可以用于监测医疗实践中的质量控制标准，如通过跟踪和评估临床路径的遵循情况，确保医疗服务提供的一致性和标准化。

通过利用数据分析，医疗机构能够识别出与法规遵从性和质量标准相关的潜在问题，并及时采取措施进行纠正或改进。这种主动的管理策略不仅有助于降低法律风险和潜在的财务损失，还能够提高患者对医疗机构的信任和满意度。进一步地，通过对遵守情况的持续监控和分析，医疗机构可以获得宝贵的洞察，指导未来的改进和创新，从而在竞争激烈的医疗市场中保持领先地位。

七、健康信息交换和数据共享

健康信息交换和数据共享在医疗保健和医学研究中发挥着越来越重要的作用，它不仅能够提高临床决策的质量和效率，还能推动医学研究的进步，为患者提供更安全、更有效和更个性化的医疗服务。

（一）患者健康记录的集成与访问

在现代医疗保健体系中，实现患者健康记录的集成与高效访问是提高医疗服务质量和患者满意度的关键。通过建立跨医疗机构的健康信息交换平台，医疗服务提供者能够实时访问和更新患者的电子健康记录（EHR），这极大地促进了医疗信息的完整性和一致性。例如，当患者从一家医院转移到另一家医院时，新的医疗团队可以即刻访问患者之前的医疗历史、检查结果和治疗计划，无须重复进行诊断测试，不仅节省了宝贵的时间和资源，也为患者提供了更加连贯和个性化的医疗服务。

这种集成的健康记录系统还支持医生之间的协作，尤其是在需要多学科团队共同参与治疗的复杂病例中。医生可以通过平台共享患者的最新治疗反应信息和进展情况，共同制定和调整治疗方案，确保患者接受最优质的护理。同时，这种数据共享和集成还为医疗研究提供了丰富的实时数据资源，支持临床研究和公共卫生研究，加快医学知识的积累和创新。

（二）医学研究数据共享

医学研究数据共享在推动科学发现和医学创新方面起着至关重要的作用。通过建立数据共享平台，研究机构能够交换宝贵的研究数据，包括但不限于临床试验结果、流行病学调查数据以及基因组学信息。这种开放的数据共享文化不仅加速了新知识的产生，还促进了跨学科和跨机构之间的合作，为解决复杂的医学问题提供了新的途径。

通过共享临床试验数据，研究人员可以验证其他团队的研究结果，增强研究的透明度和可靠性。此外，数据共享使得研究人员能够利用已有的数据进行新的分析或合成研究，如系统综述和元分析，提供比单一研究更为强大的证据支持医学决策和政策制定。

在基因组学研究中，数据共享尤为重要。基因组数据的复杂性和量级要求使用先进的计算工具和大数据分析技术，共享这些数据能够极大地提高研究效率，加快遗传变异与特定疾病之间关系的发现过程。此外，个性化医疗的发展极度依赖于对大量患者基因组数据的分析，数据共享在这一领域中的应用有助于识别新的药物靶点和开发针对性治疗方案。

（三）公共卫生监测和管理

公共卫生监测和管理是健康信息交换和数据共享极为重要的应用场景，尤其在应对突发公共卫生事件和制定有效的预防措施方面发挥着关键作用。通过建立全面的健康信息交换系统，公共卫生机构能够实时收集来自医疗机构、实验室和其他健康服务提供者的关键数据，包括传染病报告、疫苗接种记录、慢性病发病率以及环境健康风险因素等。这些数据的集成和分析为公共卫生决策提供了实时、科学的依据，使得公共卫生响应更加迅速和有效。

在应对流感季节或新出现的传染病暴发时，实时的疾病监测数据可以帮助公共卫生机构迅速识别疫情的发展趋势和地理分布，及时调整防控策略和资源分配。同时，通过分析疫苗接种数据和疾病发病数据，公共卫生机构可以评估疫苗接种计划的覆盖率和效果，指导疫苗政策的优化。

长期的公共卫生数据收集和分析对于理解慢性病的流行趋势、识别健康不平等的社会决定因素以及评估公共卫生干预措施的长期效果同样至关重要。例如，通过分析不同人群的慢性病发病率和相关健康行为数据，公共卫生机构可以设计针对性的健康促进和疾病预防项目，减少健康不平等，提升整个社会的健康水平。

（四）医疗质量与绩效评估

医疗质量与绩效评估是健康信息交换和数据共享的一个关键应用场景，它对于提升医疗服务的效率和质量具有重要意义。通过集成和分析来自不同医疗机构和健康系统的数据，医疗机构能够对服务质量进行全面评估，包括治疗效果、患者满意度以及医疗成本效益等多个维度。这种评估不仅有助于识别服务提供中的优势和不足，也能够指导医疗机构实施改进措施，优化资源分配，最终提高患者护理的质量和效率。

通过分析不同治疗方法的临床结果和患者满意度数据，医疗机构可以评估哪些治疗方案在实际应用中最为有效，哪些方案可能需要调整或替换。此外，对医疗成本和资源利用的分析能够揭示成本控制的潜在机会，帮助医疗机构在不牺牲服务质量的前提下提高运营效率。同时，通过持续监控关键性能指标，如再入院率和医疗并发症发生率，医疗机构能够及时识别潜在的质量问题，采取预防措施，减少不良事件的发生。

数据共享在医疗质量与绩效评估中的应用还促进了医疗机构之间的比较和学习。通过共享和比较不同机构的绩效数据，医疗机构可以从其他机构的成功经验中学习，识别和采纳最佳实践。这种基于数据的学习和改进过程不仅加速了医疗服务质量的整体提升，也增强了医疗系统内部的协同和创新。

（五）患者参与和自我管理

患者参与和自我管理在现代医疗保健中越来越受到重视，它们被认为是提高治疗效果和患者满意度的关键因素。通过健康信息交换和数据共享，患者能够获得自己的健康信息，使他们能够更加积极地参与到自己的健康管理中。患者可以实时访问自己的电子健康记录（EHR）、检查结果和治疗计划，这不仅有助于他们更好地理解自己的健康状况，还能够促进患者与医疗提供者之间的沟通和协作。

通过一个集成的健康信息平台，患者可以追踪自己的血压、血糖等关键健康指标，记录生活方式的变化，如饮食习惯和运动情况，并将这些信息共享给他们的医疗团队。这样的实时数据共享和沟通有助于医疗团队根据患者的实际健康情况调整治疗方案，实现更为个性化的医疗服务。此外，患者可以通过平台获得基于自己健康状况的健康教育资源和自我管理建议，进一步提升自我管理能力，促进健康行为的改变。

数据共享还支持患者参与医疗决策过程，患者可以更加深入地了解不同的治疗选项及其潜在的利弊，与医疗提供者共同制订符合自己偏好和需求的治疗计划。这种以患者为中心的治疗模式不仅提高了患者的满意度，也有助于提升治疗的遵从性和效果。

第二节　数据驱动的医疗保健和医学研究的优势与作用

数据驱动的医疗保健和医学研究在提升诊疗效率、准确性和可靠性，个性化医疗，医疗资源配置，监测与预警，跨学科合作等方面比传统方法显现出更大的优势。通过提高医疗服务的质量和效率、加强疾病预防和健康管理、优化医疗资源配置等，数据驱动的医疗保健和医学研究将在我国推进“健康中国”战略中发挥重要作用。

一、数据驱动的医疗保健和医学研究的优势

相对于传统治疗和研究方法，数据驱动的医疗保健和医学研究在处理大数据、提升研究效率和精度、实现个性化治疗以及优化资源分配等多个方面具有明显的优势。随着技术的进步，这些优势预计将进一步增强，推动医疗保健和医学研究向更高效、更精准的方向发展。

（一）效率提升

在当代医疗保健和医学研究领域，数据驱动的方法与传统研究手段相比，在提升研究效率方面具有显著的优势。传统的研究流程依赖于手动收集和分析单一样本的数据，这不仅效率低下，而且面对大数据的处理需求时尤显力不从心。而数据驱动的研究方法，借助人工智能（AI）和机器学习等先进技术，实现了对大规模数据集的自动化处理与分析。这一变革性的进步不仅极大地缩短了从数据采集到洞见生成的周期，还使研究人员能够快速识别复杂的疾病模式、潜在的风险因素及治疗反应，从而加快了医学知识的积累和创新步伐。这种效率的显著提升，为医学研究带来了质的飞跃，使得在疾病预防、诊断和治疗方面的科学发现和应用创新得以加速实现。

数据驱动的研究方法能够整合和分析来自多个不同来源的数据，包括电子健康记录、医学影像及基因测序信息等。这种跨领域数据的集成为医学研究提供了一个全面综合的视角，极大地增强了研究的深度和广度。研究人员可以在更短的时间内，从这些多维度的数据中获得深入且全面的洞察，识别出新的研究方向和治疗机会。特别是在跨学科研究和多中心临床试验中，这种数据集成的能力显得尤为关键。它不仅加快了不同团队和地区间数据的共享与分析，还促进了研究成果的快速整合和应用，打破了地理和学科间的界限，促进了全球医学研究社区的紧密合作与知识共享。

数据驱动的医疗保健和医学研究通过利用自动化的数据处理和分析技术，大幅度提高了研究的效率。这不仅使得处理大规模数据集成为可能，还加快了从数据到洞察的转化速度，为医学研究和临床实践的快速进步提供了强有力的支持。随着数据分析技术的不断进步，预计数据驱动的研究方法将在未

来发挥更加关键的作用，推动医疗保健领域向着更高效、更创新的方向发展。

（二）准确性和可靠性增强

数据驱动的医疗保健和医学研究在提升准确性和可靠性方面的优势是明显的。通过利用大数据和先进的分析技术，可以深入挖掘疾病模式，提高诊断和治疗的精确度，同时保证研究结果的可靠性和重复性，为医学领域带来革命性的进步。这种优势源自数据驱动方法在处理和分析大规模数据集时，能够利用先进的算法和计算模型来识别复杂的模式和关联，这是传统方法难以实现的。通过机器学习和人工智能技术的应用，数据驱动的研究能够自动化地筛选出有价值的信息，减少人为误差，提高结果的准确性。例如，在医学影像分析中，AI 算法能够准确识别出细微的病变，这些在传统的手动分析中可能会被忽视。这不仅提高了疾病诊断的准确率，也为早期干预提供了可能。

在理解疾病机制和个体治疗反应的差异化方面，数据驱动的研究方法带来了革命性的变革。通过对大数据进行深入的分析，这种方法能够揭示疾病进展的复杂机制以及患者对不同治疗的个体化反应。这一过程中，数据驱动的研究不仅利用了传统的临床数据，还整合了来自基因组学、表型组学和环境因素的广泛信息，提供了一个全面的视角来观察疾病和治疗效果。相比传统依赖于小样本和简化模型的研究，数据驱动的研究通过分析更加广泛和多样化的数据集，提高了研究结果的广泛适用性和科学可靠性。这种全面和深入的分析方法为医学研究提供了精确和可靠的科学依据，支持了更为精准的治疗策略的制定。

数据驱动的研究方法在提高研究准确性和可靠性的同时，也显著提升了研究的可复现性。通过公开共享研究所使用的数据集和分析算法，数据驱动的研究方法为科学验证提供了便利，允许其他研究者验证和复现研究成果。这一点在科学研究领域尤为重要，因为它确保了新发现的真实性和可靠性，为后续研究提供了坚实的基础。在传统的研究模式中，由于数据收集和分析方法的局限性，重复性研究往往面临挑战。而数据驱动的研究通过提供详细的数据处理和分析流程，确保了研究成果的透明度和可复现性，加强了医学发现的信度，推动了医学知识体系的持续和稳健发展。这种开放和透明的研究环境不仅促进了科学共享，也为医学研究的创新和进步打下了坚实的基础。

（三）个性化医疗的推动

在医疗保健和医学研究领域，数据驱动的方法与传统方法相比，在实现个性化医疗方面展示了显著的优势。传统医学研究和治疗通常依赖于广泛的临床指南和平均数据，这种方法虽然在过去的几十年里为医疗保健提供了坚实的基础，但它往往忽略了患者间的个体差异，如遗传背景、生活方式和环境因素对治疗反应的影响。因此，传统方法在提供个性化治疗方案方面存在局限性，有时会导致治疗效果不佳或不必要的副作用。

数据驱动的医疗研究通过运用先进的算法和大数据分析技术，给医学研究和临床实践带来了革命性的变革。它能深入挖掘疾病的根本机制和个体对治疗的独特响应，实现了对患者遗传背景、生物标志物、生活方式和环境因素的全方位考量。这种综合分析能力使得医疗专业人员能够为每位患者量身定制最适宜的治疗方案。与依赖经验和一般化治疗指南的传统医疗方法相比，数据驱动的个性化医疗方案显著提高了治疗的针对性和效果，同时避免了“一刀切”式治疗带来的无效治疗和不必要的副作用，极大地增强了治疗的准确性和可靠性。

在个性化医疗的进程中，数据驱动方法的另一个优势是显著提升了患者的满意度和生活质量。基于患者独特需求和健康状况定制的治疗方案，不仅使治疗效果更加显著，也让患者有机会参与到治疗决策中，增加了对治疗过程的信心和满意度。相比之下，传统医疗方法由于缺乏对患者个体差异的深入考量，有时可能无法提供同样水平的满意度和治疗效果。因此，数据驱动的个性化医疗不仅在科学和技术层面超越了传统医疗方法，也在改善患者的护理体验和提高生活质量方面发挥了重要作用。随着数据分析技术的不断进步，预计个性化医疗将成为未来医疗保健的标准模式，为每位患者提供更加精确、有效和满意的治疗体验，实现真正意义上的患者中心化医疗服务。

（四）资源使用的优化

在医疗保健和医学研究领域，资源的有效利用对于提高医疗服务质量和研究成果的产出至关重要。数据驱动的医疗保健和医学研究方法通过提供深入的数据分析和实时的决策支持，使资源的分配更加高效和目标明确。这种方法不仅减少了资源的浪费，还增强了医疗服务和研究成果的质量和影响力。数据驱动的方法在资源优化方面相较于传统方法展现了显著的优势，这种差距主要源于两种方法在数据处理、分析能力以及决策支持系统的根本差异。

传统的医疗保健和医学研究方法往往依赖于线性和静态的资源分配模式，这些模式基于过往经验和平均值进行决策，而不是实时数据或个体化需求。例如，在患者治疗中，传统方法可能采用一种“标准化”的治疗方案，而不考虑患者个体之间在遗传、生理和环境因素上的差异。在资源分配方面，这可能导致了资源的浪费，比如对某些治疗的过度投入或在某些情况下资源的不足。同样，在医学研究领域，传统方法在项目选择、资金分配以及研究人员的配置上可能缺乏足够的灵活性和预见性，从而影响研究的效率和效果。

在现代医疗保健和医学研究领域，数据驱动的方法通过整合大数据分析、人工智能（AI）和机器学习技术，为资源分配提供了前所未有的动态优化能力。这些技术通过分析来自电子健康记录、医疗影像、实验室测试结果以及其他实时数据源的庞大数据集，为医疗保健提供者和研究人员提供了深刻的洞察力。这不仅包括对当前资源使用状况的全面了解，还能够预测未来的资源需求和患者对特定治疗的响应。借助这些洞察力，医疗机构能够根据实时数据和预测模型，将医疗资源如床位、医疗设备和人力资源等分配到最需要的地方，确保患者得到及时和有效的治疗，同时提高医疗系统的整体运行效率。

数据驱动的方法能够通过分析医院的历史入院数据、流行病学趋势以及社区健康指标等多方面信息，预测特定时间段内患者入院的需求。这使得医院管理者可以提前规划床位分配和医务人员排班，减少急诊室的拥堵和等待时间，从而提升患者满意度和医疗服务质量。在医学研究领域，数据驱动的方法通过分析历史研究数据、资金使用效率以及研究进展情况，为研究资金的分配和人力资源的配置提供了科学依据。这种方法能够识别那些最有可能带来创新突破和社会价值的研究项目，确保有限的资源得到最有效的利用。

（五）决策支持增强

在医疗保健和医学研究领域，数据驱动的方法显著增强了决策支持，这与传统方法形成了鲜明的对比。传统的医疗决策往往依赖于经验、直觉或基于有限数据的临床指南。虽然这些方法在过去证明了其价值，但它们在处理复杂医疗信息、迅速适应新的医学发现或个性化患者治疗方面存在局限性。例如，传统决策可能无法充分考虑到个体患者的遗传背景、生活方式和其他环境因素，从而影响治疗的效果。

相反，数据驱动的方法通过整合和分析大量的医疗数据，包括但不限于电子健康记录、基因测序数据和实时监测数据，为医疗保健提供者提供了深入且全面的决策支持。这些方法利用先进的数据分析技术，如机器学习和人工智能，能够识别病理模式、预测治疗结果和评估患者对特定治疗的反应。例如，通过分析大数据，医生可以预测某种药物在特定患者群体中的有效性，或者识别哪些患者可能会对特定治疗产生副作用，从而做出更加精准的医疗决策。

数据驱动的决策支持工具能够提供实时的洞察和预警，帮助医疗保健提供者快速响应患者的变化情况和新兴的医疗挑战。这种实时分析能力是传统方法难以实现的。例如，通过实时监测患者的生命体征和其他健康指标，数据驱动的系统可以即时警告医生潜在的健康风险，从而及时采取预防性或干预性措施，减少医疗事故的风险并提高患者安全。

通过提供基于大数据分析的深入洞察和实时预警，数据驱动的方法不仅提高了医疗决策的精准度和效率，也使得个性化医疗成为可能。随着数据分析技术的不断进步，数据驱动的决策支持将在未来的医疗保健领域发挥更加关键的作用，进一步提升医疗服务的质量和患者的治疗效果。

（六）跨学科合作的促进

数据驱动的医疗保健和医学研究通过促进跨学科合作，显著提高了研究的创新性和效率。这种合作不仅跨越了不同学科之间的界限，还打破了基础研究与临床应用之间的隔阂，为解决复杂的医学问题提供了全新的视角和方法。在传统的研究环境中，医学研究往往在相对孤立的学科领域内进行，例如，生物学家、化学家和临床医生各自在自己的专业领域深耕，而跨学科的交流和合作相对有限。这种分隔有时限制了复杂医学问题解决方案的创新性，因为每个领域的研究人员可能无法充分利用其他领域的知识和技术。

数据驱动的医疗保健和医学研究方法以其天然的跨学科特性，正在重塑医疗研究和实践的面貌。当数据科学、人工智能、生物信息学等先进技术与传统的医学研究相结合时，就要求来自这些看似不同但实际上高度互补的领域的专家紧密合作。例如，生物信息学家与临床医生的合作不仅能确保数据分析在医学上的准确性和实用性，还有利于基于数据的临床决策。同样，数据科学家和药理学家之间的合作通过高效的数据处理和分析，显著加快了新药发现和开发的进程。这种跨学科的合作模式不仅为解决复杂的医学问题提供了更为全面的视角，而且通过整合不同领域的专业知识和技术，加速了科学发现的转化应用，极大地提升了医疗研究的创新性和实用性。

数据驱动的研究方法通过建立共享的数据平台和提供开源的分析工具，极大地促进了跨学科之间的合作与交流。这些共享平台和工具不仅让来自不同学科的研究人员能够轻松获取海量的医疗数据，还使得最新的研究成果、分析方法能够在全球范围内迅速传播。此外，这种开放的协作模式为不同领域的研究人员提供了一个共同探索和创新的平台，激发了创新思维和科学探索的潜力。通过这种方式，数据驱动的方法不仅推动了医学研究领域的知识共享和技术进步，也为医疗保健实践提供了更为精准、高效和创新的解决方案。这种跨学科合作的深化，标志着医学研究正在进入一个更为开放、协作和创新的新时代，为应对全球健康挑战提供了强大的支持和无限的可能。

（七）实时监控和预警的实现

与基于间歇性检查和被动症状报告的传统方法相比，数据驱动的医疗保健和医学研究通过实现对患者状况的实时监控和提供即时的健康预警，显著提高了医疗干预的时效性和有效性。这种实时监控和预警能力不仅对提高慢性病管理的质量至关重要，也对加强公共卫生监控和应对突发疫情具有重要意义，展现了数据驱动方法在现代医疗保健领域中的巨大价值和潜力。

在传统医疗保健模式中，患者状况的监控往往依赖于定期的医疗检查或者患者主动报告症状，这种方法不仅响应时间长，而且难以实现对患者状况的连续跟踪，导致无法及时发现和应对患者状况的变化。相比之下，数据驱动的方法利用连续的数据收集和分析技术，如可穿戴设备监测、远程患者监控系统以及基于云计算的数据分析平台，能够实现对患者健康状况的实时监控和分析。这些技术不仅能够提供关于患者生命体征、活动水平和药物依从性的即时数据，还能通过分析这些数据的变化趋势，提前预警可能的健康问题。例如，通过分析慢性心脏病患者的心率和活动数据，数据驱动的系统可以预测并提前警告即将发生的心衰加剧，从而使医疗保健提供者能够及时介入，调整治疗方案或采取预防措施。

数据驱动的方法在公共卫生监控和疫情预警方面也显示出了传统方法难以比拟的优势。利用大数据分析和人工智能算法，可以实时监测和分析来自全球的健康数据和疫情报告，快速识别疾病传播的模式和趋势，预测疫情的发展方向。这种实时预警能力为公共卫生决策提供了强有力的支持，使得疫情控制措施能够更加精准和及时地实施，有效减少了疾病传播的风险。

二、数据驱动的医疗保健和医学研究的作用

我国医疗保健和医学研究面临的难题包括医疗资源分布不均、医疗服务效率与质量有待提升、公共卫生系统对突发疾病应对能力的挑战、医学研究创新速度有待加快等。数据驱动的医疗保健和医学研究通过提供精准的医疗服务、优化资源配置、加强公共卫生应急能力、加速医学创新和形成健康生活方式，可以针对性地解决上述难题，从而推动“健康中国”战略顺利实施，为实现“健康中国”2030年战略目标提供强有力的支持。

（一）实现医疗资源的优化配置

在我国，医疗资源的分布不均和使用效率不高是医疗保健和医学研究领域面临的重大难题之一。这主要表现在高质量医疗资源集中在城市和沿海发达地区，而中西部地区、农村和偏远地区的医疗资源相对匮乏；同时，医疗资源配置的信息化水平不高，导致资源利用效率不理想。数据驱动的医疗保健和医学研究在优化医疗资源配置方面具有巨大潜力，不仅可以帮助解决我国医疗资源分布不均和使用效率不高的问题，还能够促进医疗保健服务的公平性和可及性，为实现全民健康提供强有力的支持。

数据驱动的医疗策略通过深入分析全国医疗资源分布、人口健康状况及医疗服务需求数据，有效揭示资源短缺与需求高峰区域。这种策略不仅显现出现有资源配置的局限，而且能预测未来医疗需求的变动趋势，为医疗资源的合理布局提供坚实的数据支持。特别是在人口稠密或资源匮乏的地区，数据分析帮助政府和医疗机构实现资源配置的科学化和精确化。通过对比分析不同地区医疗资源利用率与健康指标差异，数据驱动方法能够指导资源的优化分配，确保每个区域的医疗资源配置更加合理，有效缓解医疗资源不均问题，从而提高全民健康水平和医疗服务的公平性。

数据驱动的方法在提升医疗资源使用效率方面表现卓越。通过对医院运营数据的深入分析，这种方法能够提升医院的服务效率，优化医生排班系统，提高病床使用率，实现医疗设备的有效调配。这样的优化减少了患者的等待时间，提升了医院服务的效率和质量。智能调度系统的应用，根据患者具体情况自动分配最合适的医疗资源，确保紧急情况下患者能得到及时救治。这种高效利用医疗资源的方法不仅提高了医疗服务的质量，也增强了医疗系统

对突发事件的响应能力，最大限度地提升了医疗资源的使用价值。

数据驱动的方法通过构建全国性医疗资源数据库和在线服务平台，显著提升了医疗资源配置的信息化水平。这种平台的建立让医疗资源信息共享成为可能，使医疗提供者可以基于最新数据进行精准决策，同时也让患者能够轻松获取全国范围内的医疗资源信息，自主选择最适合的服务。这样的信息化措施不仅提高了医疗服务效率，还增强了医疗服务的透明度，促进了患者权益的保护。信息化平台的应用，特别是在紧急医疗服务和疫情防控中，能够快速准确地进行资源调配和信息传递，确保医疗资源得到最有效利用。

数据驱动的策略在促进跨地区医疗协作方面具有重要意义。通过分析医疗服务流动和患者就医路径的数据，这种策略揭示了地区间医疗服务供需的差异，为跨地区医疗资源的均衡配置提供了数据支持。远程医疗和区域医疗中心的建立，使得高质量医疗资源能够延伸至资源匮乏地区，缩小了地区间医疗服务质量的差距。这种跨地区协作不仅提升了偏远地区医疗服务水平，还促进了医疗资源的有效流动和利用，加快了医疗服务均等化进程，为实现全民健康目标奠定了坚实基础。

（二）提升医疗服务的效率和质量

尽管我国医疗保健体系取得了显著的进步，但医疗服务的效率和质量提升仍面临着一系列挑战，包括医疗服务的接入难度、医疗服务供需矛盾、医疗质量和效率的不均衡、医疗质量的普遍提升需求、医疗服务创新能力的不足。这些问题影响了患者获得高质量医疗服务的能力，也限制了我国医疗保健体系的整体发展。数据驱动的医疗保健和医学研究在提升医疗服务效率和质量方面具有独特的优势。通过利用大数据、人工智能等技术，可以对海量医疗健康数据进行深度分析，从而在多个方面实现医疗服务的优化和创新。

数据驱动的医疗保健方法正逐步改变医疗服务的面貌，特别是在实现精准诊断和个性化治疗方面展现出巨大潜力。通过综合分析患者的电子健康记录、基因数据以及生活习惯等多源信息，医生能够对疾病进行更为准确的诊断，并根据每位患者的独特情况制定量身定制的治疗方案。这种方法不仅显著提升了治疗效果，降低了治疗失败的风险，还有效减少了因误诊或过度治疗导致的医疗资源浪费。个性化医疗的实践，如基于基因测序的靶向治疗选择，已经在多种癌症治疗中取得显著成效，提高了患者的生存率和生活质量。

数据驱动的医疗保健方法在促进医疗服务创新方面发挥着至关重要的作用。通过分析海量的健康数据，研究人员能够揭示疾病发生的新机制，发现潜在的治疗方法或药物。这些发现加速了医学研究的进程，推动了新技术和新治疗方法的开发。同时，数据分析还支持对新技术或治疗效果的评估，确保这些医疗创新能够真正转化为实现患者健康的有效手段。例如，通过分析患者对某种新药的反应数据，可以快速调整药物的使用策略，使其更加安全有效。这种基于数据的创新和评估机制，为医疗保健领域带来了前所未有的发展机遇。

（三）强化公共卫生系统的应急响应能力

我国公共卫生系统面临的挑战之一是应急响应能力需要进一步加强，特别是在面对突发公共卫生事件时的快速反应和有效管理。近年来，从 SARS 到 COVID-19 的疫情暴发，都凸显了公共卫生系统应急响应能力的重要性。这些挑战包括疫情监测和预警机制的不足、跨区域卫生事件的协调与信息共享障碍、公众健康教育和疫情信息传播的有效性等。数据驱动的医疗保健和医学研究在强化公共卫生系统的应急响应能力方面具有独特的优势，它通过建立更为精准高效的疫情监测预警系统、促进公共卫生信息的快速共享与协调、提升公众健康教育的效率，能够帮助我国公共卫生系统更好地应对突发公共卫生事件，保护人民生命安全和身体健康。

利用大数据分析和人工智能技术，我们可以建立更为高效的疫情监测和预警系统。通过实时收集和分析来自医疗机构、疾控中心和互联网的健康数据，系统能够及时发现异常健康事件和疫情的早期迹象，为快速响应和防控措施的制定提供科学依据。例如，通过分析搜索引擎查询数据和社交媒体内容，可以迅速捕捉到疫情的初期信号，实现疫情的早期识别和快速反应。

数据驱动的方法可以促进公共卫生信息的快速共享和跨区域协调。建立全国统一的公共卫生信息平台，实现数据的实时共享，不仅可以加强不同地区和部门之间的协作，还可以优化资源配置，确保医疗资源能够迅速流向需求最紧急的地区。此外，利用大数据分析，政府和卫生部门可以更精准地评估疫情发展趋势和影响范围，制定更有针对性的防控措施和干预策略。

数据驱动的医疗保健还能够提升公众健康教育和疫情信息传播的效率和准确性。通过分析公众的健康行为和信息需求，可以定制化地提供健康教育内容和疫情防控指南，提高公众的健康意识和自我防护能力。同时，利用大数据分析公众对疫情信息的反馈，可以帮助政府和卫生部门优化信息传播策略，有效应对谣言和不实信息的传播，维护社会稳定。

（四）加速医学研究和医疗创新

在我国，尽管医疗保健和医学研究领域取得了显著进步，但面临的挑战依然严峻。特别是在加速医学研究和医疗创新方面，存在研究资金不足、跨学科合作机制不完善、创新成果转化效率低下等问题。这些问题制约了我国医学研究的深度和广度，也影响了医疗创新成果的快速应用与普及。数据驱动的医疗保健和医学研究以其独特的优势为解决上述问题提供了新的思路，能够加速医学创新成果的产生和应用，为我国医学研究和医疗创新提供了强大动力和广阔空间，从而提升我国医疗保健服务的质量和效率。

数据驱动的医学研究方法正在革命化地推进医学领域的发展，特别是在揭示疾病机理和发现治疗新靶点方面。通过对海量医疗和健康数据的分析，这种方法能够深入探索疾病背后的复杂生物过程，为药物发现和治疗策略的创新提供坚实的科学基础。例如，利用大数据分析癌症患者的基因组数据，研究人员已经成功识别出多种癌症类型的关键驱动基因变异，这直接促进了针对这些特定变异的靶向药物的开发。这种方法不仅提高了治疗的精准度和效果，也为患者带来了新的希望。

数据驱动的医学研究通过促进跨学科合作，极大地拓展了医学研究的边界。将计算机科学、数据科学与生物医学等融合，不仅为解决复杂的医学问题提供了更多角度和方法，也加快了医学发现的速度。共享的数据平台和协作工具让来自不同背景的专家能够轻松合作，共同推动医学研究项目。这种跨学科的合作模式不仅加深了对疾病的理解，还加速了从实验室到临床应用的转化过程，提升了医学研究的效率和创新能力。

数据驱动的方法在加速医疗创新成果的评估和商业化转化方面也显示出巨大潜力。通过对大量临床试验数据的分析，可以迅速评价新治疗方法的安全性和有效性，极大地缩短了新药从研发到应用的时间。同时，对市场需求的数据分析为医疗创新提供了有力的决策支持，确保了新技术或新药能够快速响应市场需求，提高了创新成果转化的效率和经济价值。这种基于数据的创新评估和转化机制，不仅为医药企业提供了竞争优势，也为患者带来了更多的治疗选择。

（五）形成健康生活方式和有效疾病预防

在我国，形成健康生活方式和有效疾病预防面临着诸多挑战，包括公众健康意识的普遍不足、健康信息的获取渠道有限、疾病预防措施的个体化不足等。尽管国家已经采取了一系列措施来改善这些状况，但要真正实现健康生活方式的普及和疾病预防的有效性，还需要更加精准和个性化的策略。

数据驱动的医疗保健和医学研究方法为实现个体定制化健康管理和疾病预防方案提供了强有力的支持。利用来自健康检查、生活习惯调查以及环境因素等多方面的大数据，这种方法可以深入分析个人的健康状况和潜在风险。例如，通过综合分析个体的饮食习惯、运动频率、工作压力以及家族病史等信息，数据驱动的系统能够发现心血管疾病的潜在威胁，并据此提出针对性的生活方式调整建议。这种个性化的健康管理计划不仅有助于提高疾病预防的有效性，还能促进个体健康习惯的形成，从而在更广泛的层面上提升公共健康水平。

在提升公众获取健康信息效率和准确性方面，数据驱动的医疗保健同样展现出巨大潜力。通过构建智能化的健康管理平台，个人能够根据自己的健康状况和需求，快速获得个性化的健康建议和医疗信息。这些信息基于对大规模数据集的深入分析，不仅内容更加全面，而且针对性和准确性远超传统健康信息服务。此外，这种平台还能根据用户的反馈和健康数据变化，动态调整健康建议，进一步提升服务的个性化程度和有效性，极大地激发了个体主动管理健康的积极性。

在早期疾病风险识别和预防方面，数据驱动的方法展现了其独特的优势。利用深度学习和人工智能算法对个体的遗传信息、生活方式数据进行分析，可以准确预测慢性疾病的风险。这为实现疾病的早期预防和干预提供了可能。例如，通过分析个体的遗传倾向和生活习惯，数据驱动的系统能够预测 2 型糖尿病的发病风险，并据此提供科学的饮食和运动建议。这种预防策略的实施，能够有效降低疾病发生率，对提升全民健康水平具有重要意义。

第三节　推动我国数据驱动的医疗保健和医学研究更好发展

我国数据驱动的医疗保健和医学研究面临数据隐私安全担忧、标准化和互操作性不足、技术人才短缺及数据共享整合难题等挑战。为了应对这些挑战，需要完善法律法规，确保数据隐私安全；推动数据标准化及平台互联互通；加强技术人才培养；建立高效的数据共享机制，促进多方协作与信息共享；等等。

一、我国在推进数据驱动的医疗保健和医学研究中的挑战

我国在医疗保健和医学研究的深度应用方面面临的挑战包括数据质量和标准化不足、数据隐私和安全担忧、技术和人才瓶颈、数据共享和协作机制缺失、创新成果转化效率低，以及公众对数据驱动医疗的接受度不高等问题。

（一）数据质量和标准化不足

我国医疗保健领域正面临着数据质量和标准化不足的严重挑战，这些问题在数据的整合、共享和应用过程中尤为突出。因为不同医疗机构采用各自的数据格式、采集标准和处理流程，所以数据互操作性差和整合困难，进而严重影响了数据分析的准确性和效率。这不仅妨碍了医疗信息系统之间的有效通信，也限制了基于数据的临床研究和决策支持的潜力。数据质量参差不齐，从不准确的数据录入到不完整的数据收集，都增加了医疗研究和实践中错误决策的风险。此外，数据标准化的不足还阻碍了医疗保健数据在更广泛范围内的共享和利用，从而限制了医疗服务和公共卫生管理的改进。在这种背景下，建立和推广统一的医疗数据标准，提高数据质量，成为推动我国医疗保健和医学研究深度应用的关键。

（二）数据隐私和安全担忧

在大数据时代背景下，数据隐私和安全担忧在医疗保健领域成为亟待解决的重大挑战。随着医疗数据量的爆炸式增长和医疗信息系统的广泛应用，如何有效保护患者隐私和信息的安全成为一个复杂的问题。当前，虽然有法律法规对医疗数据的保护提出了要求，但在实际操作中，保障患者隐私和数据安全的措施仍存在不足。数据泄露和隐私侵犯的事件时有发生，不仅损害了患者的利益，也影响了公众对医疗保健系统的信任。此外，随着数据共享和跨机构合作的增加，如何在确保数据利用的高效性和创新性的同时，强化数据隐私和安全控制，成为医疗保健领域面临的一大挑战。在这种背景下，确保医疗数据隐私和安全的重要性不言而喻，相关部门需要加强监管，采取

更有效的技术和管理措施来保护患者数据。

（三）技术和人才瓶颈

尽管我国在人工智能、大数据等前沿技术领域取得了显著进展，但在将这些技术应用于医疗保健和医学研究的过程中，仍然面临着技术和人才的瓶颈问题。缺乏既具备医学知识又精通数据科学的复合型人才，成为制约医疗数据深度应用的关键。当前，这种跨领域人才的短缺不仅影响了医疗数据分析的深度和广度，也限制了基于数据的医疗创新和服务改进的速度。此外，面对日益复杂的医疗数据和不断变化的技术环境，现有的医疗保健系统和研究机构在技术能力上的不足也日益凸显。这不仅包括数据处理和分析技术的局限，还包括对新兴技术如人工智能在临床应用中的有效利用不足。在这种情况下，加强技术创新和人才培养，尤其是培养能够将医学知识与数据科学紧密结合的复合型人才，对于推动我国医疗保健和医学研究的深度应用具有至关重要的意义。

（四）数据共享和协作机制缺失

在我国医疗保健和医学研究领域，数据共享和协作机制的缺失是一个显著的问题，严重制约了医疗数据的有效利用和深度应用。尽管数据共享对于推动医学研究、提高临床决策质量以及优化医疗资源配置具有重要意义，但当前我国在建立有效的数据共享平台和协作机制方面仍面临重大挑战。一方面，由于缺乏统一的数据标准和共享协议，不同机构间的数据难以实现无缝对接和互操作，造成了“数据孤岛”的现象。另一方面，医疗数据的敏感性和隐私保护的要求增加了数据共享的复杂度，导致各机构在数据共享时过于谨慎，甚至出现数据共享的障碍。此外，缺乏跨部门、跨领域协作的有效机制和平台，也限制了医疗保健数据在更广泛领域的应用，降低了医疗保健和医学研究的整体效率和创新水平。

（五）创新成果转化效率低

我国医疗保健和医学研究领域的另一个显著问题是创新成果转化效率低。尽管数据驱动的研究方法能够加速新知识和新技术的产生，但这些创新成果在转化为临床应用和产品的过程中面临诸多障碍。首先，从实验室到市场的转化路径复杂，缺乏有效的支持和引导机制，使得许多有潜力的研究成果难以跨越“死亡之谷”。其次，创新成果的商业化面临资金、政策支持不足，以及医疗市场接受度低等问题，导致创新成果转化效率低。最后，医疗保健领域的严格监管和长周期审批流程也是阻碍创新成果快速转化的重要因素。这种低效的创新成果转化机制，不仅延缓了医疗技术的进步和医疗服务质量的提升，也影响了医疗保健领域创新活力的激发。

（六）公众对数据驱动医疗的接受度不高

公众对数据驱动医疗服务的认知和接受度不高，是推动我国医疗保健和医学研究深度应用面临的又一重要挑战。在数据驱动医疗保健模式逐渐推广的背景下，公众对于这一新兴模式的了解不足，对个人数据的隐私保护和数据安全存在担忧，这些因素都影响了他们对数据驱动医疗服务的信任和接受程度。缺乏足够的公众教育和宣传，以及对数据驱动医疗潜在价值的认识不足，进一步加剧了公众的疑虑和抵触情绪。此外，随着医疗数据应用的深入，如何在提升医疗服务效率和质量的同时，确保患者权益不受侵犯，也是需要认真考虑的问题。公众对数据驱动医疗的低接受度，不仅限制了医疗数据应用的广度和深度，也影响了医疗保健服务模式创新的推广和应用。

二、如何推动我国数据驱动的医疗保健和医学研究更好发展

要推动我国数据驱动的医疗保健和医学研究更好发展，需要政府、医疗机构、科研机构和企业等社会各方的共同努力创造良好的发展环境，推动医疗健康领域的创新与进步，最终实现提升医疗服务质量和公众健康水平的目标。

（一）加强医疗数据基础设施建设

为了充分发挥数据驱动的医疗保健和医学研究在我国的潜力，加强医疗数据基础设施的建设成为迫切需要解决的首要任务。这不仅涉及在全国范围内建立统一、高效的医疗数据收集、存储、处理和分析的综合平台，还意味着必须确保从各级医疗机构收集来的数据能够高效地流动和被利用，以支持医学研究的深度分析和医疗服务的精准化改进。为此，实现数据标准化成为关键一步，这包括统一的数据格式、医疗术语、数据交换协议等，确保数据在不同系统和平台间能够无缝对接和交换。进一步而言，建设强大的数据存储系统和开发高效的数据处理算法也至关重要。这些技术不仅能处理日益增

长的数据量，还能保障数据处理的速度和分析的准确性，以适应医疗研究和临床决策支持的需求。此外，为了最大化数据的价值，还需要开发先进的数据分析工具和算法，如人工智能和机器学习模型，这些工具可以帮助研究人员从复杂的医疗数据中提取有价值的信息，发现疾病的新机理和治疗方法。

（二）制定严格的医疗数据隐私和安全法律和政策

随着数据驱动的医疗保健和医学研究在我国的迅速发展，如何平衡医疗创新与患者隐私及数据安全的保护成为一个日益重要的议题。面对这一挑战，我国亟须通过制定和执行更为严格的数据隐私保护法律和政策，来建立一个安全可靠的医疗数据环境。这不仅涉及对医疗数据收集、存储、处理和使用全过程的严格监管，也包括采取先进的技术手段如数据加密和匿名化处理，以确保在提取和分析医疗数据时最大限度地保护患者信息不被泄露或滥用。此外，建立健全的数据泄露应急响应机制也至关重要，一旦发生数据安全事件，要迅速采取有效措施，最小化损失并及时通知受影响的患者，这对于维护医疗机构的声誉和患者的信任至关重要。在此基础上，加强公众教育和提升公众对于个人健康数据权益的认识也非常必要。通过广泛的宣传教育活动，不仅可以增强患者的数据保护意识和能力，也能提升公众对数据驱动医疗服务的信任和接受度。这需要政府、医疗机构、科技企业等的共同努力。政府部门需加强法律法规的建设与执行力度，为医疗数据的安全保护提供坚实的法律基础；医疗机构和科技企业则应采取严格的数据保护措施，并对员工进行隐私保护和数据安全的培训；社会组织和媒体也应积极参与公众教育，共同营造一个安全、透明、可信的医疗数据环境。只有这样，才能在确保患者隐私和数据安全的前提下，充分发挥医疗数据在促进医疗保健和医学研究进步中的巨大潜力。

（三）培养跨学科人才

随着医疗保健和医学研究领域日益向数据驱动转型，我国面临着对高素质跨学科人才的迫切需求。这种人才不仅要有医学专业知识，也要有数据科学、人工智能（AI）等领域的深入理解和应用能力。为了满足这一需求，我国必须在教育体系中实施一系列改革和措施，加强跨学科人才的培养。首先，高等教育机构应开设涵盖医学、数据科学和 AI 等领域的交叉学科专业，这些专业旨在培养学生掌握医学知识的同时，也能熟练运用数据处理和分析技术。这样的教育模式可以为学生提供一个广阔的学习平台，让他们在实践中学习如何将数据科学应用于医疗研究和临床实践中，从而培养出能够在未来医疗领域发挥领导作用的复合型人才。其次，对于在职的医疗卫生人员，提供持续的教育和培训是至关重要的。这包括组织专门的研讨会、在线课程和工作坊，覆盖数据分析、机器学习、大数据技术等领域的最新发展，以便这些专业人士能够不断更新他们的知识和技能，适应医疗领域的快速变化。最后，加强学术界与产业界之间的合作对于培养未来的领军人才同样至关重要。通过实际项目合作、实习机会和联合研究计划，学生和在职人员可以获得宝贵的实践经验，这不仅有助于他们更好地理解理论知识的实际应用，也促进了学术研究成果的快速转化和应用。通过高等教育改革、持续教育和培训、学术界与产业界的深度合作，我国能够有效地培养出一批具有前瞻性、创新性和实践能力的跨学科人才。这些人才将成为推动我国医疗保健和医学研究向数据驱动转型的核心力量，引领我国医疗保健事业迈向更加智能化、高效化的未来。

（四）促进产学研用协同创新

为了充分发挥数据驱动医疗的潜力，我国正面临着加强产学研用之间协同创新的迫切需求。这一需求呼吁医疗机构、高等院校、科研机构和企业之间建立更为紧密和高效的合作模式，共同探索和解决医疗保健领域面临的重大挑战。政府在这一过程中扮演着至关重要的角色，通过提供政策引导和资金支持，可以显著激励和促进跨领域的合作。这不仅包括直接的财政投入，也涉及税收优惠、研究资助和创新奖励等多种形式的支持，特别是针对那些旨在解决公共健康问题、提高医疗服务效率和质量的研究项目。此外，为了确保研究成果能够顺利转化为实际应用，推动医疗服务的创新和改进，建立一套灵活而高效的知识产权保护和成果转化机制显得尤为重要。这不仅有助于保护研发成果的商业价值，也促进了技术的共享和传播。这种跨界合作不仅能整合来自医疗、科研和产业界的资源和智慧，共同应对医疗保健领域的复杂问题，还能加速医学研究成果的创新和应用，从而在更广泛的范围内提升公众健康水平和医疗服务质量。例如，医疗机构与高校和科研院所的紧密合作能够促进最新科研成果的临床验证和应用，而企业的参与则有助于将这些科研成果转化为市场上的医疗产品和服务。

（五）强化公众教育和宣传

随着数据驱动的医疗保健和医学研究在全球范围内的快速发展，如何有效地提升公众对其潜力的认识和理解，成为推动该领域进步的关键因素之一。在我国，这一任务尤为迫切，因为数据驱动的医疗模式对于很多人来说还是一个相对新颖的概念。为了更好地推动这一转型，不仅需要医疗和科研人员的努力，更需要公众的理解、支持和积极参与。首先，提高公众对数据驱动医疗保健潜力的认识是基础。这意味着需要通过健康科普讲座、在线教育课程、媒体报道等多种渠道和形式，广泛传播数据驱动医疗的基本概念、应用案例以及潜在益处，如通过大数据分析实现早期疾病预测、个性化治疗方案的制定等。这样的教育宣传活动可以帮助公众更深入地理解数据驱动医疗保健的价值，激发他们对参与健康管理的兴趣和热情。其次，加强对个人健康数据管理和保护知识的普及同样重要。随着医疗健康数据量的激增，如何安全地管理和保护这些数据，防止数据泄露和滥用，成为每个人都必须面对的问题。因此，通过教育宣传活动向公众普及数据加密、匿名化处理等技术手段，以及教授公众如何识别和防范网络安全威胁，对于提升公众的数据隐私保护意识和能力至关重要。最后，强调数据隐私保护的重要性，教育公众建立正确的数据隐私保护观念，也是公众教育的一个重要方面。通过案例分析、互动讨论等形式，让公众了解数据隐私保护的法律法规，以及个人在数据利用过程中的权利和责任，可以帮助他们在享受数据驱动医疗服务带来的便利的同时，有效保护自己的隐私权益。

（六）加大研究投入和政策支持力度

为了促进我国数据驱动的医疗保健和医学研究的深入发展，政府及相关机构需要增强对此领域的研究投入和政策支持力度。这不仅涉及为科研人员和研究机构提供充足的资金激励，以鼓励他们开展更为深入和广泛的研究，而且还需通过构建有利于科研成果转化与应用的政策环境，来促进医疗科技创新的快速发展。我们可以通过增加研究资金的投入、实行税收优惠政策、制定人才培养方案以及为创新项目提供奖励等一系列措施，共同构成对数据驱动医疗研究的有力支持。这种政策和资金上的支持不仅能为数据驱动医疗研究奠定坚实的基础，而且还能激发企业、医疗机构以及高等教育机构参与的积极性，形成跨领域、多层次的合作网络，共同推进医疗保健和医学研究的创新与发展，从而提升医疗服务的质量与效率，使广大患者和公众享受到更优质、更高效的医疗服务，促进公共健康水平的整体提升。

（七）建立健全的跨部门协作机制

在推动我国数据驱动医疗保健和医学研究向更深层次发展的过程中，建立不同部门之间的有效协作机制显得尤为关键。这需要卫生健康、科技、教育、工业和信息化等各相关部门携手，通过构建一个跨部门的协作平台来实现信息共享、资源整合与政策协调。这种全面的跨部门协作不仅能确保政策从制定到执行的每一环节都能紧密配合，而且还促进了政府、研究机构、医疗机构与企业之间的深入合作，共同应对医疗保健领域所面临的诸多挑战。特别是在加速医学研究成果向临床应用的转化过程中，这种协作机制将发挥至关重要的作用。这样的跨部门协同不仅可以更高效地利用各方资源，还能够集合多方力量，形成强大的合力，从而推动我国医疗保健和医学研究在数据驱动的浪潮中取得更加显著的进步与突破。这不仅是向建设“健康中国”目标迈进的重要步骤，也是提升国家医疗科技创新能力、增强公共健康安全保障能力的关键举措。通过这种跨界合作，我国医疗保健和医学研究的领域将迎来更加广阔的发展空间，最终惠及每一位公民，为全社会创造更多的健康价值。

第六章

数据要素推进我国金融高质量发展

数据要素在金融行业的应用场景广泛，包括风险管理、信用评估、精准营销、反欺诈、投资决策等。数据要素在金融行业的广泛应用能够产生乘数效应，可以显著提升金融机构的运营效率和竞争力，推动金融创新和业务模式变革。数据要素将成为金融强国战略的新引擎，助力我国在全球金融领域占据更重要的地位，增强金融体系的稳定性和可持续发展能力，从而为我国经济社会发展提供高质量服务。

第一节　数据要素在金融行业的应用场景

数据要素在金融行业中的应用是多方面的，涉及从风险管理到客户服务，再到交易和投资决策等多个领域。数据要素在金融行业的广泛应用，不仅可以提高效率、降低成本，还能增强客户体验和满意度，帮助金融机构在竞争激烈的市场中保持竞争优势。

一、风险评估和管理

风险评估和管理是金融行业的核心业务，涉及识别、评估、监控和控制财务操作中的潜在风险。风险评估和管理的有效实施可以帮助金融机构稳健地增长，同时防范潜在的财务损失。

（一）风险识别

数据驱动的风险识别涉及使用大数据来发现市场风险、信用风险、操作风险、流动性风险和合规性风险的潜在的风险源。这一过程不仅要求金融机构能够捕捉到广泛的数据，还要求它们能从这些数据中识别出可能导致财务损失的风险信号。风险识别的成功极大地依赖于数据集成和模式识别的有效运用。

1. 市场风险识别

在金融行业内，市场风险的识别传统上依赖于对历史数据、财务报表和宏观经济指标的分析。这种方法主要通过定性分析和基于经验的判断来预测市场变动，如利率、汇率、股价和商品价格的波动。虽然这种方法在一定程度上能够提供市场风险的概览，但它在处理复杂市场环境和预测未来趋势方面存在局限性。与之相对，数据驱动的方法通过采用大数据分析技术、高级统计模型和机器学习算法，对包括社交媒体情绪、新闻报道、非结构化市场信息在内的更广泛数据集进行分析，是一种更为精细和前瞻性的市场风险评估手段。这种方法能够深入挖掘和分析市场信号，识别潜在的风险因素，从而使金融机构能够更加灵活和迅速地响应市场变化。通过实时监控市场动态和趋势，数据驱动的方法不仅提高了风险识别的准确性，也增强了金融机构对市场波动的适应能力和风险管理的有效性。

2. 信用风险识别

信用风险的识别在金融行业中至关重要，传统方法主要依赖于对借款人的信用历史、财务状况和担保品价值的分析。这些方法在处理标准化财务信息方面相对有效，但它们可能无法充分捕获到由借款人的非财务行为引起的复杂风险因素。相比之下，数据驱动的方法通过分析大规模的交易数据、在线行为模式、社交网络信息以及其他非传统数据来源，利用先进的预测模型和机器学习技术来评估借款人的还款能力和违约概率。这种方法能够揭示出更加细致和深入的风险信号，例如，通过分析借款人的消费习惯和社交互动模式来预测其财务压力的增加，从而为信用风险管理提供更为全面和动态的视角。数据驱动的信用风险识别方法不仅提高了风险评估的精度，也为金融机构提供了更有效的工具来降低信用风险并优化贷款决策过程。

3. 操作风险识别

操作风险的管理对于金融机构来说至关重要，传统方法主要依赖于内部审计和对历史事故的反应性分析。这种方法往往在问题发生后才开始采取措施，缺乏主动预防的能力。与此相反，数据驱动的方法通过实时监控和分析包括交易日志、员工活动记录、系统性能数据在内的大量操作数据，采用模式识别和异常检测技术来提前识别风险。这种方法能够有效地捕捉到潜在的操作失误、系统故障或欺诈行为，从而使金融机构能够在问题扩大之前采取预防或缓解措施。数据驱动的操作风险识别方法不仅提高了风险监控的实时性和准确性，而且通过预测性分析支持了更加主动的风险管理策略，从根本上增强了金融机构的风险防范能力和操作效率。

4. 流动性风险识别

流动性风险的管理是金融机构稳健运营的关键，传统方法依赖于现金流预测、负债到期结构分析及流动性缓冲资产评估等手段。这些方法在常规市场环境下表现良好，但在市场紧张或流动性危机时可能反应迟缓。数据驱动的方法通过分析实时市场数据、资金流动性指标以及通过高级模拟技术（如蒙特卡罗模拟）来评估不同市场情况下的流动性风险，是更为动态和全面的风险管理工具。这种方法允许金融机构更准确地预测和应对潜在的流动性压力，通过更精细的流动性风险评估，确保在极端市场条件下也能保持足够的流动性。数据驱动的流动性风险识别方法不仅增强了金融机构对市场变化的适应性和韧性，也为流动性管理提供了更高效和前瞻性的决策支持。

5. 合规性风险识别

在金融行业，合规性风险的管理是一个持续的挑战，传统的识别方法主要依赖于对法律法规的定期审查和对过往合规记录的分析。虽然这种方法在确保当前业务活动符合现有法规要求方面相对有效，但它可能难以应对法规环境的快速变化和新兴的合规风险。数据驱动的方法通过持续监控和分析法规变化、内部政策更新以及相关外部数据（包括监管机构公告和行业合规标准），利用自然语言处理（NLP）和机器学习技术，为金融机构提供一种更为灵活和前瞻性的合规性风险识别手段。这种方法能够及时捕捉到合规要求的变动，帮助金融机构主动适应法规变化，降低违规风险。通过实时分析和预测合规性趋势，数据驱动的方法不仅提高了合规性风险管理的效率，也加强了金融机构在复杂法规环境中的竞争力。

（二）风险量化和评估

数据驱动的风险量化和评估相比传统方法有更大的灵活性、准确性和前瞻性。利用大数据和先进的分析技术，金融机构能够更有效地识别、度量和管理各种金融风险，从而在日益复杂和不确定的市场环境中保持竞争力和稳健性。

1. 风险量化

在传统的风险量化和评估过程中，金融机构通常依赖于历史数据和简单的统计模型来预测风险事件的可能性和潜在影响。这些方法往往基于线性假设和过去的表现来预测未来，可能无法充分捕捉市场的复杂性和动态变化。相比之下，数据驱动的方法通过利用大数据技术和先进的统计模型，如机器学习和人工智能，能够分析更广泛和深入的数据集，包括非结构化数据，比如社交媒体信息、新闻报道和实时市场数据。这些技术能够识别数据中的非线性模式和隐藏关系，提供更准确和全面的风险预测。例如，通过分析社交媒体上的情绪变化，金融机构可以提前感知市场趋势的转变和潜在的风险事件，从而实现更精确的风险量化和评估。

2. 风险度量

风险度量是风险管理的核心环节，传统方法如 VaR（Value at Risk）和 ES（Expected Shortfall）主要基于历史市场数据和波动性假设来估计潜在的最大损失。虽然这些方法为风险管理提供了量化的框架，但它们在处理极端事件和市场异常行为时的有效性有限。数据驱动的方法，尤其是那些利用机器学习技术的方法，能够通过分析大量历史和实时数据来更好地预测市场的尾部风险。这些方法不仅能够捕捉到复杂的市场动态和非线性关系，而且还可以通过连续学习和适应市场变化来不断优化风险预测模型。这种动态调整的能力使得金融机构能够更准确地度量和管理极端市场条件下的风险。

3. 压力测试

压力测试是评估金融机构在极端市场情况下稳健性的重要工具。传统的压力测试方法通常会设定几种假设的市场情景，基于历史数据来评估金融机构的潜在损失。然而，这些方法可能无法全面覆盖所有的风险因素和市场情景，特别是在快速变化的市场环境中。数据驱动的方法通过利用更广泛的数据源和复杂的模拟技术，如蒙特卡罗模拟，能够生成更多的假设情景并评估这些情景下的风险敞口。这种方法可以更精确地模拟市场的极端行为和尾部事件，提供更为全面和深入的风险评估。此外，通过应用机器学习算法，金融机构可以根据新的数据和市场信息不断调整和优化压力测试模型，使其更加贴近实际市场条件，从而提高风险管理的适应性和准确性。

（三）风险监控

通过采用数据驱动的方法，金融机构能够实现对风险的持续监控、动态报告和技术集成，显著提高风险管理的效率和准确性。利用大数据分析、机器学习和自动化技术，金融机构能够更快速地识别和响应各种风险，从而优化决策过程，增强市场适应性和竞争力。这种前瞻性和灵活性的风险管理策略是应对复杂金融环境不可或缺的工具。

1. 持续监控

在传统风险监控系统中，金融机构主要依赖于定期的财务报告、审计检查和过去的风险事件记录来监控风险。这种方法虽然在一定程度上能够帮助机构捕捉到风险，但反应时间较慢，往往在风险事件发生后才能进行处理。与之相对，数据驱动的方法使用高频数据监控和复杂事件处理技术，实时分析大量的交易数据、市场动态和其他相关信息，实现了对风险的即时监控。这种方法不仅可以迅速识别异常交易模式和潜在的风险信号，还能通过持续的数据流分析来预测未来的风险趋势。例如，通过利用机器学习算法分析客户行为模式的微小变化，金融机构可以及时发现欺诈行为或信用风险的迹象。数据驱动的持续监控方法大大提高了风险管理的效率和时效性，使得金融机构能够在风险形成之初就采取预防措施。

2. 报告制度的创新

传统的风险报告制度通常是周期性的，如每月或每季度进行一次，这导致管理层在决策时可能依赖于过时的信息。此外，这些报告往往是静态的，主要依赖于标准化的财务指标和历史数据分析。相比之下，数据驱动的方法利用实时数据和动态报告工具，能够为管理层提供即时的风险视图和深入的分析。通过集成仪表板和可视化工具，数据驱动的报告系统能够展示实时的风险指标、趋势分析和预警信号，使得管理层和风险管理人员可以基于最新的数据做出快速决策。例如，通过实时监控市场动态和风险指标，金融机构可以立即调整风险敞口，优化资本配置。数据驱动的风险报告制度不仅增强了风险管理的透明度，也提升了机构对市场变化的响应速度和灵活性。

3. 风险管理技术的集成

在过去，风险管理往往依赖于分散的系统和手动的分析过程，这不仅效率低下，而且容易出错。相反，数据驱动的方法通过技术集成和自动化流程，实现了对风险监控的全面优化。利用高级分析工具和大数据平台，金融机构现在能够自动收集和分析来自各种来源的数据，包括内部交易系统、市场数据提供者和社交媒体平台。这种集成的方法不仅提高了数据处理的效率，还通过高级分析揭示了不同市场和产品的风险关联。此外，利用云计算和分布式技术，金融机构能够在全球范围内实时监控各种风险。技术的集成和自动化不仅加强了金融机构的风险管理能力，也提升了其整体的运营效率和竞争力。

（四）风险防控

数据驱动的防控提供了比传统方法更高的灵活性、准确性和实时性。通过利用先进的数据分析技术和人工智能，金融机构能够提供个性化和动态的风险管理策略，可以更有效地管理各种风险，提高风险应对能力和市场竞争力。

1. 分散化和对冲策略的进阶

传统上，分散化依赖于直觉和基本的分析来选择不同行业或地区的资产，而对冲则通常基于静态的套期保值策略。相比之下，数据驱动的方法通过动态分析市场条件和实时评估风险，采用更复杂的算法来优化分散化策略和对冲操作。例如，利用大数据分析可以识别不同资产之间的隐性相关性，从而创建一个更弹性的投资组合，能够抵御市场的不确定性。同时，通过实时监控市场波动和风险敞口，金融机构可以自动调整对冲仓位，以适应市场变化，从而更有效地控制市场风险。

2. 信用风险管理的个性化

在信用风险管理领域，数据驱动的方法提供了一种个性化和动态的风险控制策略。与传统的依赖历史财务数据和静态评级系统的方法不同，现代方法通过分析大量的消费者行为数据、交易记录和即时市场信息，采用机器学习模型来预测个体的信用行为和违约风险。这种方法不仅提高了信用评估的准确性，而且允许金融机构根据实时数据调整信用策略，为不同的客户群体提供量身定做的金融产品和服务。此外，实时的风险监控和分析还能帮助金融机构及时发现潜在的信用问题，采取预防或缓解措施，从而降低信用损失。

3. 流动性管理的策略优化

针对流动性风险的管理，数据驱动的方法通过集成实时市场数据、内部流动性指标和先进的预测模型，为金融机构提供了一种更为精细和前瞻性的管理策略。与传统依赖于粗略估计和保守的流动性缓冲相比，现代方法能够更准确地预测短期和长期的资金需求，识别潜在的流动性压力点。金融机构可以利用这些洞察来优化资产负债管理，调整投资策略，制订应对突发事件的紧急流动性计划。这种动态和数据驱动的流动性管理策略大大提高了金融机构对市场波动的适应能力，降低了流动性危机的风险。

4. 操作风险的动态管理

在操作风险管理方面，数据驱动的方法通过实时监控和分析内部流程、交易行为和外部事件，为金融机构提供了一种更为主动和动态的风险控制机制。这与传统的依赖事后审计和定期检查的被动方法形成鲜明对比。利用数据分析工具和智能监控系统，金融机构可以即时识别操作流程中的异常模式和潜在的风险点，实现从预防到响应的全过程管理。此外，通过对操作风险数据的深入分析，金融机构可以发现根本原因，持续优化内部控制和流程，从而有效减少操作错误和损失，提高整体的业务效率和安全性。

（五）风险管理的技术支持

信息技术、人工智能、数据分析和技术集成在现代风险管理中的应用，不仅提高了风险管理的效率和效果，而且为金融机构提供了更深入的风险洞察和更强的决策支持能力。

1. 信息技术在风险管理中的革新应用

随着信息技术的快速发展，风险管理领域已经经历了从传统手工处理和简单自动化工具到高级数据处理和分析技术的转变。传统方法依赖于人工收集和分析数据，这不仅耗时耗力，而且容易出错，限制了风险管理的效率和效果。相比之下，数据驱动的方法利用先进的信息技术，如大数据平台和云计算，可以实现对大规模数据的自动收集、处理和分析。这使得金融机构能够即时访问和分析来自各种来源的数据，包括市场数据、客户数据和交易数据，从而获得更深入的风险洞察。此外，通过部署在云平台上的风险管理解决方案，金融机构可以获得更高的数据处理能力和灵活性，同时降低 IT 成本。

2. 人工智能和机器学习技术在风险预测中的应用

人工智能和机器学习技术在风险管理中的应用，为金融机构提供了前所未有的能力，以识别、评估和预测风险。与传统的统计模型和经验判断相比，这些数据驱动的方法能够处理和分析更大量、更复杂的数据集，并从中发现模式和趋势。机器学习模型可以根据新数据自我调整和优化，提高风险预测的准确性。在信用评分、市场风险分析和欺诈检测等领域，人工智能能够提供更为精准和个性化的风险评估。例如，通过分析客户的消费行为、社交媒体活动和交易历史，人工智能模型可以识别出潜在的信用风险或欺诈行为，从而使金融机构能够提前采取措施缓解风险。

3. 数据分析和可视化在风险监控中的进步

数据分析和可视化工具在风险管理中的应用，极大地提高了金融机构监控和理解风险的能力。传统的风险报告往往是静态的，依赖于表格和图表来展示信息，这使得解读数据和洞察风险成为一个挑战。相比之下，数据驱动的方法利用动态的数据可视化技术，如仪表板和热图，可以实时展示风险指标和警告。这不仅使得风险管理更加直观和易于理解，而且能够提供即时的风险警示，帮助管理层快速做出决策。此外，通过分析工具，金融机构可以深入探索数据，识别风险的根本原因和潜在的影响，从而制定更有效的风险控制和缓解策略。

4. 技术集成在风险管理流程中的价值

技术集成是现代风险管理不可或缺的一部分，它允许金融机构将风险管理嵌入业务流程中，实现跨部门和系统的协同工作。与过去依赖于孤立的系统和手动协调的方法不同，数据驱动的风险管理解决方案通过 APIs、微服务和云技术，实现了与交易系统、客户管理系统和合规监控系统的无缝集成。这种集成不仅提高了数据的一致性和准确性，还加快了风险信息的流通和响应速度。金融机构可以更有效地识别和响应风险事件，同时优化资源分配和决策过程。技术集成还支持了高级分析功能，如预测建模和情景分析，进一步增强了风险管理的前瞻性和战略性。

二、欺诈监测与防范

数据驱动的欺诈监测与防范方法通过实时数据分析、机器学习、多维度风险评估、自动化更新和交叉验证等技术，显著提高了金融行业对欺诈行为的识别速度、准确性和适应性。

（一）数据集成与实时分析

数据集成与实时分析在数据驱动的欺诈监测中起到了决定性的作用。它们使得金融机构不仅能够从多个数据源中获得更全面和深入的洞察，还能够以前所未有的速度识别和响应欺诈威胁，从而更好地保护客户资产和维护金融市场安全。

1. 欺诈监测的数据集成

数据集成在现代欺诈监测系统中扮演着至关重要的角色，特别是在数据驱动的方法中，其重要性更是得到了显著的提升。传统的欺诈监测方法往往依赖于有限的数据源，如单一的交易系统或客户信息数据库，这种孤立的数据处理方式限制了欺诈模式识别的全面性和深度。相比之下，数据驱动的方法通过整合来自各渠道的数据资源——包括但不限于客户的交易记录、登录日志、设备信息、社交媒体活动以及外部的欺诈数据库——创建了一个综合的数据视图。

这种集成的数据环境使得金融机构能够从多个维度分析和理解客户行为，提高了对复杂欺诈模式的识别能力。例如，通过分析客户的正常交易模式与异常活动之间的关系，金融机构可以更准确地识别出潜在的欺诈行为。此外，数据集成还支持了跨渠道的欺诈监测，使得即使欺诈者尝试在不同的交易渠道进行欺诈行为，也能够被系统有效识别。

2. 欺诈监测的实时分析

实时分析是数据驱动欺诈监测系统中的另一个关键要素，它与数据集成紧密相连，共同提升了欺诈监测的效果。在传统的监测系统中，数据处理和分析往往是批量进行的，这意味着欺诈行为可能在被发现之前就已经造成了损失。与此相对的是，数据驱动的方法利用先进的计算技术和算法，能够对集成的数据进行实时或近实时分析，这不仅加快了欺诈监测的速度，还增强了防范措施的时效性。

实时分析使得金融机构能够在欺诈行为发生的第一时间内识别并响应，大大减少了潜在的损失。此外，实时分析还为动态风险评估提供了支持，这意味着系统可以根据最新的交易行为和市场趋势不断调整欺诈监测模型，从而对抗不断进化的欺诈手段。例如，如果系统检测到某种新的欺诈模式正在出现，那么它可以立即调整监测策略来应对这一威胁，而不需要等待下一个批处理周期。

（二）机器学习与行为分析

机器学习与行为分析在欺诈监测中的应用，相比传统方法，不仅提高了监测的精确度和效率，还增强了系统对新出现欺诈手段的适应性和预测能力，为金融机构提供了一种更智能、更自动化的防欺诈解决方案。

1. 机器学习在欺诈监测中的创新应用

机器学习技术的应用彻底改变了金融行业中欺诈监测的景象，为识别和防范复杂欺诈行为提供了更高效、更智能的手段。与传统的基于规则的监测系统相比，机器学习方法不依赖于预定义的欺诈指标和模式，而是能够从大量历史数据中自动学习和识别欺诈行为的特征和模式。这种自我学习的能力使得机器学习模型能够识别出传统方法难以捕捉的复杂和隐蔽的欺诈策略，极大地提高了欺诈监测的准确性和效率。

在传统方法中，欺诈监测往往依赖于静态的、经验驱动的规则，这些规则需要定期手动更新以应对新出现的欺诈手段。然而，这种方法的反应速度慢，且难以适应快速变化的欺诈环境。相反，机器学习模型通过不断分析新的交易数据和欺诈案例，可以自动更新和优化，以识别新的欺诈模式和趋势。

2. 行为分析在欺诈监测中的深度应用

机器学习进一步加强了行为分析在欺诈监测中的应用，通过深入分析用户的交易行为、登录习惯、设备使用模式等多维度数据，机器学习模型能够建立每个用户的行为特征档案。这种基于行为的分析方法相比传统的静态特征分析，如简单的交易金额和频率判断，更加精细化和个性化。

行为分析的应用使得即使在没有明显异常指标的情况下，系统也能够通过识别与正常行为模式的微妙偏差来发现潜在的欺诈风险。例如，即使是在正常交易范围内，如果用户的交易地点、时间或设备突然发生变化，那么机器学习模型也可以根据这些变化与用户的正常行为模式的对比，来识别出可能的欺诈风险。

3. 自动化和持续学习

机器学习在欺诈监测中的另一个重要优势是自动化和持续学习的能力。与需要定期手动更新规则和模型的传统方法不同，机器学习模型能够自动从新的数据中学习，不断调整和优化监测策略。这种自动化的持续学习过程不仅大大减少了人工干预的需求，还确保了欺诈监测系统能够及时适应新的欺诈手段和策略。

机器学习模型的持续学习能力还意味着随着时间的推移，欺诈监测的准确性和效率将不断提高。随着越来越多的数据被分析，模型对用户行为的理解将变得更加深入，对欺诈行为的预测也将更加准确，从而为金融机构提供更强大的欺诈防范能力。

（三）多维度风险评估

多维度风险评估通过提供一个全面、深入且动态适应的分析框架，显著提升了金融机构对欺诈行为的监测和防范能力，相比传统方法，这种数据驱动的方法更加智能、高效且适应性强。

1. 综合数据分析

多维度风险评估背后的核心理念是，欺诈行为不仅体现在单一的指标上，而是会在多个维度上留下蛛丝马迹。数据驱动的方法通过收集和分析包括用户行为、交易模式、设备信息、地理位置数据以及时间标记在内的广泛数据，构建一个全面的风险评估模型。与传统方法相比，这种综合数据分析的方法能够揭示出更为复杂的欺诈模式，包括那些在单一数据维度上可能看起来完全正常的行为。

例如，一个用户突然在一个新设备上进行大额交易可能并不构成欺诈，但如果这个交易发生在非常规的时间，且地理位置与用户常用地点大相径庭，那么这些多维度的信息结合起来就可能指示一个高风险事件。传统方法的侧重点较为单一，可能无法捕捉到这种复杂的风险模式。

2. 动态模型的应用

数据驱动的多维度风险评估方法的另一个关键特点是动态性。机器学习和人工智能技术的应用使得欺诈风险评估模型能够不断从新的数据中学习和适应，与传统的静态风险评估模型形成鲜明对比。这种动态模型不仅能够自动更新参数以反映最新的欺诈趋势和模式，还能够对不同用户的行为进行个性化分析，从而大大提高欺诈监测的准确性和效率。数据驱动的方法通过实时更新风险评估模型，确保了金融机构能够快速响应新出现的欺诈手段。而传统方法由于依赖于人工更新规则和模型，往往无法及时适应快速变化的欺诈环境。

3. 持续优化

在实施多维度风险评估时，持续优化和调整模型也是至关重要的。数据驱动的方法持续监控模型的性能，并根据反馈调整算法，以确保风险评估的准确性随着时间的推移而提高。这种基于反馈的优化过程对于应对欺诈行为的不断演变尤为关键，因为欺诈策略和技术会不断变化，只有持续优化的模型才能保持高效的监测能力。而传统方法往往缺乏这种自我优化的能力，一旦设定好规则和参数，除非进行人工干预，否则很难实现自动调整。这就意味着在面对新型欺诈手段时，传统方法可能需要较长时间来适应和反应，从而增加了风险暴露的时间窗口。

（四）交叉验证与合作防御

在金融行业中，交叉验证与合作防御是对抗日益复杂的欺诈行为的关键策略。这种策略涉及多个机构和系统之间的信息共享和协作，以实现更广泛和有效的欺诈监测与预防。在数据驱动的方法下，交叉验证与合作防御的应用得到了显著的加强和优化，与传统方法相比，为金融机构提供了更加动态和互联的欺诈防御网络。

1. 交叉验证的强化应用

在传统的欺诈防御体系中，单一机构往往独立操作，主要依赖内部数据和资源进行欺诈监测。这种方式在资源和数据视角上存在局限性，尤其是在面对跨界欺诈行为时，单一机构可能无法有效识别和应对欺诈风险。而数据驱动的交叉验证方法通过整合来自不同机构和平台的数据资源，允许金融机构之间共享欺诈情报和风险指标，从而实现更全面的风险评估和监测。

这种跨机构的数据共享和分析能够揭示出更加复杂的欺诈模式，特别是那些利用多个系统或渠道进行的欺诈行为。通过交叉验证，不同机构可以相互验证和补充彼此的风险评估，提高欺诈监测的准确性和时效性。例如，如果一个用户在多个金融平台上短时间内进行了异常操作，那么通过交叉验证，这些行为可以被迅速识别并作为潜在的欺诈风险进行处理。

2. 合作防御的优化策略

数据驱动的合作防御策略进一步扩展了交叉验证的概念，不仅涉及数据共享，还包括在欺诈防御技术、策略和最佳实践上的合作。在这种模式下，金融机构、技术提供商和监管机构可以形成一个联防网络，共同对抗欺诈威胁。这种合作不仅限于数据层面，还包括共同开发和部署新的欺诈监测技术、算法和响应机制。

通过这种广泛的合作，金融生态系统内的各方能够共享最新的欺诈趋势、防御技术和策略，从而提高整个系统的抵御能力。特别是在对抗高度专业化和国际化的欺诈团伙时，合作防御提供了一种有效的策略。例如，通过定期的行业会议、工作组和共享平台，不同机构可以实时交换信息，协同应对新出现的欺诈手段。

三、算法交易

在股票、期货和其他金融市场中，算法交易是通过先进的数学模型和计算机程序来自动执行交易的一种方式。数据在算法交易的各个阶段都发挥着核心作用，从市场数据分析到信号生成，再到风险管理、执行算法和策略优化，每一步都依赖于对数据的深入分析和应用。这种数据驱动的交易方式，使得算法交易在速度、精度和效率上远超传统交易方法，为金融市场的参与者提供了强大的工具来应对日益复杂和动态的市场环境。

（一）市场数据分析

在算法交易中，市场数据分析是构建高效交易策略的基石，涵盖了从原始数据的收集和处理到深入分析和模式识别的全过程。这种分析方法通过利用数据科学和计算技术的力量，使得交易者能够基于实证数据而非单纯的直觉或经验进行决策。与传统交易方法相比，算法交易中的市场数据分析展现了其在数据处理能力、分析深度、预测准确性和实时响应方面的显著优势。

1. 数据处理能力的革命

算法交易已经引领了市场数据处理能力的一场革命，它通过自动化技术显著提高了处理大规模数据集的速度和效率。传统交易方法中，分析师一般仅能手动处理和分析有限的数据集，而算法交易能够无缝整合和分析来自广泛渠道的庞大数据量。这不仅包括价格和成交量等传统市场数据，还扩展到了新闻报道、社交媒体情绪、经济报告等非结构化数据源。这种综合性和深入性的数据处理为算法交易打下了坚实的基础，使其能够在瞬息万变的市场中迅速适应变化，捕捉到每一个潜在的盈利机会。自动化的数据处理系统不仅解放了人力，还确保了数据分析的全面性和时效性，为算法交易的成功奠定了关键的基础。

2. 分析深度与模式识别

算法交易在市场数据分析的深度和复杂性方面远超传统方法。通过利用统计学模型、机器学习和人工智能技术，算法交易能够挖掘市场数据中深藏的模式和趋势，这些往往是人眼难以直接识别的。这种深度分析能力让算法交易在捕捉市场机会方面具有了显著优势。识别出的模式和趋势被转化为交易信号，为买卖决策提供了科学依据。这不仅提高了交易的成功率，也为投资者提供了有力的工具。相较于依赖于经验和直觉的传统方法，算法交易的这种科学和系统化的分析方法，能够更有效地利用市场数据，发现并抓住投资机会。

3. 预测准确性的提升

算法交易通过先进的数据模型和算法显著提升了市场预测的准确性。这些模型基于大量历史数据进行训练，能够准确预测市场的未来走势，包括价格变动和波动率等关键指标。与依赖于人工分析的传统交易方法相比，算法交易的这种数据驱动分析方法具有无可比拟的优势。模型能够根据市场的最新变化实时调整和优化，确保预测的时效性和准确性。这种动态调整能力是传统交易方法难以实现的，它使得算法交易能够灵活应对市场变化，及时调整交易策略，最大化投资收益，同时降低风险。

4. 实时响应和动态调整

算法交易在对市场变化的实时响应和动态调整方面展现出了巨大的优势。通过实时数据流的分析，算法交易系统能够迅速捕捉市场的最新动态，并即时做出交易决策。这一点对于把握短期交易机会尤为关键，在快速变化的市场环境中尤其重要。此外，算法系统还能根据实时分析结果动态调整交易策略，以最大化收益或最小化风险。这种实时响应和动态调整的能力，使算法交易在保持交易灵活性和适应性方面，远远超越了传统交易方法，确保了交易策略始终与市场条件保持同步，从而在多变的金融市场中获得成功。

（二）信号生成

在算法交易系统中，信号生成是一个核心环节，它直接关联到交易决策的质量和效率。算法交易在信号生成方面展现出了与传统交易方法截然不同的特点，包括对大规模市场数据的高效处理与分析、复杂模型的应用以及信号生成过程的动态适应与实时优化。这些优势使得算法交易能够在复杂多变的金融市场中捕捉到更多的交易机会，提高交易的成功率和盈利能力。

1. 高效的数据处理与分析

算法交易系统能够实时处理与分析来自全球金融市场的庞大数据量，这是传统交易方法难以匹敌的。传统交易方法中，交易信号的生成往往依赖于交易者的经验和直觉，或是基于较为简单的技术指标分析。相比之下，算法交易通过自动化技术快速整合和分析市场数据，包括对非结构化数据如新闻报道和社交媒体情绪的解析，这些数据源在传统方法中往往被忽略。算法交易的这种全面而深入的数据处理与分析能力，使其能够识别出更多潜在的交易机会，并以更高的准确率生成交易信号。

2. 复杂模型的应用

算法交易在信号生成过程中广泛应用了复杂的数学模型和机器学习算法。这些模型能够从历史数据中学习市场行为的复杂模式，预测未来的价格走势，并据此生成交易信号。这种基于模型的信号生成方式，能够捕捉到人类分析师难以识别的微妙市场变化和复杂关系。传统交易方法中的信号生成通常没有这么高级的数据分析和模式识别能力，往往仅限于较为简单的图表分析和技术指标计算。

3. 动态适应与实时优化

算法交易系统的另一个显著特点是信号生成过程能够动态适应市场变化。通过实时数据分析，算法模型可以根据最新的市场信息自动调整和优化，以确保生成的交易信号始终反映当前的市场状况。这种动态适应能力显著提高了信号的时效性和准确性，为交易决策提供了强大的数据支持。相比之下，传统交易方法在信号生成方面往往缺乏这种灵活性和适应性，一旦市场条件发生变化，人工调整交易策略就会耗时且效率低下。

（三）风险管理

算法交易在风险管理方面的应用彰显了数据驱动策略的优越性。通过实时的数据分析、复杂模型的应用以及动态调整的策略，算法交易为风险控制提供了更为科学、精准和灵活的方法。

1. 风险识别与评估

算法交易在风险识别与评估方面采用了先进的数据分析技术，显著优于传统的风险管理方法。通过实时监控和分析大量市场数据，包括价格波动、交易量、市场情绪等，算法交易系统能够及时识别出潜在的风险因素。利用复杂的统计学模型和机器学习算法，系统能够从历史和实时数据中学习市场行为的模式，预测未来可能的风险事件。这种方法不仅增强了对当前市场状况的理解，还能够提前警示未来的风险，为采取预防措施提供了可靠依据。

相比之下，传统风险管理方法往往依赖于经验和已知规则，难以适应快速变化的市场环境和复杂的风险模式，从而在风险识别与评估的准确性和时效性上处于劣势。

2. 动态风险管理

算法交易的动态风险管理能力是其在风险控制方面的一大优势。与传统方法相比，算法交易能够根据市场条件的实时变化自动调整风险管理策略。这包括根据实时监测到的市场波动性调整仓位大小，实施动态止损策略，以及通过算法多元化分散投资风险。这种动态调整机制使得算法交易系统能够灵活应对市场的不确定性和波动，及时减少潜在的损失，同时也能把握市场恢复时的投资机会。这一点在传统风险管理中难以实现，传统方法通常需要人工干预来调整策略，反应速度慢，难以即时应对市场的快速变化。

3. 风险预测与预防

算法交易在风险预测与预防方面展现了显著的优势。通过应用机器学习和人工智能技术，算法交易系统不仅能够分析当前的市场数据，还能从中学习并预测未来的风险事件。这种预测能力使得算法交易能够提前采取措施，如调整投资策略、优化资产配置，以预防潜在的市场风险。相较于传统风险管理依赖于过去的经验和直观判断，算法交易的这种基于数据和模型的预测方法更加科学和系统，能够为投资者提供更为精确的风险控制和决策支持。这种预测和预防机制极大地增强了投资组合的抗风险能力，保障了投资的稳定性和安全性。

（四）执行算法

执行算法在算法交易中的应用，通过自动化执行、优化交易成本及动态适应市场变化，展现了与传统交易方法截然不同的优势。

1. 交易执行的自动化

执行算法在算法交易中的应用显著提高了交易执行的自动化水平。区别于传统交易方法中依赖人工执行的模式，执行算法通过先进的计算机程序自动处理和执行交易指令。这不仅大幅提升了交易的执行速度，使得算法能够在几毫秒内响应市场变化并完成交易，而且极大地降低了人为错误的发生率，确保交易策略能够精确无误地实施。传统交易方法在面对快速变化的市场环境时往往反应不够迅速，而执行算法的引入使得算法交易能够利用短暂的市场机会，优化交易结果。

2. 优化交易成本

执行算法的另一重要功能是优化交易成本。通过精确分析市场条件，如流动性、价格波动等，执行算法能够选择最合适的交易时机和路径，有效减少市场冲击和滑点，从而降低交易成本。例如，分时执行算法（如 VWAP 和 TWAP）通过在特定时间内分散执行大量订单，减少单一交易对市场价格的影响，进而降低交易成本。这种成本优化策略在传统手动交易中难以实现，因为人工难以实时准确评估并应对复杂多变的市场环境。

3. 动态适应市场变化

执行算法在适应市场变化方面展现出极高的灵活性和适应性。与传统交易方法相比，执行算法能够根据实时市场数据动态调整交易策略，如调整订单大小、改变执行速度等，以应对市场波动和流动性变化。这种动态调整能力使得算法交易在保证执行效率的同时，最小化对市场的负面影响，确保交易策略的有效性和稳定性。相比之下，传统交易方法在动态适应市场变化方面存在明显的局限，往往无法即时做出最优的交易决策。

（五）策略优化

策略优化在算法交易中通过数据驱动的分析方法、机器学习技术的动态调整能力，以及综合性和系统性的优化策略，展现了在效率、科学性和稳定性方面的优势。这些高级的优化技术不仅提升了算法交易策略的性能，也为金融市场的参与者提供了更高效、更智能的交易工具。

1. 策略优化的数据驱动方法

在算法交易中，策略优化通过数据驱动的方法实现了对交易策略的精细调整和改进。与依靠直觉和经验的传统交易相比，算法交易利用大数据技术和复杂的分析工具深入挖掘市场数据和历史交易数据，寻找优化机会。这种方法能够基于数据分析结果对策略进行客观评估，识别策略中的弱点和潜在改进空间。例如，通过对历史交易数据的回测分析，算法能够评估不同策略参数对交易性能的影响，从而找到提高收益或降低风险的最优参数设置。这种数据驱动的优化过程使得策略调整更加科学、精确，大大提升了策略的整体性能和适应市场变化的能力。

2. 利用机器学习进行动态优化

策略优化在算法交易中的一个显著特点是利用机器学习技术进行动态优

化。这与传统的静态交易策略形成鲜明对比，后者往往无法自适应市场变化。机器学习模型通过分析大量的市场数据，从中学习和提炼出有效的交易模式和规律，然后基于这些学习成果自动调整交易策略。这种方法不仅可以根据市场的即时数据更新交易策略，还能预测市场趋势，使得策略优化成为一个持续的、动态的过程。随着市场条件的变化，算法交易系统可以实时地调整策略，以保证交易策略始终处于最佳状态，确保交易性能的持续优化和盈利能力的最大化。

3. 优化策略的综合性和系统性

算法交易的策略优化不仅聚焦于提高交易收益，而且兼顾风险控制和成本管理，体现了一种综合性和系统性的优化方法。与传统交易方法相比，算法交易通过综合考虑市场波动、交易成本、资本利用率等多个因素，采用多元化的风险管理技术和成本效益分析，对交易策略进行全面优化。这种全方位的策略优化考虑到了交易执行的各个环节，确保了策略在追求收益的同时，最大限度地降低了风险和成本。通过这种科学且全面的策略优化，算法交易能够在不断变化的市场环境中保持竞争力，实现持续稳定的盈利。

四、金融服务个性化

通过数据分析和技术应用，金融服务个性化在客户行为分析、产品和服务定制、风险管理以及客户服务优化等多个方面为金融机构和客户创造了价值。这种以数据为基础的个性化服务策略，不仅能够满足客户的个性化需求，还能够帮助金融机构在竞争激烈的市场环境中脱颖而出。

（一）客户行为分析

数据驱动的客户行为分析通过深度挖掘客户数据、应用预测模型和实现动态客户分群等方法，为金融服务个性化提供了强大的技术支持。这种方法相比传统的客户分析手段，在理解客户需求、预测客户行为和实现服务个性化方面展现了显著的优势，是金融机构提升竞争力和市场响应能力的关键。

1. 客户数据的深度挖掘

数据驱动的客户行为分析利用先进的数据处理技术和大数据分析工具，能够处理和分析大规模的客户数据集合。这包括从交易记录、社交媒体活动、网站访问行为等多个来源收集的数据。通过对这些数据的综合分析，金融机构能够构建出客户的详细画像，包括他们的消费习惯、生活方式、偏好和需求。这种深度挖掘客户数据的能力远远超过了传统方法，后者往往依赖于有限的数据源和较为简单的分析技术，难以获得全面的客户洞察。

2. 客户行为预测模型

利用机器学习和统计学模型，数据驱动的客户行为分析不仅能够分析过去和现在的客户行为，还能预测客户未来的行为趋势。这些预测模型基于客户的历史行为数据，通过算法学习识别行为模式，预测客户可能的需求变化和行为响应。这种预测能力为金融机构提供了主动服务和推荐个性化产品的可能，显著提高了客户满意度和忠诚度。相比之下，传统的客户行为分析往往集中于描述性分析，缺乏对未来行为的预测能力，难以为主动营销和服务提供支持。

3. 动态客户分群

数据驱动的客户行为分析还能实现客户的动态分群。通过持续分析客户行为的变化，金融机构可以将客户分类到不同的群体中，每个群体根据客户的行为模式、需求和偏好具有不同的特征。这种动态分群方法使得金融机构能够更灵活地调整服务和营销策略，针对不同客户群体提供更加定制化的服务。与传统方法相比，这种基于数据的动态分群更加精准和有效，能够实时反映客户行为的最新变化，为金融机构提供即时的市场反馈和决策支持。

（二）定制化产品和服务推荐

定制化产品和服务推荐通过数据驱动的方法实现了金融服务个性化的创新，不仅优化了客户体验，促进了交叉销售和客户忠诚度，也为金融机构带来了显著的竞争优势和商业价值。这种以数据和技术为基础的个性化服务模式，标志着金融服务行业向更加智能化和客户中心化转型。

1. 数据驱动的个性化推荐机制

数据驱动的个性化推荐机制依赖于对大规模客户数据的分析和挖掘，包括但不限于客户的交易历史、浏览行为、偏好设置等。通过应用机器学习和深度学习算法，金融机构能够从这些数据中识别出客户的行为模式和偏好趋势，进而生成个性化的产品和服务推荐。这种方法的核心优势在于其能够动态适应客户需求的变化，实时更新推荐内容，确保推荐的相关性和吸引力。相比之下，传统的推荐方法往往基于静态的客户分群或简单的规则，缺乏对客户个性化需求的深入理解，难以实现真正意义上的个性化服务。

2. 客户服务精准化

定制化产品和服务推荐的另一重要价值在于显著提高客户服务的精准性。在数据驱动的个性化推荐系统中，客户接收到的每一条推荐都是基于其独特需求和偏好定制的，这种高度相关和个性化的互动大大提升了客户的参与度和满意度。此外，通过不断学习客户的反馈和调整推荐策略，金融机构能够更加精准地匹配客户需求，减少信息过载，提高服务的有效性。与此同时，个性化推荐还帮助客户发现可能未曾注意但实际上非常需要的产品或服务，增强了客户的发现体验。这种优化客户体验的能力是传统方法难以实现的，传统方法通常采用“一刀切”的推广策略，忽略了客户需求的多样性和动态性。

3. 促进交叉销售和客户忠诚度

通过精准的定制化推荐，金融机构能够有效促进交叉销售，提升客户忠诚度。数据驱动的推荐系统不仅能够为客户推荐最合适的单一产品，还能够基于客户的整体需求和偏好推荐一系列互补产品和服务，从而提升客户的购买意愿和满意度。这种策略有效地增加了客户的购买频次和交易额，同时也加深了客户对品牌的信任和忠诚。与传统的销售策略相比，这种基于深度客户洞察和个性化推荐的交叉销售更加高效和目标明确，能够在保证客户满意度的同时，最大化销售机会和收入。

（三）个性化风险管理与欺诈预防

在现代金融服务领域，个性化风险管理与欺诈预防成为维护客户信任和保障资产安全的关键。通过利用数据驱动的方法，金融机构能够提供更加精准和动态的风险管理解决方案。

1. 数据驱动的个性化风险评估

个性化风险管理的核心在于利用数据分析技术进行精准的风险评估。传统风险管理方法往往采用一般化的风险模型，这些模型基于广泛的市场数据或标准化的风险因素，缺乏对个体客户特定情况的考量。相比之下，数据驱动的方法通过分析客户的具体交易记录、行为模式以及个人信息等，能够构建出个性化的风险评估模型。这种模型能够准确地识别每位客户的风险承受能力、投资偏好以及潜在的风险行为，为客户提供定制化的风险管理建议。

通过这种个性化的风险评估，金融机构能够更有效地预防风险事件，提升风险管理的准确性和效率。

2. 动态欺诈预防机制

在欺诈预防方面，数据驱动的方法同样展现出先进性。传统的欺诈预防策略通常基于固定的规则或模式来识别欺诈行为，这种方法在面对复杂多变的欺诈手段时往往显得力不从心。而数据驱动的欺诈预防机制，通过实时分析客户的交易行为、地理位置信息、设备使用情况等数据，利用机器学习算法动态识别出异常行为和潜在的欺诈风险。这种机制不仅能够及时响应新出现的欺诈手段，还能够根据每位客户的行为特征提供个性化的预防措施，大大提高了欺诈防控的效果。

3. 客户参与度的提升

个性化风险管理与欺诈预防还能够提升客户的参与度和满意度。在数据驱动的风险管理体系中，客户不再是被动接受服务的一方，而是可以主动参与到风险管理和欺诈预防的过程中。例如，金融机构可以通过分析客户的反馈和行为数据，不断优化风险提示和欺诈预警信息的传递方式，使之更加符合客户的偏好和需求。此外，通过提供定制化的风险管理工具和资源，如个人财务健康评估、投资风险教育等，金融机构能够增强客户的风险意识和自我保护能力，进一步提升服务的价值和客户的满意度。

（四）客户服务与互动优化

客户服务与互动优化在数据驱动的方法下实现了个性化、实时反馈和动态调整、服务流程的智能化，为金融机构提供了提升客户满意度、增强服务竞争力的有效途径。这种以客户为中心，基于数据和技术优化服务体验的方法，是金融服务行业未来的发展方向。

1. 客户体验的个性化优化

数据驱动的客户服务与互动优化主要依赖于对客户数据的深入分析，包括客户的交易行为、服务偏好、互动历史等多维度信息。这些信息通过高级的数据分析技术被转化为有价值的洞察，指导金融机构提供更加个性化的服务体验。例如，基于客户过往的互动记录和偏好设置，金融机构能够定制化通信内容和频率，确保信息的相关性和吸引力。此外，智能推荐系统能够根据客户的具体需求推荐合适的金融产品和服务，大大提升了客户满意度和忠诚度。相比之下，传统的客户服务方法往往采取“一刀切”的策略，忽视了客户需求的多样性和个性化，难以达到同样的服务效果。

2. 实时反馈和动态调整

利用数据驱动的方法，金融机构能够实时捕捉客户反馈和市场变化，及时调整服务策略和流程。通过对客户反馈的实时分析，金融机构可以快速识别服务中存在的问题和改进的机会，采取相应措施优化客户体验。同时，利用机器学习等技术，服务系统能够自动学习和适应客户行为的变化，动态调整服务内容和方式。这种实时反馈和动态调整机制使得金融服务更加灵活和响应迅速，有效地提升了客户满意度和服务质量。与此相反，传统服务模式往往反应迟缓，缺乏对客户需求变化的即时响应能力，难以保持服务的持续优化和更新。

3. 服务流程的智能化

数据驱动的客户服务与互动优化还体现在服务流程的智能化上。通过应用人工智能、自然语言处理等先进技术，金融机构能够提供智能客服、自助服务平台等多种智能化服务选项。这些智能化服务能够提供 24/7 的即时响应，处理常见的查询和交易请求，释放客服人员的工作压力，让他们能够专注于处理更复杂的客户需求。此外，智能化服务流程还能根据客户的行为和反馈自我优化，提供更加准确和高效的服务。与传统的人工服务相比，智能化服务流程大大提高了服务效率，降低了操作错误，提升了客户互动的整体质量。

五、信用评分

信用评分作为金融行业的核心机制之一，其作用不仅限于评估借款人的信用风险，还直接影响到贷款的批准、信用卡的发放、利率的确定等多个方面。数据在信用评分中的应用极大地提高了评分的全面性、精确性和灵活性。通过综合多元数据源、利用机器学习进行深度分析以及实现信用评分的动态更新，数据驱动的信用评分方法为金融机构和借款人双方带来了显著的好处，推动了金融服务的公平性、效率和创新。

（一）综合多元数据源

综合多元数据源可以显著提高信用评分的全面性、精确性和灵活性。这种方法不仅为金融机构提供了更为科学和高效的风险管理工具，也为借款人带来了更加公平和个性化的信用评估体验。

1. 数据源的扩展

传统的信用评分系统主要依赖于借款人的财务信息、信用报告和个人收入等有限的数据源。这些信息虽然对评估借款人的偿还能力至关重要，但不能全面反映借款人的经济行为和潜在风险。相比之下，数据驱动的方法通过引入多元化的数据源，如社交媒体行为、电子商务交易记录、地理位置信息、设备使用习惯等非传统数据，极大地拓宽了信用评分的信息维度。这些多元化的数据源能够揭示借款人的生活习惯、消费倾向和社交圈层等信息，为信用评分提供了更为丰富和细致的信息。通过综合分析这些数据，金融机构能够获得更全面的借款人画像，从而做出更为精准的信用风险评估。

2. 高级分析技术的应用

数据驱动的信用评分方法不仅在数据源上有所扩展，而且在数据处理和分析技术上也有所创新。利用机器学习、深度学习等高级分析技术，金融机构可以从复杂和非结构化的数据中提取有价值的信息，识别出影响信用风险的关键因素。这些技术能够自动学习数据中的模式和关联，不断优化评分模型，使其更加精确和灵敏。与此相反，传统的信用评分方法通常依赖于简单的统计分析和固定的评分标准，难以适应复杂多变的数据结构和市场环境。数据驱动的方法通过动态学习和自我调整，能够实时反映市场和个人行为的最新变化，提供更为准确和及时的信用评分。

3. 评分模型的动态更新和个性化

数据驱动的信用评分系统还具有动态更新和个性化的特点。随着新数据的不断输入，评分模型能够自我学习和调整，以适应新的市场条件和借款人行为。这种动态更新机制确保了信用评分的时效性和准确性，为金融机构提供了更为灵活和可靠的风险管理工具。此外，通过综合分析多元化的数据源，信用评分可以更加贴合借款人的个性化特征，为不同的借款人提供定制化的评分结果。这种个性化的信用评分不仅提高了评分的公平性和适用性，还能够帮助金融机构更好地满足客户的多样化需求。

（二）利用机器学习进行深度分析

机器学习技术通过其强大的数据处理能力、动态适应性和持续学习能力，显著提高了信用评分的准确性、全面性和效率。这种数据驱动的深度分析方法不仅为金融机构提供了更科学的风险管理工具，也促进了金融服务的创新和发展，同时提高了信用评分系统的公平性和透明度。

1. 机器学习技术的核心优势

机器学习技术在信用评分中的核心优势在于强大的数据处理和模式识别能力。与传统评分模型依赖于预设的规则和参数不同，机器学习模型能够直接从数据中学习，自动发现数据之间的复杂关系和隐藏模式。这种学习过程不需要人为设定具体的评分标准，而是通过算法自动优化，使模型能够准确预测借款人的信用行为和违约风险。例如，深度学习网络能够处理包括文本、图像和时间序列在内的非结构化数据，为信用评分提供更多维度的信息。这使得信用评分模型不仅能考虑借款人的财务状况，还能考虑其社会网络、在线行为等多方面因素，大大提高了评分的全面性和准确性。

2. 动态适应和持续学习

随着新数据的不断累积，机器学习模型能够实时更新和调整，反映最新的市场变化和个人行为趋势。这种动态适应机制使信用评分模型始终保持最佳状态，与传统的静态评分模型相比，更能准确反映借款人当前的信用状况。此外，机器学习模型通过持续学习，能够不断提高预测准确性，即使在市场环境发生剧烈变化时也能保持稳定的性能。这种自我优化的能力是传统信用评分方法难以比拟的，为金融机构提供了更为灵活和可靠的风险管理工具。

3. 提高信用评分的公平性和透明度

机器学习技术的应用还有助于提高信用评分的公平性和透明度。通过综合分析多元化数据源，机器学习模型能够为不同背景和条件的借款人提供个性化的评分结果，减少传统评分方法中可能存在的偏见和不公。同时，随着解释性机器学习技术的发展，金融机构能够更清晰地解释模型的决策过程，增强信用评分的透明度，提升借款人的满意度。

（三）动态更新信用评分

动态更新信用评分系统在个人贷款审批、信用卡发放和管理、企业信用评估领域都体现了显著优势，特别是在提高信用评分准确性、增强风险管理灵活性以及优化客户服务方面。这种基于数据驱动的评分方法，通过实时分析和整合最新的数据信息，为金融机构和客户提供了更为科学、高效和个性化的信用评价方案。

1. 个人贷款审批

在个人贷款审批过程中，动态更新信用评分系统能够实时反映借款人的最新信用状况，帮助金融机构做出更加合理的贷款决策。传统的信用评分方法往往依赖于定期更新的信用报告，这导致了评分信息的滞后性，无法准确捕捉到借款人最近的财务变动或信用行为。而数据驱动的动态更新系统通过分析借款人的实时交易记录、社交媒体活动、地理位置信息等非传统数据，能够立即识别借款人信用状况的任何变化，包括新的贷款、逾期还款、收入变动等，从而提供更为及时和全面的信用评估。这种实时的信用评价不仅提高了贷款审批的效率，而且降低了因信息滞后造成的信用风险。

2. 信用卡发放和管理

在信用卡发放和管理领域，动态更新信用评分系统同样发挥了重要作用。与传统评分系统相比，数据驱动的动态评分系统能够为信用卡持有人提供更为个性化的信用额度和利率。通过实时监控持卡人的消费行为、还款习惯及信用变化，金融机构可以动态调整信用额度，对高风险行为及时采取限制措施，同时为表现良好的客户提升额度或降低利率，从而优化风险管理和客户关系。这种灵活性和个性化服务是传统信用评分方法难以实现的，它能够有效提升客户满意度和忠诚度，同时降低违约风险。

3. 企业信用评估

在快速变化的商业环境中，企业的财务状况和信用状况可能会迅速变化。数据驱动的评分系统能够通过分析企业的实时财务数据、市场表现、行业新闻以及其他相关信息，快速准确地评估企业的信用风险。这对于金融机构在进行大额贷款、投资决策或是信用风险管理时至关重要，能够帮助金融机构及时调整策略，降低潜在风险。传统的企业信用评估方法往往需要较长时间收集和分析数据，难以适应市场的快速变化。

六、市场分析和预测

市场分析和预测是金融行业中数据应用的重要场景之一，它通过分析历史数据和当前市场趋势来预测未来的市场动向。数据在市场分析和预测中的应用极大地丰富了分析的维度，提高了预测的精确度和实时性。通过利用多元化的数据源和先进的分析技术，金融机构和投资者能够获得更深入的市场洞察，做出更为明智的投资决策。

（一）数据驱动的市场分析

数据驱动的市场分析通过整合多元化的数据源、应用先进的分析技术，为投资决策提供了全新的视角和更深入的洞察，为金融行业提供了更加全面、快速和准确的市场分析工具。这种方法的应用不仅提高了市场分析的效率和质量，也拓宽了市场分析的应用场景，为投资决策和战略规划提供了有力的支持。

1. 数据的广度和深度

数据驱动的市场分析方法突破了传统市场分析依赖于财务报表、宏观经济指标等有限数据源的局限，整合了来自社交媒体、网络搜索、新闻报道、交易数据流等多元化的数据源，提供了更全面的市场视角。这些数据源能够捕捉到市场的即时反应、消费者情绪以及潜在的趋势变化，为分析师提供丰富的原始材料。例如，通过分析 Twitter 或 Reddit 上的讨论热度，分析师可以及时捕捉到市场对某一事件的情绪反应；通过跟踪 Google 搜索趋势，分析师可以预测某一行业或产品的兴趣变化。这种方法的应用大大拓宽了市场分析的维度，提升了分析的全面性和深度。

2. 分析的速度和预测的准确性

利用机器学习和人工智能技术，数据驱动的市场分析能够快速处理和分析大量的数据，自动识别出重要的模式和趋势。这种技术的应用不仅大幅提高了分析的速度，也提升了预测的准确性。机器学习模型能够从历史数据中学习，识别出影响市场变动的关键因素，甚至在复杂的市场条件下做出准确的预测。与此相比，传统的市场分析方法往往依赖于分析师的经验和直觉，分析过程耗时且容易受到个人偏见的影响，难以处理大规模的数据集合，其预测结果的准确性和时效性也无法与数据驱动的方法相比。

3. 应用场景的拓展

数据驱动的市场分析方法不仅应用于股票市场的趋势预测，还广泛应用于商品市场、外汇市场、房地产市场等多个领域。在这些领域，分析师可以利用数据驱动的方法捕捉到微妙的市场变化，为投资决策提供及时的支持。此外，这种方法还被应用于消费者行为分析、产品趋势预测、竞争情报分析等非传统的市场分析领域，为企业提供强大的决策支持工具。这种应用场景的拓展显示了数据驱动的市场分析方法的灵活性和广泛性，为各类机构和个人提供了更多元化的服务和支持。

（二）市场预测的精细化

市场预测的精细化是数据驱动方法在金融领域应用的一大亮点，尤其在股票市场分析、商品价格预测以及宏观经济趋势预测等方面展现了其独特的优势。与传统的市场预测方法相比，数据驱动的精细化预测整合和分析大规模的数据集，利用先进的算法模型，提供更为准确和动态的市场预测结果。

1. 股票市场分析

在股票市场分析领域，数据驱动的精细化市场预测方法通过分析股票交易数据、公司财务报告、行业新闻以及社交媒体情绪等多维度数据，构建复杂的预测模型。该模型能够识别出股价变动的潜在驱动因素，预测股票的未来表现。与传统基于财务指标分析和图表分析的预测方法相比，数据驱动的方法能够更全面地捕捉市场情绪和微观经济变量的变化，提供基于实时数据分析的动态预测。这种方法的应用使投资者能够在复杂多变的市场环境中做出更为科学和理性的投资决策，优化投资组合，降低风险。

2. 商品价格预测

在商品市场，数据驱动的精细化预测同样展现出强大的应用潜力。通过分析历史价格数据、供需变化、宏观经济指标以及相关商品市场的信息，数据驱动的模型能够预测商品的价格走势。这种预测不仅考虑了传统的供求关系，还整合了影响商品价格的外部因素，如政策变动、天气条件等，提供了更为全面和深入的市场分析。相比传统方法，这种精细化的预测能够帮助企业和投资者更好地理解市场动态，制定更为有效的采购、销售和投资策略。

3. 宏观经济趋势预测

在宏观经济趋势预测方面，数据驱动的方法分析大量的经济指标、政策文本、全球经济新闻以及社交媒体上的公共情绪等数据，提供对经济趋势的深入洞察。这种方法在宏观经济分析中考量更多维度的因素，如公众情绪的变化、政策环境的影响等，使得宏观经济趋势的预测更加精细和前瞻。与依赖于经典经济模型和历史数据分析的传统方法相比，数据驱动的宏观经济趋势预测能够更快地响应经济环境的变化，为政策制定者、企业决策者提供更为准确的经济预测信息，帮助他们在不确定的经济环境中做出更为明智的决策。

（三）实时性和动态调整

实时性和动态调整是数据驱动市场分析和预测方法的核心特征，尤其在金融交易、投资策略制定以及风险管理等应用场景中，展现了其独特的价值。与传统的市场分析方法相比，这种基于实时数据分析和动态调整的方法能够为金融机构和投资者提供更为及时、灵活的决策支持。

1. 金融交易中的实时性

数据驱动的分析方法能够实时监控市场数据流，如股票价格波动、交易量变化以及市场情绪的即时变动，通过预设的算法模型自动分析这些数据，识别出交易信号或风险警示。这种实时监控和分析能力使得交易者能够迅速响应市场变化，优化交易决策，相比于依赖日终数据或定期报告的传统分析方法，显著提高了交易效率和成功率。例如，高频交易系统就是利用这种实时数据分析能力，在极短的时间内自动执行大量交易，捕捉微小的价格差异来获取利润。

2. 投资策略的动态调整

对于投资管理，实时性和动态调整能力同样关键。数据驱动的方法通过持续分析来自全球市场的实时数据，如经济指标变化、政策更新、行业趋势等，动态调整投资策略和资产配置。这种方法不仅可以及时反映市场和宏观经济的最新动态，还能预测未来的趋势变化，为投资者提供基于当前市场状况的个性化投资建议。与周期性进行投资回顾和调整的传统方法相比，数据驱动的动态调整方法能够更有效地管理投资组合的风险和收益，提高资产管理的灵活性和反应速度。

3. 风险管理的实时监控

在风险管理应用场景中，实时性和动态调整同样发挥着重要作用。通过对市场风险指标、信用风险数据以及操作风险事件的实时监控和分析，金融机构能够及时识别和响应潜在的风险威胁。这种基于实时数据的风险管理方法能够提供动态的风险评估和即时的风险预警，帮助金融机构采取预防措施，减轻风险损失。相较于依赖历史数据和定期评估的传统风险管理方法，数据驱动的实时监控和动态调整方法能够更有效地应对快速变化的市场环境和复杂多变的风险因素。

七、合规监控

合规监控在金融行业中扮演着至关重要的角色，它涉及确保金融机构的操作和交易活动符合相关法律、法规及内部政策的要求。随着金融市场的不断发展和金融产品的日益复杂化，以及监管力度的持续加强，传统的合规监控方法面临着巨大的挑战。数据驱动的合规监控方法通过自动化的交易监控、深化的客户尽职调查、实时的合规报告以及预测性的合规分析等应用场景，为金融机构提供了高效、全面和前瞻的合规管理解决方案。

（一）自动化的交易监控

自动化的交易监控系统代表了金融科技在合规监控领域的一大进步。它通过实时监控、精确识别异常交易以及动态风险评估与报告等能力，为金融机构提供了比传统方法更为高效、精确和灵活的解决方案。

1. 高效的实时监控能力

自动化的交易监控系统利用先进的数据处理技术和算法，能够实时监控和分析金融市场上的所有交易活动。这包括对大规模交易数据的快速采集、清洗、整合和分析，以及对交易模式的即时识别和评估。这种实时监控的能力使得金融机构能够在交易行为发生时立即识别出潜在的不合规或欺诈行为，如洗钱、内幕交易和市场操纵等，大大缩短了反应时间，提高了监控的效率。相比之下，传统的监控方法往往依赖于人工审查和定期报告，不仅耗时长，而且难以实现对市场的全面和实时监控，易错过关键的监控时刻。

2. 精确的异常交易识别

通过应用机器学习和模式识别技术，自动化交易监控系统能够精确识别异常交易行为和潜在的风险模式。这些技术可以从历史交易数据中学习正常和异常交易行为的特征，自动识别出与已知模式相似或偏离正常范围的交易活动。此外，这些系统还能够根据最新的市场动态和监管政策不断调整和优化识别模型，提高识别的准确性和适应性。与此相比，传统的交易监控方法往往基于固定的规则和阈值进行异常识别，难以适应复杂多变的市场环境和新型的欺诈手段，识别准确率较低。

3. 动态的风险评估与报告

自动化的交易监控系统还具有动态的风险评估与报告功能。系统不仅可以实时识别和报告异常交易行为，还能根据交易的性质、涉及金额和相关方的风险等级进行综合评估，自动生成详细的监控报告和风险提示。这为合规部门和决策层提供了即时且全面的风险视图，帮助他们快速做出响应决策。而传统方法中，风险评估和报告往往需要经过烦琐的手工处理和分析，不仅耗时而且容易受到主观判断的影响，难以满足快速反应的需求。

（二）客户尽职调查的深化

客户尽职调查（KYC）和反洗钱（AML）是金融行业中至关重要的合规要求，旨在识别和评估客户的风险水平，以及防止金融犯罪行为。数据驱动的客户尽职调查方法通过深化分析、实时更新、动态监控以及风险评估的精细化，显著提高了 KYC/AML 合规过程的效率、准确性和适应性。

1. 深化分析

数据驱动的客户尽职调查方法利用大数据分析、机器学习等技术，综合分析客户提供的基础信息、交易行为、社交媒体活动、公共数据库中的记录等多源数据。这种方法不仅能够自动验证客户身份信息的真实性，还能深入分析客户的行为模式和社会关系网络，识别出潜在的风险因素和可疑行为。例如，通过分析客户的交易模式和频率，系统可以自动识别出不寻常的大额交易或频繁的跨境转账，这些可能是洗钱行为的迹象。相比之下，传统的 KYC/AML 流程主要依赖于手工审核客户文件和交易记录，不仅效率低下，而且难以深入挖掘复杂的风险指标和模式。

2. 实时更新和动态监控

数据驱动的方法使得客户尽职调查过程能够实现实时更新和动态监控。利用连续的数据流和自动化分析工具，金融机构可以持续监控客户的行为变化和新的风险信息，及时更新客户的风险评级。这种动态监控机制在传统方法中难以实现，传统的 KYC/AML 通常是一个静态的、周期性的过程，一旦完成初次调查，除非有明显的风险事件发生，否则很少对客户资料进行更新。数据驱动的动态监控为金融机构提供了更为灵活和前瞻的风险管理能力，有助于及时识别和响应潜在的合规风险。

3. 风险评估的精细化

数据驱动的客户尽职调查通过综合分析和智能算法，能够对客户的风险等级进行更为精细化的评估。系统可以根据客户的具体情况和行为特征，自动计算出风险评分，将客户分为不同的风险等级，并据此制定相应的监控和审查策略。这种精细化的风险评估方法提高了风险管理的精确度和个性化水平，避免了“一刀切”的风险管理策略，同时也减轻了低风险客户的合规负担。相比传统方法通常只能进行基础的风险分类，数据驱动的精细化风险评估为金融机构提供了更为科学和合理的风险管理工具。

（三）实时合规报告

数据驱动的实时合规报告通过实时数据处理、自动化报告生成、动态监控与风险管理、提高合规透明度等方面，显著优化了金融机构的合规管理流程。这种方法不仅提高了合规报告的效率和质量，还加强了金融机构的风险管理能力和与监管机构的合作，是金融科技发展下合规监控领域的重要进步。

1. 实时数据处理与自动化报告

数据驱动的实时合规报告系统依托于先进的数据处理技术和自动化工具，能够实时收集、分析并报告金融机构的合规数据。这包括交易监控数据、客户尽职调查信息、风险评估结果等关键合规信息。通过实时数据流的分析，系统可以自动生成合规报告，包括交易异常报告、客户风险分级报告、反洗钱监测结果等。这种自动化的报告机制不仅大幅提高了报告的生成效率，还保证了报告内容的即时性和准确性。相比之下，传统的合规报告往往依赖于人工汇总和分析数据，不仅耗时耗力，而且容易因人为失误而影响报告的质量。

2. 动态监控与风险管理

数据驱动的实时合规报告系统通过持续的数据分析，能够为金融机构提供动态的合规监控和风险管理。这意味着金融机构能够基于实时数据及时识别和响应潜在的合规风险，实现从被动合规到主动合规的转变。例如，系统可以实时监测交易行为，自动识别出异常交易模式，及时生成报告并提醒合规部门进行进一步调查。这种动态监控机制显著提高了金融机构对合规风险的响应速度和管理能力，与依赖周期性审查和报告的传统方法相比，更能满足快速变化的市场和监管的需求。

3. 透明度、与监管机构合作

数据驱动的实时合规报告还提高了金融机构合规活动的透明度，有助于加强与监管机构的合作。系统生成的实时报告能够详细记录金融机构的合规努力和结果，为监管机构提供了易于访问和分析的合规数据。这不仅有助于监管机构更有效地评估金融机构的合规状况，也为金融机构和监管机构之间建立了更为开放和协作的合规监督模式。与传统方法中金融机构通常在监管要求下被动提交报告相比，数据驱动的实时报告提供了一种更为主动和透明的合规沟通方式。

（四）预测性合规分析

预测性合规分析代表了金融行业在利用数据科技进行合规风险管理和合规监控方面的一大进步。与传统的合规分析方法相比，预测性合规分析通过数据驱动的方法，不仅能够识别当前的合规风险，还能预测未来可能出现的合规问题，为金融机构提供更为前瞻性的合规风险管理策略。

1. 预测性合规风险防范

预测性合规分析的核心优势在于其能够基于大数据分析和机器学习技术，从历史数据中学习和识别潜在的风险模式和行为趋势。通过对过往的合规违规案例、交易数据、市场变化以及其他相关信息的深入分析，这些先进的分析模型能够预测特定行为或情况下合规风险的发生概率。这种方法的应用使得金融机构能够在合规问题发生前采取预防措施，减少或避免潜在的损失和法律后果。与依赖人工经验和静态规则的传统合规分析相比，预测性合规分析提供了更高效、更科学的风险识别和管理方式。

2. 动态合规风险管理

预测性合规分析强化了金融机构的动态合规风险管理能力。在传统的合规管理框架中，合规风险管理往往是一个反应式的过程，即在合规问题发生后才开始调查和处理。而预测性合规分析使得合规风险管理变成了一个主动的过程，金融机构可以根据预测模型提供的合规风险提示，提前调整内部控制措施和合规政策，实施针对性的培训和监督，从而有效控制和降低合规风险发生的可能性。这种动态的合规风险管理策略不仅提高了合规监控的效率，也增强了机构对市场和操作风险的适应能力。

八、金融产品开发和创新

（一）技术驱动的创新

技术驱动的创新通过新技术的探索与应用、市场洞察与预测，以及促进产品的快速迭代，给金融产品开发带来了深远的影响。这种创新不仅提高了金融服务的效率和智能化水平，也为金融机构提供了持续创新和适应市场变化的能力。

1. 新技术探索与应用

在金融产品开发中，新技术的探索与应用是推动行业创新的关键因素。区块链技术通过提供去中心化、透明且安全的交易记录，给金融产品带来了革命性的改变，如创建了新的数字货币形式、简化了跨境支付流程等。人工智能和机器学习技术的应用使得金融服务更加智能化，不仅能够提供个性化的投资建议和财务规划，还能通过预测分析技术提高风险管理的准确度。相比之下，传统方法更多依赖于人工操作和简单自动化工具，缺乏足够的灵活性和智能性，难以满足当前市场对效率和智能化的高要求。

2. 市场洞察与预测

数据驱动的市场洞察与预测通过利用大数据分析消费者行为、市场趋势和竞争环境，为金融产品的开发提供科学的指导。例如，通过分析社交媒体数据和在线搜索趋势，金融机构可以快速捕捉到消费者对于某种金融产品的兴趣和需求变化，从而及时调整产品策略或开发新产品以满足市场需求。此外，利用高级预测模型，如时间序列分析和机器学习算法，金融机构可以预测特定金融指标的未来走势，如股票价格、利率变化等，为投资决策提供依据。相比传统的基于经验和简单统计的市场分析方法，数据驱动的市场洞察与预测能够提供更加准确、全面和及时的市场分析结果，助力金融机构捕捉市场机会。

3. 促进产品的快速迭代

技术驱动的创新还促进了金融产品的快速迭代。在数据驱动的开发过程中，金融机构能够实时收集反馈，快速识别产品中的问题和改进空间，通过敏捷开发方法快速迭代更新产品。这种快速迭代的能力使金融产品能够更灵活地适应市场需求的变化，保持产品的竞争力。相比之下，传统的产品开发过程往往周期长、反应慢，难以及时响应市场的快速变化。

（二）跨界合作的模式创新

跨界合作的模式创新在金融产品开发和创新中扮演着越来越重要的角色，数据驱动的方法为这种创新提供了强有力的支持。数据驱动的跨界合作模式通过基于数据的合作决策、创新合作模式的探索、增强合作效率和效果，为金融产品的开发和创新提供了新的动力和可能性。这种模式相比传统合作方式，展现出了更高的精准度、创新性和灵活性，为金融机构和其他行业的合作伙伴提供了共赢的机会。

1. 基于数据的合作决策

在数据驱动的跨界合作模式中，合作决策的制定显著依赖于对大量数据的共享和深入分析。这种模式允许合作双方通过互联的数据资源，以更科学的方式识别合作机会并制定策略。例如，金融机构通过分析电商平台的海量用户购买数据，可以精确地定位到那些可能对特定金融产品感兴趣的消费者群体，进而设计出更加符合这些用户需求的金融解决方案。同样，电商平台利用金融机构提供的信用评估技术，可以为其用户提供更加便捷和安全的支付解决方案，甚至是个性化的信贷产品。这种基于数据分析的合作决策过程，不仅大幅提升了决策的准确性和效率，而且相比传统依赖经验和直觉的决策方式，显著减少了决策过程中的不确定性和风险，为双方带来了更大的信心和更好的合作基础。

2. 创新合作模式的探索

数据驱动的方法为金融机构与其他行业之间开辟了创新合作模式的新途径。对合作双方数据的深入分析和挖掘，不仅能在现有产品和服务基础上进行深度合作，还能共同探索和开发全新的业务模式。例如，金融机构与健康科技公司合作，通过分析用户的健康数据和消费行为，共同开发出面向特定健康需求的保险产品，这不仅满足了市场的细分需求，也为用户带来了更加个性化的服务体验。另外，金融机构和零售商通过分析购买数据和信用评分，能够为消费者提供更为定制化的支付计划和金融服务，从而提高用户满意度和忠诚度。这些创新的合作模式不仅拓宽了金融产品和服务的边界，也为消费者提供了更加丰富和多样化的选择，推动了行业的创新和发展。

3. 增强合作效率和效果

数据驱动的跨界合作模式通过实时数据共享和分析，极大地增强了合作的效率和成果。合作双方能够通过持续的数据交换和实时分析，紧密监控合作项目的进展，及时发现问题并调整合作策略。这种基于数据的实时反馈机制，使得合作双方能够更加灵活和高效地优化合作内容，确保合作项目能够快速响应市场变化，满足用户需求。此外，深度的数据分析还助力双方更好地理解对方的业务流程和用户基础，有助于设计出更加贴合双方用户期待的产品和服务。缺乏实时数据支持的合作模式往往在项目执行过程中反应迟钝，难以实时调整优化，而数据驱动的合作模式则在确保项目顺利推进的同时，最大化合作的效益和影响力。

第二节　数据要素在金融行业广泛应用的价值

数据要素在金融行业的广泛应用，在微观上，极大地提升了金融机构决策的精准性、服务的个性化及风险管理的效率，促进了金融产品和服务的创新，产生了明显的乘数效应。在宏观上，这不仅加强了金融市场的稳定性和金融系统的安全性，还支持了经济高质量发展，增强了国家的金融竞争力和国际影响力，对推动金融行业现代化和社会经济整体进步具有深远意义。

一、数据要素在金融行业的乘数效应

数据要素在金融行业中的应用具有显著的乘数效应，不仅能提高决策质量、优化风险管理、促进产品创新，还能加强客户关系管理、提升运营效率、增强合规性与安全性，并推动跨界合作，其价值和影响是全方位和深远的。

（一）提高决策质量

数据要素在金融行业的应用极大地提高了决策质量，为金融机构在复杂多变的市场环境中制定策略提供了科学依据。通过对海量数据的分析和挖掘，金融机构能够获得深入的市场洞察、客户需求分析和风险评估，从而做出更加准确和高效的决策。例如，利用大数据技术，银行可以对客户的信用历史、交易行为和偏好进行综合分析，实现个性化的信贷服务和产品推荐，同时通过预测模型评估贷款的违约风险，优化信贷决策过程。此外，金融机构还可以通过对市场动态的实时监控和分析，及时调整投资策略，捕捉投资机会，减少投资风险。这种基于数据的决策方式，相比传统的直觉和经验驱动的方法，大大提高了决策的准确性和效率，为金融机构在激烈的市场竞争中获得优势提供了有力支持。

（二）优化风险管理

数据要素的应用在优化风险管理方面发挥着重要作用。通过对大量历史

和实时数据的分析，金融机构能够更精确地识别、评估和监控各类风险，包括市场风险、信用风险、操作风险等。例如，采用高级分析模型，如机器学习算法，金融机构可以从过往的交易数据中学习并预测潜在的风险模式，实现早期预警和主动干预。同时，通过构建复杂的风险评估模型，金融机构能够对不同风险因素的影响进行量化分析，制定更为有效的风险控制策略和资本分配计划。此外，数据分析还支持金融机构进行压力测试和场景分析，评估极端市场条件下的风险承受能力，确保金融稳定性。这种基于数据的风险管理方法，相比传统的基于规则和经验的方法，不仅提高了风险管理的精确性和前瞻性，还增强了金融机构对复杂金融环境的适应能力和抗风险能力。

（三）促进产品创新

数据要素的应用显著促进了金融产品创新。在数字化时代背景下，金融机构利用数据分析技术深入了解客户需求和行为模式，从而设计和推出更加个性化、高效率和创新的金融产品。例如，基于客户数据的深度学习和行为分析，银行和金融科技公司能够开发出符合用户个性化需求的金融应用，如定制化的理财规划、投资建议，以及根据用户信用行为动态调整的贷款产品。同时，数据技术的应用还推动了新的支付方式、数字货币和区块链技术在金融领域的应用，为金融交易和资产管理带来了革命性变革。通过不断的产品创新，金融机构不仅能够满足消费者多样化的金融需求，还能够提升自身的竞争力和市场份额。

（四）加强客户关系管理

在加强客户关系管理方面，数据要素的应用使得金融机构能够构建更加完善和精细化的客户关系管理体系。通过对客户数据的收集、分析和应用，金融机构可以实现对客户需求的精准把握和满足，提供更加个性化和高质量的服务。例如，通过分析客户的消费习惯、偏好和交易行为，银行可以为客户推荐最合适的金融产品和服务，提高客户满意度和忠诚度。同时，利用数据分析技术，金融机构还可以有效识别客户流失的风险因素，及时采取措施进行客户关系维护和挽留。此外，通过对社交媒体和在线行为的分析，金融机构可以更好地了解客户的反馈和意见，不断优化服务流程和产品设计，加强与客户的互动和沟通。这种基于数据的客户关系管理策略，相比传统的靠经验和直觉的方法，能够更有效地提升客户服务的质量和效率，构建长期稳定的客户关系。

（五）提升运营效率

数据要素的应用显著提升了金融机构的运营效率。通过自动化的数据处理和分析，金融机构可以快速准确地完成大量复杂的业务处理任务，如交易清算、风险评估和客户服务等，大大降低了运营成本和错误率。例如，利用机器学习和自然语言处理技术，金融机构可以自动化处理客户咨询和投诉，提高客户服务的响应速度和处理效率。同时，通过对内部运营数据的深度分析，金融机构可以识别业务流程中的瓶颈和低效率环节，进行流程优化和重组，进一步提高运营效率。此外，数据技术的应用还支持金融机构实施精细化的成本管理和资源优化，确保资源能够被高效合理地分配和利用。这种基于数据的运营管理方式，相比传统的以人工为主的操作方式，不仅提高了运营效率，还提升了金融机构的整体管理水平和竞争力。

（六）增强合规性与安全性

在增强合规性与安全性方面，数据要素的应用为金融机构提供了强大的支持。随着金融市场的不断发展和金融监管要求的日益严格，金融机构面临着越来越多的合规和安全挑战。通过利用数据分析技术，金融机构可以有效地监控和管理各类风险，确保业务操作符合监管要求。例如，通过实时分析交易数据，金融机构可以及时发现和预防欺诈行为，保护消费者的财产安全。同时，利用数据加密和访问控制技术，金融机构可以有效保护客户数据的安全和隐私，防止数据泄露和滥用。此外，通过构建全面的风险管理和内控体系，金融机构可以实现对各类风险的全面监控和管理，提高抗风险能力。这种基于数据的合规性与安全性管理策略，相比传统的人工监控和规则制定方法，不仅能够更有效地保护金融机构和消费者的利益，还能够帮助金融机构更好地适应复杂多变的金融环境和监管要求。

（七）推动跨界合作

数据要素的应用还推动了金融机构与其他行业之间的跨界合作，拓宽了金融服务的应用场景和市场范围。通过共享和分析数据，金融机构可以与电商、医疗等行业的企业建立合作关系，共同开发新的金融产品和服务。例如，银行可以与电商平台合作，通过分析用户购物数据提供个性化的消费贷款和支付服务；银行可以与医疗机构合作，利用用户健康数据开发定制化的健康保险产品。这种基于数据的跨界合作不仅能够为消费者提供更加便捷和多样化的金融服务，还能够为金融机构带来新的业务增长点和收入来源。此外，通过跨界合作，金融机构还可以获取更多的客户数据和市场洞察，进一步优化和创新金融产品和服务。这种基于数据的跨界合作模式，相比传统的合作模式，更加灵活和高效，能够更好地适应市场变化和消费者需求，推动金融服务的创新和发展。

二、数据要素在金融行业的广泛应用对我国的重大战略意义

数据要素在金融行业的广泛应用对我国具有重大的战略意义，不仅有利于推动金融行业的现代化和经济的高质量发展，还对国家金融安全、国际竞争力的提升、社会管理和服务的创新具有深远影响。

（一）推动金融行业现代化

数据要素在推动金融行业现代化方面发挥着至关重要的作用，标志着金融服务从传统模式向数字化、智能化转型升级。这种转型不仅体现在金融产品和服务的创新上，还体现在金融体系的效率提升、服务范围的扩展以及客户体验的优化等方面。

首先，数据要素的应用极大地提高了金融服务的效率。通过利用大数据分析、云计算等技术，金融机构能够实时处理海量的交易信息，精准地分析市场趋势和客户需求。这不仅缩短了金融产品的研发周期，也使得风险管理更加精细化和前瞻性。例如，利用机器学习技术进行信用评估，相较于传统的信用评估方法，能够更全面地考虑客户的信用历史、消费行为等多维度信息，提高信贷决策的准确性和效率。

其次，数据驱动的金融服务能够更好地满足市场和消费者的多元化需求。通过深入分析客户数据，金融机构能够设计出更加个性化的金融产品和服务，如基于用户行为的个性化投资推荐、定制化的财务规划服务等，极大地提升了客户体验和满意度。这种服务的个性化和精准化，是传统金融服务难以实现的。

再次，数据要素的应用推动了金融服务渠道的多样化和便捷化。移动互联网、区块链等技术的发展，使得金融服务能够突破时间和空间的限制，提供 24 小时不间断的在线服务。客户可以通过智能手机等移动设备，随时随地

进行资金转账、投资交易、账户管理等操作，极大地提高了金融服务的可获取性和便捷性。

最后，数据要素的广泛应用还为金融机构提供了强大的合规和安全保障。通过对交易数据的实时监控和分析，金融机构能够及时发现和预防欺诈行为，保护消费者的财产安全。同时，利用数据加密、匿名化处理等技术，可以有效保护客户的隐私信息，增强客户对金融机构的信任。

（二）促进经济高质量发展

数据要素在金融行业的应用对于促进经济高质量发展具有重要意义。它不仅能够实现资源的优化配置、支持实体经济的发展、促进金融创新，还能提高金融服务的普及性和便捷性，为经济的持续健康发展提供坚实的支撑。

首先，数据要素的应用在金融行业中能够实现资源的优化配置。通过大数据分析，金融机构能够更准确地识别投资机会和风险，提高资本的使用效率。例如，通过对行业数据的深度分析，金融机构可以发现那些具有高成长潜力但尚未被充分挖掘的行业或企业，进而通过投资或贷款等方式提供资金支持，促进其发展。这种基于数据的精准投资不仅能够帮助金融资本实现更高的回报，也能够促进资源向更有效率和更有潜力的领域流动，推动经济结构的优化和升级。

其次，数据驱动的金融服务能够更好地支持实体经济的发展。在供应链金融、中小企业贷款等领域，利用数据分析技术可以有效降低金融服务的风险和成本，使得原本难以获得金融支持的小微企业和农户能够获得必要的资金支持，从而激发市场活力，促进就业，推动经济增长。例如，通过分析企业的经营数据、市场需求数据等，金融机构能够提供更为精准的信贷服务，降低信贷风险，提高信贷效率。

再次，数据要素的应用促进了金融创新，为经济高质量发展提供了新的动力。金融科技公司利用数据分析、人工智能等技术开发出了许多创新的金融产品和服务，如精准借贷、数字货币、智能投顾等，这些创新不仅满足了消费者多样化的金融需求，也促进了金融市场的效率和活力，为经济发展注入了新的活力。

最后，数据要素的广泛应用提高了金融服务的普及性和便捷性，有助于提高全社会的金融素养和参与度。通过移动互联网和大数据技术，金融服务能够覆盖更广泛的人群和地区，特别是那些传统金融服务难以覆盖的农村和偏远地区，提高了金融服务的普及性和便捷性，促进了金融的普惠性发展。

（三）维护国家金融安全

在全球化的经济环境和日益复杂的金融市场中，金融安全不仅关系到国家经济的稳定发展，还直接影响到国家安全和社会稳定。数据要素在金融行业的应用为维护国家金融安全提供了强大的技术支持。通过增强金融监管能力、提高金融系统抗风险能力、加强金融信息安全和客户数据保护，以及促进国际合作，数据技术为维护国家金融安全提供了有效的手段和策略。

首先，数据技术的应用极大地增强了金融监管的能力。通过实时监控和分析大量的交易数据、市场动态和金融活动，监管机构能够及时发现市场异常、潜在的风险点和违规行为，从而采取预防措施，防止金融风险的发生和蔓延。例如，利用大数据分析技术，监管机构可以有效识别和打击洗钱、欺诈和内幕交易等违法行为，维护金融市场的公平性和透明度。

其次，数据技术的应用提高了金融系统的抗风险能力。通过对历史数据的深度分析和模型建立，金融机构能够更准确地评估各种金融产品和服务的风险，制定更有效的风险管理策略和应对措施。同时，利用机器学习等技术，金融机构可以构建动态的风险评估模型，实时更新风险评估结果，使风险管理更加精准和前瞻。

再次，数据技术在加强金融信息安全和客户数据保护方面也发挥着至关重要的作用。在金融行业中，客户数据的安全和隐私保护是加强国家金融安全的重要组成部分。通过加密技术、访问控制和数据匿名化处理等手段，金融机构能够有效保护客户数据不被非法获取和滥用，防止数据泄露和金融诈骗事件的发生。

最后，数据技术的应用还促进了国际金融安全合作。在全球金融市场日益紧密相连的今天，金融安全已经成为一个跨国界的问题。通过数据共享和国际合作，各国监管机构和金融机构可以共同打击跨国金融犯罪，提升全球金融市场的安全水平。

（四）加强国际竞争力

在全球化的经济背景下，金融市场的竞争日益激烈，国际竞争力的强弱直接关系到一个国家经济的全球地位和影响力。数据要素在金融行业的应用对提升我国金融机构的国际竞争力具有深远的影响。通过提高金融服务的效率和质量、增强市场风险管理能力、促进金融创新、参与国际规则制定，我国金融机构能够在全球金融市场中占据更加有利的位置，为我国经济的全球化发展贡献力量。

首先，数据要素的应用极大地提升了金融服务的效率和质量，使我国金融机构能够提供具有国际先进水平的金融产品和服务。例如，利用大数据和人工智能技术，我国金融机构能够提供更加精准的风险评估、个性化的投资建议以及更高效的交易执行等服务，这些都有助于吸引全球客户，扩大国际市场份额。

其次，数据要素的应用加强了我国金融机构对国际金融市场动态的监测和分析能力，提高了对外部冲击的应对能力和市场风险的管理能力。通过实时分析国际金融市场的数据，我国金融机构可以及时调整策略，有效管理跨境投资和贷款中的汇率风险、利率风险等，保护投资者利益，提升国际投资者对我国金融市场的信心。

再次，数据要素的应用促进了我国金融机构在国际合作和竞争中的创新能力。通过数据分析挖掘出新的业务模式和服务模式，我国金融机构能够在国际金融创新中占据先机，如数字货币的研发、跨境支付系统的优化等，这些创新不仅提升了我国在国际金融科技领域的地位，也为我国金融机构赢得了国际市场的认可。

最后，数据要素的应用有助于我国金融机构更好地参与国际规则的制定。在全球金融市场，数据安全、跨境数据流动等问题日益成为关注焦点。我国金融机构通过在数据技术应用上的积极实践和创新，可以为国际金融规则的制定提供中国方案，增强我国在全球金融治理中的话语权。

（五）促进社会管理和服务创新

金融数据的深度挖掘和应用在促进社会管理和服务创新方面具有广泛而深远的影响。它不仅能够提升社会信用体系的建设、优化政府的公共服务和决策，还能推动智慧城市和社会治理现代化的发展，为构建更加和谐、高效、智能的社会提供强有力的支撑。

首先，金融数据的应用有助于提升社会信用体系的建设和完善。通过对个人和企业的金融交易行为进行分析，可以更准确地评估其信用状况，为信用评价提供客观依据。这种基于数据的信用评价体系能够有效地激励诚实守信的行为、惩戒违法失信行为，推动形成良好的社会信用环境。

其次，金融数据在提高政府公共服务效率和质量方面发挥着重要作用。政府部门可以利用金融数据进行精准扶贫、社会救助等公共服务的精准投放，确保资源能够更有效地到达真正需要帮助的群体。例如，通过分析低收入家庭的金融交易数据，政府可以准确识别贫困人口，制定更有针对性的扶贫措施和政策。

再次，金融数据还能够促进政府决策的科学化和精准化。利用大数据分析技术，政府可以在宏观经济管理、城市规划、公共安全等方面做出更为合理和高效的决策。例如，通过分析金融数据反映的消费趋势和经济活动，政府可以及时调整经济政策，有效应对经济波动和风险。

最后，金融数据的应用还推动了智慧城市建设和社会治理现代化。在交通管理、市场监管、环境保护等领域，通过分析相关的金融交易数据，可以发现问题、预测趋势、制定策略，提高城市管理的智能化和效率。比如，通过分析停车费、公共交通费等交易数据，可以优化城市交通规划和管理，缓解交通拥堵问题。

第七章 数据要素推动商贸流通模式变革

数据要素在商贸流通领域的应用是多元化和深入的，涵盖了培育新业态、衍生新模式、拓展新消费、打造消费闭环生态等多个方面。数据要素的应用极大地推动了行业的创新和发展，通过提高效率、促进个性化服务、驱动新业态的产生，以及帮助企业成功实现国际化等，展现出强大的乘数效应。

第一节　数据要素催生商贸流通新业态

商贸流通新业态指的是因数据要素的应用而产生的全新的商业形态或业务模型。这些新业态通常基于创新技术的应用，如大数据、人工智能（AI）、物联网（IoT）等，解决传统商业模式中未能充分解决的问题，或者满足新兴市场需求。新业态的出现往往伴随着新的市场机会，为消费者提供全新的产品或服务体验。

一、电子商务的个性化和智能化

电子商务的个性化和智能化正通过精准地满足消费者需求、提高运营效率以及创新市场策略，不断推动电商行业的发展。这一趋势将持续演进，随着技术的进步（如人工智能和机器学习的发展），电商平台将提供更加智能化和个性化的购物体验。数据要素推动电子商务的个性化和智能化发展体现在多个方面。

（一）消费者行为分析

在电子商务中，消费者行为分析的核心是通过对大量用户数据的收集和分析来理解消费者的需求、偏好和购物行为。这一过程涉及对用户的历史购买数据、浏览历史、搜索查询和产品评价等信息的深入挖掘。通过这些数据，电商平台可以构建每个用户的详细画像，从而推荐个性化的产品和服务。

个性化推荐系统是消费者行为分析的直接产物。系统使用复杂的算法，比如协同过滤和基于内容的推荐，来预测用户可能感兴趣的商品。这种推荐不仅增强了用户体验，提高了满意度，还显著提高了销售转化率。例如，当用户浏览某一类产品时，推荐系统会显示与其浏览习惯和购买记录最匹配的相关产品。

消费者行为分析还帮助电商平台识别不同的用户群体，并针对这些群体制定更加精准的营销策略。例如，对于频繁购买儿童用品的用户，平台可以推送相关的促销活动和新产品信息。通过这种方式，电商不仅提升了用户的购物体验，也增强了营销活动的有效性。

（二）智能运营优化

智能运营优化是电子商务个性化和智能化的重要组成部分，主要通过应用数据分析和人工智能技术来提高电商运营的效率和效果。在库存管理方面，智能系统可以根据消费者购买行为和市场趋势预测来动态调整库存水平，减少积压和缺货情况。例如，如果某一产品在特定时期显示出增加的需求趋势，那么系统可以提前调整库存，确保供应充足。

电商平台可以实时监测市场需求、库存状态和竞争对手的价格策略，据此调整商品价格。这种灵活的定价策略有助于在维持销售和利润的同时，快速响应市场变化。例如，在需求高峰期，平台可能会提高某些热门商品的价格，而在需求低迷时，平台通过降价促销来刺激销量。

智能运营优化还涉及订单处理和物流管理的自动化。通过数据分析，电商平台可以优化配送路线，提高物流效率，减少交货时间。同时，自动化系统可以加速订单处理流程，减少人为错误，提高客户满意度。

（三）市场趋势预测

在电子商务中，市场趋势预测利用数据分析来识别未来的市场机会和挑战。通过分析消费者的购买模式、搜索趋势、季节性变化和社会经济因素，企业可以预测市场趋势的变化，从而更好地规划产品开发和市场策略。例如，通过分析历史销售数据和当前的市场动向，企业可以识别出即将流行的产品类别或消费者对某种类型商品的兴趣增长。这些信息对于新产品的开发和现有产品的改进至关重要。通过提前预测并响应市场需求，企业可以抢占市场先机，从竞争中脱颖而出。

市场趋势预测还有助于优化营销活动和促销策略。通过分析不同季节或特殊节日的消费模式，企业可以在适当的时机推出针对性的促销活动，吸引消费者的注意力。例如，针对即将到来的假日季，电商平台可以提前准备相关的促销活动，以吸引更多消费者。

（四）客户体验提升

在电子商务的个性化和智能化中，提升客户体验是核心目标之一。通过利用收集的数据，电商平台能够提供更加个性化和便捷的购物体验。例如，通过分析用户的购物习惯和偏好，平台可以设计更加直观和用户友好的界面，使消费者能够轻松找到他们感兴趣的商品。

电商平台还利用数据来优化客户服务。例如，通过分析客户咨询的常见问题和反馈，平台可以改进其客服系统，提供更有效的自动回应和个性化客户支持。聊天机器人和自动化响应系统不仅提高了响应速度，还通过 24/7 服务提升了客户满意度。

电商平台还通过整合线上和线下购物体验来提升客户体验。例如，消费者可以在线上浏览和选择商品，然后在附近的实体店中体验或取货，这就是无缝的 O2O 购物体验。

（五）数据驱动的营销

在电子商务中，数据驱动的营销使企业能够更精准地定位目标市场，并实现更有效的广告和促销活动。通过分析消费者数据，企业可以识别最有可能对特定产品或服务感兴趣的客户群体，然后针对这些群体实施定制化的营销活动。例如，电商平台可以根据用户的购物历史和浏览习惯来推送个性化的广告和促销信息。这种精准营销不仅提高了营销活动的响应率和转化率，还优化了广告预算的使用效率。

社交媒体在数据驱动的营销中扮演着重要角色。通过分析社交媒体上的用户互动和内容分享，企业可以了解消费者对品牌和产品的态度，从而优化其社交媒体策略。这种策略还可以帮助企业监测和管理在线声誉，及时应对潜在的危机。

二、社交电商

社交电商作为一种新兴的商贸流通业态，是数据要素应用的一个重要方向，它利用社交媒体平台的影响力和用户基础来驱动销售和市场营销。在这个模式下，社交互动和电子商务功能的结合使得购物变得更加社会化和互动化，为消费者提供了全新的购物体验。

社交电商通过分析社交网络中的用户行为和偏好来实现精准营销，这包括监测用户在社交媒体上的互动、发布内容的偏好以及他们对不同产品的反应。利用这些数据，企业可以更准确地定位目标市场，开发适合特定用户群体的产品和营销策略。例如，如果数据显示一群用户对环保产品特别感兴趣，那么企业可以针对这一群体推广绿色产品线。

社交电商的另一个关键要素是通过社群营销提升品牌忠诚度和用户参与度。企业可以利用社交平台建立品牌社群，通过定期发布互动内容、组织在线活动和提供独家优惠来吸引和维护用户群体。在这些社群中，用户不仅是消费者，也是品牌推广的参与者和贡献者。他们的反馈和建议可以被用来进一步优化产品和服务。

社交电商还利用影响者营销来扩大市场影响力。品牌可以与社交媒体上的意见领袖合作，利用他们的影响力和粉丝基础来推广产品。这种合作通常基于对影响者及其粉丝数据的分析，以确保营销活动的相关性和有效性。

社交电商是数据驱动的商业模式在社交媒体时代的自然延伸。它不仅改变了消费者的购物习惯，也为企业提供了一个利用社交网络力量进行市场拓展和品牌建设的新渠道。随着社交媒体的持续增长和数据分析技术的进步，社交电商有望成为电子商务领域中越来越重要的一部分。

三、订阅式电商

订阅式电商是商贸流通领域中数据要素应用的一种创新模式，它结合了个性化服务的精准性与定期购物的便利性，为消费者提供一种全新的购物体验。这种模式通常依赖于对消费者行为和偏好的深入分析，以提供符合个人需求的产品或服务。

在订阅式电商模式中，消费者通常按月支付固定费用，定期收到商品。这些商品可能涉及各种类别，如护肤品、健康食品、书籍或服装等。这些产品的组合是基于消费者的个人偏好和历史购买数据来定制的，从而确保每次配送都尽可能满足消费者的期望。

个性化是订阅式电商的核心特点之一。通过分析消费者的购买历史、评价反馈、在线行为等数据，电商平台可以了解每位用户的具体喜好和需求。基于这些信息，平台能够为每位订阅者定制独特的产品包，确保所提供的商品与消费者的兴趣和生活方式相符。例如，对于一个热爱户外运动的消费者，订阅服务可能包括最新的运动装备和营养补给品。

订阅式电商还提供了一种方便的购物解决方案。对于忙碌的消费者来说，无须每次都在线上挑选商品，他们可以定期收到精选的产品，节省了购物时间和精力。这种服务特别适合那些对特定产品类别有持续需求的消费者，如定期需要新鲜食品或定期更换护肤品的消费者。

当然，订阅式电商模式也为企业带来了稳定的收入和客户忠诚度。由于订阅通常是长期的，这为企业提供了预测未来收入的能力，同时有助于建立与消费者的长期关系。企业可以通过定期的交互和更新，不断提高消费者的品牌忠诚度。

订阅式电商是一个利用数据分析来提供个性化服务的创新商业模式。它不仅改变了传统的购物方式，还使企业和消费者之间建立了更紧密的连接。随着消费者需求的多样化和个性化趋势的加强，预计这种模式将在电商领域继续发展。

四、直播电商

直播电商将实时视频直播的动态互动融入电商购物体验，极大地丰富了消费者的购物方式。在直播过程中，主播不仅展示商品，还深入讲解产品的特性及使用方法，为消费者提供了一种仿佛身临其境的购物体验。这种模式的互动性强，让消费者可以随时提出问题并获得回答，极大地提高了购买决策的准确性。相比传统电商平台的静态图片和文字介绍，直播电商通过视频直播让商品呈现更加生动和真实，有效地增强了消费者的信任感，同时也让购物变得更加有趣和富有吸引力。

直播电商之所以能够迅速崛起并获得广泛的市场认可，很大程度上得益于移动互联网的发展和社交媒体的广泛应用。这种新型的零售模式为商家提供了一个与消费者直接互动的平台，使得商品推广和销售更加直观和高效。对于消费者而言，直播电商不仅大大简化了购物流程，还提供了更为丰富和个性化的购物选择。消费者可以在任何时间、任何地点观看直播，实时了解商品信息，并享受到与主播以及其他观众交流的乐趣，从而获得一种全新的购物体验。

直播电商的社交属性是其区别于传统电商的一个显著特点。在直播过程中，观众不仅能够与主播进行实时互动，还能与其他观众分享观点、交流经验，形成了一种基于兴趣和购物的社交圈子。这种模式不仅加深了消费者对商品的认识和兴趣，还促进了社区内信息的快速流动和共享，增强了消费者的参与感和归属感。随着互动性的增加，消费者的购买意愿和品牌忠诚度也相应提高，从而有效提升了商品的销售转化率。

五、跨境电商

跨境电商正在快速成长为全球贸易的一个核心部分。通过对消费者行为、市场趋势、物流信息以及关税政策等关键数据的综合分析，跨境电商平台能够洞察到各个国家和地区消费者的具体需求和偏好。这使得平台能够提供更加个性化和针对特定市场的产品与服务。同时，借助数据分析来优化供应链管理，实时监控库存和物流状态，跨境电商企业实现了更有效的库存控制和更迅速的物流配送，有效降低了运营成本，并提高了消费者的满意度和忠诚度。

数据要素还在市场细分和精准营销策略的制定中扮演着至关重要的角色。利用大数据技术挖掘和分析海量信息，跨境电商平台能够准确识别潜在的市场机会，针对不同消费者群体设计具有针对性的营销方案。这种基于数据的深入分析不仅显著提高了营销活动的效果，也有效提升了转化率和市场占有率。通过精准营销，跨境电商能够更有效地吸引目标客户，建立起品牌的全球影响力。

跨境电商利用数据要素突破传统的地理和文化限制，为企业拓展国际市场开辟了新的路径。通过对数据的精准分析和应用，跨境电商不仅能更好地满足全球消费者的多样化需求，还能推动全球贸易的自由化和便利化。这种数据驱动的跨境电商模式不仅为企业提供了宝贵的国际市场机遇，也在促进世界经济的融合与发展中起到了积极作用，展现了数据在推动全球化进程中的重要价值。

六、智能零售

智能零售是数据要素在商贸流通领域应用的另一个显著领域，它代表着零售业的未来趋势，结合了物联网、人工智能、大数据等先进技术，旨在提供更加智能化、便捷的购物体验，同时优化零售运营效率。

智能零售的一个关键方面是无人零售技术的应用，如无人超市和自动化售货机。这些技术通过感应器、摄像头和数据分析算法自动处理交易，为消费者提供了无缝和便捷的购物体验。例如，消费者可以在无人商店中自由挑选商品，离店时自动结算，无须排队等待。这不仅提高了效率，也降低了劳动成本。智能零售还涉及改善支付过程和提高物流效率。例如，通过移动支付和自助结算点，简化支付流程；利用数据分析优化物流和配送策略，确保产品及时到达并减少库存积压。

智能货架和展示技术也在智能零售中发挥重要作用。这些技术可以实时监测库存水平，自动补货，甚至可以根据消费者购买行为和偏好动态调整货架展示。此外，通过数据分析，零售商可以更好地了解哪些产品更受欢迎，以便将产品放在更显眼的位置。

智能零售还包括对消费者数据的深度分析，以提供个性化的购物体验。通过分析消费者的购买历史、在线行为和偏好，零售商可以推荐个性化的产品，甚至定制个人化的促销活动。例如，基于消费者以往的购买数据，零售商可以向其发送针对性的优惠券或促销信息。

七、虚拟现实（VR）/增强现实（AR）零售

虚拟现实（VR）和增强现实（AR）在零售领域的应用正成为商贸流通领域中最引人注目的创新趋势之一。这些技术通过创造沉浸式和互动式的购物体验，为消费者和零售商打开了全新的零售空间。

VR 和 AR 技术使得消费者能够在一个虚拟化的环境中体验产品。例如，在家居和室内设计行业中，消费者可以使用 VR 技术来预览家具在自己家中的摆放效果，这种沉浸式体验可以帮助消费者做出更明智的购买决策。同样，AR 技术允许消费者通过智能手机或平板电脑在现实环境中“查看”虚拟产品，如在自己的房间内试摆放一件家具或在自己的腕上试戴一款手表。

VR 和 AR 技术在零售领域的应用也有助于提高消费者的参与度和品牌忠诚度。通过提供互动式和定制化的购物体验，这些技术可以增强消费者与品牌的情感链接。例如，一些时尚品牌利用 AR 技术让消费者在虚拟环境中试穿服装，不仅提升了购物体验，也增加了消费者与品牌的互动。

VR 和 AR 技术还为零售商提供了丰富的数据和洞察。通过分析消费者在

虚拟环境中的行为，零售商可以收集有关消费者偏好和行为的宝贵信息，进而优化产品设计和市场策略。例如，通过追踪消费者在虚拟商店中的路径和停留时间，可以了解哪些产品更受欢迎，哪些区域需要改进。

八、即时电商

即时电商利用最新的电子商务技术和物流创新，迎合了现代消费者追求快速、便捷服务的需求。这种电商模式通过整合先进的信息技术与高效的物流系统，实现了从订单生成到商品配送的高速流程，大大缩短了消费者的等待时间。用户通过即时电商平台，可以随时随地下单购买包括新鲜食品、日常用品在内的各类商品，并期望在几小时甚至更短时间内收到购买的商品。这种即时满足消费需求的能力，特别适应了都市生活快节奏的特点，为用户提供了极大的便利，使得即时电商迅速成为受欢迎的购物渠道，深受现代消费者的偏爱。

即时电商的成功秘诀在于其对供应链管理和物流配送流程的创新优化，背后是大数据和智能算法的强力支撑。利用数据分析，平台能够实时监控用户需求、库存水平和配送状态，从而精确预测消费趋势，智能调整库存，优化配送路径。这种数据驱动的运营模式不仅有效提升了物流配送的速度和准确性，降低了库存积压和物流成本，还大幅提高了消费者的满意度和忠诚度。即时电商还依赖于高效的订单处理系统。这种系统能够快速响应订单，自动分配配送任务给最合适的配送人员或无人配送设备，如无人机或无人车。通过优化订单处理流程，即时配送服务不仅提升了配送速度，还提高了配送的准确性和可靠性。即时电商通过这种高效、智能的服务模式，确保消费者能够享受到更快捷、更个性化的购物体验，同时也为电商平台和合作伙伴创造了更高的运营效率和经济效益。

随着技术的进步和市场的发展，即时电商正在推动零售行业的变革。移动互联网的普及和消费者购物习惯的变化为即时电商的发展提供了肥沃的土壤。这种新型电商模式不仅满足了消费者对于购物便捷性和即时性的高标准要求，还通过提供更为灵活多样的商品和服务，为零售商和品牌带来了新的增长空间和机会。即时电商促进了零售业态的创新升级，为消费者、商家乃至整个社会创造了更多的价值。

九、智慧物流

智慧物流是数据要素在商贸流通领域的又一项重要应用，它通过利用先进的数据分析技术和物联网设备来优化物流和供应链管理。智慧物流的目标是实现更高效、更透明、更灵活的物流操作，减少成本，提高客户满意度，并增强整个供应链的响应能力。

智慧物流利用实时数据跟踪技术，显著提升了物流管理的透明度和效率。企业通过在运输车辆、货物和包裹上安装传感器，可以实时获取物流状态信息，如当前位置、运输速度以及货物的温度等关键指标。这种实时监控机制不仅大幅提升了物流操作的可靠性，还使企业能够快速响应和处理运输过程中可能出现的问题，比如运输延迟或货物损坏等。实时数据的应用确保了物流的高效运作，同时增强了企业对物流链的控制能力，使其能够在必要时做出快速调整，保证货物安全、准时到达。

智慧物流还通过数据分析实现了物流路径和库存管理的优化。利用历史数据和市场趋势分析，企业能够准确预测未来的需求变化，进而调整库存水平，有效避免库存积压或缺货情况的发生。同时，借助高级算法模型，智慧物流可以优化运输路线和调度计划，实现成本和时间的双重节省。这种基于数据的决策过程不仅提高了物流效率，还增强了企业对市场变化的适应能力，确保了供应链的灵活性和响应速度。

预测性维护在智慧物流系统中起着至关重要的作用。通过对物流设备，如运输车辆的运行数据进行深入分析，企业可以准确预测设备的维护时间点，避免因设备故障导致的意外停机。这种基于数据的预测性维护策略，不仅大大提高了物流操作的连续性和可靠性，还有效降低了因设备故障导致的额外维护成本。通过提前识别和解决潜在问题，企业能够确保物流系统的高效运转，提高整体物流效率。

智慧物流还积极探索自动化和无人化技术的应用，如无人机配送、自动化仓库管理系统和机器人分拣技术等。这些先进技术的应用大幅提高了物流操作的效率，同时减少了人为操作错误导致的问题。自动化仓库和机器人分拣系统能够快速准确地处理大量订单，显著提升处理速度和准确性。无人机配送则开辟了新的物流配送渠道，特别是在偏远地区或高峰时段，无人机配送能够提供更快捷、更灵活的配送服务。这些技术的应用不仅降低了物流成本，还为消费者提供了更为优质的服务体验。

十、供应链金融

在商贸流通领域，供应链金融是数据要素应用的一个重要方面，它通过整合供应链中的数据来提供更高效、更透明的融资解决方案。供应链金融的核心在于利用数据分析来优化资金流、减少风险，并为供应链上的各方参与者提供更加灵活的融资方式。

风险评估和信用管理是供应链金融的关键。通过分析供应链中的交易数据、支付历史和物流信息，金融机构能够更准确地评估各方的信用状况和风险水平。这些信息有助于金融机构做出更明智的贷款决策，降低违约风险。例如，通过对某个供应商历史交易和履约情况的分析，金融机构可以决定是否向其提供贷款以及贷款的条件。

供应链金融通过链上融资为小型和中型企业提供资金支持。这些企业通常难以从传统银行获得足够的融资，但如果将其在供应链中的角色和性能数据展示给金融机构，那么它们可以更容易地获取贷款。例如，一个小型零部件供应商，虽然规模不大，但因为其在供应链中处于关键位置且历史表现良好，所以可以通过供应链金融获得必要的资金支持。

供应链金融还利用数据分析来优化资金流动。通过实时监测供应链中的资金流向和货物流转，企业和金融机构可以更有效地管理资金，减少资金闲置和提高资金使用效率。例如，通过实时跟踪订单和发货状态，金融机构可以在货物交付后立即释放款项，加快资金周转。

供应链金融不仅提升了整个供应链的资金效率，还降低了运营成本和信用风险。它提供了一种更加灵活和高效的资金获取方式，有助于小型和中型企业的成长和稳定。随着数据分析技术的不断发展，供应链金融有望进一步优化，为更多企业提供支持，推动整个供应链的健康发展。

十一、数据驱动的市场研究

在商贸流通领域，数据驱动的市场研究是利用数据要素的一个关键应用领域，它利用先进的数据分析工具来深入理解市场动态、消费者行为和竞争环境。通过对大量数据的收集和分析，企业能够获得更深入的市场洞察，从而制定更有效的商业策略和市场营销活动。

消费者洞察是数据驱动市场研究的核心。企业可以分析消费者的购买历史、在线行为、社交媒体互动和反馈意见，以了解消费者的需求、偏好和购买决策过程。这些洞察帮助企业识别目标市场，定制化产品和服务，制定更有针对性的营销策略。例如，通过分析消费者对某一类产品的在线搜索和讨论趋势，企业可以发现潜在的市场需求，从而开发新产品或优化现有产品以满足这些需求。

竞争分析在数据驱动的市场研究中也非常关键。通过收集和分析竞争对手的市场表现、价格策略、产品创新和客户反馈等信息，企业可以更好地了解自己在市场上的定位，识别竞争优势和劣势。这不仅帮助企业制定有效的竞争策略，还可以发现新的商业模式和市场机会。

数据驱动的市场研究还包括对市场趋势的预测和分析。利用历史数据和先进的预测模型，企业可以预测市场趋势的变化，如消费者需求的季节性波动、新兴技术的市场影响等。这些预测有助于企业提前做好准备，抓住市场机会，避免潜在的风险。

数据驱动的市场研究不仅为企业提供了对市场的深入理解，还为企业的战略规划、产品开发和市场营销提供了数据支持。随着数据分析技术的不断进步和大数据应用的普及，数据驱动的市场研究将继续发扬光大，成为商业决策和市场策略的重要依据。

第二节　数据要素衍生商贸流通新模式

商贸流通新模式是数据要素在现有模式基础上，对商业运作方式、价值创造和交付机制的创新。新模式往往聚焦于如何通过数据分析和应用来优化业务流程、提高效率、改善客户体验或降低成本。

在商贸流通领域，数据要素催生和培育的新业态和新模式虽然紧密相关，但它们之间存在一些关键的区别。在业务焦点上，新业态更多关注于创造全新的商业形态和消费场景，而新模式则侧重于改进和创新现有的商业运作方式。在创新层面上，新业态通常涉及较为广泛的创新，比如产品、服务、技术和市场等多个方面的革新；新模式则更多聚焦于业务流程、营销策略或运营管理等方面的优化。在市场影响上，新业态能够开辟新的市场空间，创造新的消费需求，对市场结构可能产生较大影响；新模式则主要通过提高现有市场的运营效率和竞争力来发挥作用。

数据要素在商贸流通领域的广泛应用催生了多种创新的商业模式，展示了数据要素在现代商贸流通中的强大潜力。

一、个性化推荐系统

个性化推荐系统通过分析消费者的历史购买记录、浏览习惯和个人偏好，提供定制化的产品推荐，从而提升消费者的购物体验并增加销售机会。系统使用复杂的算法来分析大量的用户数据，包括用户在平台上的行为模式、购买频率、偏好类别及反馈评价。通过这些数据，电商平台能够构建详细的用户画像，并据此向用户推荐可能感兴趣的商品。例如，一个经常购买运动装备的用户可能会收到运动鞋或运动服的推荐。这种个性化的购物体验不仅增强了用户黏性，还提高了购买转化率。此外，个性化推荐系统还可以根据市场趋势和季节性变化动态调整推荐内容，确保其持续符合用户的最新需求和兴趣。

二、动态定价模型

动态定价模型是一种基于市场需求、库存水平和竞争对手行为来调整商品价格的模型。通过实时分析数据，电商平台可以灵活地调整价格，以应对市场波动。例如，如果数据显示某一产品的需求增加，那么系统可以自动提高该产品的价格以优化利润，反之则降价促销以清理库存。这种模式特别适用于具有强烈季节性波动或快速变化的时尚趋势的商品。动态定价不仅帮助企业最大化收益，还提高了市场响应速度，使企业能够快速适应竞争激烈的市场环境。此外，这种模型还可以通过分析竞争对手的定价策略来优化自身的定价决策，从而在保持竞争力的同时维持利润率。

三、预测性库存管理

预测性库存管理利用数据分析来预测市场需求，从而优化库存水平和供应链管理。通过分析历史销售数据、市场趋势、季节性变化以及促销活动的影响，企业可以更准确地预测不同产品的未来需求。这种预测能力使企业能够提前调整采购计划和库存策略，避免库存积压或缺货的情况。例如，通过预测分析，零售商可以在购物节之前增加热门商品的库存，确保满足激增的需求。预测性库存管理不仅提高了库存周转效率、降低了持有成本，还提升了客户满意度，因为商品可以在需要时迅速到达消费者手中。

四、数据驱动的客户关系管理（CRM）

数据驱动的客户关系管理（CRM）通过分析客户数据来优化客户服务和维护与客户的关系。这种模式包括收集和分析客户的交易历史、沟通记录、反馈及社交媒体行为等信息。利用这些信息，企业可以更好地理解客户需求，提供更个性化的服务，比如定制化的沟通策略和个性化的产品推荐。数据驱动的 CRM 还使企业能够及时识别和解决客户问题，提高客户满意度和忠诚度。例如，如果发现特定客户群体对某一服务的满意度低，那么企业可以针对性地调整服务策略或提供特定优惠以改善客户体验。此外，数据驱动的 CRM 还能帮助企业预测客户流失风险，并采取预防措施。

五、社交媒体整合营销

社交媒体整合营销将社交媒体数据用于市场营销和品牌推广。企业通过分析社交平台上的用户互动、讨论和反馈，可以获得关于品牌形象、消费者情感和市场趋势的洞察。这些洞察帮助企业制定更有针对性的营销策略，比如针对特定群体的广告投放和内容营销。社交媒体整合营销还使企业能够及时响应消费者的需求和反馈，建立与消费者的直接沟通渠道，增强消费者的品牌忠诚度和用户参与度。此外，社交媒体的数据分析还能帮助企业识别关键意见领袖，与他们合作进行品牌推广，扩大市场影响力。通过这种方式，社交媒体整合营销不仅提升了营销效果，也加强了企业与消费者之间的互动。

六、数据驱动的供应链优化

数据驱动的供应链优化利用数据分析来提高供应链的效率和响应能力。在这个模式中，企业通过分析来自供应链各个环节的数据，如销售数据、库存水平、物流信息以及市场趋势，来优化产品流通和物流过程。例如，通过实时监控库存和销售趋势，企业可以更快地响应市场变化，调整库存水平以避免积压或缺货。同时，数据分析可以揭示供应链中的效率问题，如某个供应商的交货延迟或某个运输路线的低效率，企业可以据此采取措施改进。数据驱动的供应链优化不仅提高了运营效率，还增强了企业对市场变化的适应能力。这种模式对于那些需要快速响应市场变化和客户需求的企业尤为重要，如时尚行业和电子产品行业。随着数据分析技术的发展和物联网的应用，未来数据驱动的供应链优化将变得更加智能和高效。

七、基于数据的新产品开发

基于数据的新产品开发是一个创新的商业模式，它利用消费者数据和市场分析来指导新产品的设计和开发。在这个模式中，企业通过分析消费者的购买历史、反馈意见、市场趋势以及社会文化因素来识别潜在的产品机会和消费者需求。这种方法使得产品开发更加紧贴市场需求，提高了新产品成功的可能性。例如，通过分析社交媒体和在线论坛上的消费者讨论，企业可以了解消费者对现有产品的不满和对未来产品的期望。这些信息对于产品开发至关重要，可以帮助企业创造符合消费者期待的新产品。同时，数据分析还可以揭示特定市场细分群体的特定需求，使企业能够开发针对这些群体的定制化产品。通过深入理解市场和消费者，企业可以开发出更有竞争力的产品，快速响应市场变化。随着数据分析技术的进步，这种模式将继续推动产品创新和市场发展。

八、数据驱动的市场细分

数据驱动的市场细分是一种通过深入分析数据来识别和理解不同市场细分群体的商业模式。在这个模式中，企业利用消费者行为数据、心理图像、购买模式和人口统计信息来精确划分市场，并为每个细分市场提供定制化的产品和服务。这种模式有助于企业更有效地到达目标客户群，提高市场营销的准确性和效果。例如，通过分析不同年龄段、收入水平和地理位置的消费者数据，企业可以识别出具有不同需求和偏好的市场细分群体。这些信息使企业能够开发针对特定群体的产品，如针对年轻消费者的时尚产品或针对高收入群体的高端产品。同时，数据驱动的市场细分还有助于优化广告投放和促销策略，通过针对特定群体的营销活动来提高投资回报率。数据驱动的市场细分不仅提高了市场营销的效率，还有助于企业更好地理解和满足消费者需求。这种模式特别适用于那些市场多样化和竞争激烈的行业。随着大数据和人工智能技术的发展，数据驱动的市场细分将变得更加精准和高效。

第三节 数据要素在商贸流通领域广泛应用的重要意义

数据要素的广泛应用极大地推动了商贸流通领域的数字化转型，为企业提供了前所未有的机遇和挑战。通过有效利用数据，企业不仅能够提升自身的竞争力，还能够为消费者提供更优质的产品和服务。在数据驱动的未来，掌握和利用数据成为企业成功的关键。

一、提升生活便利性

数据要素在商贸流通领域广泛和深入的应用极大地提升了人们日常生活的便利性。在数字化的世界中，消费者可以通过几次点击就完成从购物到支付、从预约服务到接受服务的整个流程。这种方式不仅节省了时间，还为消费者提供了更多的选择和比较的机会，使他们能够在众多选项中找到最适合自己的产品或服务。例如，通过在线平台，消费者可以轻松比较价格、阅读产品评价、利用各种筛选工具快速找到所需商品。此外，数字支付系统的便捷性使人们不再需要携带大量现金或在交易时填写烦琐的表格，从而简化了购买过程。随着技术的进步，如增强现实（AR）和虚拟现实（VR）技术的应用，数据要素在商贸流通领域广泛和深入的应用将提供更加丰富和沉浸式的购物体验，进一步提升生活便利性。

二、经济增长和创新驱动

数据要素在商贸流通领域广泛和深入的应用为经济增长注入了新的活力，成为创新驱动的重要来源。它鼓励企业采用新技术、开发新产品和服务，从而推动整个市场的创新。这种创新不仅限于电子商务和金融科技领域，还扩展到了教育、医疗保健、娱乐等多个行业。数字化使企业能够更有效地连接消费者、优化运营流程和降低成本，从而提高竞争力和盈利能力。此外，数字平台为小型企业和初创企业提供了与大企业竞争的机会，小企业和初创企业通过提供独特的产品或服务、利用社交媒体进行营销，可以快速扩大市场影响力。在宏观层面，数字经济的发展促进了就业、增加了税收收入，并为国家经济的转型升级提供了支持。

三、增强市场包容性

数据要素在商贸流通领域广泛和深入的应用显著增强了市场包容性。数字技术的普及使得原本地理位置偏远的地区和社会经济地位较低的群体也能够享受到同样的产品和服务。例如，偏远地区的居民可以通过在线平台购买城市中的商品，享受同等水平的教育资源和医疗服务。这种包容性不仅体现在消费者侧，也体现在供应者侧。通过数字平台，小型企业和个体经营者进入市场的门槛大大降低，他们可以利用电子商务平台、社交媒体等工具，以较低的成本触达广泛的消费者群体，从而增强了整个市场的活力和多样性。此外，数字化还为残障人士提供了更多的就业机会和社会参与途径，比如远程工作和在线创业，这进一步体现了市场包容性的增强。总的来说，数据要素在商贸流通领域广泛和深入的应用通过为不同群体提供平等的机会，促进了社会经济的均衡发展。

四、促进可持续发展

数据要素在商贸流通领域广泛和深入的应用对促进可持续发展具有重要意义。数字化减少了对物理资源的依赖，比如减少了纸质文件的使用和降低了对实体店铺的需求，从而减少了环境影响。在线办公和远程工作减少了通勤需要，进而减少了交通拥堵和汽车尾气排放。此外，数字化还促进了资源的高效利用，例如，通过数据分析优化供应链管理，减少了能源消耗和浪费。在农业领域，精准农业技术使得资源利用更加高效，减少了化肥和农药的使用。数字生活方式还促进了共享经济的发展，如共享出行和共享住宿，这不仅提高了资源利用效率，还促进了社会经济的可持续发展。通过这些方式，数据要素在商贸流通领域广泛和深入的应用支持了环境保护和经济社会的可持续发展目标的实现。

五、改善消费者体验

数据要素在商贸流通领域广泛和深入的应用显著改善了消费者的购物体验。通过个性化推荐、一键式购物和即时支付等功能，消费者可以享受到前所未有的便捷和效率。数字技术的应用使得消费者在购物过程中获得了更多的信息和选择权，可以根据自己的需求和偏好做出更加明智的决策。例如，消费者可以轻松比较不同产品的特点、价格和用户评价，从而选择最适合自己的商品。此外，增强现实（AR）和虚拟现实（VR）技术的应用为消费者提供了全新的购物体验，如虚拟试衣间和3D产品展示，这些技术使得在线购物变得更加直观和互动。数字化还使得售后服务变得更加高效和便捷，消费者可以通过在线平台轻松处理退货和换货事宜。总之，数据要素在商贸流通领域广泛和深入的应用极大地提升了消费者的满意度和忠诚度。

六、促进全球化

数据要素在商贸流通领域广泛和深入的应用是促进全球化的重要力量。通过互联网，消费者不受地理限制，可以轻松购买全球各地的商品和服务。这种跨境电子商务不仅为消费者提供了更多的选择和便利，也为企业打开了全球市场的大门。小型企业和个体经营者通过数字平台，如阿里巴巴、亚马逊、eBay 等，可以将产品销售到世界各地，实现业务扩展和增长。此外，数字化还促进了文化的交流和融合，人们可以通过互联网了解和体验不同文化，增进全球各地人民之间的理解和友谊。在服务领域，如在线教育和远程医疗，数字化使得高质量的教育资源和医疗服务能够跨越国界，惠及全球消费者。因此，数字生活消费方式通过打破传统的地理和文化障碍，加速了全球化进程，促进了全球经济和社会的紧密联系。

七、加强数据驱动的决策

商贸流通领域的数据要素为企业和政策制定者提供了宝贵的洞察，帮助他们做出更加明智的决策。通过分析消费者行为、市场趋势和用户反馈等数据，企业可以更好地了解消费者需求，优化产品和服务，提高市场竞争力。例如，零售商可以利用购物数据分析消费者偏好，进行库存管理和个性化营销。此外，数据分析可以帮助政府了解社会需求和趋势，制定更有效的经济政策和社会政策。此外，数据驱动的决策还促进了公共服务的优化和创新，如智慧城市项目利用数据改善了城市管理和服务。总的来说，商贸流通领域的数据不仅为商业创新提供了基础，也为社会管理和政策制定提供了支持，从而提高了整个社会的决策效率和效果。

八、加强社会的互联互通

数据要素在商贸流通领域广泛和深入的应用加强了社会的互联互通，使人们之间的交流和合作变得更加便捷和广泛。社交媒体平台如微信、抖音、Facebook、Twitter 等，使得人们可以随时与家人、朋友和同事分享生活点滴、交流思想和协作工作。这种即时通信和信息共享的能力，不仅加深了个人之间的联系，也促进了社会群体之间的理解和合作。在商业领域，数字化使企业能够跨越地理和时间限制，与全球合作伙伴进行沟通和合作，加速了知识的传播和创新的实现。此外，互联网还提供了一个平台，人们可以围绕共同兴趣和目标聚集在一起，形成虚拟社区，促进了社会的多元化和包容性。在应对全球性挑战，如气候变化、公共卫生危机等方面，微信带来的社会互联互通也是解决这些问题的关键。通过加强全球合作和信息共享，可以更有效地应对这些挑战，构建一个更加紧密连接的世界。

第八章

数据要素促进文化和旅游业高质量发展

建设文化强国、推动文化和旅游业高质量发展，是以习近平同志为核心的党中央做出的重大战略决策。数据要素的深度应用正成为推动文化和旅游业高质量发展的关键动力。它不仅能够精准捕捉公众需求，提升文化内容的个性化与互动性，还能揭示文化与旅游发展的新趋势，为决策提供科学依据。

第一节　数据要素促进文化传承、传播和创新

数据要素在文化传承、传播和创新中扮演着核心角色，通过深度分析和应用，可以揭示文化趋势，满足个性化需求，推动文化创意产业的转型升级。

一、数据要素在文化传承、传播和创新中的应用场景

数据要素在文化传承、传播和创新方面的应用日益增长，带来了许多创新做法。这些做法不仅增强了文化的吸引力和可及性，还促进了文化的现代化和全球传播。

（一）数字化文化档案

数字化文化档案通过采用先进的技术手段对文化遗产进行数字记录和存储，为艺术品、古迹、文献等文化资产的保护和传承提供了新的可能性。这种创新做法不仅包括高精度的扫描和摄影技术，还涉及先进的数据处理和存储技术，确保了文化资产的信息能够被长期、安全地保存。通过数字化档案，即便原始文化物品受到时间侵蚀或意外损毁，其价值和信息仍得以在数字世界中永久留存。此外，数字化文化档案还支持多种数据格式，包括文本、图像、音频和视频等，使得文化遗产的展示更为丰富和生动。

在博物馆和档案馆等文化机构中，数字化文化档案发挥了至关重要的作用。通过创建数字化藏品，这些机构不仅能够在物理空间之外建立在线展览，还能够通过互联网让全球观众无障碍地访问和欣赏这些文化珍宝。这种开放性极大地扩展了文化遗产的传播范围，让更多人能够接触和了解不同的文化和历史。对于教育和研究领域来说，数字化文化档案提供了一个宝贵的资源，使得研究者和学生能够在任何时间和地点，通过几次点击便可获得所需的资料，极大地促进了学术交流和教育普及。

数字化技术在文化遗产保护和修复方面的应用同样显著。通过对文化遗产进行 3D 扫描等数字化记录，不仅能够为未来的保养和修复提供精确的参考，还能在遗产原有状态发生不可逆变化时，提供重要的历史证据。针对一些因自然灾害或人为原因导致损毁严重、难以修复的古迹，数字化技术提供了一种有效的保存手段。这些数字化记录不仅可以用于展示和教育，还能作为保护文化遗产的重要工具，确保即使在最坏的情况下，我们也能以某种形式保留人类共有的文化记忆。

（二）虚拟和增强现实体验

虚拟现实（VR）和增强现实（AR）技术正在以前所未有的方式革新文化传承、传播和创新的路径。这些技术通过创造沉浸式的体验，让用户能够深入体验历史事件、文化场景或艺术作品，极大地丰富了人们接触和理解文化遗产的方式。利用 VR 技术，用户可以佩戴头戴式显示器，步入一个完全由计算机生成的三维世界，仿佛亲自游览于北宋东京清明上河图的闹市街头、置身于远古的罗马斗兽场、穿梭于文艺复兴时期的佛罗伦萨街头，或是漫步在现代艺术画廊中。这种技术不仅突破了地理和物理的限制，让遥远或不可到达的文化遗产触手可及，还为用户提供了全新的视角和理解深度，使文化学习和欣赏变得更加直观和生动。

AR 技术则将虚拟信息融入现实世界，通过智能设备如手机或平板电脑，在用户的现实视野中叠加数字图像或信息。例如，在一座古老城堡的废墟之中，AR 技术可以重现其昔日的辉煌景象，让游客在实际的遗址上看到历史的重现。在博物馆里，观众通过 AR 应用探索展品，不仅可以看到艺术品的外观，还能深入了解其背后的故事和艺术价值。这种技术增加了文化体验的互动性和教育价值，使文化遗产的展示更加生动和全面。

VR 和 AR 技术在教育和娱乐领域展现出巨大的应用潜力，尤其是在吸引年轻一代方面表现突出。通过这些技术创造的互动体验，能够激发学生和年轻观众对文化遗产的兴趣和好奇心，帮助他们以更主动参与的方式探索和学习文化内容。此外，对于艺术家和创作者而言，VR 和 AR 技术提供了全新的艺术创作和表达平台。他们可以利用这些技术将传统文化元素与现代数字技术结合，创造出独特的艺术作品和体验，不仅推动了文化内容的创新发展，也为艺术作品的展示和传播提供了新渠道，拓宽了艺术欣赏的边界和可能性。

（三）基于数据的文化内容创新

在文化传承、传播和创新的多维空间里，数据驱动的文化内容创新正在崭露头角。这种以数据为基础的创新过程，涉及对大量的社交媒体动态、在线搜索行为、消费者反馈以及市场调研数据的分析，旨在深入探寻并满足公众的文化需求和偏好。在此过程中，数据不仅是获取信息的工具，更是连接传统文化与现代受众的桥梁。通过这种方法，文化产品的创造者可以精准捕捉到时代的脉搏，为公众提供更为贴合其兴趣和消费行为的文化内容，从而在继承中创新，在传播中传承。

例如，社交媒体上的数据分析为文化创作者揭示了哪些文化主题或风格能够激发公众的广泛兴趣。艺术家和制作人利用这些洞见，在创作电影、音乐作品、文学或艺术展览时，能够做出更符合市场和受众期待的选择。这种洞察力的增强，不仅优化了文化产品的创作过程，也为作品的市场定位提供了科学依据。同时，数据分析还有助于评估和预测文化产品的市场表现，从而使创作者能够及时对作品进行调整或改良，以最大限度地满足观众需求。

在文化内容的推广中，数据分析同样起着重要的作用。营销团队可以利用对目标受众在线行为和媒体消费习惯的深入分析，设计出更有针对性的推广活动。通过在适当的社交媒体平台上精准投放广告，或者在受众活跃时段推出促销活动，这些策略大大提升了营销的效果，提高了文化产品的市场可见度和吸引力。这种基于数据的市场营销方法，不仅提高了宣传的精确度，也实现了营销资源的最优分配。

在一个竞争激烈的市场环境中，数据驱动的创新手段是企业和文化机构不可或缺的工具。先进的数据分析工具不仅能够帮助它们洞察当前的市场动态，更能预测未来的文化趋势和消费需求变化。这样的预见性使得文化行业的从业者能够快速反应，及时调整策略，甚至在市场出现新的需求前就已经开始筹备和开发新的文化产品。这些以数据为基础的决策和创新，确保了企业能够在文化领域保持领先地位，引领文化潮流。

（四）交互式数字文化展览

交互式数字文化展览是将创新技术与文化内容的展示相结合的现代展览形式。它通过引入触摸屏、移动应用、虚拟现实（VR）、增强现实（AR）等互动技术，使得观众能以全新的方式体验和理解文化遗产。在这种展览中，参观者可以直接与展示内容互动，例如，通过触摸屏查询艺术品的详细信息，或者使用互动显示器深入探索艺术家的生平和创作背景。这种技术的运用不仅丰富了展览的内容，还提升了观众的参与感，让每个人都能根据自己的兴趣定制个人化的参观路径，大大提升了文化体验的个性化和互动性。

移动应用程序的引入为交互式数字展览增添了更多可能性。定制的展览应用程序允许观众通过自己的设备获得丰富的导览信息，参与互动游戏，甚至通过 AR 技术与展品进行互动。例如，当观众对准展品扫描时，应用程序能在屏幕上展示与之相关的多媒体内容，如 3D 模型、历史影像或解说音频，使得观众的体验超越了传统的观展方式。

在一些前沿的交互式数字展览中，VR 和 AR 技术正被用来创造前所未有的体验。VR 技术可以将观众带入一个全数字化的艺术世界，让人们在虚拟环境中穿越时空，参与重现的历史事件或是完全虚构的文化场景。这种沉浸式体验不仅为观众提供了从未有过的文化探索方式，也特别吸引年轻一代，激发他们对历史和文化的兴趣。

交互式数字展览通过技术的融合，极大地提高了观众的参与度和体验质量。博物馆和展览馆利用这些创新手段展示和解读文化内容，让复杂的文化信息以易于理解的方式呈现给公众。这种展览方式不仅使公众对文化遗产的理解和欣赏更容易，也为文化教育和传播提供了新的方向和手段，尤其是在吸引年轻人参与文化活动方面发挥着重要作用。

（五）社交媒体和网络平台的文化传播

在当今数字时代，社交媒体和网络平台已经成为中国文化传承、传播和创新的重要工具。它们提供了一个独特的机会，使得我国的文化机构、艺术家和文化活动组织者能够与全球观众进行直接互动。例如，微博和微信等本土平台让中国的文化内容得以迅速传播，同时，国际平台如 Instagram 和 YouTube 也使得中国的文化故事能够触及全球观众。通过发布高清图像、视频，文化传播者不仅能够分享中国丰富的文化遗产，还能激发全球范围内的对话和讨论。博物馆和艺术画廊可以利用这些平台进行展览预览和艺术作品解读，吸引国内外观众的参与。

社交媒体平台正在成为推动文化遗产和艺术作品传播的重要渠道。它们不仅促进了文化内容的广泛传播，而且还提高了观众参与度。例如，通过微博、抖音等平台，文化机构可以分享展览的高清图像、视频解说和艺术家访谈，引起公众的广泛关注。此外，这些平台还允许艺术家和文化组织者与公众进行实时互动，通过直播讲座和在线互动问答等形式，深化公众对中国传统文化和现代艺术的理解。

利用社交媒体进行实时互动的方式在我国文化机构中愈发流行，如直播讲座和互动研讨会。这些活动不仅为观众提供了深入了解中国文化的机会，还通过实时互动加深了观众对文化内容的理解。例如，故宫博物院通过直播和在线互动活动，让公众即使在家中也能参与到文物的探索和学习中，从而使得文化传播活动更加生动和有趣。

网络平台特别是短视频和直播平台，为中国的独立艺术家和文化创作者打开了一扇门。艺术家可以直接在抖音、B 站等平台上展示自己的创作，而不必依赖传统的艺术展览渠道。这种直接的展示方式不仅为艺术家提供了获得国内外认可的机会，也为他们的艺术创作开辟了新的商业化路径，加速了中国文化内容的现代化和国际化进程。

（六）智能化文化教育和学习平台

智能化文化教育和学习平台正通过人工智能和大数据技术，彻底改变了我们学习和体验文化的方式。这类平台特别注重提供根据用户个人学习习惯、兴趣和进度定制的教育内容和学习路径。例如，利用数据分析，平台能够为用户推荐有关中国古典文学、传统音乐或书法的教程，这不仅提高了学习效率，也加深了用户的文化参与感。智能化学习平台的应用，有助于广大民众更好地理解和传承博大精深的中国文化。

例如，在线文化教育平台通过机器学习算法精准分析用户在学习中国戏曲或传统节日时的互动数据，以此了解用户的兴趣点和需求。平台依据这些数据提供个性化的视频教程和互动内容，甚至可以根据用户的学习速度调整课程难度，使学习体验既符合个人化需求又富有挑战性。这种方式不仅让中国的传统文化教育变得更加高效，也极大地激发了学习者对文化知识的热情。

此外，智能化文化学习平台利用虚拟现实（VR）等互动工具，为用户带来沉浸式的学习环境，如通过 VR 技术模拟参观故宫或长城，或者利用互动模拟了解中国传统茶艺。这些技术的应用让复杂的文化概念和历史背景变得直观易懂，同时，游戏化学习方法还让用户在获得体验乐趣的同时深入理解中国文化。

智能化学习平台的另一个显著优势是提供跨文化的学习体验。这些平台通过整合全球的文化资源，使得用户不仅能学习中国的语言和文化，也能够轻松接触到其他国家的艺术和历史。这种全球视角的文化学习方式不仅促进了不同文化之间的理解与尊重，而且为全球范围内的文化交流铺平了道路，加深了文化多样性对世界各地人民的影响。

二、数据要素在文化传承、传播和创新中的重要意义

数据要素在文化传承、传播和创新中的应用对我国具有深远的重大意义，不仅对于加强和丰富中华文化的内涵具有积极作用，而且对提升国家软实力和文化自信、推动文化产业的现代化发展具有重要影响。

（一）保护和活化中华优秀传统文化

数据技术在保护和活化中华优秀传统文化方面发挥着重要作用。通过高精度数字化技术，包括三维扫描、高清摄影及数字档案技术，我们能够精确地复制和永久保存那些易逝的文化遗产，如古代建筑、壁画、手稿等。这些技术不仅能够抵御自然灾害和人为破坏对文化遗产的威胁，还能够使得文化资产在全球范围内得到分享和欣赏，极大地提高了文化遗产的可及性和影响力。

数据技术还推动了传统文化的创新性转化。对大量文化数据的分析，可以揭示文化趋势和公众兴趣，为创新提供指导。现代信息技术，如虚拟现实（VR）、增强现实（AR）等，被广泛应用于传统文化的现代表达中，使得传统艺术以更加生动和互动的形式呈现在公众面前。例如，利用 VR 技术，观众可以“走进”复原的古代宫殿，体验古代皇家的生活；利用 AR 技术，在现代城市街头“遇见”历史人物，听他们讲述千年前的故事。这种创新性的文化体验方式不仅让传统文化焕发新生，也让更多的人，特别是年轻一代，能够更加直观和深刻地了解和欣赏中华文化的博大精深。

（二）促进文化教育和普及

在文化教育和普及方面，数据技术的应用为传统与现代教育方式提供了桥梁，使文化学习变得更加个性化、高效和有趣。通过分析用户的学习习惯和兴趣偏好，人工智能和大数据技术可以定制个性化的学习计划和推荐内容，有效提升学习者的参与度和学习效率。例如，基于数据分析的推荐系统能够向学习者推荐与其兴趣相符的中国古典文学、历史事件或艺术作品，甚至能够根据学习进度自动调整课程难度和深度，确保学习过程既高效又富有成就感。

数据技术还使得文化教育内容更加多样化和互动化。利用虚拟现实和增强现实技术，学习者可以在虚拟环境中亲身体验中国的传统节日、历史事件或名胜古迹，这种沉浸式的学习体验大大提升了学习的趣味性和实效性。此外，通过智能化学习平台的游戏化学习模块，学习者可以在游戏中探索中国文化，既轻松愉快地学习，又能深入理解文化的内涵和价值。通过这些应用，数据技术不仅拓宽了文化教育的途径和内容，还极大地提升了公众特别是年轻一代对中华文化的兴趣，为传承和普及中华优秀传统文化提供了有力支持。

（三）推动文化产业创新和现代化发展

数据技术在推动文化产业的创新和现代化发展中扮演着核心角色。通过对大量文化消费数据的收集和分析，文化企业能够深入理解市场趋势和消费者需求，从而指导产品开发和内容创作，使之更加符合受众的口味。在中国，随着数字化转型的加速，文化数据的应用已经成为电影、音乐、图书和在线内容等领域不可或缺的一部分。例如，通过分析用户在社交媒体上的讨论和反馈，电影制作公司可以调整宣传策略，甚至对影片内容进行微调，以提高票房收入。同样，出版社可以根据读者的在线阅读习惯和偏好，推出更受欢迎的图书系列。

数据技术在促进文化产品和服务的多样化和个性化方面发挥了重要作用。通过利用大数据和人工智能技术，文化企业能够深入分析用户的偏好和行为模式，从而提供更加贴合个人兴趣和需求的文化体验。例如，针对文化产品，数据分析可以帮助文化机构和平台精准推荐符合用户兴趣的非物质文化遗产活动，或是设计个性化的文化产品，包括用户可能感兴趣的历史地点、艺术展览或文化活动。这种基于数据的个性化服务不仅极大地提升了用户体验，也促进了文化产品内涵的丰富和创新，增强了文化旅游的市场吸引力和竞争力。

数据技术的广泛应用也催生了数字艺术、网络文学、虚拟偶像等新兴文化形态，为中国文化产业的发展注入了新的活力。这些新兴领域利用先进的信息技术，将传统文化元素与现代数字技术相结合，创造出具有创新性和互动性的文化产品和体验。例如，数字艺术通过虚拟现实和增强现实技术，为观众提供沉浸式的艺术体验；网络文学利用互联网平台，让更多的创作者和读者参与到文学创作和分享中；虚拟偶像通过人工智能技术，创造出具有独特个性和故事背景的数字角色，吸引了大量年轻粉丝。这些创新实践不仅拓展了文化产业的边界，也为传统文化的传承和创新提供了新的途径。随着这些新兴文化形态的不断发展和成熟，中国的文化产业正逐步向现代化、市场化和国际化方向迈进，展示出强大的发展潜力和国际竞争力。

（四）增强中华文化的国际影响力

在全球化的今天，数据技术的应用极大地促进了国际文化交流与合作，有助于增强中华文化的国际影响力。通过分析来自不同国家和地区的文化数据，我们可以准确把握各国公众对中华文化的接受度和兴趣点，为制定有效的国际传播策略提供依据。例如，中国文化机构可以根据数据分析结果，有针对性地在海外举办书画展、武术表演、中国电影周等文化活动，或者通过国际在线平台分享中国传统音乐和文学作品，使中华文化的独特魅力得以在全球范围内展现。

数据技术还促进了跨国界的文化合作项目。通过共享和分析文化数据，中国与其他国家的文化机构和创意团队可以基于共同的兴趣和目标，开展联合研究、共同制作和文化交流活动，增进不同文化之间的相互理解和尊重。一些国际文化合作项目利用数据分析技术挖掘两国文化的相似性和互补性，设计出融合了中西文化元素的艺术作品和文化活动，不仅丰富了全球文化多样性，也为促进世界和平与发展做出了贡献。通过这些方式，数据技术为中华文化走向世界提供了强有力的支持，使得中华文化在全球文化交流中发挥了更加积极和重要的作用，同时也为我国文化产业的国际化发展开拓了新的空间。

三、如何充分挖掘我国文化数据价值

建立和贯通各类文化机构数据中心，关联形成中华文化数据库，并依托市场化机制开发文化大模型以挖掘文化数据价值，为中华文化的传播和创新性发展提供数据支持，激发更多的文化产品和服务创意，增强公众对中华文化的兴趣。这是一个复杂的过程，涉及多个步骤和策略。

（一）整合文化资源

在构建中华文化的综合性数据库过程中，首要步骤是整合来自众多文化机构的资源。这一过程不仅包括对已有数字资源的汇总，更重要的是对尚未数字化的文化遗产进行高质量的数字化工作。例如，将散落在各地博物馆、图书馆、艺术院校和非物质文化遗产保护中心的实物藏品、文献和艺术作品进行系统的数字扫描和录入。在这一过程中，需要制定统一的数据标准和格式，确保不同来源和类型的数据能够在一个共享平台上被有效管理和调用。例如，对于中国的古籍文献，不仅需要将文本内容进行数字化，还应该记录书籍的版本、出版地、年代等元数据信息，以便学者和研究人员的深入研究。此外，对于非物质文化遗产，如京剧、昆曲等传统艺术形式，应采用音频、视频等多媒体方式进行记录，以全方位保存其艺术表现和技艺传承的细节。这样的整合和数字化工作可以为中华文化的长远传承和全球传播打下坚实的基础。

（二）建立中央数据库

建立一个中央数据库，用以存储和管理整合后的中华文化资源，是实现文化传承和创新的关键一步。这个数据库需要具备高度的安全性、稳定性和可扩展性，以应对海量文化数据的存储和高效检索的需求。在技术选型上，可以采用云计算和分布式存储技术，确保数据的可靠性和访问速度。同时，数据库的设计应充分考虑用户体验，提供友好的界面和强大的搜索引擎，使公众和研究人员能够轻松地获取所需信息。例如，对于中国古代建筑的数据库，除了基本的建筑信息和历史背景外，还可以提供虚拟现实（VR）技术支持的三维模型，让用户能够在线上进行虚拟参观和学习。此外，中央数据库还应建立有效的数据更新和维护机制，定期收录最新的研究成果和文化发现，保持数据内容的时效性和准确性。这样一个全面、高效的中央数据库，可以最大限度地发挥中华文化资源的价值，促进文化的全球传播和创新发展。

（三）形成数据共享机制

为了充分挖掘和利用中华文化数据库的价值，建立一个高效、公平的数据共享机制至关重要。这一机制应该旨在平衡数据的开放性和知识产权保护，鼓励更多的文化机构、研究人员和公众参与到文化传承和创新中来。首先，需要制定明确的数据共享政策，明确哪些数据可以开放、开放的条件以及使用时需要遵守的规则。例如，对于中国古籍的数字化内容，可以实施分级共享策略，基本的文献信息和部分内容对公众开放，而完整内容和高清扫描版本则对学术研究人员开放。其次，应利用现代信息技术建立便捷的数据共享平台，如在线数据库和 API 接口，使得用户能够轻松地访问和使用数据。再次，对于贡献数据的个人和机构，应给予适当的激励和认可，比如通过版权共享、数据引用和经济补偿等方式，鼓励更多的内容创造和分享。最后，需要加强对数据使用的监管和指导，确保数据共享活动在合法和道德的框架内进行，保护文化资源不被滥用。

（四）探索市场化机制

中华文化数据库的建立和完善，不仅是一个文化传承项目，也是一个潜在的市场化发展机遇。通过与市场力量的合作，可以更好地开发文化大数据的商业价值，同时为传统文化的创新性发展提供资金和技术支持。首先，可以探索与文化创意产业、旅游业、教育培训等相关领域的合作，开发基于中华文化资源的新产品和服务，比如通过虚拟现实技术重现历史文化场景的旅游体验，或者开发寓教于乐的传统文化游戏和应用程序。其次，鼓励创业投资和众筹等市场化融资方式支持文化项目的开发，通过市场运作使文化项目能够自我持续发展。例如，通过数据分析预测文化消费趋势，为企业提供市场决策支持，促进文化产品的精准营销和品牌建设。最后，还应加强知识产权保护，为文化数据的商业开发提供法律保障，同时通过政策引导和税收优惠等措施，鼓励私营部门投资文化产业，形成文化与经济发展的良性循环。通过这样的市场化机制，不仅能够促进中华文化的传播和创新，也能够为社会经济发展贡献新的动力。

（五）激发大数据分析和人工智能驱动的文化创新

在中华文化传承、传播和创新的过程中，大数据分析和人工智能技术扮演着至关重要的角色。通过深入分析文化消费者的行为模式、偏好和反馈，这些技术能够为文化产品的开发和市场推广提供科学的指导。例如，人工智能算法可以在海量的社交媒体数据中识别出文化热点和趋势，帮助文化机构捕捉到受众的兴趣变化，从而制定更加精准的文化传播策略。此外，通过对历史数据的分析，人工智能还可以预测未来的文化趋势，为文化创新提供灵感。在中国，利用大数据和人工智能技术分析古籍文献、非物质文化遗产等传统文化元素的传播路径和受众接受度，可以有效地指导传统文化的创新转化，使其更加符合现代社会的审美和文化需求。这种方式不仅能够保护和传承传统文化，还能够激发传统文化与现代生活的有机结合，创造出新的文化形态和表现方式。

（六）完善用户参与和反馈机制

用户参与和反馈是文化数据价值挖掘过程中的关键环节。通过建立有效的用户参与和反馈机制，文化机构和平台可以收集来自用户的直接反馈和建议，这些宝贵的第一手数据对于评估文化产品的市场表现和受众接受度具有重要意义。例如，通过在线调查、社交媒体互动和用户评论分析，可以及时了解用户对于某文化展览或活动的真实感受和改进建议，进而优化未来的文化项目设计和服务提供。在中国，随着数字化平台和社交媒体的广泛应用，越来越多的文化机构开始重视与公众的互动交流，利用大数据技术对用户数据进行分析，不仅能够提升用户体验，还能够促进文化产品的迭代更新和创新发展。此外，积极引导用户参与文化创作和传播活动，如网络文化创意大赛、在线文化展览策划等，不仅能够增强公众对传统文化的认同感和参与度，还能够激发社会各界对中华文化创新性发展的热情和创造力。通过这样的互动和反馈机制，可以更好地实现文化传承与创新，促进中华文化的活跃发展和国际交流。

（七）促进跨界合作

在中华文化的传承、传播和创新过程中，跨界合作起着不可或缺的作用。通过整合不同领域的资源和智慧，如科技、旅游、教育和娱乐，可以推动中华文化创造性转化和创新性发展。例如，与科技公司合作，利用最新的人工智能和虚拟现实技术，为传统文化遗产如京剧、国画提供全新的展示和体验方式。此外，与旅游行业的合作可以通过开发文化旅游产品，如数字化导览和互动式体验活动，吸引更多的游客深入了解中国的历史和文化。在教育领域，与在线教育平台合作，开发丰富的中华文化课程和互动学习工具，可以提升年轻一代对传统文化的兴趣。此外，通过与国际文化机构和平台的合作，可以将中华文化介绍给全球受众，促进文化交流和理解。这种跨界合作不仅给中华文化的传播和创新带来新的机遇，也有助于提升中华文化的国际形象和影响力，使其成为全球文化多样性中不可或缺的一部分。

（八）确保持续更新和维护

为了确保中华文化数据库能够长期发挥其在文化传承和创新中的作用，对数据库的持续更新和维护至关重要。这不仅包括技术层面的更新，如提升数据库的存储能力和处理速度，保证数据的安全性和稳定性，也包括内容层面的更新，如定期添加新的文化资源和研究成果，保持数据的时效性和全面性。例如，随着考古发掘和学术研究的进展，新的文化遗迹和历史资料需要被及时收录进数据库，为研究者和公众提供最新的信息。同时，针对用户反馈和市场需求的调整也是维护工作的一部分，如优化用户界面设计、增强搜索引擎的功能、提高用户体验。此外，随着技术的发展和文化消费趋势的变化，数据库的功能和服务也需要不断创新和升级，以满足用户的新需求和期待。通过这样的持续更新和维护，中华文化数据库不仅能够作为一个宝贵的文化资产得以保存，也能够成为推动中华文化创新发展和国际交流的强大动力。

四、文化创意产业的内涵与创新特征

文化创意产业是指那些结合了创意、文化元素和创新技术的产业，它们通常涉及将传统文化、艺术与现代科技、新媒体和创新商业模式相结合，以创造新的产品、服务或体验。文化创意产业的核心在于创意和创新，它借助现代技术手段来挖掘和传播文化价值，同时寻求经济效益和社会影响力的平衡。

（一）文化与技术的融合

文化与技术的融合是文化创意产业的核心特点之一。在这种融合中，传统文化元素通过现代科技手段得到新的呈现和解释。例如，利用虚拟现实（VR）和增强现实（AR）技术，可以使传统艺术作品和文化遗产以更互动和沉浸式的方式呈现给公众。这种技术的应用不仅增加了文化体验的吸引力，还为传统文化的传承和普及提供了新途径。通过数字化，历史文献、艺术作品和民俗活动可以被更广泛地保存和分享，使得文化遗产得以跨越时间和空间的界限，触及更广泛的受众。

（二）创意内容的开发

文化创意产业的另一个显著特点是其对创意内容的重视。这类产业强调原创性和创造力，涉及影视、音乐、艺术和文学等多个领域。在这些领域中，创意是推动产品和服务发展的核心动力。例如，在电影制作中，结合传统故事与现代叙事技巧，创造出具有文化特色且符合现代观众口味的影视作品。在音乐制作中，将传统音乐元素与现代音乐风格融合，创作出新颖的音乐作品。在文学领域，通过新的叙事技巧和主题探索，创作出既具有文化深度又符合现代阅读习惯的文学作品。

（三）文化体验的创新

文化创意产业在提供文化体验方面也展现出显著的创新性，不再局限于传统的观赏和学习模式，而是通过创新的方式提供更丰富和参与性更强的文化体验。例如，互动式的博物馆展览利用交互技术，使观众能够通过触摸屏或移动设备与展品互动，增加了展览的趣味性和教育价值。在线文化教育平台通过提供个性化的学习路径和互动式教学内容，吸引了更多年轻人参与到传统文化的学习中。此外，文化主题的虚拟社区和在线展览使得公众可以在虚拟空间中体验和探索文化内容，突破了地理和时间的限制。

（四）跨界合作与融合

文化创意产业的发展往往伴随着跨界合作与融合。这种跨领域的合作不仅丰富了文化产品的形式和内容，也为创新提供了新的视角和灵感。例如，艺术与科技的结合可以产生全新的艺术形式，如通过数字技术创作的视觉艺术作品。文化与商业的融合则可以开辟新的市场机会，比如结合当地文化特色的旅游产品和体验式零售。此外，跨文化的合作项目如国际电影制作和音乐合作，不仅丰富了文化内容的多样性，也促进了不同文化之间的交流和理解。

（五）商业模式的创新

在文化创意产业中，商业模式的创新是实现经济效益和文化传播的关键。这些创新模式包括基于订阅的服务、数字化产品销售、个性化和定制化服务等。例如，订阅制的在线文化平台提供定期更新的内容，吸引并保持用户的长期兴趣。数字化产品，如电子书籍和在线艺术品，满足了市场对便捷性和可访问性的需求。个性化和定制化服务则针对消费者的特定需求和喜好提供定制的文化体验，增强了消费者的参与感和满意度。这些创新的商业模式不仅增强了文化产品的市场吸引力，也为文化创意产业的可持续发展提供了支持。

（六）社会文化价值的传播

文化创意产业不仅追求经济效益，也强调社会文化价值的传播。文化创意产业通过创新的方式弘扬文化多样性、促进文化交流和提高公众对文化遗产的认识。例如，通过电影和纪录片展现不同文化的故事和传统，增进观众对全球多元文化的理解和尊重。艺术展览和文化活动不仅展示艺术作品的美学价值，也传达社会信息和历史背景，提高公众对重要社会和文化议题的认识。此外，文化创意产业通过与教育、公益活动的结合，如社区艺术项目和文化教育计划，积极参与社会文化建设和社区发展。这些活动不仅提升了文化产品的社会价值，也增强了公众对文化传承的支持。

五、数据要素在文化创意产业中的重要作用

数据要素在文化创意产业中的应用可以极大地凸显并增强该行业的核心特点。数据要素的有效应用可以使文化创意产业在个性化、创新、互动性、市场效率和产品设计等方面获得显著提升，进而更好地满足现代消费者的需求，同时保持其核心价值。

（一）促进个性化和定制化

在文化创意产业中，数据要素的应用极大地促进了产品和服务的个性化和定制化。通过分析消费者的在线行为、购买历史和个人偏好，企业能够构建详细的用户画像，从而为每位消费者提供量身定制的文化体验和产品。这种个性化服务不仅提高了用户满意度，也增强了用户的品牌忠诚度。例如，一个在线艺术平台可以根据用户过去的浏览和购买记录推荐艺术作品，或者提供定制的艺术咨询服务。同样，数字音乐服务可以通过分析用户的听歌习惯和喜好，为其提供个性化的歌单和音乐推荐。在博物馆和展览方面，通过追踪参观者的行为模式和互动数据，可以为他们提供定制化的导览路线和展品解读，提升参观体验的个性化水平。

在当今快速发展的市场环境中，个性化和定制化服务已成为企业吸引和维护客户的关键策略。这种服务的高效提供，依赖于机器学习和人工智能等高级数据分析技术的支撑。通过对海量用户数据的深度处理和分析，这些先进技术能够准确预测用户的未来行为和偏好，为企业提供有力的数据支持，使其能够及时调整产品和服务策略，甚至在用户需求形成之前就做好准备。在文化创意产业，这种预测性的个性化服务尤其关键。它不仅能够深化用户体验，还能帮助企业在竞争激烈的市场中准确定位，推出更具吸引力的文化产品和服务，从而在众多竞争者中脱颖而出，实现业务增长和品牌价值提升。

（二）创新和创意内容的开发

数据要素在文化创意产业中的应用对于创新和创意内容的开发起着非常重要的作用。通过利用市场数据、消费者行为分析和趋势预测，创意工作者和企业能够更准确地把握市场脉搏，开发出符合当代消费者需求和审美的创意产品。例如，在电影和电视行业，通过分析观众的观看习惯、评论和社交媒体互动数据，制作团队可以确定哪些类型的剧情、角色或题材更受欢迎。这些数据不仅帮助他们在剧本创作和角色塑造上做出更符合市场需求的决策，也可以在后期的营销和发行策略中发挥指导作用。例如，通过数据分析得知某一类型电影在特定群体中的受欢迎程度，制片方可以针对这一群体制定更精准的营销策略。

在数字艺术和设计领域的新浪潮中，数据分析技术正成为艺术家和设计师的重要工具，他们通过这些技术挖掘创意灵感，将当下的流行趋势和公众偏好融入作品之中。这不仅使得艺术作品能够与时俱进，反映现代社会的特征，而且也让艺术创作过程更加科学和精准。艺术家通过利用数据视觉化技术，可以将看似枯燥无味的数据信息转换成引人入胜的视觉艺术作品。这种创新不仅展现了数据本身的美学价值，还为观众提供了全新的视角来理解和欣赏数据背后的故事和意义。通过这样的方法，艺术家和设计师不仅能够创作出具有深度意义和美感的新颖作品，而且还能够探索数据与艺术之间的交互可能性，开拓数字艺术和设计的新领域。

（三）增强互动性和参与度

在文化创意产业中，数据要素的应用显著增强了产品和服务的互动性和参与度。通过分析消费者的互动数据和反馈，企业能够设计出更吸引人、更具参与感的文化体验。这种基于数据的设计不仅使文化体验更加个性化，也提高了用户的参与度和满意度。例如，在博物馆和展览领域，通过追踪和分析参观者的行为和互动模式，策展人可以调整展览布局和互动元素，使展览更加吸引参观者。此外，策展人利用增强现实（AR）和虚拟现实（VR）技术，可以创建沉浸式的展览体验，允许观众通过互动学习和体验文化内容，从而增强展览的吸引力和教育价值。

在线文化平台和应用程序也通过数据分析提供互动的体验。例如，一个在线艺术教育平台可以根据用户的学习进度和反馈提供个性化的课程和教学内容，使学习过程更加互动和有趣。社交媒体平台上的文化活动也利用数据分析来促进用户参与和互动，如通过分析热门话题和用户反馈来组织在线研讨会或互动问答环节。

数据分析还帮助企业在产品设计和服务提供过程中不断优化用户体验。通过收集和分析用户反馈，企业可以及时调整和改进产品及服务，确保它们能够更好地满足用户需求。这种基于数据的持续改进过程不仅提升了产品和服务的质量，也增强了用户的品牌忠诚度和满意度。

（四）提高营销和分销效率

在文化创意产业中，数据要素和数字经济极大地提高了营销和分销的效率。通过收集和分析大量的用户数据，包括在线行为、购买历史和社交媒体互动，企业可以获得深入的市场洞察，从而制定更精准和有效的营销策略。例如，数据分析可以揭示特定文化产品在不同用户群体中的受欢迎程度，帮助企业确定目标市场并制定适当的营销策略。

在当今的文化创意产业中，数字营销已成为连接企业与消费者的重要桥梁。通过深度利用社交媒体分析、搜索引擎优化和在线广告效果跟踪等技术，企业能够获得宝贵的市场洞察，实时监控营销活动的效果，并根据反馈及时调整营销策略。例如，对于策划艺术展览的团队而言，通过分析社交平台上的用户讨论和反馈，他们可以精确地了解哪些宣传点更受欢迎，哪些艺术家或作品引发了更多的公众讨论，据此优化广告内容和推广方式，提高营销效率和活动参与度。这种基于数据的策略使得文化营销更加精准和高效，帮助文化内容和活动在信息爆炸的时代脱颖而出，吸引更多的关注和参与。

数据要素对于优化产品分销渠道也起着至关重要的作用。企业通过分析销售数据和消费者反馈，能够清晰地了解各分销渠道的表现和消费者偏好，从而做出更加精准的分销决策。以出版行业为例，通过对比分析不同在线平台的书籍销售数据，出版社能够发现哪些类型的书籍更受欢迎，哪些平台的销售效果更佳，据此调整电子书和纸质书的分销比例和策略，以及促销活动的布局，从而提升销售效率和市场占有率。这种基于数据的分销优化策略，不仅增强了企业的市场竞争力，也提升了消费者的购买体验。

（五）优化产品和服务设计

数据要素在文化创意产业的产品和服务设计中起到了至关重要的作用。通过对消费者数据的深入分析，包括购买行为、用户反馈和在线互动，企业能够获取宝贵的洞察，从而设计出更符合市场需求和消费者喜好的产品和服务。例如，在时尚和设计领域，企业可以利用消费者数据来识别流行趋势和设计偏好，从而创作出更受市场欢迎的服装和配饰。在数字游戏产业中，通过分析玩家的游戏行为和反馈，开发团队可以优化游戏设计，提升用户体验，比如调整游戏难度、增加新的游戏元素或改善用户界面。

数据分析还在提升文化服务的个性化水平方面发挥着重要作用。通过了解消费者的个性化需求，文化企业可以提供更加定制化的服务，如个性化的文化体验旅游、定制的艺术咨询服务等。这种基于数据的个性化服务不仅提高了消费者满意度，也增加了品牌的差异化竞争优势。

（六）加强市场洞察和决策

在文化创意产业中，数据要素提供了关键的市场洞察，帮助企业做出更加明智的决策。通过收集和分析来自市场的各种数据，包括消费者行为、竞争对手动态和行业趋势，企业能够更准确地预测市场发展，制定相应的战略和计划。例如，出版和媒体公司可以利用数据分析来了解哪些类型的内容更受欢迎，哪些主题可能成为未来的热点。这些信息对于新项目的投资决策和内容开发至关重要。在视觉艺术领域，画廊和艺术家可以通过分析市场销售数据和收藏家的购买行为，预测艺术市场的变化趋势，据此调整展览策略和艺术品定价。

数据分析还在优化营销活动和提高投资回报方面发挥着关键作用。通过对营销活动的效果进行数据分析，企业可以了解哪些营销渠道和方法最有效，从而调整营销预算和策略，以实现更高的投资回报。例如，通过分析不同广告渠道的转化率和成本效益，企业可以优化广告投放策略，提高营销活动的整体效率。

第二节　数据要素推动旅游业高质量发展

通过精准分析游客行为和市场趋势，数据要素极大地促进了旅游产业的个性化服务和运营效率，催生出旅游产业众多的新业态和新模式。这些创新不仅提升了旅游体验的质量，也推动了旅游产业向更高品质、更可持续的方向发展。

一、数据要素在旅游产业中的应用场景

数据要素在旅游产业中的应用极为广泛，涵盖个性化推荐、旅游路径优化、客户行为分析、市场趋势预测等场景。通过分析旅客数据，旅游企业能够提供定制化服务，优化营销策略，提升客户满意度，同时预测未来旅游趋势，为决策提供科学依据，大大增强旅游产业的竞争力和创新能力。

（一）旅游推荐系统

在旅游产业中，旅游推荐系统的应用正在变得日益重要。这种系统通过分析游客的历史行为、偏好和反馈，提供高度个性化的旅游建议，从而显著提升游客的体验。例如，当一个游客计划下一次旅行时，推荐系统可以根据他以往的目的地选择、住宿偏好、活动参与和在线评价等数据来分析他的旅

游风格和兴趣点。这种分析允许系统提供定制化的目的地建议，甚至是详细的行程安排，包括推荐的观光景点、餐饮体验和文化活动。

该推荐系统还可以通过实时数据分析来优化建议，比如考虑当前的天气状况、当地节庆活动或者最近的旅游趋势。这不仅提高了推荐的相关性，也增加了旅行的即时性和新颖性。同时，通过用户反馈和持续的数据收集，系统可以不断学习和调整其算法，以提供更准确和个性化的服务。

该系统还可以帮助旅游业者更好地理解他们的客户群，从而优化他们的服务和产品。例如，如果数据显示某个特定地区的历史遗址对年轻游客特别有吸引力，当地的旅游组织就可以开发更多针对年轻人的文化体验活动。总体来说，旅游推荐系统通过精准的数据分析和个性化的服务，不仅提升了游客的满意度，也为旅游业带来了更高效的市场定位和服务优化。

（二）游客流量管理

在旅游产业，有效的游客流量管理对于确保旅游景点的可持续性和游客体验至关重要。通过收集和分析游客流量数据，景区管理者可以更有效地管理景点，减少拥堵，提升游客满意度。例如，利用传感器、视频监控、Wi-Fi追踪等技术，景区管理者可以实时监控和记录游客在景区的分布、流动模式和停留时间。这些数据可以帮助景区管理者了解高峰时段、热门区域和游客的行为模式。

基于这些分析，景区管理者可以采取多种措施来改善游客体验和资源利用。例如，他们可以调整开放时间，设置预约制度，或者引导游客前往人少的区域，以减少特定地点的拥挤。此外，通过对游客流量的分析，景区管理者还可以预测未来的流量趋势，提前规划设施维护和服务人员的调配。

游客流量数据还可以用于紧急情况的应对和安全管理。在突发自然灾害或安全事故时，准确的游客位置信息对于快速有效的应急响应至关重要。此外，长期的数据积累还有助于改进景区的基础设施建设和服务设施布局，如增设洗手间、休息区和餐饮服务等，以满足游客的实际需要。所以，游客流量管理通过精确的数据收集和智能分析，不仅能够提升游客的旅游体验，还能促进旅游景点的可持续发展和安全管理。

（三）旅游市场分析和趋势预测

在旅游产业，数据分析可以帮助旅游业者了解市场变化，捕捉消费者的变化需求，预测未来的热门旅游目的地和流行趋势，从而制定更有效的营销策略和业务计划。

通过对过往的游客数量、旅游收入、客源市场分布等历史数据的深入分析，旅游企业可以识别市场的长期趋势和季节性变化。这些信息对于预测旅游高峰期、调整服务和优化资源分配至关重要。此外，通过分析社交媒体、在线评论和搜索引擎数据，旅游业者可以获得对当前消费者兴趣和偏好的即时洞察。例如，如果某个特定目的地或类型的旅游活动在社交媒体上突然获得大量关注，那么这可能预示着一个新的旅游趋势的兴起。

市场分析还包括竞争对手的分析，如同类目的地的营销策略、服务质量和价格水平。了解竞争环境有助于旅游企业调整自己的策略，以更有效地吸引目标客群。同时，通过对不同客群的行为模式和偏好进行分析，旅游企业可以更精准地定制产品和服务，满足不同游客的需求。市场分析和趋势预测不仅帮助旅游企业更好地理解市场和客户，还有助于制定更有针对性的营销策略和业务决策。

（四）文旅活动策划

在文化和旅游领域，数据分析对于文旅活动的策划起着至关重要的作用。通过分析公众对不同类型文化活动和旅游项目的兴趣和参与程度，策划者可以更准确地设计活动内容，吸引更多观众，并提高活动的整体质量和影响力。例如，通过分析历史参与数据、在线票务销售、社交媒体互动和客户反馈，策划者可以了解哪些类型的活动最受欢迎，哪些主题或演出能够吸引更大的观众群体。这种分析还可以揭示特定活动在不同年龄、性别或文化背景的观众中的受欢迎程度，从而帮助策划者制定更具针对性的营销策略。

数据分析还可以用于优化活动的时间安排和地点选择。通过分析不同时间段和地点的参与率，策划者可以选择最合适的时间段和地点来举办活动，以最大限度地吸引观众。例如，如果数据显示周末晚上的活动参与度更高，那么策划者可以在这个时间段安排更多的重要活动或演出。数据分析也可以帮助策划者在资源分配上做出更明智的决策。例如，通过分析不同活动的成本、效益，策划者可以确定哪些活动值得投入更多资源，哪些应该减少开支。这不仅有助于提高活动的经济效益，还能确保资金和资源被用在最能吸引观众和产生影响的地方。

（五）社交媒体分析

在旅游产业，社交媒体分析是一个强大的工具，它能够提供对游客真实体验和偏好的深入洞察。通过分析游客在社交媒体上分享的内容，如照片、评论和标签，旅游企业可以了解游客的感受、兴趣点以及对特定旅游体验的评价。这种信息对于改进服务、调整营销策略和优化游客体验至关重要。例如，通过监测特定目的地或景点在社交媒体上的提及频率和情感倾向，旅游企业可以评估其在游客中的受欢迎程度和市场形象。如果发现某个景点或体验在社交媒体上收到了大量正面反馈，那么可以考虑将其作为营销活动的重点。相反，如果发现某些方面存在负面评价，旅游企业则可以及时调整，以提升游客满意度。

社交媒体分析还可以揭示游客的行为模式和趋势。例如，分析游客发布的照片和视频可以帮助了解哪些景点最受欢迎，哪些活动最能吸引游客拍照分享。这些信息对于了解游客的兴趣和偏好，以及设计更吸引人的旅游产品和体验至关重要。社交媒体数据还可以用于识别和跟踪新兴的旅游趋势。通过分析热门话题和标签，旅游企业可以迅速发现新兴的旅游目的地、活动或体验。这有助于旅游企业快速响应市场变化，开发新的旅游产品，以吸引新的客群。

（六）智能导览系统

智能导览系统在旅游产业，尤其是在博物馆、历史遗址等文化旅游场所，越来越受欢迎。这些系统利用最新的技术，如移动应用、增强现实（AR）、位置感知设备等，为游客提供个性化且丰富的信息，从而极大地提升了参观体验。例如，一个智能导览应用可以根据游客的兴趣和偏好提供定制化的参观路线。如果游客对特定的艺术风格或历史时期感兴趣，系统可以推荐相关的展品或区域，并提供详细的解释和背景信息。这种个性化的体验使得游客可以更深入地了解他们感兴趣的主题，同时避免了传统导览中可能的信息过载问题。

增强现实技术的应用进一步增强了这种体验。通过智能手机或 AR 眼镜，游客可以看到展品的三维重建或历史、文学场景的虚拟复原，甚至可以与之互动。这种沉浸式体验使得历史和文化内容更加生动和有趣，特别是对年轻一代的游客来说更具吸引力。

除了提供信息，智能导览系统还可以收集游客的反馈和行为数据，如参观路线、停留时间和最受欢迎的展品。这些数据对于博物馆和文化场所的管理者来说是宝贵的资源，因为它们可以用来优化展览布局、改进展品解释，甚至是为未来的展览策划提供洞察。

（七）旅游风险管理

在旅游产业，旅游风险管理是确保游客安全和保持目的地声誉的关键方面。这涉及对各种潜在风险的识别、评估和应对，包括自然灾害、健康危机和安全问题。通过有效的数据分析和管理，可以显著降低这些风险对旅游业和游客的影响。例如，旅游业者可以通过分析气候数据、地质活动记录或政治动态来预测自然灾害和政治冲突。这样的预测使得旅游企业和目的地管理机构能够提前制订应急计划，如撤离路线、紧急避难所的设置和危机沟通策略。同时，这也可以帮助旅游企业在市场营销和客户沟通中更加负责任，避免在不适宜的时候推广特定目的地。

在健康危机方面，通过分析公共卫生数据和旅游流量，旅游业者可以更好地理解疫情对旅游活动的潜在影响，从而做出合理的调整。例如，实施健康检查措施、提供清洁和消毒服务，或者在必要时暂停某些活动。此外，对于安全问题，通过分析犯罪率数据、旅游警报和客户反馈，旅游业者可以识别高风险区域和活动，进而采取相应措施来保护游客的安全。这包括提供安全指南、加强目的地的安全措施、调整旅游路线以避开高风险区域。

（八）环境影响评估

在旅游产业，环境影响评估对于实现可持续旅游发展至关重要。通过对旅游活动对自然环境的影响进行深入分析，旅游业者可以采取措施减少负面影响，如垃圾产生、水源污染、生态破坏等。例如，通过分析游客在特定地区的数量和活动模式，旅游业者可以评估对当地环境的压力，如对生物多样性的影响、自然资源的消耗和废物的产生。基于这些分析，旅游业者可以制定相应的管理措施，比如限制某些区域的游客数量、推广环保旅游行为和实施垃圾回收计划。

环境影响评估也包括对旅游设施和活动的评估。通过评估酒店、餐馆和其他旅游设施的能源消耗和废物管理，可以识别改进的机会，如使用可再生能源、改善废物处理系统和提升资源利用效率。同时，通过鼓励和支持环保旅游活动，如徒步旅行、自然观察等，旅游业者可以为保护环境做出贡献，同时提供给游客更加亲近自然的体验。对于当地社区而言，旅游业的环境影响评估还可以帮助它们更好地了解旅游活动对其生活环境的影响，并参与到旅游发展决策中来。这不仅有助于平衡旅游发展和环境保护的需要，还能增强社区对旅游活动的接受度和参与度。

（九）客户服务优化

在旅游产业，客户服务优化是提高游客满意度和提升业务竞争力的关键环节。通过数据分析，旅游业者可以深入理解客户需求和行为，进而优化服务体验。例如，旅游业者可以分析游客的预订模式、住宿偏好、活动参与情况以及在线评价，从而更好地了解游客的期望和需求。

这些分析可以帮助旅游业者在多个方面改善服务。例如，在酒店管理方面，通过分析客户的住宿习惯和反馈，酒店可以优化房间配置、提供更加个性化的客房服务，甚至调整餐饮选项以满足客户偏好。在旅游活动策划方面，通过理解游客对不同旅游产品的接受度，旅游企业可以设计更受欢迎的旅游线路和活动。

客户服务优化还包括利用数据来提升客户服务的效率。例如，通过分析高峰时段的客户咨询数据，旅游企业可以合理安排客服人员的工作时间，确保在需求最高的时段提供充足的支持。通过分析常见的客户问题和投诉，公司可以优化常见问题解答（FAQ）和自助服务工具，提升客户服务的响应速度和质量。

在当今数字时代，社交媒体和在线平台已经转变成客户服务的关键渠道。企业通过实时监控和深入分析这些平台上的用户反馈和公开讨论，不仅能够迅速回应客户的疑问和关切，提升客户满意度，还能够收集到丰富的客户体验数据。这些数据成为企业改进服务、优化产品和制定未来发展战略的宝贵资产。通过有效利用社交媒体和在线平台，企业能够更好地理解客户需求，精准定位市场，从而在激烈的市场竞争中保持领先地位，推动业务持续增长和创新发展。

二、数据要素催生的旅游新业态

数据要素在文化和旅游领域的广泛应用催生了多种新业态，这些新业态体现了数据在文化和旅游领域应用的深度和广度，不仅推动了行业的创新和发展，也为消费者创造了更加丰富和个性化的旅游体验。

（一）个性化旅游服务提供商

个性化旅游服务提供商是一个新兴的业态，它利用大数据和人工智能技术为游客提供量身定制的旅游体验。这种服务通过分析游客的历史行为、旅游偏好、在线搜索习惯以及社交媒体活动，设计符合个人兴趣和需求的旅游路线和活动建议。例如，如果一个游客过去常浏览海滩度假相关的内容，那么系统可能会推荐拥有美丽海滩的目的地，以及相关的水上活动和海边住宿。

这种个性化服务的关键在于数据的收集和分析。服务提供商会使用各种数据源，包括游客的在线预订记录、旅游应用中的行为数据、社交媒体上的互动等，来构建详细的用户画像。此外，机器学习算法可以帮助服务提供商识别用户的隐藏偏好和潜在需求，从而提供更准确的个性化建议。

个性化旅游服务不仅限于路线规划，还可以包括个性化的旅行指南、本地体验推荐、定制化的旅游包装服务。例如，为美食爱好者推荐当地烹饪课程，为历史爱好者提供专门的文化遗产之旅，为探险爱好者安排户外探险活动。

这种服务对于旅游行业来说具有重大意义。它不仅可以提高游客满意度和忠诚度，还有助于提升目的地的吸引力。个性化旅游服务提供商通过细分市场，为不同的游客群体提供更具针对性的服务，从而在竞争激烈的市场中脱颖而出。

（二）智慧景区管理解决方案提供商

智慧景区管理解决方案提供商致力于运用先进的信息技术和数据分析来优化旅游景点的运营和游客体验。这种业态通过整合物联网（IoT）技术、人流量监控、环境监测和数据分析平台，为旅游景区提供全面的智能管理解决方案。

例如，使用IoT设备和传感器，智慧景区管理系统可以实时监控游客流量、环境条件（如气温、湿度、空气质量）以及基础设施运行状况（如照明、安防系统）。通过这些信息，景区管理者可以实时了解景区的运营状况，并快速响应各种情况，比如调整人流引导策略、优化维护和服务安排。

通过分析游客行为数据（如入园时间、游览路线、停留点等），智慧景区管理系统可以帮助景区管理者更好地理解游客的偏好和需求。这种洞察有助于优化景区布局，如合理规划餐饮服务区、休息区和娱乐设施，提高游客满意度和景区吸引力。

智慧景区管理系统还可以结合移动应用和互联网服务，提供在线票务、导览信息、实时通知等服务，为游客提供便捷的信息获取和服务体验。此外，管理系统还可以在节能减排、环境保护等方面发挥作用，比如智能控制照明和空调系统，减少能源消耗，促进可持续发展。

（三）旅游大数据分析公司

旅游大数据分析公司专注于使用大数据技术来分析旅游相关的数据，为旅游公司、酒店、目的地管理机构等提供深入的市场洞察和决策支持。这些公司通过收集和分析各种数据源，如旅游预订记录、社交媒体动态、消费者行为数据、经济指标等，帮助旅游业者了解市场趋势、消费者需求和竞争环境。

例如，旅游大数据分析公司可以通过分析历史预订数据和季节性模式，帮助旅游业者预测未来的旅游需求，优化资源配置和价格策略。通过监控社交媒体和在线评价，这些公司能够提供关于消费者偏好、满意度和市场声誉的实时洞察，为营销和品牌管理提供支持。

旅游大数据分析公司还可以帮助旅游业者识别新兴的旅游目的地和流行趋势，以及分析不同客群的行为模式，从而设计更具吸引力的产品和服务。例如，通过分析年轻游客的行为数据，旅游公司可以开发更多符合年轻人口味的冒险旅游产品或文化体验活动。

在竞争分析方面，大数据分析公司能够提供关于竞争对手的详细信息，如市场份额、客户评价、服务特点等，帮助旅游业者制定有效的竞争策略。同时，这些分析还可以支持旅游业者在新市场的扩张决策，识别潜在的合作伙伴和投资机会。

（四）数字化旅游营销机构

数字化旅游营销机构是一个基于数据分析和数字技术的新兴业态，专门帮助旅游业者设计和实施更有效的营销策略。这些机构利用社交媒体分析、搜索引擎优化（SEO）、在线广告以及内容营销等手段来提升旅游产品和目的地的吸引力。

通过精细化分析社交媒体数据，旅游营销机构能够深入了解游客对各种旅游目的地和活动的反应和讨论情况，有效识别出当前的热门趋势和未被充分挖掘的市场潜力。此外，通过监控在线营销活动的关键指标，如广告的点击率、转化率以及客户的互动反馈，机构可以实时评估营销策略的效果，据此调整和优化广告内容和投放策略，以确保营销资源得到最有效利用，同时提升旅游产品和服务的市场竞争力。

在数字化旅游营销领域，创造引人入胜的在线内容成为吸引潜在客户和提升品牌影响力的关键手段。旅游营销机构通过发布各种形式的内容，包括富有吸引力的旅游 Blog、生动的视频、互动的社交媒体帖子以及有针对性的电子邮件营销，努力捕捉目标受众的注意力。这些内容的创作基于对市场趋势的深入研究和对客户需求的精确洞察，确保内容能够触及受众的兴趣点，从而有效提升用户参与度和品牌的市场影响力。

旅游营销机构还专注于提供网站优化服务，旨在通过优化用户体验和实施有效的搜索引擎优化（SEO）策略，提升企业网站在搜索引擎结果页中的排名。这不仅有助于吸引更多的有机流量，而且通过数据分析支持的市场细分工作，能够针对不同客户群体设计更加个性化和有针对性的营销活动。这种策略不仅提高了营销效率，还增强了客户的满意度和忠诚度，为旅游企业带来了更广阔的市场机会和更好的经济效益。

（五）旅游安全和风险评估服务机构

旅游安全和风险评估服务机构通过运用先进的数据分析技术和广泛的情报收集手段，为旅游公司、目的地管理机构及游客提供全方位的安全评估和风险管理建议。这些服务机构可以识别可能影响旅游活动的各种风险——自然灾害、政治动荡、公共卫生危机以及犯罪活动，制定缓解策略，有效保障旅游活动的安全性。通过分析气候变化趋势、地质活动、全球政治局势以及疾病暴发信息，这些服务机构能够预测潜在风险，及时向业界和游客发出预警，提供应对措施和旅行建议，从而显著提高旅游行业的安全管理水平和应急响应能力。

旅游安全和风险评估服务机构还通过深入分析特定目的地的安全状况，包括犯罪率、卫生条件和应急服务可用性，向旅游业者和游客提供详尽的安全评估报告和旅行指南。这些报告不仅涵盖了目的地的安全风险，还提供了实用的安全建议和紧急联系方式，极大地提升了游客的安全意识和自我保护能力。通过提供专业的危机管理培训和咨询服务，旅游安全和风险评估服务机构帮助旅游业者建立系统的应急计划，包括在紧急情况下的游客保护措施、有效的沟通策略以及事后运营恢复方案，确保旅游业者在面对突发事件时能够迅速、有效地应对，保障游客安全，维护旅游目的地和企业的良好声誉。

（六）旅游体验创新实验室

旅游体验创新实验室是一个专注于研究和开发新型旅游体验的新兴业态。它结合了最新的科技、设计思维和用户体验原则，致力于创造创新的旅游产品和服务。这种实验室通常由一群设计师、工程师、市场专家和旅游专家组成，他们共同探索如何通过科技和创新来增强游客的旅游体验。

旅游体验创新实验室正积极探索新的商业模式和市场机遇，致力于开发符合可持续发展原则的旅游项目、设计独具特色的文化体验活动，以及提供量身定制的奢华旅行服务。这些实验室紧跟市场趋势和深入分析游客的需求变化，确保创新项目能够紧密贴合现代消费者的喜好，提供独一无二且难以忘怀的旅行体验。无论是开发环保旅游项目来响应可持续发展的呼声，还是打造富有地域文化特色的体验活动，旅游体验创新实验室都致力于为游客创造更加丰富多彩、个性化和高品质的旅行选择，推动旅游业向更加高端和细分的方向发展。

旅游体验创新实验室还积极与大学、研究机构以及其他行业的合作伙伴进行跨领域的合作，共同研发和测试旅游领域的新概念和技术。通过这种协作模式，实验室能够融合不同领域的创新思维和前沿技术，为旅游体验创新注入新的活力。例如，结合最新的虚拟现实技术和人工智能，开发更加沉浸式和互动式的旅游体验产品；利用大数据分析，精准定位目标客群，设计更加个性化和差异化的旅游服务。这种跨学科的合作不仅拓宽了旅游创新的视野，也使旅游体验创新实验室能够站在行业前沿，引领旅游体验创新的潮流。

（七）客户服务智能化平台

客户服务智能化平台是一种运用人工智能（AI）和机器学习技术来提高旅游行业客户服务效率和质量的新兴业态。这种平台通过自动化和智能化技术，如聊天机器人、自然语言处理和数据分析，来提升客户服务体验。例如，智能聊天机器人可以24/7提供服务，回答游客的常见问题，如预订流程、目的地信息、旅游建议等。这些机器人能够通过学习大量的客户互动数据来不断提高其回答问题的准确性和相关性。此外，一些高级的平台还能够识别客户的情感状态，以更加人性化的方式与他们交流。

智能化平台的应用使得旅游公司能够深入分析客户的反馈和行为数据，识别并改进服务中的不足之处。例如，通过细致分析客户投诉的模式和频率，旅游公司能够精准找出服务流程中的薄弱环节，及时采取相应措施进行优化。此外，这种数据驱动的分析方法还能帮助企业深刻理解客户的需求和偏好，从而定制更加个性化的服务和产品，极大地提升客户满意度和忠诚度。通过这些策略，旅游公司不仅能够提高服务质量，还能够精准定位市场，开发出更具吸引力的旅游产品和服务。

智能化平台的另一个显著优势在于提高了旅游公司的运营效率、降低了运营成本。通过自动化技术处理大量常规性的客户咨询和反馈，旅游公司能够显著减少对传统人工客服的依赖。这不仅加快了响应速度，提升了客户服务体验，还使得企业能够将有限的人力资源重新分配到需要更高技能和创造性的任务上，如定制化服务设计和客户体验创新等方面。这种智能化的运营模式不仅优化了资源配置，提高了工作效率，还为旅游公司开辟了新的增长点和价值创造途径。

（八）文化和旅游数据共享平台

文化和旅游数据共享平台是一种新兴的业态，旨在汇集和共享文化和旅游领域的数据资源，为旅游业者、研究人员和政策制定者提供宝贵的数据支持。这种平台通常包含广泛的数据集，如旅游统计、消费者行为、市场趋势、文化遗产信息以及环境影响数据。

通过运用这些数据共享平台，旅游业者能够获得丰富的信息，包括最新的目的地流行趋势、游客的偏好选择和行为模式等，这对于他们优化服务和产品至关重要。例如，酒店可以根据数据分析调整房价策略，设计更具吸引力的促销活动，而旅游运营商则能够依据游客偏好和行为模式设计更受欢迎的旅游路线。这种数据驱动的决策过程使得旅游业者能够更精准地满足市场需求，提高竞争力，并最终提升游客满意度和忠诚度。

对于旅游研究人员来说，这些数据共享平台则成为开展研究的宝贵资源。它们支持研究人员在旅游市场趋势、文化交流互动、可持续旅游发展等众多领域进行深入研究。通过分析和挖掘大数据，研究人员能够探索旅游活动对目的地经济、社会结构和自然环境的影响，从而提出具有前瞻性的见解和建议。这不仅丰富了旅游学科的学术研究，也为政策制定者和旅游业界提供了科学的决策依据，推动了旅游业的健康和可持续发展。综上所述，文化和旅游数据共享平台不仅为旅游业的决策和发展提供了强大的数据支持，也为促进行业内部的协作和创新提供了平台。

政策制定者通过利用旅游数据共享平台的深度分析功能，能够更科学地制定旅游政策和发展规划。例如，通过细致分析旅游业对当地经济增长、就业机会创造以及社会福祉的贡献，政府部门可以据此优化旅游基础设施的投资方向，制定有效的市场推广策略，设计旨在提升旅游体验和满意度的服务计划。这样的数据驱动决策不仅能够提高政策的实施效率，还能够促进旅游业的持续健康发展，最大化旅游业对经济和社会的正面影响。

数据共享平台的建立大大增强了旅游数据的透明度和开放性，为旅游业内的创新和合作提供了良好的环境。开放的数据访问机制使得旅游公司、研究机构和个人开发者能够共享信息和资源，共同探讨和实验新的旅游产品开发理念、市场营销策略以及运营管理方法。这种开放和合作的氛围不仅促进了旅游业内部的技术和服务创新，还有助于发掘和满足旅游市场的新需求，推动旅游业向更加多元化和个性化的方向发展。

三、数据要素在旅游产业派生的新模式

数据要素在文化和旅游领域的广泛应用派生出多种创新模式，这些新模式不仅改变了旅游体验的方式，还为行业的可持续发展和市场营销策略提供了新的思路。

（一）个性化旅游体验模式

个性化旅游体验模式是基于数据分析的一种创新模式，它通过分析游客的在线行为、历史预订数据和社交媒体活动来设计符合个人兴趣和偏好的旅游体验。在这种模式下，旅游服务提供商利用算法和机器学习技术来解析大量的数据，以识别游客的旅游喜好和行为模式。例如，假设一个旅游爱好者在在线平台上经常搜索历史遗迹和文化探索的相关信息，智能推荐系统便可以向其推荐那些富有历史文化遗产的城市或国家。系统会分析用户的搜索习惯和互动记录，综合评估用户的兴趣点，然后推荐包含丰富历史遗迹、博物馆和文化体验活动的旅游目的地，确保推荐内容与用户的偏好高度匹配，为用户提供定制化的旅行建议，从而极大地提升用户的旅行规划体验和满意度。

这种个性化体验不仅限于目的地的推荐，还包括住宿选择、餐饮体验、旅游活动安排甚至是交通工具的选择。利用先进的数据分析工具，旅游公司能够为每位游客量身定制整个旅程，包括推荐最适合他们的住宿地点、安排符合他们兴趣的活动，甚至是提供个性化的旅行建议和小贴士。

这种模式下的个性化服务还可以根据游客的反馈不断进行优化。随着游客与服务的互动，系统能够学习并改进其推荐算法，从而在未来提供更符合用户期望的服务。这种持续的优化过程为游客提供独一无二的旅行体验，同时也为旅游业带来了更高的客户忠诚度和更好的市场表现。

（二）实时数据驱动的运营管理模式

实时数据驱动的运营管理模式在旅游景区管理中发挥着关键作用。通过实时监控和分析游客流量、行为模式和反馈，景区管理者能够即时调整运营决策和资源配置，以提升游客体验和运营效率。例如，使用传感器和摄像头收集的数据可以显示景点的拥挤程度，管理者可以据此调整人流导向、开放额外入口或调整景点的开放时间。

利用实时数据优化景区的服务布局和设施配置已成为提升游客体验的有效手段。通过收集和分析游客在景区内的移动轨迹和停留时间，管理者能够精确地识别出游客最频繁访问的区域以及设施使用的热点，从而对景区内的服务设施进行有针对性的调整和优化。例如，如果发现某个展览区域特别受欢迎，管理者可以考虑增加该区域的服务人员配备或提高其展品的互动性，以满足游客的需求，进而提高整个景区的吸引力和游客满意度。

在应对紧急情况时，实时数据的作用显得尤为关键。在遇到自然灾害或其他突发公共安全事件时，实时监控游客的分布和动态变化对于迅速有效地制定疏散和应急响应计划至关重要。管理者可以利用实时数据迅速了解各区域的人流密度，结合景区的安全出口和疏散路线，制定出科学合理的疏散方案，及时发布给游客，有效避免人员拥堵，确保游客的生命安全和财产安全。

实时数据分析为景区管理提供了深入了解游客喜好和需求的新途径。通过分析游客的实时反馈、评论和互动数据，景区管理者可以获得游客对于服务、设施或展品的直接评价和建议，从而针对性地进行服务和展示内容的改进。例如，如果数据显示游客对某项服务的满意度不高，那么管理者可以及时调整服务流程或提升服务质量，通过持续改进，不仅能够提升游客的满意度，还能够为景区带来更好的口碑和更高的回访率。总之，实时数据驱动的运营管理模式通过高效的数据分析和应用，不仅提升了游客的旅游体验，也优化了景区的管理和服务质量。

（三）基于数据的目的地营销模式

基于数据的目的地营销模式利用大量数据来指导旅游目的地的营销策略和活动。这种模式通过分析游客来源、市场趋势、消费者行为以及社交媒体动态来优化营销活动，从而吸引更多游客和提升目的地的知名度。例如，目的地营销机构可以利用数据分析来识别不同国家或地区游客的偏好和旅游习惯，从而制定针对特定市场的定制化营销策略。通过分析社交媒体趋势，营销人员可以了解哪些类型的活动或景点最受欢迎，然后通过精准的广告投放和内容营销来吸引潜在游客。

数据分析还可以帮助目的地营销人员评估不同营销渠道和活动的效果，如电子邮件营销、社交媒体广告的效果。通过跟踪点击率、转化率和用户参与度等指标，营销人员可以不断优化他们的策略，确保资源的高效利用。基于数据的目的地营销不仅限于传统的广告和推广，还包括利用数据来创建故事化和情感化的内容，与潜在游客建立情感联系。例如，通过分享真实游客的旅行故事和体验，可以激发其他人的旅行兴趣和情感共鸣。

（四）可持续旅游发展模式

可持续旅游发展模式强调在环境保护、社会责任和经济效益之间寻找平衡，通过数据分析来监测旅游活动对目的地的综合影响，并据此制定符合可持续原则的政策和实践。例如，旅游管理者可以利用数据分析来监控游客数量和行为模式，评估其对自然环境的影响，如废物产生和能源消耗等的影响。这些数据不仅帮助管理者识别出环境压力点，还能够指导他们制定有效措施，比如设置游客容量限制、推广低碳旅行习惯，以及优化当地资源的使用策略。通过这种方式，可持续旅游发展模式促使旅游业在不损害环境的前提下实现发展，确保旅游活动与目的地的长期可持续性相协调。

在社会和经济层面，可持续旅游发展模式致力于保护目的地的文化遗产和促进社区福祉。通过数据分析，旅游管理者可以深入了解旅游活动对当地社区的经济和文化影响，从而制定出既能确保当地居民受益又能保护本土文化不受侵蚀的措施。例如，对游客消费行为和旅游偏好的分析能够揭示对当地产品和服务的需求，指导目的地开发符合可持续原则的旅游产品，如社区旅游、生态旅游等，这不仅增加了旅游活动的经济效益，也最大限度地减少了对环境和文化的负面影响。通过这种综合性的数据驱动方法，可持续旅游发展模式为实现旅游业的环境友好、社会公正和经济繁荣提供了可行路径。

（五）动态定价模式

动态定价是旅游行业中一种利用数据分析来优化价格策略的模式，特别是在酒店和航空业中被广泛应用。这种模式通过实时分析市场需求、竞争对手定价和历史数据，调整产品或服务的价格，以最大化收益。

动态定价模式通过算法和机器学习技术的应用，赋予旅游服务提供商如酒店和航空公司强大的市场监测能力，使其能够实时捕捉到季节性变化、特殊活动的举办、竞争对手的价格调整以及消费者需求的最新趋势。这种数据驱动的定价策略让旅游业者能够在旅游高峰期通过提高价格来最大化收益，同时在需求减弱时通过降价吸引更多顾客，有效提升客房和座位的占用率。例如，航空公司会根据航班预订量和出发前的时间窗口动态调整机票价格，旨在实现航班满员飞行，最大化经济效益。这种灵活的价格调整机制不仅提高了收入，也优化了资源利用，展示了数据分析在现代旅游业中的关键作用。

动态定价模式的另一大优势在于其提供个性化定价的能力，通过深入分析顾客的预订历史和个人偏好，旅游服务提供商能够为不同客户群体设计定制化的优惠方案。这种个性化定价策略尤其体现在向忠诚度计划会员提供的特别折扣上，从而进一步增强客户的忠诚度和满意度。动态定价模式的核心在于对数据的实时分析和基于市场反馈的灵活价格调整，使旅游业者能够有效应对市场变化，更好地满足消费者的多样化需求。

（六）数据驱动的客户关系管理模式

数据驱动的客户关系管理模式是一种利用数据分析来提升服务质量和客户满意度的策略，特别适用于旅游业。这一模式依赖于收集和分析客户的交互数据，包括购买历史、偏好、反馈和社交媒体行为等，从而提供更加个性化和高效的客户服务。

在数据驱动的客户关系管理模式下，旅游企业通过深入分析客户数据，准确把握消费者的需求和期望，提升服务满意度。利用客户的预订模式、行为分析以及反馈和投诉数据，旅游企业能够洞察哪些服务或产品最受客户欢迎，哪些领域需要改进。这一过程使得旅游企业能够基于客户的实际体验和需求进行服务优化，及时解决问题，不断提高服务质量。例如，分析客户反馈数据不仅能够帮助旅游企业发现服务中的不足，还能够促使其采取具体措施，如调整服务流程或增加员工培训，以确保持续提升客户满意度和忠诚度。

数据分析在实施个性化营销策略中发挥着关键作用。通过细致分析客户的旅游偏好和消费行为，旅游企业能够设计并实施更加精准的营销活动，向特定的客户群体推送他们可能感兴趣的旅游产品和促销信息。这种基于数据的个性化营销不仅提高了营销效率，增加了销售机会，还显著提升了客户的个性化体验，加深了客户对品牌的忠诚度。例如，向热爱冒险旅行的客户推荐定制的探险旅游套餐，不仅满足了客户的个性化需求，也增强了客户对旅游公司品牌的认同感。

数据分析使旅游企业能够预见未来的市场趋势和客户需求，为产品创新和服务改进提供了科学依据。通过持续的市场趋势分析和客户行为研究，旅游企业可以及时调整服务策略，开发新的旅游产品，以满足客户日益多样化的旅游需求。这不仅帮助旅游企业在竞争激烈的旅游市场中保持领先地位，也确保了其能够迅速响应市场变化，满足消费者对旅游服务的新期望。

（七）旅游健康和安全管理模式

旅游健康和安全管理模式旨在利用数据分析确保游客的健康和安全。在这个模式下，旅游企业和目的地管理机构利用各种数据源（如公共卫生数据、安全事件报告和环境监测数据）来评估和管理旅游活动的风险。例如，旅游企业可以通过实时监测全球疫情数据和健康警报，提供及时的旅行建议和必要的预防措施，如疫苗接种和健康检查。此外，通过分析安全事件和事故报告，旅游企业可以识别潜在的安全隐患，比如特定目的地的犯罪率或自然灾害风险，从而采取预防措施或调整旅行计划。

在旅游行业中，运用数据改进应急响应计划已成为提升游客安全的关键策略。旅游企业通过分析历史数据和行为模式，能够预测并制订针对特定紧急情况的详细应急计划。这种基于数据的预测和准备工作确保了在发生紧急事件时，旅游企业能够迅速采取行动，有效疏散游客，最大限度地减少对人员的伤害。

旅游健康和安全管理模式的实施核心在于通过数据的持续监测和分析，实现对各种健康和安全挑战的预防和准备。这种模式使旅游业者能够及时识别潜在的健康风险和安全威胁，如传染病暴发或安全事故，从而迅速采取预防措施或应对策略，保障游客的健康与安全。这种主动的风险管理方法不仅有助于提升游客对旅游服务的信任和满意度，也有助于保障旅游目的地的公共卫生和安全、维护旅游企业的声誉及确保业务的持续性。精细化的数据分析和应急管理不仅保护了游客，也保护了旅游业的长期利益和可持续发展。

第九章 多维数据驱动的城市智能治理体系构建

在构建城市智能治理体系中，数据的综合应用发挥着核心作用。通过整合和分析人、地、事、物、情、组织等多维度数据，城市管理者能够在公共卫生、公共安全、交通管理等城市关键领域的运作中实现对态势的实时感知、对风险的智能研判，并及时采取协同处置措施。通过集成时空基础数据、资源调查等信息，可以推进城市规划、建设、管理和服务的精细化及智能化，实现城市发展的科学决策。多维数据共享能够促进公共服务的普惠共享，实现区域间的协同治理，提升城市治理的效率和居民的生活品质。

第一节　数据在优化城市管理方式中的作用

多维数据的集成应用在城市管理中发挥关键作用，通过促进人、地、事、物、情、组织等数据的融通，有效支持公共卫生、交通、安全等多个领域。这种数据驱动的方法不仅加强了对城市动态的实时监控，还提升了对潜在风险的智能预测和应急响应能力，实现了更高效、协同的城市管理模式。

一、数据在公共卫生领域的应用场景

数据要素在提高公共卫生服务质量、疾病预防和健康推广等领域发挥着关键作用，促进了公共卫生服务的效率和效果，同时提高了对健康风险的预防和应对能力。

（一）疾病监测与预防

在公共卫生领域，数据在疾病监测与预防中发挥重要作用，不仅帮助公共卫生专家及时识别和响应健康威胁，而且在制定科学合理的预防策略和疫苗接种计划中起到了不可或缺的作用。这一过程涉及收集、分析和解释有关

疾病发生、传播和控制的数据，以便及时发现和响应健康威胁。对传染病的实时监控，依赖于持续更新的数据流，包括病例报告、实验室检测结果和疫苗接种记录。通过这些数据，公共卫生专家可以追踪疾病的扩散路径，评估影响程度，并预测未来的趋势。

数据分析在疾病预防中也扮演了关键角色。例如，通过分析历史疾病暴发数据，可以识别特定地区或人群的高风险因素，从而针对性地实施预防措施。此外，数据驱动的模型能够预测疾病的季节性变化和潜在的大规模爆发，从而使公共卫生机构能够及时调整资源和策略，以减轻疾病带来的影响。

在疫苗接种方面，数据分析同样发挥着重要作用。通过监测疫苗覆盖率和接种后的效果，公共卫生部门可以评估疫苗的效力和安全性，以及确定哪些人群需要额外的关注和干预。数据还能帮助评估疫苗接种计划的成效，确保资源得到最有效的利用。

（二）健康数据分析

健康数据分析在现代公共卫生中扮演了核心角色，它不仅帮助我们更好地理解和应对公共卫生问题，而且促进了医疗服务的个性化和精准化。通过对大量健康数据的分析，公共卫生专家能够识别疾病的风险因素，改善疾病的早期诊断，并为患者提供更加个性化的治疗方案。

健康数据的来源多样，包括电子健康记录（EHR）、医疗保险索赔数据、患者调查数据等。这些数据的分析使得公共卫生专家能够监测和评估慢性疾病（如糖尿病、心脏病）的流行趋势，从而制定针对性的预防和干预策略。此外，通过对大规模健康数据的挖掘，可以发现之前未被认识到的健康风险因素，从而提早采取措施，减少疾病的发生。

数据分析还在个体化医疗中扮演了重要角色。通过分析患者的遗传信息、生活习惯和疾病历史，医生可以制定更加精准和有效的治疗方案。此外，利用数据分析工具，如机器学习和人工智能，医疗工作者可以从大量复杂的数据中提取有价值的信息，以指导临床决策和医疗服务的优化。

（三）公共卫生政策制定

数据在公共卫生政策的制定过程中起着不可或缺的作用。精确、全面的数据分析可以确保公共卫生政策的制定既基于实证，又能有效应对健康挑战，最终提升整个社会的健康水平。通过分析各种健康相关数据，政策制定者可以更好地理解公共卫生问题的现状、趋势和影响因素，从而制定更有效的政策和干预措施。这种基于证据的方法使得公共卫生政策更加科学、合理和高效。

在政策制定过程中，数据的作用表现在多个方面。通过分析流行病学数据和健康统计数据，可以识别特定疾病或健康问题的高发区域和人群，为针对性的公共卫生干预提供依据。例如，分析心脏病、糖尿病等慢性病的发病率和分布情况，有助于决定资源分配和优先级。此外，数据分析还可以揭示社会经济因素、环境因素与公共健康之间的关联，帮助政策制定者理解和解决健康不平等问题。

在制定健康政策时，数据还能用于评估不同干预措施的效果。通过比较实施特定健康计划前后的健康指标，如疾病发病率、死亡率或生活质量指数，政策制定者可以评估这些计划的有效性，并据此进行调整。例如，通过分析烟草控制政策对吸烟率的影响，可以调整相关法律和政策，以达到更好的公共卫生效果。

（四）突发公共卫生事件的应对

在公共卫生领域，突发公共卫生事件的应对是数据要素应用的一个关键领域。这类事件通常包括传染病的大规模暴发，如流行性流感、严重急性呼吸综合征（SARS）和新型冠状病毒（COVID-19）等。在这些情况下，实时和准确的数据收集、分析和共享对于迅速识别、评估和控制健康危机至关重要，从疾病的早期识别到资源的合理分配，再到公众教育和行为引导，数据的全面应用确保了公共卫生应急响应的及时性、准确性和有效性，极大地提高了应对公共卫生危机的能力。

实时收集的数据不仅包括病例报告、实验室测试结果和医院收治情况的数据，还涵盖更广泛的健康监测信息。这些数据的实时更新和分析，使得卫生部门能够快速追踪疾病的传播速度和范围，准确评估其对公共健康构成的潜在威胁。借助这些信息，公共卫生机构可以制定及时有效的应对措施，如启动应急响应计划、发布公共健康警告，以及实施隔离或社区封锁等措施，以控制疾病的进一步传播。

数据分析对于疾病传播的预测和应对模型的构建至关重要。通过应用流行病学模型，专家能够利用历史数据和当前趋势，预测疾病的传播路径和速度，评估不同干预措施的可能影响。例如，模拟分析不同的隔离措施和社交距离政策可以帮助公共卫生管理部门预测并选择最有效的策略来减缓疾病传播。这种基于数据的分析和预测为政策制定提供了科学依据，使得疾病控制措施更加精确和有针对性。

在资源分配和应急响应计划的制定中，数据的作用不可小觑。根据疫情的严重性、传播速度和地理分布，卫生部门可以利用数据来确定哪些地区或群体最需要医疗资源，如医疗设备、药物和医务人员。这不仅确保了资源的有效利用，还加强了对疫情高风险区的支持。此外，通过分析响应措施的效果，数据可以帮助卫生部门评估和调整其策略，以提高未来应对类似事件的能力。

在信息传播和公众教育方面，数据的准确性和及时性能够有效减少公众恐慌，避免错误信息和谣言的传播。这有助于提升公众对疫情的正确理解，增强人们对官方推荐预防措施的信任和遵守意愿，从而在控制疾病传播和保护公共健康方面发挥关键作用。

（五）公共卫生研究与发展

数据在公共卫生研究与发展中的作用越来越重要。通过大量的临床试验和流行病学研究数据的收集和分析，科学家能够深入了解疾病的机制，加快新药物和治疗方法的开发，评估新治疗方法的有效性，提高医疗干预的效果和安全性，并加速医疗创新的进程，为公共卫生带来革命性的改变。

临床试验数据的分析对于新药物和疫苗的开发至关重要。这些数据包括患者的健康状况、治疗反应和副作用等信息，它们帮助研究人员评估药物的安全性和疗效，从而决定是否推进到下一阶段的临床试验或市场化。此外，通过对不同人群（如不同年龄、性别、种族和基础健康状况的人群）的数据分析，可以确定哪些人群更可能从特定治疗中受益，或者哪些人群可能面临更高的风险。

在流行病学研究中，数据分析的应用让科学家能够精确识别和量化环境暴露、遗传倾向和生活方式等健康风险因素，为制定针对性的预防措施和干预策略提供了科学依据。这种方法不仅有助于降低特定疾病的发生率，还促进了公众健康意识的提高，进而提升整体健康水平。通过运用大数据和先进的分析技术，流行病学研究能够更准确地预测疾病趋势，支持公共卫生政策的有效制定和实施，有效应对健康挑战。

数据在药物再利用领域发挥着关键作用，通过对现有药物数据的深入分析，研究人员可以发掘药物在治疗其他疾病上的潜在价值。这种基于数据的方法不仅加快了新治疗方法的发现，还显著降低了药物开发的时间和成本。通过识别现有药物的新用途，药物再利用为患者提供了更多治疗选项，同时为医药行业带来经济效益和创新激励，展示了数据分析在促进医疗创新和提高研发效率方面的重要价值。

（六）健康促进和教育

在现代公共卫生实践中，健康促进和教育起到了不可或缺的作用，其目的是通过提升公众健康意识和行为来改善整体健康水平。数据的集成和分析在这个过程中发挥了核心作用，使得公共卫生专家能够准确识别各种健康风险因素，如不良生活习惯、遗传因素以及社会经济状态等，进而针对性地设计和实施健康促进计划。这种策略不仅能够针对特定人群的需求，还能够在更广泛的社区和群体中推广有效的健康信息和行为改变策略。

随着信息技术的快速发展，大数据分析、社交媒体平台和移动应用等新兴工具为健康促进活动提供了新的渠道和方法。这些工具不仅能够实时收集和分析健康数据，还能促进健康信息的快速传播和公众参与。公共卫生机构可以利用这些平台进行目标群体的健康教育，实现个性化的健康推广活动。同时，通过监测和分析这些活动的效果，可以不断调整和优化健康促进策略，以确保信息传递的有效性和公众参与程度的最大化。

长期的数据收集和分析对于评估健康促进和教育项目的影响至关重要。通过定期追踪关键健康指标和行为变化，公共卫生部门能够精确评估项目的成效，并据此进行必要的调整和改进。这种持续的评估和优化过程不仅提高了健康促进项目的成果，还为未来的项目规划和实施提供了宝贵的数据支持和经验教训，最终实现了公共健康的持续改善。

（七）环境健康监测

环境健康监测作为公共卫生的重要组成部分，涵盖了对空气、水体、土壤等环境因素的持续监测，旨在评估这些环境因素对人类健康的潜在影响。准确的数据收集和深入的分析对于揭示环境污染与特定健康问题之间的联系至关重要，为制定有效的环境政策和健康干预措施提供了坚实的科学基础。通过这些努力，可以及时识别和减少环境风险，从而保护公众健康免受污染的影响。

技术的进步，特别是遥感技术、地理信息系统（GIS）和物联网（IoT）技术的应用，极大地提升了环境健康监测的能力。这些先进技术可以提供高分辨率和实时的环境监测数据，使得对环境健康风险的评估更加准确和及时。例如，利用遥感技术可以监测大范围内的空气质量变化，而物联网设备则能够在特定地点提供连续的水质或空气质量数据，为公众提供关于环境健康风险的即时信息。

数据分析在支持环境健康政策的制定和执行中发挥了至关重要的作用。通过综合分析环境监测数据与健康状况数据，可以明确不同污染源对公众健康的具体影响，从而指导政策制定者采取有效的污染控制措施。从长期来看，这不仅有助于减轻环境污染对人群健康的影响，还促进了社会的可持续发展，为后代创造了一个更健康、更安全的生活环境。

二、数据为公共安全保驾护航

通过犯罪热点分析、社交媒体监控、深入案件分析和跨领域数据综合等方式，数据要素极大地增强了公共安全管理的效率和精确性。它们使得执法机构能够准确预测犯罪趋势，有效部署警力资源，及时预防和应对各类犯罪和公共安全威胁，从而为居民创造一个更加安全的生活环境。

（一）犯罪预防与侦查

在公共安全领域，犯罪预防与侦查是数据应用最为集中和成熟的方向之一。通过综合利用大数据分析、人工智能、机器学习等先进技术，执法部门能够在海量的数据中发现犯罪模式、预测犯罪趋势，甚至在犯罪发生前采取预防措施，显著提高公共安全水平。

犯罪热点分析技术通过历史犯罪数据、社会经济指标、人口密度等多维度信息的综合分析，为警方提供了一种高效的工具，以识别城市中潜在的犯罪高发区域。这种分析不仅基于过去的犯罪记录，还考虑了经济状况、社区结构等因素，从而揭示出犯罪发生的复杂背景。借助这些洞察，执法机构能够将有限的资源更加合理地分配，特别是在高风险区域采取更有针对性的预防措施，如增加巡逻频率、安装新的监控设备等。这不仅提高了警方的工作效率，也显著增强了公共安全，减少了犯罪率，为城市居民创造了一个更加安全的环境。

通过对犯罪案件的深入分析，数据科学家和犯罪分析师能够揭示出犯罪行为的模式和特征，尤其是入室盗窃、抢劫或暴力犯罪等特定类型的犯罪。这种分析考虑了案件的多个维度，如发生时间、地点、受害者的特征等，从而能够预测在特定条件下哪些犯罪行为更可能发生。这些洞察使执法部门能够采取更为有针对性的预防措施，比如通过社区警告系统提醒居民加强安全防范，或者调整巡逻路线和策略以覆盖更为敏感的区域。这样的策略不仅提升了社区的安全感，也有效减少了犯罪事件的发生率。

社交媒体的分析为犯罪预防与侦查提供了新的维度。通过对社交网络上的公开信息进行分析，警方可以及时识别出可能对公共安全构成威胁的言论或行为，如针对特定群体的仇恨言论、暴力倾向的表达等。利用自然语言处理技术，这一过程可以自动化进行，使得警方能够高效地监测大量数据，及时识别和响应潜在的安全威胁。这种预警机制极大地增强了警方的预防能力，能够在犯罪行为实际发生前进行干预，从而保护潜在的受害者，维护社会的和谐稳定。

在侦查工作中，数据分析的应用显得尤为关键。通过整合来自监控视频、GPS 定位、通信记录等多个数据源的信息，侦查人员可以构建嫌疑人的行动轨迹和行为模式，甚至预测其未来可能的动向。这种跨领域的数据综合分析为案件侦破提供了强有力的支持，大幅度提升了侦查效率和破案速度。特别是在处理复杂或跨区域的犯罪案件时，这种方法能够帮助侦查人员快速锁定嫌疑人，缩短追捕时间，有效打击犯罪活动，保障公众安全。

（二）紧急响应与危机管理

在公共安全领域中，紧急响应与危机管理的重要性日益凸显，尤其是在处理突发事件和人为危机，如恐怖袭击、暴力事件时。数据的集成、分析和应用是提高响应效率、确保公众安全和减轻危机影响的关键。

通过实时监控和分析城市监控系统、社交媒体、通信网络等数据源，可以及时发现并评估潜在的威胁，如可疑行为或异常活动集群，从而在事件发生之前采取预防措施。在紧急情况发生时，快速有效的信息收集和处理对于响应和处置至关重要。例如，在恐怖袭击或大规模骚乱发生时，安全机构能够利用数据分析迅速识别事件的性质、规模和可能的影响范围，从而快速部署执法人员和应急服务。

数据分析还可以帮助决策者了解和预测事件的发展趋势，以便制定更有效的应对策略。例如，通过分析历史事件数据，可以发现特定类型的危机在发展过程中的常见模式，从而指导紧急响应团队在类似情况下采取更为精准的行动。在危机管理中，信息共享和协调合作也至关重要。不同的政府机构、执法部门和急救组织之间可以通过共享的数据平台进行协作，共同应对危机。此外，数据分析还能协助在危机之后进行复盘和学习。通过对事件的详细回顾分析，可以识别在事件处理中的不足之处，改进应急预案，提高未来应对类似危机的能力。

（三）网络安全与信息保护

在公共安全领域，网络安全与信息保护的重要性日益增加。随着城市基础设施和服务的数字化，数据分析和处理技术成为提高网络安全防御能力的关键。

监控网络流量是防止和发现网络攻击的前线。利用数据分析，可以识别异常流量模式，比如大量数据突然从一个不寻常的源地址传输，这可能是网络攻击的迹象。此外，机器学习和人工智能技术的应用使得网络安全防御更加智能化。通过训练算法识别和响应网络威胁，如恶意软件、钓鱼攻击和拒绝服务攻击，可以在攻击发生之前预防或减轻影响。

保护关键基础设施，如电网、交通控制系统和公共服务网络，对于维护公共安全至关重要。通过实时监控这些设施的网络安全状态，可以及时发现和响应可能的安全威胁。例如，对电力网络的定期数据分析可以揭示潜在的安全漏洞，预防因网络攻击导致的电力中断。同时，数据加密和访问控制技术也在城市网络安全中发挥着重要作用。加密技术保护数据传输的安全，防止数据泄露和窃取。而访问控制确保只有授权用户才能访问敏感信息，从而降低数据被非法访问的风险。

在网络安全的战略层面，数据分析可以帮助我们理解和预测网络威胁的趋势和演变。通过分析历史的网络攻击案例和当前的网络活动数据，可以构建网络威胁的模型，预测未来可能出现的新型攻击方式，为制定网络安全政策和策略提供依据。同时，数据分析也支持跨部门和机构之间的信息共享与协作，提高整个城市网络安全生态系统的应对能力。

（四）紧急通信系统优化

在公共安全领域，紧急通信系统的优化是保障公民安全和有效应对紧急情况的关键。数据在此领域的应用不仅提高了紧急通信的效率和准确性，而且增强了紧急服务的响应能力。对 110 等紧急呼叫系统的数据分析至关重要。通过对紧急呼叫的时间、地点、频率和性质的分析，可以发现特定区域或时段的紧急事件模式，帮助紧急服务机构优化资源配置和响应策略。例如，数据分析可以揭示某个区域在夜间可能会有更高的紧急呼叫需求，从而指导相关部门增加该时段的紧急服务资源。此外，实时数据的集成和分析对于提高紧急响应效率至关重要。结合地理信息系统（GIS）和实时交通数据，紧急响应车辆可以选择最快的路线到达现场，从而缩短响应时间。

在大规模紧急事件，如大型公共活动或自然灾害期间，通信系统的稳定性和效率尤为重要。数据分析可以帮助预测和管理通信网络的负载，确保在关键时刻通信不会中断。例如，通过分析历史数据，可以预测在特定活动期间的通信需求峰值，从而提前增加网络容量，避免通信拥堵。同时，数据分析还支持紧急通信系统的持续改进。通过对紧急呼叫的响应时间、处理效率和结果的分析，可以识别系统的不足之处，不断优化紧急通信服务的质量。在紧急通信系统中，数据的集成和分析不仅提高了紧急服务的效率，也增强了城市应对紧急情况的整体能力。

（五）法律和政策制定支持

数据分析为公共安全法律和政策制定提供科学依据，增强政策的针对性、有效性和透明度，有利于提高公共安全水平。通过对各种公共安全数据的收集和分析，政策制定者可以更好地理解城市安全的现状，识别潜在的问题和挑战，从而制定更有效的法律和政策。

数据分析在评估现有公共安全政策和措施的效果方面发挥着核心作用。它允许政策制定者和执法部门通过定量的方式理解政策实施的影响，比如通过监测犯罪率的变化、公共安全事件的响应时间以及处理效率等关键指标。这种分析不仅揭示了特定政策或程序的直接成效，还能指出哪些领域需要进一步的改进或调整。例如，如果数据显示在实施某项新政策后，特定类型犯罪的发生率显著下降，那么这可以视为该政策成功的直接证据。相反，如果响应时间延长或犯罪率未见下降，则可能表明需要对政策进行重新评估和调整。这样的洞察力使得数据分析成为未来政策制定和优化的强大工具，确保公共安全措施能够适应不断变化的社会需求。

数据分析也在公共安全的预测和规划领域中扮演着关键角色。通过对历史犯罪记录、交通事故统计和公共卫生数据等多源信息的分析，分析师可以准确预测未来的趋势和潜在风险。这种预测能力为公共安全规划和资源的有效分配提供了坚实的科学基础。例如，通过评估特定地区的犯罪历史和社会经济状况，可以识别出可能的安全薄弱点，从而允许政策制定者提前部署资源，制定专门的预防措施来应对潜在的威胁。这不仅提高了公共安全管理的效率，还有助于减少未来可能因安全事件而产生的损失，确保社会稳定和公民安全。

数据分析进一步支持公共安全政策和法律的精细化管理。深入分析不同人群、地区和时间段的安全数据，可以揭示具体的风险因素和保护需求，从而使政策制定者能够设计出更加精确和个性化的安全措施。这种精细化的管理方法不仅提高了政策的有效性，还确保了资源的合理利用，因为它允许政府针对最需要的地区和群体投入最紧迫的资源。例如，对某一地区暴力犯罪高发的深入分析可能会促使政府在该地区实施更为严格的刀具管制政策，或者增加青少年教育和社区支持项目，以解决问题的根源。

在执行和监督公共安全政策方面，数据分析提供了一个强有力的工具，用于监测政策实施的成效和公众的满意度。通过定期审查执法行动的效率、公共响应的质量以及通过调查收集的公众满意度数据，政策制定者可以获得政策执行情况的即时反馈。这种反馈机制不仅有助于及时发现和解决执行过程中的问题，还能够确保政策调整能够反映公众的需求和期望。此外，通过公开发布相关的数据分析结果和政策评估报告，政府可以增进公共安全领域的透明度和民主参与度，让公众了解政策背后的决策过程及成效，从而增强公众对公共安全措施的信任和支持。

三、数据在城市交通管理中的应用场景

在城市交通管理中，数据的应用场景涵盖了交通流量监控与分析、智能交通信号控制、公共交通管理、事故监测与响应、智能停车解决方案、交通规划与预测、车辆识别与管理、车联网应用以及行人和非机动车监控。这些应用通过收集、分析和应用实时数据，显著提高了道路安全性、优化了交通流动、增强了驾驶和出行体验，同时支持了交通执法和城市规划决策，为实现高效、安全、可持续的城市交通体系提供了强有力的支持。

（一）交通流量监控与分析

交通流量监控与分析在智慧城市交通管理中扮演着核心角色，不仅有助

于缓解交通拥堵、提升交通效率，还能提升道路安全、指导城市交通规划和发展。安装在关键路口和主要道路上的高科技设备如摄像头、红外传感器和雷达等，能够实时捕捉车辆数量、速度、类型以及行驶方向等信息。通过精准收集和智能分析这些交通数据，交通管理部门能够精确地了解城市交通流的实时状况，包括识别高峰时段的交通拥堵点、分析不同路段的车流密度和速度分布等。

对这些实时数据的处理和分析可以帮助交通规划师和决策者理解交通流量的变化趋势和模式。例如，通过长期收集的数据，可以分析工作日与周末的交通流量差异，识别节假日或特殊事件期间的交通模式变化，从而制定更加有效的交通管理策略和规划方案。这种数据驱动的方法能够帮助城市减少交通拥堵，优化道路资源分配，提高交通系统的整体效率。

这些数据还可以用于预测未来的交通流量和趋势，为城市交通的长期规划提供科学依据。例如，某个区域因为新建设项目或城市发展导致交通压力增加，通过分析历史数据，相关人员可以预测该区域未来可能出现的交通问题，并及时调整交通规划，如增加道路容量、优化公共交通服务等，从而避免或减轻未来的交通拥堵。

除了帮助交通规划和管理，交通流量监控与分析还对提升道路安全有重要作用。通过分析事故多发地点和时间的交通流量数据，可以找出潜在的安全隐患，如过于拥挤的路口、易发生追尾的路段等，进而采取相应的安全改善措施，比如增设交通标志、调整路口设计、改善道路照明等。这些措施能够有效降低事故发生率，提升道路使用者的安全。

（二）智能交通信号控制

智能交通信号控制是在路口安装传感器、摄像头和其他监控设备，收集大量实时交通数据，包括车辆计数、车速监测、行人流量统计等，并通过对这些数据的分析实现对交通信号的智能化控制，显著提升城市交通的流畅度和效率，同时也为公共安全和环境保护做出积极贡献。通过这种技术，城市交通管理不仅能够更加灵活和高效，还能够更好地适应不断变化的交通需求和挑战。

智能交通信号控制系统使用这些实时数据来动态调整交通信号灯的时序和模式。通过复杂的算法和机器学习技术，系统能够实时评估各个路口的交通状况，并自动调整红绿灯的切换时长，以最大化交通流量的通过率。例如，在交通高峰期，系统会根据实际车流量增加主要道路的绿灯时间，减少拥堵；而在交通量较小的时段，则可以减少绿灯时间，避免不必要的等待。除了响应实时交通状况，智能交通信号控制系统还可以根据历史数据和交通模式预测未来的交通流量，从而提前调整信号灯策略。这种预测性调整有助于在高需求时段前预先优化交通流，减少交通拥堵的发生概率。

智能交通信号控制系统还能够与公共交通系统协同工作，实现公交优先。例如，当公交车接近某个路口时，系统可以调整信号灯，为公交车提供绿灯，从而提高公共交通的效率和吸引力。这种公交优先策略不仅缩短了公交车的行程时间，也鼓励更多人选择公共交通作为出行方式，进而减少私家车使用，减缓城市交通压力。此外，智能交通信号控制系统还具有应对紧急情况的能力。在紧急车辆（如救护车、消防车）接近时，系统能够实时调整路口信号，为紧急车辆提供畅通的道路，确保其快速到达目的地。

（三）公共交通管理

公共交通管理在智慧城市交通系统中发挥着重要的作用，不仅优化了交通流动，提高了公共交通的效率和可靠性，还显著提升了乘客的出行体验。通过这种高度数据驱动的管理方式，城市能够更有效地应对交通挑战，提升整体的交通服务水平，为城市居民和访客提供更加便捷、高效和舒适的公共交通选择。公共交通管理的核心是使用各种数据收集技术，如 GPS 追踪、车载传感器和实时通信系统，来监控和管理公交车、地铁、电车等交通工具。这些技术使得交通运营者能够实时追踪每一辆公共交通工具的位置、速度和运行状态，进而实时调整运行策略和计划。

通过实时数据的收集和分析，公共交通管理系统可以实现更加精准的车辆调度。例如，系统可以根据实时交通情况和乘客需求，动态调整公交车的发车间隔，减少拥挤或者等待时间。同时，这些数据还可以用来预测交通需求的变化，使得交通运营者能够提前做出调整，如增加高峰时段的班次或者调整路线，以更好地满足乘客需求。公共交通管理系统还能有效应对突发情况。如在交通事故、恶劣天气或重大事件期间，实时数据使得公共交通管理部门能够迅速做出反应，调整运营策略，如重新规划路线、安排备用车辆等，以尽量减少对乘客出行的影响。

对乘客来说，实时的交通信息极大地提高了出行的便利性和预测性。乘客可以通过智能手机应用、在线平台或车站的电子显示屏获得即将到站的公交车或地铁的准确到达时间。这不仅减少了乘客的等待时间，也提高了整个城市公共交通系统的吸引力，鼓励更多人选择公共交通作为主要出行方式，进而减少私家车使用，降低交通拥堵和环境污染。

长期来看，通过收集和分析大量的运营数据，公共交通管理部门可以更好地理解乘客的出行习惯和需求。这些信息对于未来的路线规划、服务改进和新技术投入决策至关重要。例如，对于乘客密度高的路线，可以增加车辆或引入更大容量的公交车；对于需求较低的路线，则可以优化或合并，以提高运营效率。

（四）事故监测与响应

数据驱动的事故监测与响应不仅能够快速有效地处理交通事故，减少事故对交通流的影响，还能够通过数据分析预防事故的发生，从而大幅提高城市道路的安全性和运行效率。为实现这一目标，城市交通管理系统需要采用一系列高科技设备和技术，包括监控摄像头、传感器、数据分析工具和紧急响应协调机制。

通过在关键路口和重要道路上安装高清摄像头和交通事件监测传感器，系统能够实时监控道路状况，快速监测交通事故的发生。一旦发生事故，这些设备可以立即向交通管理中心发送警报，携带事故现场的图像和关键数据。这种快速响应机制显著减少了事故发现和反应时间，为紧急救援和事故处理提供了宝贵的时间窗口。

交通管理中心收到警报后，将启动紧急响应程序，协调交警、救护车和消防车等紧急服务部门。通过实时交通数据和事故位置信息，管理中心能够为这些紧急车辆规划最佳路线，确保它们能够尽快到达事故现场。此外，事故监测系统还可以自动调整周边路口的交通信号灯，为救援车辆提供畅通的道路，同时引导其他车辆绕行，减少事故对交通流的影响。

通过对事故数据的分析，交通管理系统能够识别事故高发区域和可能的原因，比如视线不良的路口、易发生追尾的道路等。这些信息对于事故预防和道路安全改善至关重要。例如，管理部门可以在事故多发地区增设警示标志、改善路面标线、优化路灯照明，或者实施交通管制措施，以降低未来事故的风险。此外，事故监测与响应系统还能够提供事故后的数据支持，包括事故原因分析、伤亡统计和交通影响评估。这些数据对于交通规划、城市设计和政策制定具有重要价值，有助于提升整体的道路安全水平。

（五）智能停车解决方案

在智慧城市的交通管理中，智能停车解决方案的重要性日益凸显，尤其是在解决日益严重的停车难问题和交通拥堵问题方面。这一方案通过集成先进的信息技术和物联网设备，如停车场传感器、摄像头和移动应用程序，来优化停车资源的使用和管理，不仅显著提高了停车效率，还对缓解交通拥堵、改善环境质量和促进城市可持续发展产生了积极影响。

智能停车解决方案的核心在于实时监测和提供停车位信息。安装在停车场的传感器可以实时监测每个停车位的占用情况，并将这些信息传输到中央管理系统。通过数据分析，系统能够识别出停车需求高峰时段和区域，进而为城市规划和交通管理提供重要数据支持。此外，这些信息通过互联网实时更新到驾驶员的移动设备或车载导航系统，使他们能够快速找到空闲的停车位，减少在寻找停车位时的盲目驾驶和不必要的循环行驶，从而降低交通拥堵和尾气排放。

智能停车解决方案还包括了高度自动化的支付和管理系统。驾驶员可以通过移动应用进行停车位预订和电子支付，这不仅提高了支付效率，还减少了现场交易所需的时间和人力成本。此外，通过数据分析，停车场运营者可以优化定价策略，如在高需求时段实施动态定价，以更有效地管理停车资源，提高利用率。

除了改善驾驶员的停车体验，智能停车解决方案还对城市环境产生积极影响。减少寻找停车位所需的时间和车辆行驶距离，意味着减少了燃油消耗和尾气排放，从而有助于改善城市空气质量。同时，这也减轻了城市中心区域的交通压力，提高了整体交通流动性。此外，智能停车系统通过收集大量停车数据，为城市交通规划和城市发展提供了宝贵的参考。城市规划者可以根据停车数据分析来评估和规划新的停车设施，或改善现有设施，以满足未来的停车需求。

（六）交通规划与预测

利用大数据分析和预测模型，交通规划者可以对城市交通系统进行全面的理解和预测。在智慧城市交通管理中，交通规划与预测不仅帮助城市减少当前的交通问题，如拥堵和事故，还为未来的交通挑战提供了策略和解决方案。通过这种前瞻性和数据驱动的规划方法，城市能够更有效地应对交通挑战，构建更安全、更高效、更可持续的交通系统。

通过收集和分析大量的交通数据，包括车流量、车速、交通事故记录、天气情况以及特殊事件对交通的影响等，交通规划者可以深入理解城市交通流的复杂性和动态性。这些数据来源于多种传感器、GPS 追踪、交通摄像头以及公共交通系统，能够提供关于城市交通状况的全面视角。利用这些数据，交通专家可以构建交通模型并进行模拟，以预测不同策略和变化对交通流的影响。例如，可以预测增加新的交通线路、改变道路布局或调整交通信号灯时序对交通流量和交通拥堵的影响。这种模拟和预测对于制定有效的交通政策和规划至关重要，因为它们帮助决策者在实施前评估各种方案的潜在效果和影响。

通过分析历史和实时交通数据，交通规划者可以识别出交通系统中的瓶颈和问题区域，如经常发生拥堵的路段或事故多发地点。这些信息对于指导交通基础设施的改善和升级具有重要价值。例如，可以决定在哪里增设车道、建立新的公交线路或改善非机动车和行人设施，以提高整体交通流动性和安全性。交通规划与预测还可以帮助城市应对未来挑战，如人口增长、城市扩张和新交通技术的引入。通过对未来交通需求和趋势的预测，交通规划者可以提前规划和建设必要的交通基础设施，如新的道路、桥梁、隧道和公共交通系统，以确保城市未来的交通发展能够满足居民的需求。

（七）车辆识别与管理

在智慧城市交通管理体系中，车辆识别与管理是一个不可或缺的应用场景，主要涉及使用高级技术，如车牌识别系统、RFID（无线射频识别）和其他传感器技术，来监控和管理城市内的车辆流动。这一应用不仅有助于提升交通流动性和道路安全，还为交通执法、城市收费和交通规划提供了有效支持。通过这种先进的技术应用，城市能够更有效地管理车辆流，提升整体交通效率和居民生活质量。

通过在重要路口和特定区域安装车牌识别摄像头和其他传感器，智慧交通系统能够自动识别过往车辆的车牌号码。这项技术使得交通管理部门能够追踪特定车辆的行驶路径和停留位置，对交通流量进行精确计算，从而更好地理解和管理城市交通状况。例如，这些数据可以用来分析交通拥堵的原因，优化交通信号灯的配时，或者识别并处理交通违规行为。

车辆识别技术在交通执法方面发挥着重要作用。自动识别系统可以监测并记录违规车辆，如超速、违章停车或穿越红灯的车辆，并自动向交通违规者发送罚单。这种自动化的执法方式显著提高了交通执法的效率和公正性，同时也起到了强有力的威慑作用，减少交通违规行为，提高道路安全。

在城市拥堵收费（如电子收费系统）的应用中，车辆识别技术也扮演着关键角色。通过自动识别车辆并计费，这一系统能够无缝、高效地管理城市拥堵收费区域，减少交通拥堵，同时增加城市收入。这种收费方式也有助于促进公共交通的使用，减少私家车辆的使用，从而减少城市的空气污染和能源消耗。

（八）车联网应用

在智慧城市交通管理的众多应用场景中，车联网应用是一个日益增长的重要领域。它利用车辆与车辆（V2V）、车辆与基础设施（V2I）、车辆与行人（V2P）之间的通信，提升道路的安全性和交通的效率，还通过实时的数据交换和通信为城市交通管理提供更多的可能性和灵活性。

车辆之间的通信（V2V）使得车辆能够相互交换位置、速度和方向等信息。这种信息共享有助于减少事故，尤其是在交叉路口或盲区驾驶的情况下。例如，如果一辆车急刹车，它可以立即通知后方车辆，后者可以提前减速，从而避免碰撞。此外，V2V 还可以协助实现车队行驶，即多辆车按照固定的小间距和速度同步行驶，这样可以提高道路容量并减少交通拥堵。

车辆与基础设施的通信（V2I）则涉及车辆与交通信号灯、道路标志、监控摄像头等基础设施之间的数据交换。例如，交通信号灯可以向车辆提供即将变化的信号信息，使驾驶员能够提前做出反应，减少急刹车的情况，从而提高交通流动性和减少交通事故。同样，道路基础设施也可以根据车辆流量和状况调整自己的运作，如动态调整信号灯时序，优化交通流。

车联网技术还可以促进车辆与城市服务的整合，如智能停车。车辆可以接收有关空闲停车位的信息，并导航至最近的停车地点，从而减少寻找停车位的时间和车辆在路上的循环行驶，减轻交通压力和环境污染。此外，车联网技术在应急响应方面也扮演着重要角色。在发生事故或其他紧急情况时，车辆可以立即向相关部门（如警察、医疗服务等）发送警报，并提供精确的位置信息，从而加快救援速度并提高救援效率。

（九）行人和非机动车监控

行人和非机动车，如自行车和电动滑板车等，是城市交通的重要组成部分，特别是在城市中心和住宅区域。行人和非机动车监控有助于保障这些交通参与者的安全，优化他们的出行体验，实现和机动车交通的和谐共存。城市能够更好地实现交通的多元化，确保所有交通参与者的和谐共存，为城市居民和访客创造一个更安全、更便捷、更宜居的城市环境。

通过安装高级摄像头和传感器，智慧城市交通系统能够实时监控行人和非机动车的流量和行为。这些设备可以在人行横道、自行车道和其他关键区域捕捉行人和非机动车的动态，如他们的移动速度、流量大小和通行模式。这些信息对于确保这些区域的安全至关重要，可以帮助交通管理者识别潜在的安全隐患和拥堵点。

智慧城市交通系统可以利用这些数据来优化行人和非机动车的出行体验。例如，根据行人流量数据，可以动态调整人行横道的红绿灯时长，确保在高峰时段提供充足的过街时间。同样，对于自行车道和共享单车系统，可以通过监控数据来优化其布局和服务，如增设自行车停放区，提高自行车通行的便捷性和安全性。

行人和非机动车监控数据还给城市规划和基础设施建设提供了重要的指导。通过长期的数据分析，城市规划者可以更好地了解行人和非机动车的出行需求，从而在城市规划和道路设计中更好地考虑这些需求，比如创建更多的行人友好区域和自行车道，提升整体的交通安全性和舒适度。在交通安全方面，行人和非机动车监控对于预防交通事故和减少与机动车的冲突非常重要。通过对交通事故的分析，可以识别出危险路段和交叉口，进而采取措施来提升这些区域的安全性，如增设交通标志、改善路面照明或重新设计路口结构。

第二节　数据在城市发展科学决策中的应用

数据在城市发展科学决策中的应用覆盖了人口、经济、环境等多个领域，极大地提升了政策制定的精准度和效率。其广泛应用不仅促进了资源的合理分配和城市管理的优化，还增强了城市对挑战的适应性，推动了科技创新，加强了公众参与，从而为实现城市的可持续发展和提高居民生活质量提供了坚实基础。

一、数据在城市发展科学决策中的应用场景

在城市发展的科学决策中，数据应用涵盖了人口统计分析、土地使用规划、交通和基础设施规划、经济发展战略制定等多个领域。这些数据支持决策者深入理解城市的复杂性，预测未来发展趋势，制定更有效、更具前瞻性的政策和措施。

（一）人口统计分析

人口统计数据对于城市规划和发展至关重要，它为决策者提供了深入了解城市居民特征和需求的基础。通过分析年龄结构、性别比例、收入水平、教育背景等信息，规划者可以预测未来的住房需求、教育资源分配、就业市场趋势和公共服务需求。例如，一个人口老龄化迅速的城市可能需要增加对医疗健康设施的投资，同时考虑提供更多的社区服务来满足老年人的生活需求。年轻人口较多的城市，则需要重点关注教育和创业支持，以促进经济发展和创新。此外，收入和教育水平的数据有助于识别社会经济不平等问题，指导政策制定以促进社会包容性和经济机会平等。通过精确的人口统计分析，城市规划者能够设计出更加人性化、高效和公平的城市发展策略，确保城市资源的合理分配和所有居民福祉的最大化。

（二）土地使用规划

土地使用规划是城市发展中一个复杂且关键的领域，它直接影响到城市的可持续性、居民生活质量和经济活力。通过利用地理信息系统（GIS）、遥感技术和土地利用数据库等数据资源，规划者可以详细了解现有土地使用状况、自然资源分布、生态敏感区和建设限制区域。这些信息使得规划者能够科学地决定哪些区域应被保留为绿地或农用地，哪些区域适合住宅或商业发展，以及如何通过规划来保护自然环境和文化遗产。土地使用规划的数据分析还包括考虑未来人口增长趋势、经济发展目标和城市扩张预测，确保土地资源的高效和可持续利用。通过这种方式，城市规划者可以平衡经济增长、社会需求和环境保护之间的关系，促进城市的整体健康和长期繁荣。

（三）交通和基础设施规划

交通和基础设施是城市发展的骨架，对提高城市运行效率和居民生活质量至关重要。在这一领域中，数据的应用范围广泛，包括交通流量监测、公共交通利用率分析、道路和桥梁状况评估等。利用这些数据，规划者可以识别交通瓶颈和拥堵点，规划新的道路和交通枢纽，设计公共交通网络，以及优化现有交通系统。例如，通过分析公共交通的使用模式和乘客需求，可以调整公交线路和班次，提高公共交通的吸引力和效率。此外，基础设施规划还涉及水利、能源、通信和公共设施等方面的数据分析，确保城市的基础设施能够满足居民的日常需求和应对未来增长的挑战。通过科学的数据分析和决策，城市规划者能够构建一个更加连通、可持续和宜居的城市环境，为居民提供高质量的生活和便利的服务。

（四）经济发展战略制定

制定经济发展战略是城市规划中至关重要的一环，它需要基于对城市经济现状和潜力的深入分析。通过综合利用就业率、产业分布、企业类型、经济增长率等经济数据，城市决策者可以了解城市经济的详细画像，识别主导产业、经济增长点和潜在的发展障碍。这些数据不仅帮助城市决策者理解经济结构的优势和劣势，还能够指导他们制定促进产业升级、吸引外部投资、增加就业机会和提高居民生活水平的政策。例如，如果数据显示某一新兴技术产业具有强劲的增长潜力，那么城市决策者可能会决定投资于相关的教育和培训项目，以及提供创业支持和税收优惠，以促进该产业的发展。同时，经济数据还可以用于监测和评估已实施政策的效果，确保经济发展战略能够灵活调整，适应不断变化的市场需求和全球经济环境。通过这种方式，数据驱动的经济发展战略能够为城市带来持续的经济增长和社会繁荣。

（五）环境保护和可持续发展规划

在全球气候变化和资源枯竭的挑战下，环境保护和可持续发展已成为城市规划的重要目标。利用空气和水质监测数据、温室气体排放统计、能源消耗记录等环境相关数据，规划者可以评估城市发展活动对环境的影响，并制定减少负面影响的策略。例如，数据分析可以揭示能源使用效率低下的领域，促使城市投资于能源效率改进和可再生能源项目，如太阳能和风能发电。此外，通过监测城市绿地和生物多样性的变化，规划者可以设计和实施保护自然生态的措施，如创建公园和自然保护区。环境数据还支持城市制定应对气候变化的适应性策略，如提高防洪设施的能力和建设绿色基础设施。通过这些努力，城市规划者可以确保城市发展的同时，保护和恢复自然环境，实现经济、社会和环境三者的和谐共生。

（六）公共安全和应急响应

确保公共安全和有效的应急响应是城市管理的核心职责之一。通过分析犯罪统计数据、交通事故记录、自然灾害历史和实时监控数据，城市规划者和管理者可以更好地理解安全风险和脆弱性，设计出更有效的预防措施和应急计划。例如，犯罪数据分析可以帮助警方识别犯罪热点区域，优化巡逻路线和资源分配，从而预防犯罪发生。同样，通过分析历史灾害数据和气象信息，城市可以规划和建设更为坚固的基础设施，减少自然灾害的破坏，同时制定有效的疏散计划和应急响应程序，以保护居民生命安全。此外，实时监控系统如视频监控和社交媒体分析，可以在紧急情况发生时提供宝贵的信息，帮助快速响应和决策。通过这种方式，数据不仅能够帮助城市预防和减少安全事故的发生，还能够在紧急情况下提高应对效率和效果，保护居民的生命财产安全。

（七）社会服务和公共政策

在制定和优化社会服务和公共政策方面，数据的作用不可或缺。通过分析社会调查数据，包括健康状况、教育水平、居民满意度等，政策制定者可以深入了解居民的需求和社会服务的现状。这些数据帮助政策制定者评估现有政策和服务的效果，识别服务空缺或不足的领域，以及预测未来的服务需求。例如，健康数据分析可以揭示特定社区的公共卫生问题，指导医疗资源的合理分配和预防性健康项目的开展。教育数据则可以用来评估教育质量和公平性，支持针对性的教育改革和资源投入，如增加对边远地区或弱势群体的教育支持。居民满意度调查结果更是直接反映了公共服务的成效和居民的实际感受，为改进政府服务提供了宝贵的反馈。通过这种基于数据的分析和决策，政府能够更有效地响应居民需求，提高公共服务的质量和效率，促进社会的整体福祉和公平。

（八）城市监测和管理

随着智慧城市技术的发展，城市监测和管理已经能够实现前所未有的数据驱动优化。利用实时数据收集和分析技术，城市管理者可以实时监控城市的各种运行状态，包括交通流量、公共安全、环境质量、能源消耗等，实现对城市生活各个方面的动态管理。这种实时监测不仅可以及时发现问题并采取解决措施，如调整交通信号灯以缓解交通拥堵，还可以通过数据分析预测未来的城市发展趋势和潜在问题，提前规划和准备。此外，通过收集和分析大量数据，城市管理者可以更加深入地理解城市运行的复杂性和居民行为的多样性，从而制定更加精细化和个性化的管理策略。例如，基于能源消耗数据的分析可以优化城市的能源管理系统，提高能源使用效率，减少浪费。环境监测数据则支持制定科学的环保政策和应对措施，保护城市环境。通过这种数据驱动的城市监测和管理，城市不仅能够提高运行效率，还能够实现更加可持续和宜居的发展目标。

（九）社区与文化规划

社区与文化规划在塑造城市身份和提升居民生活质量方面发挥着关键作用。通过综合利用社区特性、历史遗产、文化活动以及居民需求等数据，规划者可以设计出既反映城市独特文化又满足居民多样化需求的社区发展计划。这一过程不仅包括保护和恢复历史建筑与文化遗址，以保存城市的历史记忆和文化根源，还涉及规划新的公共空间和设施，如图书馆、艺术中心、社区园地，以促进文化交流和社区活动。例如，通过分析居民对文化和娱乐活动的参与度，城市规划者可以确定哪些类型的文化设施和活动最受欢迎，据此规划相应的设施建设和文化活动安排，从而丰富居民的文化生活和促进社区凝聚力。此外，社区与文化规划还强调居民参与和多元文化的包容性，通过举办社区工作坊、公众咨询和文化节等活动，收集居民意见和建议，确保规划方案能够真正反映社区成员的需求和愿望。这种参与性规划过程不仅增强了社区成员对本地文化和社区发展的归属感，还促进了不同文化背景居民之间的理解和尊重。

（十）智慧城市项目

随着信息技术的快速发展，智慧城市项目成为推动城市发展创新的重要力量。通过集成大数据、物联网（IoT）、人工智能（AI）、云计算等先进技术，智慧城市项目旨在优化城市管理、提升公共服务效率和改善居民生活质量。这些技术的应用覆盖城市的各个方面，包括智慧交通系统的实施、能源消耗的优化管理、公共安全的增强、环境监测的精确化以及公共服务的数字化等。例如，通过物联网技术连接的各种传感器可以实时收集城市运行数据，AI分析技术则能从这些大量数据中提取有用信息，为城市管理和决策提供支持。云计算平台则为存储和处理这些庞大数据集提供了强大的计算能力。此外，智慧城市项目还注重居民参与和公共服务的个性化，通过移动应用和在线平台，居民可以更便捷地获取各种公共服务和政府信息，同时也能够直接参与城市管理和决策过程。智慧城市项目不仅提高了城市运行的效率和可持续性，还增强了城市的包容性和居民的满意度，推动城市向更智能、更绿色、更宜居的方向发展。

二、数据在城市发展科学决策中的重要意义

数据在城市发展科学决策中的应用不仅优化了城市管理和服务，还提升了城市的整体可持续性、创新能力和居民生活质量，对于建设更加宜居、高效和智慧的城市具有非常重要的意义。

（一）提高决策的精确性

在城市发展的科学决策过程中，数据的应用提高了决策的精确性。精确的决策需要依赖于准确而全面的信息，而数据分析提供了这一切。通过对城市人口、经济、交通、环境等多方面数据的收集和分析，决策者可以获得对城市当前状况的深入了解，以及对未来发展趋势的准确预测。这种基于数据的洞察力使得政策制定更加贴合实际需求，避免了基于直觉或过时信息所做出的盲目决策。例如，通过分析人口增长数据和住房需求数据，决策者可以精确地规划新住宅区的位置和规模，确保满足未来的居住需求，同时避免资源的浪费。此外，数据分析还支持对不同政策方案的效果进行模拟和预测，帮助决策者在多个选项中做出最优选择。因此，数据不仅提高了城市发展决策的精确性，也增强了政策的前瞻性和科学性。

（二）促进资源的高效配置

在资源日益紧张的当今社会，如何高效配置资源成为城市发展面临的一

大挑战，数据在这一过程中扮演着不可或缺的角色。通过对城市资源消耗、人口分布、服务需求等方面的数据进行深入分析，决策者能够识别资源配置的不均衡和无效率之处，从而做出更加合理的调整。例如，通过分析各区域的教育资源和学龄人口数据，可以优化学校分布，确保每个孩子都能就近接受优质教育；通过分析交通流量数据，可以合理规划公共交通网络，提高交通系统的效率，减少能源消耗和环境污染。此外，数据分析还能够揭示社会服务的覆盖盲点，帮助政府将有限的资源投向最需要的地方，如加强对偏远地区或弱势群体的支持。因此，数据不仅促进了资源的高效配置，还提升了城市服务的公平性和可及性，为实现城市的包容性和可持续发展提供了强有力的支持。

（三）增强政策的针对性和有效性

数据的深入应用可以提升城市发展政策的针对性和有效性。通过对城市各个方面的数据进行详细分析，决策者可以准确识别出城市发展中的具体问题和潜在机会，制定出更加有针对性的政策措施。例如，通过分析住房市场的数据，政府可以设计出更加精确的住房补贴政策，既帮助低收入家庭改善居住条件，又避免市场过热；通过分析环境监测数据，可以制定出更为科学的污染防控措施，有效改善城市环境质量。此外，数据分析还支持对政策实施效果的持续监测和评估，使得政策调整更加及时和精准。这种基于数据的动态管理机制不仅增强了政策的实施效果，还提高了政府应对复杂城市问题的灵活性和创新能力。

（四）支持可持续发展目标

数据在推动城市向可持续发展目标迈进的过程中起到了核心作用。决策者要在环境保护、经济增长和社会福祉之间寻找平衡，必须基于准确和全面的数据进行综合分析。例如，环境监测数据能够揭示城市发展活动对空气质量、水资源和生态系统的影响，帮助决策者制定减轻负面影响的策略，并监测实施效果。同样，经济数据分析有助于识别促进经济多元化和创造就业机会的领域，同时确保经济增长不以牺牲环境质量为代价。此外，社会数据，如教育、健康和居住条件的统计信息，有助于评估社会福祉水平和制定提高生活质量的政策。通过这种方式，数据不仅支持了城市在经济、环境和社会三个维度上的可持续发展目标，还促进了这些目标之间的协调和整合。数据分析提供的深入洞察力使决策者能够制定既促进经济发展，又保护环境，同时提升社会福祉的政策，确保城市发展的长期可持续性。

（五）增加公众参与度和透明度

在现代城市管理中，数据的开放和共享已成为增加公众参与度和提高政府透明度的关键工具。通过公开发布城市运行的各类数据，政府不仅能够提供更多信息给公众，增强决策的透明度和可信度，还能够鼓励公众、研究机构和私营部门利用这些数据进行分析和创新，共同探索城市发展的新方向。例如，交通流量数据的公开可以帮助居民更好地规划出行，减少时间浪费；环境监测数据的共享可以提升公众对环境保护问题的认识和参与度；政府预算和支出的透明化则有助于提高财政管理的公信力和效率。此外，公众参与平台的建设，如在线咨询、意见反馈系统和社交媒体互动，进一步促进了公众参与政策制定和城市规划过程。这种基于数据的公众参与模式不仅加强了政府与市民之间的沟通和信任，还激发了社会创新和协作的活力，为城市发展带来了新的思路和解决方案。

（六）提升城市的适应性和韧性

在应对快速变化的环境和未来挑战中，数据的应用显得尤为关键，它极大地提升了城市的适应性和韧性。适应性指的是城市在面对环境变化和社会经济挑战时，能够有效调整和优化其结构和功能的能力；而韧性则是指在遭受外部冲击后，城市能够迅速恢复到正常运行状态的能力。通过对气候变化数据、社会经济统计、基础设施状况和公共健康数据等的分析，城市规划者和管理者可以预见潜在的风险和挑战，制定出相应的预防措施和应对策略。例如，通过分析气候模型和历史气象数据，城市可以设计和实施更有效的防洪系统，减少自然灾害的破坏；通过监控经济活动和就业数据，政府可以及时调整经济政策，缓解经济衰退的影响。此外，数据还支持城市在发生紧急事件时，如自然灾害、公共卫生危机等，快速响应和恢复。例如，实时健康监测数据和医疗资源分布信息可以在公共卫生事件中指导资源的有效分配和急救措施的实施。因此，数据不仅提高了城市对各种风险的适应能力，还增强了危机后的恢复能力，为城市的长期稳定和可持续发展提供了坚实的基础。

（七）推动创新和科技应用

在城市发展中，数据的深入应用不仅促进了决策的科学化和精准化，还极大地推动了创新和科技在城市管理和服务中的应用。随着大数据、人工智能、物联网和云计算等先进技术的发展，城市有了更多工具和手段来分析和利用数据，从而在城市规划、交通管理、能源利用、环境保护等方面实现了突破性的进步。例如，人工智能技术可以帮助城市从海量的交通数据中识别出行模式和拥堵点，指导交通流量的优化调控；物联网技术使得城市能够实时监控水质、空气质量和能源消耗，及时调整政策和措施以保护环境和提高能效；云计算则为城市提供了强大的数据处理能力，支持复杂的数据分析和存储，为城市管理和服务提供决策支持。此外，数据和技术的结合还激发了公民参与和社会创新，许多科技公司和创业团队利用开放的城市数据开发了各种应用和服务，改善了居民的生活质量，增强了城市的吸引力。因此，数据在推动城市创新和科技应用中发挥了不可替代的作用，为城市的智能化和现代化提供了动力，推动了城市向更高效、更可持续、更宜居的方向发展。

参考文献

[1] Abbasi, A., Sarker, S., & Chiang, R. H. L. Big Data Research in Information Systems: Toward an Inclusive Research Agenda. Journal of the Association for Information Systems, 2016, 17(2): 3.

[2] Abou - Sayed, A. S., Hassan, A. Z., & Azab, M. S. Big data analytics for intelligent manufacturing systems: A review and future perspectives. Journal of Manufacturing Systems, 2020, 57: 396-412.

[3] Agarwal, R., Dhar, V., & Zhang, P. Editorial—Big Data, Data Science, and Analytics: The Opportunity and Challenge for IS Research. Information Systems Research, 2020, 31(4): 1313-1323.

[4] Akter, S., Wamba, S. F., Gunasekaran, A., Dubey, R., & Childe, S. J. How to improve firm performance using big data analytics capability and business strategy alignment? International Journal of Production Economics, 2016, 182: 113-131.

[5] Akter, S., & Wamba, S. F. Big data and disaster management: A systematic review and agenda for future research. Annals of Operations Research, 2019, 283(1-2): 939-959.

[6] Barile, S., Saviano, M., & Polese, F. Information asymmetry and co-creation in the digital era: A cognitive framework. Journal of Business Research, 2018, 89: 268-274.

[7] Batistič, S., & van der Laken, P. History, evolution and future of big data and analytics: A bibliometric analysis of its relationship to performance in organizations. British Journal of Management, 2019, 30(2): 229-251.

[8] Bean, R., & Davenport, T. H. Companies are failing in their efforts to become data-driven. Harvard Business Review, 2019, 97(2): 64-72.

[9] Behl, A., & Sharma, A. Big data analytics for sustainable development:

A bibliometric analysis. Journal of Cleaner Production, 2020, 271, 122000.

[10] Birkel, H., & Hartmann, E. Internet of Things-the future of managing supply chain risks. Supply Chain Management: An International Journal, 2020, 25(5): 535-548.

[11] Calatayud, A., Mangan, J., & Christopher, M. The self-thinking supply chain. Supply Chain Management Review, 2019, 23(3): 32-39.

[12] Chae, B. K. A general framework for studying the evolution of the digital transformation of business and supply chains. Information Systems Frontiers, 2019, 21(3): 643-656.

[13] Chen, H., Chiang, R. H. L., & Storey, V. C. Business intelligence and analytics: From big data to big impact. MIS Quarterly, 2020, 44(2): 1165-1188.

[14] Chen, J., & Lin, Z. How do green capabilities and big data analytics capabilities influence sustainable supply chain performance? An empirical analysis. International Journal of Production Economics, 2020, 229, 107755.

[15] Chen, Y., & Zhang, L. Exploring the impact of big data analytics capabilities on firms' green innovation. Journal of Business Research, 2021, 131: 573-584.

[16] Choi, T. M., Wallace, S. W., & Wang, Y. Big data analytics in operations management. Production and Operations Management, 2018, 27(10): 1868-1883.

[17] Côrte-Real, N., Ruivo, P., Oliveira, T., & Popovič, A. (2020). Unlocking the drivers of big data analytics value in firms. Journal of Business Research, 2020, 106: 272-283.

[18] Cosic, R., Shanks, G., & Maynard, S. A business analytics capability framework. Australasian Journal of Information Systems, 2015, 19: S5-S19.

[19] Dai, J., & Li, Z. The impact of data analytics on firm performance: An empirical investigation. Business Process Management Journal, 2019, 25(7): 1547-1567.

[20] Dhamija, P., & Bag, S. Role of artificial intelligence in operations environment: A review and bibliometric analysis. The TQM Journal, 2020, 32(4): 869-896.

[21] Dubey, R., Gunasekaran, A., Childe, S. J., Wamba, S. F., & Papadopoulos, T. The impact of big data on world-class sustainable manufacturing. The International Journal of Advanced Manufacturing Technology, 2020, 84(1-4): 631-645.

[22] Dutta, D., & Bose, I. Managing a big data project: The case of Ramco Cements Limited. International Journal of Production Economics, 2015, 165: 293-306.

[23] Duan, Y., Edwards, J. S., & Dwivedi, Y. K. Artificial intelligence for decision making in the era of Big Data-evolution, challenges and research agenda. International Journal of Information Management, 2019, 48: 63-71.

[24] Erevelles, S., Fukawa, N., & Swayne, L. Big Data consumer analytics and the transformation of marketing. Journal of Business Research, 69 (2): 897-904.

[25] Ferraris, A., Erhardt, N., Bresciani, S., & Couturier, J. The role of collaborative interorganizational relationships in the evolution of big data and analytics capabilities in service ecosystems. Technological Forecasting and Social Change, 2019, 144: 143-154.

[26] Fosso Wamba, S., Akter, S., Edwards, A., Chopin, G., & Gnanzou, D. How 'big data' can make big impact: Findings from a systematic review and a longitudinal case study. International Journal of Production Economics, 2015, 165: 234-246.

[27] Fosso Wamba, S., Gunasekaran, A., Akter, S., Ren, S. J. -F., Dubey, R., & Childe, S. J. Big data analytics and firm performance: Effects of dynamic capabilities. Journal of Business Research, 2017, 70: 356-365.

[28] George, G., Haas, M. R., & Pentland, A. Big data and management. Academy of Management Journal, 2014, 57(2): 321-326.

[29] Ghasemaghaei, M., Ebrahimi, S., & Hassanein, K. Data analytics competency for improving firm decision making performance. The Journal of Strategic Information Systems, 2018, 27(1): 101-113.

[30] Grover, P., Kar, A. K., & Dwivedi, Y. K. Understanding artificial intelligence adoption in operations management: Insights from the review of academic literature and social media discussions. Annals of Operations Research, 2020, 293

(1): 177-209.

[31] Grover, V., Chiang, R. H. L., Liang, T.-P., & Zhang, D.. Creating Strategic Business Value from Big Data Analytics: A Research Framework. Journal of Management Information Systems, 2018, 35(2): 388-423.

[32] Guo, H., & Xu, H. How does big data drive industrial agglomeration? Evidence from China. Technological Forecasting and Social Change, 2018, 135: 259-267.

[33] Gunasekaran, A., Papadopoulos, T., Dubey, R., & Wamba, S. F. Big data and predictive analytics for supply chain and organizational performance. Journal of Business Research, 2017, 70: 308-317.

[34] Gunasekaran, A., & Ngai, E. W. T. Special issue on big data analytics in financial services: opportunities and challenges. Journal of Management Information Systems, 2019, 36(1): 23-29.

[35] Gupta, M., & George, J. F. Toward the development of a big data analytics capability. Information & Management, 2019, 53(8): 1049-1064.

[36] Hosseini Bamakan, S. M., Mirzazadeh, A., & Niakan Kalhori, S. R. Big data analytics for healthcare organization management: A comprehensive review. Journal of Biomedical Informatics, 2020, 103, 103383.

[37] Janssen, M., van der Voort, H., & Wahyudi, A. Factors influencing big data decision-making quality. Journal of Business Research, 2017, 70: 338-345.

[38] Jeble, S., Dubey, R., Childe, S. J., Papadopoulos, T., & Roubaud, D. Impact of big data and predictive analytics capability on supply chain sustainability. The International Journal of Logistics Management, 2018, 29(2): 513-538.

[39] Jin, X., Wah, B. W., Cheng, X., & Wang, Y. Significance and challenges of big data research. Big Data Research, 2015, 2(2): 59-64.

[40] Kache, F., & Seuring, S. Challenges and opportunities of digital information at the intersection of Big Data Analytics and supply chain management. International Journal of Operations & Production Management, 2017, 37(1): 10-36.

[41] Kitchin, R., & Lauriault, T. P. Towards critical data studies: Charting and unpacking data assemblages and their work. In Data and Society (pp. 1-20).

SAGE Publications. 2018.

[42] Kwon, O., Lee, N., & Shin, B. Data quality management, data usage experience and acquisition intention of big data analytics. International Journal of Information Management, 2017, 34(3): 387-394.

[43] Kwon, O., Lee, N., & Shin, B. Data quality management, data usage experience and acquisition intention of big data analytics. International Journal of Information Management, 2020, 50: 262-273.

[44] LaValle, S., Lesser, E., Shockley, R., Hopkins, M. S., & Kruschwitz, N. Big data, analytics and the path from insights to value. MIT Sloan Management Review, 2011, 52(2): 21-32.

[45] Lim, C., Kim, K. H., Kim, M. J., Heo, J. Y., Kim, K. J., & Maglio, P. P. From data to value: A nine-factor framework for data-based value creation in information-intensive services. International Journal of Information Management, 2018, 39: 121-135.

[46] Mikalef, P., Boura, M., Lekakos, G., & Krogstie, J. Big data analytics capabilities and innovation: The mediating role of dynamic capabilities and moderating effect of the environment. British Journal of Management, 2019, 30(2): 272-298.

[47] Mikalef, P., Pappas, I. O., Krogstie, J., & Giannakos, M. Big data analytics capabilities: a systematic literature review and research agenda. Information Systems and e-Business Management, 2018, 16(3): 547-578.

[48] Moorthy, K., Tayi, G. K., & Cenfetelli, R. Big data and firm performance: The roles of market-directed capabilities and business strategy alignment. Information & Management, 2020, 57(8), 103385.

[49] Ransbotham, S., Kiron, D., Gerbert, P., & Reeves, M. Reshaping business with artificial intelligence: Closing the gap between ambition and action. MIT Sloan Management Review, 2017, 59(1): 1-17.

[50] Sharda, R., Delen, D., & Turban, E. Business Intelligence and Analytics: Systems for Decision Support. Pearson. 2020.

[51] Sheng, J., Amankwah - Amoah, J., Khan, Z., & Wang, X. COVID - 19 pandemic in the new era of big data analytics: Methodological innovations and future research directions. British Journal of Management, 2019,

30(4): 1165-1183.

[52] Sun, Z., Sun, L., & Strang, K. Big data analytics services for enhancing business intelligence. Journal of Computer Information Systems, 2018, 58(2): 162-169.

[53] Vidgen, R., Shaw, S., & Grant, D. B. Management challenges in creating value from business analytics. European Journal of Operational Research, 2017, 261(2): 626-639.

[54] Wang, Y., Kung, L. A., Wang, W. Y. C., & Cegielski, C. G. An integrated big data analytics-enabled transformation model: Application to health care. Information & Management, 2018, 55(1): 64-79.

[55] Zhou, W., & Piramuthu, S. IoT and supply chain traceability. Internet Research, 2015, 25(2): 230-245.

[56] 白雪洁，宋培，李琳，廖赛男．数字经济能否推动中国产业结构转型？——基于效率型技术进步视角[J]．西安交通大学学报(社会科学版)，2021，41(6)：1-15.

[57] 白雪洁，孙献贞．互联网发展影响全要素碳生产率：成本、创新还是需求引致[J]．中国人口·资源与环境，2021，31(10)：105-117.

[58] 柏培文，张云．数字经济、人口红利下降与中低技能劳动者权益[J]．经济研究，2021，56(5)：91-108.

[59] 蔡跃洲．经济循环中的循环数字化与数字循环化——信息、物质及资金等流转视角的分析[J]．学术研究，2022(2)：84-90，177.

[60] 车树林，王琼．数字经济时代文化产业高质量发展的动力变革与路径选择[J]．学术交流，2022(1)：114-125，192.

[61] 陈德球，胡晴．数字经济时代下的公司治理研究：范式创新与实践前沿[J]．管理世界，2022，38(6)：213-240.

[62] 陈晓红，李杨扬，宋丽洁，汪阳洁．数字经济理论体系与研究展望[J]．管理世界，2022，38(2)：13-16，208-224.

[63] 陈一明．数字经济与乡村产业融合发展的机制创新[J]．农业经济问题，2021(12)：81-91.

[64] 钞小静．新型数字基础设施促进我国高质量发展的路径[J]．西安财经大学学报，2020，33(2)：15-19.

[65] 钞小静，薛志欣，廉园梅．数字经济的逻辑及场景研究[M]．北京：

人民出版社，2023.

［66］丁焕峰，张蕊，周锐波．制造业企业智能化转型及其创新效应研究——基于企业生命周期理论的视角［J］. 产业经济研究，2023(2)：83-96.

［67］杜传忠，曹效喜，任俊慧．人工智能影响我国全要素生产率的机制与效应研究［J］. 南开经济研究，2024(2)：3-24.

［68］习近平．不断做强做优做大我国数字经济［J］. 求是，2022(2)：4-8.

［69］费宏．数字经济的内生特性与产业组织［J］. 管理世界，2022，38(7)：79-90.

［70］蒋媛媛．产业互联网与服务业深度融合发展的三维架构与路径研究［J］. 学习与探索，2023(6)：2，117-125.

［71］李川川，刘刚．数字经济创新范式研究［J］. 经济学家，2022(7)：34-42.

［72］李程骅．中国特色城市群现代化道路的价值引领与实践进路——以扬子江城市群为样本［J］. 江海学刊，2022(2)：75-82，255.

［73］李杰，叶倩．新发展格局下深圳完善要素市场体系研究［J］. 产经评论，2022，13(6)：141-149.

［74］李三希，黄卓．数字经济与高质量发展：机制与证据［J］. 经济学(季刊)，2022，22(5)：1699-1716.

［75］李晓华．“新经济”与产业的颠覆性变革［J］. 财经问题研究，2018(3)：3-13.

［76］李煜华，向子威，廖承军．先进制造业数字化转型组态路径研究——基于“技术-组织-环境”的理论框架［J］. 科技管理研究，2022，42(3)：119-126.

［77］李直，吴越．数据要素市场培育与数字经济发展——基于政治经济学的视角［J］. 学术研究，2021(7)：114-120.

［78］刘冠军，李鑫．数字经济时代资本三大构成变化及其对劳动报酬占比的影响［J］. 人口与经济，2022(1)：1-25.

［79］刘亮，胡国良．人工智能与全要素生产率——证伪“生产率悖论”的中国证据［J］. 江海学刊，2020(3)：118-123.

［80］刘秉镰，汪旭，边杨．新发展格局下我国城市高质量发展的理论解析与路径选择［J］. 改革，2021(4)：15-23.

[81] 刘莉，陆森．数字经济、金融发展与经济韧性[J]．财贸研究，2023，34(7)：67-83.

[82] 马文君，蔡跃洲．新一代信息技术能否成为动力变革的重要支撑？——基于新兴产业分类与企业数据挖掘的实证分析[J]．改革，2020(2)：40-56.

[83] 梅宏．大数据与数字经济[J]．求是，2022(2)：28-34.

[84] 潘爽，唐绅峰，叶德珠，杨盈盈．数字经济对出口技术复杂度的影响研究[J]．财贸研究，2024，35(2)：15-30.

[85] 彭刚，朱莉．数字经济统计与核算研究[M]．北京：经济管理出版社，2023.

[86] 乔向杰，唐晓云，方忠权．旅游产业数智赋能：战略、治理与伦理[J]．旅游学刊，2023，38(10)：1-3.

[87] 渠慎宁．未来产业发展的支持性政策及其取向选择[J]．改革，2022(3)：77-86.

[88] 权衡．世界经济增长分析框架：新变量及其创新发展[J]．学术月刊，2022，54(7)：43-52.

[89] 任晓刚，李冠楠，王锐．数字经济发展、要素市场化与区域差距变化[J]．中国流通经济，2022，36(1)：55-70.

[90] 茹少峰，张青．数字经济赋能经济高质量发展[M]．北京：人民出版社，2022.

[91] 石勇．数字经济的发展与未来[J]．中国科学院院刊，2022，37(1)：78-87.

[92] 史丹．数字经济条件下产业发展趋势的演变[J]．中国工业经济，2022(11)：26-42.

[93] 隋想．人工智能技术与劳动者就业环境改善[J]．经济问题，2022(10)：73-82.

[94] 田鸽，张勋．数字经济、非农就业与社会分工[J]．管理世界，2022，38(5)：72-84.

[95] 许雪晨，田侃，李文军．新一代人工智能技术(AIGC)：发展演进、产业机遇及前景展望[J]．产业经济评论，2023(4)：5-22.

[96] 王焕然，等．数字化改革：场景应用与综合解决方案[M]．北京：机械工业出版社，2022.

［97］王军，刘小凤，朱杰．数字经济能否推动区域经济高质量发展？［J］．中国软科学，2023（1）：206–214.

［98］王俊，陈国飞．“互联网+”、要素配置与制造业高质量发展［J］．技术经济，2020，39（9）：61–72.

［99］王旭霞，雷汉云，王珊珊．绿色金融、数字经济与环境污染［J］．软科学，2023，37（6）：48–55.

［100］完世伟，汤凯．数字经济促进乡村产业振兴的机制与路径研究［J］．中州学刊，2022（3）：29–36.

［101］殷群作．大数据与创新绩效评价［M］．北京：科学出版社，2021.

［102］许恒，张一林，曹雨佳．数字经济、技术溢出与动态竞合政策［J］．管理世界，2020，36（11）：63–84.

［103］杨阳，焦郑珊，孙显斌．产业演化的动力模型与经验研究——以全球汽车产业发展史为典型［J］．产经评论，2018，9（6）：92–103.

［104］姚毓春，李冰．新发展阶段我国经济增长动能转换：逻辑、方向与路径［J］．华东师范大学学报（哲学社会科学版），2022，54（3）：161–171，188.

［105］余东华，韦丹琳．互联网应用、技能溢价与制造业全要素生产率——兼论如何有效化解“索洛悖论”［J］．财经问题研究，2021（10）：40–48.

［106］余典范，龙睿，王超．数字经济与边界地区污染治理［J］．经济研究，2023，58（11）：172–189.

［107］袁其刚，嵇泳盛，于舒皓．人工智能促进了制造业企业出口产品升级吗？——基于技术复杂度视角的分析［J］．产业经济评论，2022（3）：69–82.

［108］张红凤，王潇洋．数字经济赋能新发展格局［J］．光明日报·理论版，2023（42）.

［109］张昕蔚，刘刚．数字经济中劳动过程变革与劳动方式演化［J］．上海经济研究，2022（5）：56–66.

［110］张蕴萍，栾菁．数字经济赋能乡村振兴：理论机制、制约因素与推进路径［J］．改革，2022（5）：79–89.

［111］张忠宇．金融业数字化转型：江苏案例［J］．地方财政研究，2022（5）：95–102.

[112] 赵剑波．推动新一代信息技术与实体经济融合发展：基于智能制造视角[J]．科学学与科学技术管理，2020，41(3)：3-16.

[113] 赵敏，王金秋．数字技术与当代生产方式新变化问题研究[J]．政治经济学评论，2022，13(3)：102-117.

[114] 赵星．中国工业智能化对全要素生产率的影响研究[D]．华东师范大学，2021.

[115] 戚聿东，褚席．数字经济发展促进产业结构升级机理的实证研究[J]．学习与探索，2022(4)：111-120.

[116] 戚聿东，肖旭．数字经济时代的企业管理变革[J]．管理世界，2020，36(6)：135-152，250.